Sandra Wolf

Bilanzierung von Zuschüssen nach HGB und IFRS

GABLER RESEARCH

Rechnungswesen und Unternehmensüberwachung

Herausgegeben von
Professor Dr. Hans-Joachim Böcking,
Professor Dr. Michael Hommel und
Professor Dr. Jens Wüstemann

Die Schriftenreihe präsentiert Ergebnisse der betriebswirtschaftlichen Forschung zu den Themengebieten Financial Accounting, Business Reporting, Business Audit, Business Valuation und Corporate Governance. Die Beiträge dieser Reihe verfolgen das Ziel, Vorgaben der Gesetzgebung, der nationalen und internationalen Standardsetter sowie Empfehlungen der Wirtschaftspraxis mittels des Instrumentariums der betriebswirtschaftlichen Theorie zu beschreiben, zu analysieren und insbesondere vor dem Hintergrund der Anforderungen des Kapitalmarktes weiterzuentwickeln.

Sandra Wolf

Bilanzierung von Zuschüssen nach HGB und IFRS

Mit einem Geleitwort von Prof. Dr. Michael Hommel

GABLER

RESEARCH

Bibliografische Information der Deutschen Nationalbibliothek
Die Deutsche Nationalbibliothek verzeichnet diese Publikation in der Deutschen Nationalbibliografie; detaillierte bibliografische Daten sind im Internet über <http://dnb.d-nb.de> abrufbar.

Dissertation Goethe-Universität Frankfurt am Main, 2010

1. Auflage 2010

Lektorat: Ute Wrasmann | Sabine Schöller

Gabler Verlag ist eine Marke von Springer Fachmedien.
Springer Fachmedien ist Teil der Fachverlagsgruppe Springer Science+Business Media.
www.gabler.de

Umschlaggestaltung: KünkelLopka Medienentwicklung, Heidelberg
Gedruckt auf säurefreiem und chlorfrei gebleichtem Papier

ISBN 978-3-8349-1770-6

Geleitwort

Die vorliegende Arbeit ist hochaktuell. Die Zuschusszahlung an Unternehmen beherrscht seit Monaten die Schlagzeilen der Tagespresse. Ohne sie wären in der akuten Finanzmarktkrise zahlreiche Unternehmen und ganze Branchen nicht mehr überlebensfähig. Aber auch in weniger „harten Zeiten“ erfreuen sich Zuschüsse großer Beliebtheit. Politiker und private Investoren nutzen dieses Instrument dann dazu, um die strategische Gesamtausrichtung und die konkreten Entscheidungen eines Unternehmens im Einzelfall zu beeinflussen.

Trotz ihrer enormen wirtschaftlichen Bedeutung fehlt es bis heute in der nationalen und internationalen Rechnungslegung an konkreten Anweisungen für die bilanzielle Abbildung von Zuschüssen im Jahresabschluss der Unternehmen. Die von der Literatur vorgeschlagenen Lösungen sind oft einzelfallorientiert, bruchstückhaft und so facettenreich wie die Zuschüsse selbst. Sie bieten dem Bilanzierenden kein tragfähiges Konzept. Vorschläge zur erfolgswirksamen Erfassung von Zuschüssen finden sich hier ebenso wie Konzepte, die eine erfolgsneutrale Bilanzierung im Zeitpunkt ihrer Gewährung – wahlweise aktivisch oder passivisch – präferieren. Die zur Neutralisierung vorgeschlagenen Passivpositionen durchlaufen, soweit ersichtlich, annähernd das gesamte Gliederungsspektrum (Eigenkapital, Rückstellungen, Verbindlichkeiten, Rechnungsabgrenzungsposten) und gehen sogar noch darüber hinaus (Posten eigener Art). Eine Rechtssicherheit wird damit nicht erreicht und die Bilanzanalyse gleicht verstärkt einem Glücksspiel, da der Analyst niemals so genau weiß, was ihn unter welcher Bilanzposition erwartet und warum. Dieser Befund ist nicht nur in Krisenzeiten unbefriedigend, in denen die Unternehmen verstärkt von privaten und staatlichen Zuschüssen leben und überleben. Er kann auch in vermeintlich geordneten Wirtschaftsperioden nicht überzeugen. Die Entwicklung klarer Bilanzierungsregeln für Zuschüsse ist geboten, um eine informativere Rechungslegung zu ermöglichen.

Frau WOLF bringt mit ihrer Arbeit Klarheit in die Zuschussbilanzierung. Sie setzt sich kritisch mit den gängigen Bilanzierungsregeln von HGB und IFRS für die Zuschussbilanzierung auseinander, deckt die damit verbundenen Unzulänglichkeiten auf und ersetzt sie durch eigenständig entwickelte Rechnungslegungsgrundsätze für private und öffentlich-rechtliche Zuschüsse. Die von ihr erarbeiteten Lösungsansätze überzeugen. Sie führen sowohl für das HGB als auch für die IFRS zu einem systematisch geschlossenen, ausgereiften System von Bilanzierungsprinzipien, das praktisch anwendbar ist. Die vorliegende Arbeit besticht in ihrer theoretischen Klarheit und ist sowohl den Vertretern der Wissenschaft als auch den mit der Zuschussbilanzierung beauftragten Praktikern zur Lektüre empfohlen. Sie werden sie mit großem Gewinn lesen.

Prof. Dr. Michael Hommel

Vorwort

Die vorliegende Arbeit wurde im Februar 2009 in leicht veränderter Form vom Fachbereich Wirtschaftswissenschaften der Goethe-Universität Frankfurt am Main als Dissertation angenommen. Sie entstand im Rahmen eines Promotions-Praxis-Modells am Lehrstuhl für Wirtschaftsprüfung und Rechnungslegung der Goethe-Universität Frankfurt am Main und PricewaterhouseCoopers AG WPG, Frankfurt am Main.

Mein zuvorderster Dank gebührt meinem Doktorvater Herrn Prof. Dr. Michael Hommel, der die Entstehung der Arbeit nicht nur angeregt hat, sondern fortwährend bis zur ihrer Vollendung mit großem Interesse und Engagement verfolgte und unterstützte. Seine fachliche und persönliche Förderung und stete Diskussionsbereitschaft trugen maßgeblich zum Gelingen der Arbeit bei. Herrn Prof. Dr. Winfried Mellwig danke ich für die Übernahme und rasche Fertigstellung des Zweitgutachtens.

Großer Dank gilt auch PricewaterhouseCoopers AG WPG, Frankfurt am Main für die umfassende Förderung, insbesondere in zeitlicher und finanzieller Hinsicht.

Für die gute Zusammenarbeit und vielfältige Unterstützung nicht nur in fachlicher, sondern auch persönlicher Hinsicht bedanke ich mich bei meinen Lehrstuhlkollegen, insbesondere Herrn Dipl.-Kfm. Andreas Christ, Herrn Dr. Florian Franke, Frau Uta Halwas-Bruckner, Herrn Dipl.-Vw. Timo Klees, Herrn Dipl.-Kfm. Stefan Laas, Frau Dipl.-Kffr. Anja Morawietz, Frau Dipl.-Kffr. Denise Pauly-Grundmann, Frau Dipl.-Kffr. Vanessa Richter, Frau Dipl.-Kffr. Bettina Rößler, Frau Dipl.-Kffr. Stefanie Schmitz, Frau Dipl.-Kffr. Muriel Schulte, Herrn Dr. Oliver Schulte, Frau Dipl.-Kffr. Julia Späth, Herrn Dipl.-Kfm. Thomas Weiland und Herrn Dr. Stefan Wich. Mit den meisten von ihnen verbinden mich neben freundschaftlichen Beziehungen vor allem auch unvergessliche Erinnerungen an viele inspirierende Diskussionen und gemeinsam bewältigte Aufgaben.

Nicht in Worte zu fassen ist der Dank, der meiner Familie gebührt. Ohne ihren Rückhalt und ihre Unterstützung, nicht nur während der Promotionsphase, wären die vorliegende Arbeit – und vieles andere mehr – nicht vorstellbar gewesen.

Sandra Wolf

Inhaltsverzeichnis

Abbildungsverzeichnis .... **XXI**

Abkürzungsverzeichnis .... **XXIII**

I. Einleitung **1**

II. Abgrenzung des Untersuchungsbereichs und rechtliche Rahmenbedingungen **8**

A. Einordnung des Untersuchungsgegenstandes in das Finanzierungsspektrum der Unternehmung 8

B. Zuschüsse im Drittverhältnis 9

1. Abgrenzungsmerkmale von Zuschüssen 9

1.1. Spezifizierung des Zuschussbegriffs 9

1.2. Weite Auslegung des Zuschussgeberkreises 11

1.3. Enge Auslegung des Zuschussnehmerkreises 12

1.4. Zweckbindung von Zuschüssen: Primäre vs. finale Zweckbindung 12

2. Klassifizierung von Zuschüssen 13

2.1. Verlorene und bedingt rückzahlbare Zuschüsse 13

2.2. Investitions- und Erfolgszuschüsse 14

2.3. Zuschüsse und Zulagen 15

3. Rechtliche Rahmenbedingungen 16

3.1. Frage nach dem Gesetzesvorbehalt und -vorrang öffentlicher Zuschüsse 16

3.2. Verwaltungsrechtliche Begründung des öffentlichen Zuschussverhältnisses 17

3.2.1. Vergabeentscheidung 17

3.2.2. Widerruf und Rückforderung 18

C. Zuschüsse im Gesellschaftsverhältnis – Schuld- und insolvenzrechtliche Implikationen 18

1. Barzuschuss und Forderungsverzicht 18

2. Rangrücktrittsvereinbarungen 19

2.1. Schuldrechtliche Bedeutung des Rangrücktritts 19

2.2. Gesellschaftsrechtliche Implikationen: Sonderstatus von Gesellschafterdarlehen 21

3. Forderungsverzicht mit Besserungsschein 23

III. Bilanzierung von Zuschüssen nach HGB ... 23
A. Grundlagen der Rechnungslegung nach HGB ... 23
1. Rechtsnatur und Ermittlungsverfahren ... 23
2. Rechnungslegungszwecke des HGB ... 24
2.1. Gewinnanspruchsermittlung ... 24
2.2. Informationsvermittlung ... 25
3. Zur Interdependenz von Vermögensermittlungs- und Gewinnermittlungsprinzipien ... 26
B. Überblick der anzuwendenden Regelungsnormen in Hinblick auf den Untersuchungsgegenstand der Arbeit ... 28
C. Bilanzierung von verlorenen Zuschüssen ... 29
1. Grundsätze erfolgswirksamer Vermögenszugänge als Deduktionsbasis für erfolgsbezogene Zuschüsse ... 29
1.1. Das Realisationsprinzip als übergeordneter Gewinnrealisierungsgrundsatz im Sinne der Ausschüttungsstatik ... 29
1.2. Konkretisierende Gewinnermittlungsgrundsätze ... 31
1.2.1. Der Grundsatz der Nichtbilanzierung schwebender Geschäfte ... 31
1.2.2. Der Grundsatz des quasi-sicheren Anspruchs ... 33
1.3. Konkretisierung des geforderten Synallagmas bei öffentlichen Zuschussverhältnissen ... 34
1.3.1. Das Verhältnis von wirtschaftlicher und formalrechtlicher Betrachtungsweise ... 34
1.3.2. Enges Verständnis des Synallagmas ... 35
1.3.3. Wirtschaftliche Kausalität des Zuschussverhältnisses ... 37
1.3.3.1. Konditionalität der Gegenleistungsverpflichtung ... 37
1.3.3.2. Zuschusszweckerfüllung als Gegenleistungsverpflichtung ... 39
1.4. Konkretisierung des bilanzrechtlichen Leistungszeitpunkts ... 41
1.4.1. Zur (Un-)Vereinbarkeit einer aufwandsorientierten Zuschussvereinnahmung mit den Grundsätzen erfolgswirksamer Vermögenszugänge ... 41
1.4.1.1. Ökonomische Begründung ... 41
1.4.1.2. Bilanzrechtliche Implikationen ... 42
1.4.1.3. Kritische Würdigung ... 43

1.4.2. Zur (Un-)Vereinbarkeit einer leistungsorientierten Zuschussvereinnahmung mit den Grundsätzen erfolgswirksamer Vermögenszugänge 45

1.4.2.1. Ökonomische Begründung 45

1.4.2.2. Bilanzrechtliche Implikationen 47

1.4.2.3. Kritische Würdigung 49

1.4.3. Ausstehende risikobehaftete Zuschusszweckerfüllung als Ertragshemmnis 50

1.4.3.1. Grundsatz der Quasi-Sicherheit des Erfüllungsanspruchs 50

1.4.3.2. Deduktion der Teilgewinnrealisierungsgrundsätze 51

a) Teilgewinnrealisierung bei abgrenzbaren, selbständig nutzbaren Teilleistungen und fehlendem Gesamtfunktionsrisiko 51

b) Risiko der Rückzahlung des Zuschusses als Teilrealisationskriterium 53

c) Subsumtion der Teilgewinnrealisierungsgrundsätze auf den Ausgangssachverhalt 54

1.4.3.3. Zur Interdependenz von Zuschusszweckerfüllung und Risikoabbau. 56

a) Unmaßgeblichkeit der Zuschusszweckerfüllung bei Quasi-Sicherheit des Erfüllungsanspruchs, dargestellt am Beispiel des Zuschusses zur Stilllegung eines Mühlenbetriebs 57

(1) Unterlassungsverpflichtung als bilanzrechtsrelevante Gegenleistungsverpflichtung 57

(2) Zur Quasi-Sicherheit des Erfüllungsanspruchs 58

b) Maßgeblichkeit der Zuschusszweckerfüllung bei Quasi-Unsicherheit des Erfüllungsanspruchs, dargestellt am Beispiel des Zuschusses zur Duldung immerwährender Lasten 60

(1) Immerwährende Duldungsverpflichtung als bilanzrechtsrelevante Gegenleistungsverpflichtung 60

(2) Zur Quasi-Sicherheit des Erfüllungsanspruchs 61

1.4.3.4. Zur Abgrenzung von investitions- und erfolgsbezogenen Zuschüssen 62

a) Primäre Zweckbindung als Abgrenzungskriterium 62

b) Finale Zweckbindung als Abgrenzungskriterium 63

c) Objektivierungsbedingte Unschärfen der primären und finalen Zweckbindung als Bilanzierungskriterium 64

d) Bilanzierungslösung durch Rekurs auf den Grundsatz des quasi-sicheren Anspruchs 67

(1) Abgrenzungskriterien: Investition als separierbare (Haupt-) Leistungsverpflichtung oder als Mittel zum Zweck zur Erfüllung einer risikobehafteten Gegenleistungsverpflichtung 67

(2) Subsumtion der Abgrenzungskriterien auf nicht rückerstattungsfähige Vorauszahlungen, dargestellt am Beispiel der Baukostenzuschüsse 68

1.5. Spezifizierung des erfolgsneutralisierenden Passivpostens bei erfolgsbezogenen Zuschüssen 71

1.5.1. Passive Rechnungsabgrenzung bei sukzessiver Ertragsrealisierung 71

1.5.2. Abgrenzung von Rückstellungen für ungewisse Verbindlichkeiten und gewissen Verbindlichkeiten 72

1.5.3. Passivposten „besonderer Art“ als bilanzrechtliche Fremdkörper 72

1.6. Zwischenergebnis 72

2. Grundsätze erfolgsneutraler Vermögenszugänge als ergänzende Deduktionsbasis für investitionsbezogene Zuschüsse 73

2.1. Ausstrahlungswirkung bilanztheoretischer Vermögenskonzeptionen auf die Bilanzierungsansätze investitionsbezogener Zuschüsse 73

2.1.1. Bedeutung der Spezifizierung des bilanztheoretischen Vermögensbegriffs für den weiteren Gang der Untersuchung 73

2.1.2. Vermögen als Aufwand dem Grunde nach und bilanzielle Implikationen 76

2.1.2.1. Die dynamische Vermögenskonzeption von SCHMALENBACH 76

2.1.2.2. Interpretation des Zuschusses als (Teil-)Schenkung 77

2.1.3. Vermögen als subjektives Nutzenpotential und bilanzielle Implikationen 78

2.1.3.1. Die statische Vermögenskonzeption von SIMON 78

2.1.3.2. Interpretation des Zuschusses als subjektiver Wertabschlag von den Anschaffungs- bzw. Herstellungskosten 80

2.1.4. Ausschüttungsstatische Vermögenskonzeptionen: Ausgabengegenwert als künftiges Ertragspotential 81

2.2. Anschaffungswertprinzip 82

2.2.1. Vollamortisationsvermutung im Zugangszeitpunkt 82

2.2.2. Entkräftung der Vollamortisationsvermutung bei investitionsbezogenen Zuschüssen 83

2.2.2.1. Zur Auslegung der Teilwertkonzeption in der höchstrichterlichen Rechtsprechung ... 83
2.2.2.2. Kritische Würdigung der Erwerbsfiktion und der Teilwertkriterien des Bundesfinanzhofs ... 84
a) Konzeptionelle Grenzen der Erwerbsfiktion ... 84
b) Objektivierungsbedingte Grenzen der Teilwertkriterien des Bundesfinanzhofs ... 86
2.3. Grundsatz der imparitätischen Verlustantizipation ... 87
2.3.1. Funktionales Teilwertverständnis ... 87
2.3.2. Vorsichtsbedingte Zurückdrängung des Erfolgsneutralitätsprinzips im Rahmen der Zugangsbewertung ... 88
2.3.3. Investitionszuschuss als objektivierter Mindestabschlag im Rahmen der Zugangsbewertung ... 91
2.3.4. Anschaffungs- bzw. Herstellungsvorgang und Investitionszuschuss als Bewertungseinheit ... 94
2.4. Methodische Grenzen der Nettokonzeption ... 96
2.4.1. Fehlende Ansatzobjektivierung und bilanzielle Implikationen ... 96
2.4.2. Fehlende planmäßige Abnutzbarkeit des Zuschusses und bilanzielle Implikationen ... 97
2.4.3. Fehlende wirtschaftliche Zurechnung und bilanzielle Implikationen ... 98
2.5. Zwischenergebnis ... 99
3. (Vermeintliche) Interdependenzen zwischen handelsrechtlichen GoB und Bilanzsteuerrecht ... 100
3.1. Unmaßgeblichkeit außerbilanzrechtlicher Rechenschaftsversuche ... 100
3.2. Unmaßgeblichkeit steuerrechtlicher Wahlrechte ... 100
3.2.1. Zur Entstehung des steuerrechtlichen Wahlrechts ... 100
3.2.2. Unvereinbarkeit des Wahlrechts mit dem Maßgeblichkeitsprinzip und dem geltenden GoB-Verständnis ... 102
3.3. Unmaßgeblichkeit der steuerfreien Behandlung von Investitionszulagen ... 105
D. Bilanzierung von bedingt rückzahlbaren Zuschüssen ... 106
1. Grundsatz wirtschaftlicher Betrachtungsweise als übergeordnete bilanzzweckadäquate Deduktionsbasis ... 106
1.1. Vorliegen einer wirtschaftlichen Vermögensbelastung ... 106

1.2. Wirtschaftliche Zweckidentität von aufschiebend und auflösend bedingten Rückzahlungsverpflichtungen ... 107

2. Grundsätze erfolgswirksamer Passivenzugänge als (vermeintliche) Deduktionsbasis für bedingt rückzahlbare Zuschüsse ... 108

2.1. Ansatzprinzipien ... 108

2.1.1. Erfüllung des Außenverpflichtungsprinzips ... 108

2.1.2. Exponierte Bedeutung des Wahrscheinlichkeitskriteriums bei bedingten Rückzahlungsverpflichtungen ... 109

2.2. Passivierungszeitpunkt bedingter Rückzahlungsverpflichtungen ... 111

2.2.1. Kasuistik der wirtschaftlich wesentlichen Tatbestandsmerkmale ... 111

2.2.2. Konkretisierte Zugehörigkeit zu bereits realisierten Erträgen ... 112

2.2.2.1. Passivierung unkompensierter Vermögensbelastungen ... 112

2.2.2.2. Erlös- oder gewinnabhängige Verpflichtungen als kompensierte Lasten ... 113

2.3. Bilanzrechtliche Einwände gegen die Anwendung der Grundsätze erfolgswirksamer Passivenzugänge bei bedingt rückzahlbaren Zuschüssen ... 113

3. Grundsätze erfolgsneutraler Passivenzugänge als vorrangige Deduktionsbasis für bedingt rückzahlbare Zuschüsse ... 115

3.1. Passivenansatz als Ausfluss des Erfolgswirksamkeits- oder Erfolgsneutralitätsprinzips ... 115

3.2. Passivierungspflicht bei synallagmatischem Vermögenszugang ... 116

3.3. Zuschuss und Rückzahlungsverpflichtung als bilanzrechtliches Synallagma 117

3.3.1. Erfolgsneutralitätsprinzip und Ansatz des vollen Erfüllungsbetrags ... 117

3.3.2. Erfolgswirksamkeitsprinzip bei hinreichender Ansatz- und Bewertungsobjektivierung ... 118

3.3.2.1. Hinreichende Ansatzobjektivierung bei faktischer Entziehbarkeit ... 118

3.3.2.2. Hinreichende Bewertungsobjektivierung bei statistischer oder vergangenheitsbezogener Datengrundlage ... 120

E. Bilanzierung von Zuschüssen im Gesellschaftsverhältnis ... 121

1. Bilanzielle Abbildung bei der Schuldner-Gesellschaft ... 121

1.1. Barzuschuss und unbedingter Forderungsverzicht ... 121

1.1.1. Wirtschaftliche Zweckidentität von Barzuschuss und Forderungsverzicht ... 121

1.1.2. Vermeintliches Quasi-Wahlrecht nach § 272 Abs. 2 Nr. 4 HGB ... 124

1.1.3. Erfolgsneutrale Erfassung als Ausfluss des Vermögensermittlungsprinzips ... 126
1.2. Rangrücktrittsvereinbarung ... 127
1.2.1. Unmaßgeblichkeit der Überschuldungsbilanz für die Handelsbilanz ... 127
1.2.2. Unmaßgeblichkeit der Rückzahlungsklausel: Tilgung aus künftigen Gewinnen, Liquidationsüberschüssen oder sonstigen Vermögensmehrungen ... 128
1.2.3. Unmaßgeblichkeit einer formalrechtlichen Betrachtungsweise ... 130
1.2.3.1. Auflösungsverbot bei Vorliegen einer wirtschaftlichen Vermögenslast ... 130
1.2.3.2. Wirtschaftliche Zweckidentität von Rangrücktritt und Forderungsverzicht mit Besserungsschein ... 132
1.2.4. Unmaßgeblichkeit eines formellen Kapitalbegriffs ... 133
1.2.5. Überblick der erforderlichen Anhangangaben ... 135
2. Bilanzielle Abbildung bei der Gläubiger-Gesellschaft ... 136
2.1. Barzuschuss und unbedingter Forderungsverzicht ... 136
2.1.1. Ansatz nachträglicher Anschaffungskosten ... 136
2.1.2. Ansatz nachträglicher Herstellungskosten versus Erhaltungsaufwand ... 139
2.1.3. Außerplanmäßige Abschreibung der Beteiligung ... 140
2.2. Rangrücktritt und Forderungsverzicht mit Besserungsschein ... 142
2.2.1. Auswirkungen auf die Forderung ... 142
2.2.2. Auswirkungen auf den Beteiligungsansatz ... 142
IV. Bilanzierung von Zuschüssen nach IFRS ... 144
A. Grundlagen der Rechnungslegung nach IFRS ... 144
1. Rechtsnatur und Ermittlungsverfahren ... 144
2. Rechnungslegungszwecke der IFRS ... 145
2.1. Vermittlung entscheidungsnützlicher Informationen als fundamentaler Regelungszweck nach IFRS ... 145
2.2. Qualitative Anforderungen an entscheidungsnützliche Informationen ... 147
2.3. Zur Eignung des fundamentalen Regelungszwecks als übergeordnete Deduktionsbasis ... 148
3. Bilanztheoretische Konzeptionen innerhalb des Normengefüges der IFRS ... 150

3.1. Periodengerechte Gewinnerermittlung als Ausdruck des Revenue-Expense-Ansatzes 150
3.2. Vermögensermittlung als Ausdruck des Assets-Liablities-Ansatzes 151
3.3. Uneindeutige Gewinnkonzeption und mangelnder Systemcharakter der IFRS 152
3.4. Zunehmende zeitwertstatische Tendenzen 153
B. Überblick der anzuwendenden Regelungsnormen in Hinblick auf den Untersuchungsgegenstand der Arbeit 154
1. Regelungsvorschriften de lege lata 154
1.1. IAS 20 als einschlägige Anwendungsvorschrift für öffentliche Zuschüsse ... 154
1.2. Umgang mit verbleibenden Regelungslücken innerhalb des Normengefüges der IFRS 155
1.2.1. Private Zuschüsse 155
1.2.2. Zuschüsse im Gesellschaftsverhältnis 156
2. Regelungsvorschriften de lege ferenda 156
3. Einschlägige Regelungsvorschriften anderer Standardsetter 158
C. Bilanzierung von verlorenen Zuschüssen 160
1. Regelungsvorschriften de lege lata 160
1.1. Kriterien zur erfolgswirksamen Erfassung von Zuschüssen 160
1.1.1. Erfassungskriterien 160
1.1.1.1. Vermeintliche Doppelbedeutung der Erfassungskriterien 160
1.1.1.2. Unbestimmtheit des Wahrscheinlichkeitsmaßstabs „reasonable assurance" 163
1.1.2. Aufwandsorientierte Ertragsperiodisierung als Umkehrung des Matching Principle 164
1.1.2.1. Unklare Aufwandsperiodisierung bei mehreren Zuschusszweckbindungen 165
1.1.2.2. Unklare Aufwandsperiodisierung bei Ertragszuschüssen 166
1.1.2.3. Spannungsverhältnis zwischen der tendenziell statischen Passivierungskonzeption des IAS 37 und der dynamischen Erfolgskonzeption des IAS 20 167
1.2. Kriterien zur Erfassung von investitionsbezogenen Zuschüssen 168
1.2.1. Abschreibungsproportionale Periodisierung bei abnutzbaren Zuschüssen 168
1.2.2. Abgrenzung von Investitions- und Erfolgszuschüssen 170

1.2.2.1. Regelungsunscharfe Abgrenzungsmerkmale des IAS 20 170
1.2.2.2. Bilanzrechtliche Implikationen aus der Interpretationen IFRIC 18 mit Ausstrahlungswirkung auf das Bilanzierungsproblem 171
1.2.3. Wahlrecht zur Brutto- oder Nettodarstellung 174
1.2.4. Auslegungsoffene Periodisierung der Zuschüsse bei nicht abnutzbaren Vermögensgegenständen 175
1.3. Kriterien zur Passivierung der Verpflichtung zur Rückzahlung des Zuschusses 175
1.3.1. Konkretisierung der abzubildenden Verpflichtung gemäß IAS 37 175
1.3.2. Vermeintliche Relevanz des Kriteriums der Wahrscheinlichkeit der Inanspruchnahme 176
1.3.3. Konkurrierende Bedeutung des Unentziehbarkeitskriteriums 177
1.3.4. Verpflichtung zur Erfüllung der Zweckbindung als bilanzrechtsrelevante Verpflichtung gemäß IAS 37? 178
2. Regelungsvorschriften de lege ferenda 180
2.1. Kriterien zur erfolgswirksamen Erfassung von Zuschüssen 180
2.1.1. Angestrebte Neuregelung auf der Basis eines Assets-Liabilities-Ansatzes in Anlehnung an IAS 41 180
2.1.2. Verbleibende Regelungsunschärfen bei Anwendung der Regelungsvorschriften des IAS 41 182
2.1.3. Integration der angestrebten Neuregelung in den neuen Referenzrahmen von IASB und FASB zur Ertragsvereinnahmung 183
2.1.3.1. Vertragliche Ansprüche und vertragliche Verpflichtungen 183
2.1.3.2. Objektivierende Wirkung des (formalrechtlich) statischen Realisationsprinzips 186
2.1.4. Modifikation des statischen Realisationsprinzips durch das Risk-and-Reward-Kriterium 187
2.2. Kriterien zur Erfassung von investitionsbezogenen Zuschüssen 189
2.2.1. Angestrebte Bruttokonzeption im Sinne eines Full-Fair-Value-Ansatzes . 189
2.2.2. Fraglicher Informationswert bei Anwendung der Bruttokonzeption 189
2.2.3. Wertminderungsvorschriften als inadäquate Anwendungsvorschrift im Rahmen der Zugangsbewertung von bezuschussten Vermögensgegenständen 191
2.2.4. Aufhebung der kasuistischen Trennung von investitions- und erfolgsbezogenen Zuschüssen durch die angestrebte Neuregelung 192

D. Bilanzierung von bedingt rückzahlbaren Zuschüssen 193
1. Regelungsvorschriften de lege lata 193
1.1. Vermeintliche Bedeutung des Kriteriums der Mindestwahrscheinlichkeit der Inanspruchnahme 193
1.2. Konkurrierende Bedeutung des Unentziehbarkeitskriteriums 195
1.3. Wirtschaftliche Zweckidentität von aufschiebend und auflösend bedingten Rückzahlungsverpflichtungen 196
2. Regelungsvorschriften de lege ferenda 197
2.1. Angestrebte Neuregelung der Schuldenpassivierung auf der Basis eines Assets-Liabilities-Ansatzes 197
2.2. Integration der Neuregelung in den neuen Referenzrahmen von IASB und FASB zur Schuldenpassivierung 197
2.2.1. Abschaffung des Ansatzkriteriums der Mindestwahrscheinlichkeit durch ED-IAS 37 197
2.2.2. Bilanzrechtliche Auswirkungen des ED-IAS 37 auf bedingte Rückzahlungsverpflichtungen 198
2.2.2.1. Bedingte Rückzahlungsverpflichtung als „stand-ready"-Verpflichtung 198
2.2.2.2. Bilanzielle (Un-)Gleichbehandlung von auflösend und aufschiebend bedingten Rückzahlungsverpflichtungen 200
2.3. Alternative Bilanzierungsvorschläge 200
2.3.1. Integration bedingt rückzahlbarer Zuschüsse in den Regelungsstandard IAS 39 200
2.3.2. Integration bedingt rückzahlbarer Zuschüsse in den Regelungsstandard IAS 18 201
E. Bilanzierung von Zuschüssen im Gesellschaftsverhältnis 203
1. Bilanzielle Abbildung bei der Schuldner-Gesellschaft 203
1.1. Barzuschuss und unbedingter Forderungsverzicht 203
1.1.1. Abgang finanzieller Verpflichtungen und Zugang finanzieller Vermögenswerte nach IAS 39 203
1.1.2. Erfolgsmäßige Behandlung von Barzuschuss und Forderungsverzicht 204
1.1.3. Wirtschaftliche Veranlassung der Gesellschafterleistung als Ausweiskriterium 205
1.2. Rangrücktritt und Forderungsverzicht mit Besserungsschein 206

1.2.1. Ansatzkonkretisierung von bedingten Verpflichtungen innerhalb des IAS 39 ... 206
1.2.2. Vermeintliche Bewertungsunterschiede bei Verpflichtungen mit Rangrücktritt und Besserungszusage ... 208
1.2.3. Abgrenzung der Sanierungsmaßnahmen zum Eigenkapital ... 210
1.2.4. Überblick der erforderlichen Anhangangaben ... 212
2. Bilanzielle Abbildung bei der Gläubiger-Gesellschafterin ... 212
2.1. Auswirkungen auf den Forderungsansatz ... 212
2.2. Auswirkungen auf den Beteiligungsansatz ... 213
V. Thesenförmige Zusammenfassung ... 215
Verzeichnis der zitierten Schriften ... 219
Verzeichnis der zitierten Rechtsprechung ... 247
Verzeichnis der zitierten Rechtsnormen, Gesetzesmaterialien und ähnlicher Dokumente ... 254
Verzeichnis der zitierten Verlautbarungen von internationalen Standardsetzungsorganen ... 257

Abbildungsverzeichnis

Abbildung 1: Finanzierungsformen einer Unternehmung 9

Abbildung 2: Gewinn- und Verlustdarstellung bei einer aufwandsorientierten Zuschussvereinnahmung 43

Abbildung 3: Gewinn- und Verlustdarstellung bei einer leistungsorientierten Zuschussvereinnahmung (Ertragsrealisation im Anschaffungszeitpunkt) 48

Abbildung 4: Gewinn- und Verlustdarstellung bei Verrechnung des Zuschusses mit den Anschaffungskosten der Maschine 48

Abbildung 5: Gewinn- und Verlustdarstellung bei sofortiger erfolgswirksamer Vereinnahmung des Investitionszuschusses 49

Abbildung 6: Gewinn- und Verlustdarstellung bei linearer Zuschussvereinnahmung 55

Abbildung 7: Gewinn- und Verlustdarstellung bei linearer Gewinnvereinnahmung 56

Abkürzungsverzeichnis

a. A.	anderer Ansicht
a.F.	alte Fassung
Abl.	Amtsblatt der Europäischen Union
Abs.	Absatz
ADS	Adler/Düring/Schmaltz (Kommentar)
AfA	Absetzung für Abnutzung
AG	Aktiengesellschaft
AG	Application Guidance
AH	Accounting Horizons (Zeitschrift)
AiE	Accounting in Europe (Zeitschrift)
AktG	Aktiengesetz
App.	Appendix
AR	The Accounting Review (Zeitschrift)
Art.	Artikel
Aufl.	Auflage
BAnz	Bundesanzeiger
BB	Betriebs-Berater (Zeitschrift)
BC	Basis for Conclusions
Bd.	Band
BFH	Bundesfinanzhof
BFH/NV	Sammlung der amtlich veröffentlichten und nicht amtlich veröffentlichten Entscheidungen des Bundesfinanzhofes
BFHE	Sammlung der Entscheidungen des Bundesfinanzhofes
BFuP	Betriebswirtschaftliche Forschung und Praxis (Zeitschrift)
BGB	Bürgerliches Gesetzbuch
BGBl	Bundesgesetzblatt
BGH	Bundesgerichtshof
BHO	Bundeshaushaltsordnung
BilMoG	Gesetz zur Modernisierung des Bilanzrechtes (Bilanzrechtsmodernisierungsgesetz)
BMF	Bundesministerium der Finanzen
BMJ	Bundesministerium der Justiz
BMWi	Bundesministerium für Wirtschaft und Technologie

BStBl.	Bundessteuerblatt (Zeitschrift)
BuW	Betrieb und Wirtschaft (Zeitschrift)
BVerwG	Bundesverwaltungsgericht
bzw.	beziehungsweise
d. h.	das heißt
DB	Der Betrieb (Zeitschrift)
Diss.	Dissertation
DK	Der Konzern in Recht und Wirtschaft (Zeitschrift)
Dr.	Doktor
DStR	Deutsches Steuerrecht (Zeitschrift)
DStZ	Deutsche Steuerzeitung (Zeitschrift)
ED	Exposure Draft
EFG	Entscheidungen der Finanzgerichte (Zeitschrift)
EG	Europäische Gemeinschaft
EigBGes	Eigenbetriebsgesetz
EnWG	Energiewirtschaftsgesetz
ESt	Einkommensteuer
EStB	Der Ertragsteuerberater (Zeitschrift)
EStG	Einkommensteuergesetz
EStR	Einkommensteuerrichtlinien
etc.	et cetera
EU	Europäische Union
f.	und folgende Seite
F	Framework (Rahmenkonzept)
ff.	und folgende Seiten
FG	Finanzgericht
FR	Finanz-Rundschau (Zeitschrift)
FS	Festschrift
GasNEV	Gasnetzentgeltverordnung
GE	Geldeinheiten
GewSt	Gewerbesteuer
Ggf.	Gegebenenfalls
GmbH	Gesellschaft mit beschränkter Haftung

GmbHG	Gesetz betreffend die Gesellschaften mit beschränkter Haftung
GmbHR	GmbH-Rundschau (Zeitschrift)
GmbH-StB	Der GmbH-Steuerberater (Zeitschrift)
GoB	Grundsätze ordnungsmäßiger Buchführung
GRWG	Gesetz über die Gemeinschaftsaufgabe „Verbesserung der regionalen Wirtschaftsstruktur"
GS	Gedächtnisschrift
GuV	Gewinn- und Verlustrechnung
HdB	Handwörterbuch der Betriebswirtschaft
HdR	Handbuch der Rechnungslegung
HdJ	Handbuch des Jahresabschlusses in Einzeldarstellungen
HdWW	Handwörterbuch der Wirtschaftswissenschaft
HFA	Hauptfachausschuss (des Instituts der Wirtschaftsprüfer in Deutschland e.V.)
HGB	Handelsgesetzbuch
HGrG	Haushaltsgrundsätzegesetz
Hrsg.	Herausgeber
http	Hypertext Transfer Protocol
HWRP	Handwörterbuch der Rechnungslegung und Prüfung
i. V. m.	in Verbindung mit
IAS	International Accounting Standard(s)
IASB	International Accounting Standards Board
IASC	International Accounting Standards Committee
IASCF	International Accounting Standards Committee
IDW	Institut der Wirtschaftsprüfer in Deutschland e. V.
IFRIC	International Financial Reporting Interpretations
IFRS	International Financial Reporting Standard(s)
IG	Implementation Guidance
INF	Die Information über Steuer und Wirtschaft (Zeitschrift)
insb.	insbesondere
InsO	Insolvenzordnung
InvZulG	Investitionszulagengesetz
IRZ	Zeitschrift für Internationale Rechnungslegung (Zeitschrift)

JbFfSt	Jahrbuch der Fachanwälte für Steuerrecht
JfB	Journal für Betriebswirtschaft (Zeitschrift)
Jg.	Jahrgang
KoR	Zeitschrift für kapitalmarktorientierte Rechnungslegung (Zeitschrift)
KSt	Körperschaftsteuer
KSt	Körperschaftsteuergesetz
LHO	Landeshaushaltsordnung
m. E.	meines Erachtens
MoMiG	Gesetz zur Modernisierung des GmbH-Rechts und zur Bekämpfung von Missbräuchen
MühlStruG	Mühlenstrukturgesetz
n.F.	neue Fassung
Nr.	Nummer
NZI	Neue Zeitschrift für das Recht der Insolvenz und Sanierung (Zeitschrift)
PiR	Praxis der Internationalen Rechnungslegung (Zeitschrift)
PublG	Publizitätsgesetz
Prof.	Professor
RAP	Rechnungsabgrenzungsposten
RegE	Regierungsentwurf
rev.	revised
RFH	Reichsfinanzhof
RIW	Recht der Internationalen Wirtschaft (Zeitschrift)
Rn.	Randnote/Randnummer
RStBl	Reichssteuerblatt
S.	Seite
SFAS	Statement of Financial Accounting Standards
sog.	sogenannte
Sp.	Spalte
StabG	Gesetz zur Förderung der Stabilität und des Wachstums der Wirtschaft

StbJb	Steuerberaterjahrbuch
StBp	Die steuerliche Betriebsprüfung (Zeitschrift)
StGB	Strafgesetzbuch
StromNEV	Stromnetzentgeltverordnung
StuW	Steuer und Wirtschaft (Zeitschrift)
UIG	Urgent Issues Group
Tz.	Textziffer
u. a.	Und andere
UK	United Kingdom (Vereinigtes Königreich von Großbritannien)
UmwStG	Umwandlungssteuergesetz
Univ.	Universität
U. S. A.	United States of America (Vereinigte Staaten von Amerika)
US-GAAP	US-Generally Accepted Accounting Principles
vgl.	Vergleiche
Vol.	Volume
WPg	Die Wirtschaftsprüfung (Zeitschrift)
VwVfG	Verwaltungsverfahrensgesetz
WWW	World Wide Web
z. T.	zum Teil
ZfB	Zeitschrift für Betriebswirtschaft (Zeitschrift)
ZfbF	Schmalenbachs Zeitschrift für betriebswirtschaftliche Forschung (Zeitschrift) (ehemals: ZfhF)
ZfhF	Zeitschrift für handelswissenschaftliche Forschung (nunmehr: zfbf)
ZGR	Zeitschrift für Unternehmens- und Gesellschaftsrecht (Zeitschrift)
ZIP	Zeitschrift für Wirtschaftsrecht (Zeitschrift)
zugl.	zugleich
ZVglRWiss	Zeitschrift für vergleichende Rechtswissenschaften (Zeitschrift)

I. Einleitung

a) Der Zuschussbegriff der vorliegenden Arbeit ist weit gefasst: Er umschließt in Abhängigkeit von der Person des Zuschussgebers einerseits staatlich gewährte und von privater Seite gegebene finanzielle Zuschüsse und andererseits unentgeltliche Zuwendungen eines Gesellschafters, die keine Gegenleistungsverpflichtung gegenüber der empfangenen Gesellschaft begründen oder zu einem Anteilserwerb führen.

Die bilanzierungspraktische Relevanz öffentlicher und privater Zuschüsse tritt in sämtlichen Bereichen des Wirtschaftslebens in Erscheinung. Dies gilt nicht nur in Zeiten der aktuellen (Finanz-)Krise, in denen die staatlichen Finanzhilfen rasch die Billionengrenze erreichen. Staatliche Fördermittel bilden seit jeher einen erheblichen Teil der Erträge der gewerblichen Wirtschaft als größtem Subventionsempfänger. Die Bedeutung von Zuschüssen manifestiert sich auch auf privatrechtlicher Ebene: In vielen Vertragswerken zwischen Geschäftspartnern übernehmen sie eine betriebswirtschaftliche Anreiz- und Finanzierungsfunktion, um den Zuschussempfänger zu bestimmten Verhaltensweisen zu veranlassen.

Die bilanzielle Abbildung von öffentlichen und privaten Zuschüssen ist seither ein umstrittenes Thema, das in Bilanzierungstheorie und -praxis zu umfassenden Kontroversen geführt hat. Bis heute wurden viele Detailprobleme erkannt und (partiell) beantwortet, doch nicht wenige dieser Betrachtungen muten bruchstückhaft an, denn ihnen fehlt die am Gesetzes- bzw. Normzweck unter besonderer Berücksichtigung der wirtschaftlichen Betrachtungsweise orientierte teleologische Ableitung von systemgerechten Bilanzierungsgrundsätzen.[1] Trotz langjähriger und intensiver Diskussionen existieren sowohl im nationalen Bilanzrecht als auch innerhalb der internationalen Rechnungslegung der IFRS keine gefestigten Grundsätze zur Bilanzierung von Zuschüssen. Dem Umstand zuträglich ist die außerordentlich vielfältige Natur und differenzierte Ausgestaltung von Zuschussverhältnissen: Sie sind ebenso „vielgestaltig, teilweise so speziell und kurzlebig“[2] wie die mannigfachen Bilanzierungsanweisungen in den einzelnen Rechtskreisen.

---

1 Vgl. *Beisse* (1984), S. 12; *Döllerer* (1959), S. 1217; *Moxter* (1994b), S. 97–102; *Moxter* (2003), S. 15.
2 *Bauer* (1985), S. 163.

b) Im Kern der Diskussion zur Bilanzierung von öffentlichen und privaten Zuschüssen steht die Frage nach dem maßgebenden Zeitpunkt der Gewinnrealisation beim Zuschussempfänger. Eine einheitliche Beantwortung der Gewinnrealisierungsfrage in der handels- und steuerrechtlichen Bilanzierungstheorie und -praxis scheitert bereits auf der vorgelagerten Stufe im Rahmen der bilanzrechtlichen Qualifikation der zugrundeliegenden Leistungsbeziehung zwischen Zuschussnehmer und -empfänger. Die bilanztheoretische Diskussion zur Bilanzierung von Zuschüssen wird insbesondere verschärft durch das – im Vergleich zu gewöhnlichen Schuldverhältnissen – außermarktliche Leistungsmerkmal öffentlicher Zuschüsse.[3] Ihnen fehlt die synallagmatische Verknüpfung von Leistung und Gegenleistung im Sinne schuldrechtlicher Verträge, da sie vorrangig der Erfüllung einer im öffentlichen Interesse liegenden Verpflichtung dienen. Innerhalb des bilanzrechtlichen Meinungsspektrums stehen sich aus diesem Grunde eine formalrechtliche Leistungskonzeption und eine der wirtschaftlichen Betrachtungsweise verpflichteten Leistungskonzeption gegenüber, die die konditionale Verknüpfung von Zuschuss und zweckentsprechendem Verhalten des Zuschussempfängers herausstellt. Beide Betrachtungsweisen implizieren unterschiedliche Bilanzierungsfolgen: Die zuerst genannte knüpft die Vereinnahmung des Zuschusses an die Erbringung einer Leistungshandlung des Bilanzierenden, die im strengen Sinne schuldrechtlicher Verträge auf einem synallagmatischem Austauschverhältnis basiert.[4] Bei einer fehlenden wechselseitigen Verknüpfung von Leistung und Gegenleistung ist der Zuschuss als „einseitige Vorteilsgewährung"[5] sofort erfolgswirksam zu erfassen. Demgegenüber betonen Vertreter der zweiten Vorgehensweise unter Berücksichtigung des wirtschaftlichen Normzwecks die konditionale Verknüpfung von Zuschuss und zweckentsprechendem Verhalten des Zuschussempfängers. Die mit der Zuschussgewährung verbundene Zweckbindung konkretisiert in diesem Sinne eine zu erfüllende Verpflichtung des Zuschussempfängers.

Darüber hinaus besteht ausgeprägte Unsicherheit hinsichtlich der Frage der Gewinnrealisierung im Zeitablauf: Im handelsrechtlichen Schrifttum finden sich vorrangig zwei Lösungsansätze: Eine aufwandsorientierte Zuschussvereinnahmung folgt dem Primat der Periodenvergleichbarkeit, nachdem die ertragswirksame Vereinnahmung des Zuschusses an die entstandenen, zu kompensierenden Aufwendungen knüpft.[6] Demgegenüber propagiert das „Kriterium der Leistungsbewirkung" die Erfolgswirksamkeit des Zuschusses im Zeitpunkt der Erfüllung der *wesentlichen* Leistungshandlungen des Zuschussempfängers. Welchen Mechanismen und Prinzipien die Gewinnrealisierung von Zuschüssen in der Bilanz im Rechtssinne zu folgen hat und welcher Bilanzierungsmethode der Vorrang einzuräumen ist, gilt es im Rahmen

---

3 Vgl. *Bardy* (1994), S. 1990.

4 Vgl. *Ewertowski* (1984), S. 1023; *Förschle/Scheffels* (1993), S. 2394; *Kupsch* (1984), S. 371–373.

5 *HFA des IDW* (1996), S. 710.

6 Vgl. *HFA des IDW* (1984), S. 613; *Jansen* (1988), S. 91; *Tjaden* (1985), S. 36f.

der Arbeit herauszustellen. Mittels Deduktion der handelsrechtlichen Grundsätze erfolgswirksamer Vermögenszugänge wird im Speziellen aufgezeigt, wann die mit der Erfüllung der Leistungshandlungen verbundenen Risiken soweit minimiert sind, dass der Anspruch auf Behalt des Zuschusses quasi-sicher verwirklicht ist.[7]
Ein ungleiches Bilanzzweckverständnis zeigt sich darüber hinaus in der Diskussion zur bilanziellen Behandlung von investitionsbezogenen Zuschüssen, deren Zwecksetzung in der Anschaffung bzw. Herstellung von Vermögensgegenständen besteht. Hier konkurriert die Forderung eines Nettoausweises im Sinne einer Minderung der Anschaffungs- bzw. Herstellungskosten des betreffenden Vermögensgegenstandes in Höhe des Investitionszuschusses[8] mit der Darstellung eines Bruttoausweises oder einer ertragswirksamen Erfassung im Zeitpunkt der Zuteilung des Zuschusses.[9] Die Ausstattung eines Zuschusses mit Rückzahlungsklauseln, die in Abhängigkeit vom Eintritt auflösend oder aufschiebend bedingter Bedingungen eine Rückerstattung des Zuschusses vorsehen, wirft weitere bilanzielle Fragestellungen auf. Die bisher aufgezeigten Lösungsansätze im bilanzrechtlichen Schrifttum tangieren bisweilen sämtliche Bilanzpositionen des handelsrechtlichen Bilanzgliederungsschema: Passive Rechnungsabgrenzungsposten konkurrieren hierbei mit Passivposten „gesonderter Art", erhaltenen Anzahlungen stehen Rücklagen oder sonstige Verbindlichkeiten gegenüber.

c) Vor diesem Hintergrund erstaunt es nicht, dass die Frage der bilanziellen Abbildung von Zuschüssen insbesondere in den 1980iger Jahren mit der Veröffentlichung der Stellungnahme des Hauptfachausschusses des IDW zur Bilanzierung öffentlicher Zuwendungen und des „*International Accounting Standards 20 Government Grants*" durch das IASC verstärkt Gegenstand wissenschaftlicher Diskussionen im handels- und steuerrechtlichen Schrifttum war. Die hervorgebrachten Lösungsansätze decken das gesamte Bilanzierungsspektrum ab; ein in sich geschlossenes System zur bilanziellen Behandlung von Zuschüssen hat sich bislang nicht herausgebildet. Sie beschränken sich darüber hinaus ebenso wie die vorliegenden Dissertationen von JANSEN (1988) und UHLIG (1989) auf das nationale Handelsrecht und grenzen Zuschüsse von privater Seite sowie von Gesellschaftern von ihrem Untersuchungsbereich aus.

Die vorliegende Arbeit strebt danach, mittels Deduktion der bilanzrechtlichen Bilanzierungsgrundsätze systemadäquate Regelungsnormen für Zuschüsse abzuleiten. Für handelsrechtliche Zwecke werden auf Basis eines wissenschaftlich durchdrungenen, „lückenlosen" Systems von

---

7 Vgl. allgemein zum Prinzip des quasi-sicheren Anspruchs *Hommel* (1992), S. 27–30; *Moxter* (2007), S. 45.

8 Vgl. *Groh* (1988a), S. 2419; *Groh* (1994), S. 91; *Kücken* (1975), S. 1951; *Moxter* (2003), S. 151f.; *Schulte-Groß* (1971), S. 157f. Bestätigt durch: BFH-Urteil vom 14. Juli 1988, IV R 78/85, BStBl II 1989, 189; BFH-Urteil vom 28. April 1989, III R 4/87, BStBl II 1989, 619; BFH-Urteil vom 21. Juni 1990, IV B 100/89, BStBl II 1990, 981.

Gewinnrealisierungsgrundsätzen „untere" GoB abgeleitet.[10] Eine profunde Beurteilung von Bilanzierungssachverhalten setzt neben der Kenntnis der einschlägigen Literatur ebenso eine fundierte Kenntnis der höchstrichterlichen Rechtsprechung voraus.[11] Die Entscheidungen des Bundesfinanzhofs „erheben als Präjudizien grundsätzlich den Anspruch einer zutreffenden Norminterpretation"[12]. Da die Bilanzrechtsprechung maßgeblich die handelsrechtliche Diskussion betreffend der Bilanzierung von Zuschüssen begleitet hat, werden die einschlägigen Entscheidungen des Bundesfinanzhofs in die Untersuchung einbezogen und einer kritischen Würdigung unterzogen. In diesem Sinne gilt es auch, „systemfremde Entscheidungen (sachgerecht) zu erkennen und bei der Systembildung zu vernachlässigen"[13].

d) Die Bilanzierung von Zuschüssen nach IFRS hat im bilanzrechtlichen Schrifttum vergleichsweise wenig Resonanz gefunden. Innerhalb des Normengefüges der IFRS findet sich mit der Umsetzung des IAS 20 eine einschlägige Vorschrift zur Bilanzierung öffentlicher Zuschüsse. Mit der ertragswirksamen Vereinnahmung des Zuschusses nach Maßgabe der dazugehörigen, zu kompensierenden Aufwendungen folgt der Standard einer Ertragskonzeption im Sinne des Revenue-Expense-Ansatzes. Aufgrund der dynamisch geprägten aufwandsorientierten Zuschussvereinnahmung und einer Vielzahl von explizit formulierten Wahlrechten sowie impliziten Ermessensspielräumen ist der Standard zunehmend in die Kritik geraten. Im Zuge des zeitwert-statischen Wandels der kapitalmarktorientierten Rechnungslegung verkommt er zunehmend zu einem dynamischen Relikt innerhalb des IFRS-Regelungswerks und wird selbst aus Sicht des IASB als reformbedürftig bezeichnet. Während die internationalen Normsetzer FASB und IASB im Rahmen ihrer Konvergenzbestrebungen einen neuen Referenzrahmen zur Ertragsvereinnahmung mit einer zunehmenden Ausrichtung am statischen Assets-Liabilities-Ansatz entwickeln, fehlt es im Rahmen der Zuschussbilanzierung bislang an einer (neuen) substantiierten Lösung. Daneben ist die bilanzielle Behandlung von privaten Zuschüssen weder in IAS 20 noch in anderen Einzelstandards explizit geregelt.

Innerhalb der IFRS ersucht die vorliegende Arbeit, die derzeit noch geltenden Regeln gemäß IAS 20 aus bilanztheoretischer Sicht zu würdigen und bestehende Inkonsistenzen aufzudecken. Der aktuelle Bearbeitungsstand zur Revision des IAS 20 begrenzt sich derzeit auf Diskussionen des IASB, die im Rahmen der Observer Notes veröffentlicht wurden. Daher gilt im Rahmen der Arbeit einerseits zu klären, inwieweit die bestehenden Ertragsvereinnah-

---

9 Vgl. *Ewertowski* (1984), S. 1018; *Knobbe-Keuk* (1978), S. 230f.; *Kupsch* (1984), S. 375; *Nieland* (1986b), S. 217f.; *Rose* (1984), S. 2318.

10 Vgl. *Beisse* (1990), S. 499; *Euler* (1996), S. 10.

11 Vgl. *Wüstemann* (2007), S. 5.

12 *Euler* (1996), S. 21.

13 *Euler* (1996), S. 21.

mungsregeln des IASB-Rahmenkonzepts sowie anderer Standards geeignet sind, die Vereinnahmung von Zuschüssen zutreffend abzubilden. Andererseits werden die avisierten Neuregelungen des IAS 20 in den Kontext der übergeordneten Reformbestrebungen des IASB und FASB gestellt und einer kritischen Würdigung unterzogen. Es wird im Speziellen aufgezeigt, wie sich die nach derzeitigem Stand des „*Revenue Recognition Project*" und „*Liabilities Project*" abzeichnenden Ertragsvereinnahmungs- und Passivierungsregeln allgemein auf den Problemkreis der Zuschussbilanzierung und insbesondere auf die oben genannten Themenkreise übertragen lassen.

e) Die Jahresabschlusserstellung nach HGB und IFRS erfolgt unter der Prämisse der Unternehmensfortführung.[14] Sie determiniert die Auslegung der Ansatz- und Bewertungsnormen, sofern „die Weiterführung des Unternehmens realistisch erscheint"[15]. Andernfalls bestimmt § 252 Abs. 1 Nr. 2 HGB eine zerschlagungsorientierte Bilanzierung, wenn „tatsächliche oder rechtliche Gegebenheiten" gegen die Fortführung des Unternehmens sprechen. Gerät eine Gesellschaft in wirtschaftliche und finanzielle Schwierigkeiten, kann sich der Gesellschafter verschiedener privat-autonomer Finanzierungsinstrumente bedienen, um diese Notlage abzuwenden oder zumindest vorübergehend zu mildern und die Fortführung der Unternehmenstätigkeit zu gewährleisten.[16] Von besonderer praktischer Bedeutung sind der Barzuschuss sowie der unbedingte Forderungsverzicht, die der empfangenden Gesellschaft einen unentziehbaren Anspruch einräumen. Sie stärken unmittelbar die Eigenkapitalbasis und die Liquiditätsausstattung der sanierungsbedürftigen Gesellschaft und können eine Überschuldung im insolvenzrechtlichen Sinne vermeiden. Während der unbedingte Forderungsverzicht zu einem Erlass der Forderung führt, kann die Gläubiger-Gesellschaft auch einen Forderungsverzicht mit Besserungszusage erklären. Gegenüber einem unbedingten Forderungsverzicht unterscheidet sich der Besserungsschein dadurch, dass der Schuldner bei Eintritt des Besserungsfalls die Forderung begleichen muss. Häufig erklären die Gesellschafter auch den Rangrücktritt ihrer Forderungen hinter die Ansprüche sämtlicher Gläubiger. Der Schulderlass mit Besserungsschein sowie die Erklärung eines Rangrücktritts ändern zwar den Rechtsstatus der Verbindlichkeit zugunsten der Schuldner-Gesellschaft; sie werden gemeinhin aber nicht unter den Zuschussbegriff subsumiert. Aufgrund ihrer formalrechtlichen Ausgestaltung bilden sie das Pendant zu den bedingt rückzahlbaren Zuschüssen, die unter einer auflösenden oder aufschiebenden Bedingung gewährt werden. Deshalb und aufgrund ihrer praktischen und bilanztheoretischen Relevanz bildet ihre bilanzielle Behandlung im Abschluss der Gesellschaft und

[14] Vgl. insbesondere § 252 Abs. 1 Nr. 2 HGB; IASB-F.23. Vgl. zur Bedeutung des Fortführungsprinzips im HGB *Euler* (1996), S. 134–138.

[15] *Euler* (1996), S. 136.

des Gesellschafters neben der Bilanzierung der Sanierungsinstrumente des Barzuschusses und des Forderungsverzichts einen weiteren Schwerpunkt der vorliegenden Arbeit.

Vor bilanzrechtlichem Hintergrund ergeben sich verschiedene Problemkreise:
Während der Schulderlass unzweifelhaft zu einer Ausbuchung der Forderung bei der begünstigten Gesellschaft führt, bleibt zu klären, ob die mit einem Forderungsverzicht oder Barzuschuss einhergehende Vermögensmehrung erfolgswirksam oder erfolgsneutral zu behandeln ist. Die handelsrechtliche Bilanzierung wird in erheblichem Maße von der Steuer-Rechtsprechung flankiert. Ihr liegt das sog. Korrespondenzprinzip zugrunde, welches eine spiegelbildliche Behandlung von Gesellschafterzuwendungen im Abschluss des Gesellschafters und der empfangenen Gesellschaft postuliert. Die hieraus resultierenden bilanziellen Implikationen stehen im Rahmen der Arbeit auf dem Prüfstand und werden vor dem handelsrechtlichen Sinn und Zweck der Bilanz im Rechtssinne kritisch gewürdigt.
Die bilanzrechtlichen Folgen eines Rangrücktritts bzw. eines Forderungsverzichts mit Besserungsvereinbarung sind trotz langjähriger Diskussion unverändert umstritten.[17] Beide Rechtskonstrukte verzeichnen eine „[a]uffallende Ähnlichkeit“[18]. Es wird zu zeigen sein, ob mit dem wirtschaftlichen Normzweck bei identischem wirtschaftlichem Gehalt eine unterschiedliche bilanzielle Behandlung von Rangrücktritt und Besserungsschein vereinbar ist. Zusätzliche Brisanz hat die Fragestellung einst durch die Grundsatzentscheidung des BGH[19] sowie jüngst durch die Einführung des Gesetzes zur Modernisierung des GmbH-Rechts und zur Bekämpfung von Missbräuchen (MoMiG) hinsichtlich der formalen Ausgestaltung der Rangrücktrittserklärungen erfahren. Eine an wirtschaftlichen Grundsätzen orientierte Auslegung von Bilanzierungsnormen darf, wie noch zu zeigen ist, die bestehende Rechtsfreiheit bei der Ausgestaltung von Besserungszusagen und Rangrücktrittsvereinbarungen nicht reflektieren.

Innerhalb der kasuistisch ausgelegten Einzelstandards der IFRS ist die Bilanzierung von Gesellschafterleistungen, die wirtschaftlich nicht im Zusammenhang mit der Begebung von Kapitalanteilen stehen, nicht explizit geregelt. Innerhalb der IFRS fehlt es bereits an einer grundlegenden Definition des Einlagenbegriffs. Bei bestehenden Regelungslücken hat der Bilanzierende die in IAS 8 kodifizierten verbindlichen Regeln[20] sowie fakultativen Hinweise[21] umzusetzen. Danach sind auf einer ersten Stufe IFRS-Standards heranzuziehen, die ähnliche und

---

16 Eine umfassende Darstellung möglicher Sanierungsinstrumente geben *Hommelhoff/Lutter/Timm* (1980), S. 737–750.
17 Vgl. hierzu ausführlich *Böcking* (1994b), S. 60–87.
18 *Groh* (1993), S. 1882.
19 Vgl. BGH-Urteil vom 8. Januar 2001, II ZR 88/99, BGHZ, 146, 264.
20 Vgl. IAS 8.11.

verwandte Fragestellungen wie den zu lösenden behandeln. Ergänzend sind die im IASB-Rahmenkonzept enthaltenen Bilanzierungsgrundsätze zu berücksichtigen.[22] Die nachfolgenden Ausführungen analysieren die bestehenden Regelungsnormen und diskutieren mögliche Lösungsvorschläge. Es wird aufgezeigt, inwieweit die in IAS 8 niedergeschriebene Hierarchie vor dem Hintergrund der gesetzten Zwecksetzung der IFRS geeignet ist, die identifizierten Regelungslücken zu schließen.

f) Die vorliegende Arbeit gliedert sich in fünf Kapitel. Die Herleitung von Bilanzierungsgrundsätzen für Zuschüsse setzt eine zweckorientierte Begriffsbestimmung und Klassifizierung des unbestimmten Rechtsbegriffs des Zuschusses sowie fundierte Kenntnisse über den zugrundeliegenden rechtlichen und ökonomischen Sachverhalt voraus. Das der Einleitung folgende zweite Kapitel der Arbeit enthält deshalb eine systematische Einordnung von Zuschüssen und gibt zunächst einen Überblick über die rechtliche Ausgestaltung des relevanten Untersuchungsgegenstandes der Arbeit.
Kapitel 3 und 4 wenden sich jeweils der Bilanzierung von Zuschüssen im Dritt- bzw. Gesellschaftsverhältnis nach den Rechnungslegungsvorschriften des HGB bzw. der IFRS zu. Einführend wird jeweils die Zwecksetzung des jeweiligen Rechensystems skizziert, um den Bezugsrahmen der Arbeit festzulegen.
Da das deutsche Bilanzrecht durch das kontintaleuropäische Code-Law System geprägt ist, sind die handelsrechtlichen Gesetzesvorschriften mittels Subsumtion auf den Einzelfall zu übertragen. Innerhalb des handelsrechtlichen Teils besteht der Lösungsansatz folglich darin, aus den übergeordneten Vermögens- und Gewinnermittlungsgrundsätzen unter Betonung des wirtschaftlichen Normzwecks der Bilanz „untere" GoB für die Bilanzierung von Zuschüssen zu konkretisieren. Hierzu erfolgt eine Darstellung der Fundamentalgrundsätze, die kasuistisch auf die einzelnen Determinanten des Untersuchungsgegenstandes der Arbeit übertragen werden.
In Ermangelung eines stringenten Prinzipiengefüges der IFRS weicht die Herangehensweise in Kapital 4 von der deduktiven Auslegungsmethodik des vorhergehenden Kapitels ab. Ausgehend von den einschlägigen Bilanzierungsvorschriften des IAS 20 werden die geltenden Vorschriften zur Bilanzierung von öffentlichen Zuschüssen dargestellt und analysiert. Ihnen werden die angestrebten Neuregelungen des IASB gegenübergestellt. Die avisierte Neukonzeption wird anschließend in Hinblick auf Konformität mit den neuen Referenzmodellen zur Ertragsvereinnahmung sowie zur Schuldenpassivierung des IASB und FASB geprüft und gewürdigt. Die Arbeit schließt mit einer thesenförmigen Zusammenfassung.

---

21 Vgl. IAS 8.12.
22 Vgl. IAS 8.10,11.

II. Abgrenzung des Untersuchungsbereichs und rechtliche Rahmenbedingungen

A. Einordnung des Untersuchungsgegenstandes in das Finanzierungsspektrum der Unternehmung

Die Formen der Kapitalzuführung an ein Unternehmen lassen sich nach dem Kriterium der Mittelherkunft in die Innen- und Außenfinanzierung[23] und nach der Rechtsstellung der Kapitalgeber in die Eigen- und Fremdfinanzierung unterteilen.[24] Die Form der Innenfinanzierung bezeichnet Finanzmittel, die „im Wege der Gewinnung bzw. Zurückbehaltung von Finanzmittel durch die Unternehmung selbst aus ihrem leistungswirtschaftlichen Finanzkreislauf" erwirtschaftet werden.[25] Die Außenfinanzierung stellt demgegenüber die externe Zuführung von Finanzmitteln dar, die nicht aus dem Leistungserstellungsprozess des Unternehmens stammen.[26] Die Unterteilung in Eigen- bzw. Fremdfinanzierung richtet sich danach, ob die Kapitalzuführung durch die Unternehmenseigner bzw. durch Dritte erfolgt.

Die Mittelzuwendung in Form von Zuschüssen auf öffentlich- oder privatrechtlicher Grundlage wird gemeinhin als Sonderform der Außenfinanzierung bezeichnet.[27] Sie erfolgt im Rahmen eines Drittverhältnisses und wird deshalb der Fremdfinanzierung zugerechnet.

Barzuschuss und Forderungsverzicht stellen neben den Sanierungsinstrumenten des Rangrücktritts und des Forderungsverzichts mit Besserungsschein innerhalb des Schemas der Finanzierungsformen Instrumente der Außenfinanzierung und aufgrund der Gesellschafterstellung des Zuschussgebers eine Eigenfinanzierungsmöglichkeit dar.[28]

---

23 Vgl. *Adelberger* (1993), S. 198; *Perridon/Steiner* (2002), S. 355.

24 Vgl. *Perridon/Steiner* (2002), S. 353.

25 *Adelberger* (1993), S. 198. Eine Innenfinanzierung resultiert typischerweise aus der Thesaurierung von einbehaltenen Gewinnen sowie aus der Schaffung von disponiblem Kapital in Form der Mittelbindung aus Rückstellungsbildung bzw. Abschreibungen oder der Freisetzung von stillen Reserven. Vgl. *Perridon/ Steiner* (2002), S. 357.

26 Die Außenfinanzierung einer Unternehmung erfolgt beispielsweise durch Fremdkapitalaufnahme bei Dritten, durch Einlagen der Unternehmenseigner oder durch Beteiligung von (neuen) Gesellschaftern. Vgl. *Perridon/Steiner* (2002), S. 355.

27 Vgl. in Bezug auf Subventionen *Perridon/Steiner* (2002), S. 355; *Zdrowomyslav/Quilitz/Wettig* (1999), S. 601f.

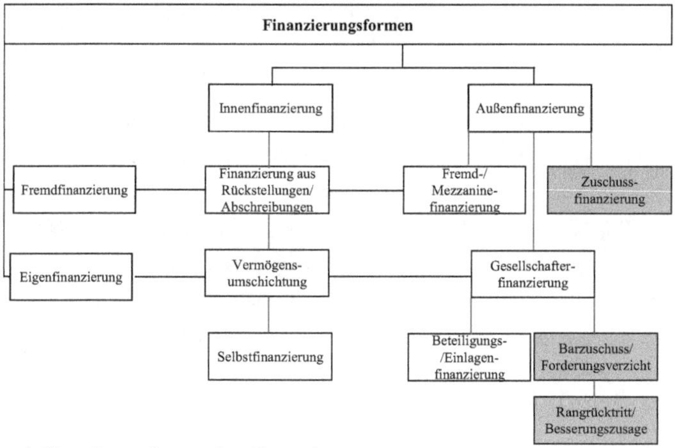

Abbildung 1: Finanzierungsformen einer Unternehmung

Nicht in den Untersuchungsbereich der Arbeit fallen Realförderungen, die nicht durch Geldleistungen, sondern durch verbilligte oder unentgeltliche Sachleistungen gewährt werden. Ausgenommen sind ferner Zuwendungen in Form von Bürgschaften oder Garantien sowie zinsgünstige Kredite.

B. Zuschüsse im Drittverhältnis

1. Abgrenzungsmerkmale von Zuschüssen

1.1. Spezifizierung des Zuschussbegriffs

Der Untersuchungsgegenstand der Arbeit bezieht sich – neben Zuwendungen innerhalb eines Gesellschaftsverhältnisses – auf Zuschüsse von Dritten, die sowohl den privaten als auch öffentlichen Mitteltransfer umfassen. Im Rahmen der Untersuchung soll der unbestimmte Rechtsbegriff des Zuschusses als Oberbegriff gelten, da er die am häufigsten gebrauchte Bezeichnung im handels- und steuerrechtlichen Schrifttum sowie der höchstrichterlichen Bilanzrechtsprechung darstellt. Als Synonym wird ebenso der vorrangig in der internationalen Rechnungslegung gebräuchliche Begriff der Zuwendung verwendet.[29]

Die in den Geltungsbereich der Arbeit fallenden Zuschussverhältnisse unterscheiden sich von gewöhnlichen Schuldverhältnissen in mehrerer Hinsicht:

Wesentliches Charakteristikum öffentlicher Zuschüsse ist der außermarktliche Leistungstransfer, da regelmäßig Verhaltensweisen des Zuschussempfängers induziert werden, die zur all-

---

[28] Vgl. *Elschen* (1993), S. 599.

gemeinen Förderung wirtschafts- und sozialpolitischer Zweckbindungen nicht unmittelbar gegenüber dem Zuschussgeber sondern der Allgemeinheit erbracht werden.[30] Der öffentliche Zuschussbegriff bezeichnet gemeinhin „Geldzahlungen oder geldwerte Leistungen der öffentlichen Hand an Unternehmen [...], von denen an Stelle einer marktwirtschaftlichen Gegenleistung bestimmte Verhaltensweisen gefordert oder erwartet werden, die dazu führen sollen, die marktwirtschaftlichen Allokations- und/oder Distributionsergebnisse nach politischen Zielen zu korrigieren“[31]. Während öffentlichen Zuschüssen das Merkmal einer unmittelbaren, marktüblichen Gegenleistungsverpflichtung einheitlich abgesprochen wird[32], besteht bei privaten Zuschussverhältnissen ein „ökonomische[s] Austauschverhältnis“, bei dem Leistung und Gegenleistung synallagmatisch verknüpft sind.[33] Ob die Unterschiede hinsichtlich der Art der Leistungsbeziehung eine bilanzrechtliche Ungleichbehandlung von öffentlichen und privaten Zuschüssen erfordern, ist im Folgenden (unter anderem) noch dezidierter zu untersuchen. Hinzu kommt, dass der Zeitpunkt der Zuschussvereinnahmung und der Zeitpunkt der Erfüllung der mit der Zuschussgewährung verknüpften Leistungsverpflichtungen aufgrund der Finanzierungsfunktion von Zuschüssen typischerweise auseinanderfallen. Der Zuschuss stellt in diesem Sinne eine Vorauszahlung für eine noch zu erbringende Gegenleistung des begünstigten Unternehmens dar.

Öffentliche Zuschüsse fallen allgemein unter den Begriff der Subvention, der – in Ermangelung einer allgemein kodifizierten Legaldefinition – zu den unbestimmten Rechtsbegriffen zählt[34] und in Wissenschaftsdisziplinen[35], subventionsrechtlichen Vorschriften[36] oder von Institutionen[37] unterschiedlich ausgelegt wird. Die divergierenden Begriffsbestimmungen deuten darauf hin, dass eine allgemeine, interdisziplinär gültige Definition nicht ableitbar und die Auslegung von Begriffen daher notwendigerweise eine Frage der Zweckmäßigkeit in

---

29 Der Begriff der Zuwendung findet sich insbesondere im Rahmen der deutschen Übersetzung des IAS 20 „Government Grants“.

30 Vgl. ausführlich zur „Subventionsbeziehung“ und zur Abgrenzung von einer „Marktleistungsbeziehung“ *Alewell* (1965), S. 83–92.

31 *Ewringmann/Hansmeyer* (1975), S. 17.

32 Vgl. u.a. *Hansmeyer* (1963), S. 13.

33 *HFA des IDW* (1996), S. 710.

34 Vgl. *Eppe* (1966), S. 38; *Ewer* (2006), S. 112.

35 Zum Subventionsbegriff des finanzwissenschaftlichen Schrifttums vgl. *Andel* (1970), S. 4–6; *Gröbner* (1983), S. 10–17; *Hansmeyer* (1963), S. 9–15. Zur Begriffsbildung in der Rechtswissenschaft (insb. Verwaltungsrecht) vgl. *Eppe* (1966), S. 29–72 sowie für betriebswirtschaftliche Zwecke *Alewell* (1965), S. 92–96.

36 Aus spezialgesetzlichen Vorschriften entstammen Begriffe wie „Zuwendung“ (§§ 23, 44 BHO; § 14 HGrG); „Finanzhilfe“ (§ 12 StabG); „Beihilfe“ (EU (2003), Art. 87) oder „Subvention“ (§ 264 StGB). Vgl. zur Abgrenzung des verwaltungsrechtlichen, strafrechtlichen und beihilferechtlichen Subventionsbegriffs Darstellung bei *Ewer* (2006), S. 113f.

37 Zu einer ausführlichen Abgrenzung der unterschiedlich gebrauchten Subventionsbegriffe der Bundesregierung im Rahmen der Erstellung des Subventionsberichtes gemäß § 12 Abs. 2 Stabilitäts- und Wachstumsgesetz (StWG), des Statistischen Bundesamtes im Rahmen der Volkswirtschaftlichen Gesamtrechnungen (VGR) und der Wirtschaftsforschungsinstitute vgl. BMF (2007), S. 8f.; *Boss/Rosenschon* (2000), S. 5–9.

Hinblick auf das jeweilige Untersuchungsziel ist.[38] Eine zweckorientierte Begriffsbestimmung und Klassifizierung der Zuschüsse ist insoweit zwingend für eine einheitliche Auslegung und Objektivierung und letztlich in Hinblick auf den relevanten Untersuchungsgegenstand der vorliegenden Arbeit, der Herleitung von Grundsätzen ordnungsmäßiger Rechnungslegungsvorschriften für Zuschüsse.
Die Begriffsbildung orientiert sich hierbei mehrheitlich an Abgrenzungsmerkmalen, die den Kreis der Zuschussgeber und -empfänger sowie die Zweckbindung des Zuschussverhältnisses konkretisieren.[39]

1.2. Weite Auslegung des Zuschussgeberkreises

Bezogen auf Zuschüsse im Drittverhältnis stellt die Bilanzierung auf Seiten des Zuschussempfängers die eigentliche Betrachtungsebene der Arbeit dar. Der Kreis der Zuschussgeber ist daher weit gefasst. Er umfasst neben Privatpersonen sämtliche juristische Personen des öffentlichen Rechts, die auf lokaler, nationaler oder internationaler Ebene agieren. Zu den staatlichen Stellen zählen nicht nur die staatlichen Organe der Exekutive (Bund, Länder und Gemeinden), sondern auch im weiteren Sinne öffentlich-rechtliche Körperschaften (wie Kommunen oder Zweckverbände)[40], wenn diese Institutionen „im eigenen Namen handeln, klagen und verklagt und Träger von Rechten und Pflichten" sind.[41] Konkret müssen Vereinbarungen bezüglich der Höhe, Rückzahlbarkeit und Verwendung des Zuschusses getroffen werden. Diese können sich im Falle öffentlicher Zuschüsse beispielsweise aus Richtlinien, Verwaltungsanordnungen oder Gesetzen[42] bzw. bei privaten Zuschüssen aus den zugrundeliegenden zivilrechtlichen Vertragsbedingungen ergeben.
Die weite Auslegung des Zuschussgeberkreises ist nicht mit dem Anspruch gleichbedeutend, sämtliche Förderprogramme im Rahmen der Arbeit in Hinblick auf ihre Bilanzierung zu untersuchen. Dies verbietet die Fülle an Zuschussarten. Die Untersuchung strebt vielmehr danach eine Deduktionsbasis zu schaffen, anhand derer einzelfalltypologisch Bilanzierungslösungen für Zuschüsse ableitbar sind.

---

38 Vgl. *Gröbner* (1983), S. 10f. Nach ihm sind Definitionen grundsätzlich „Dogmen, deren Fruchtbarkeit davon abhängt, ob sie für den Zweck einer Untersuchung geeignet sind", hier S. 10f. Zutreffend bemerkt auch *Andel*: „Der Grenzertrag der Diskussion über den Subventionsbegriff tendiert gegen Null, nicht selten ist er negativ." *Andel* (1970), S. 4.

39 In Anlehnung an *Gröbner* (1983), S. 12.

40 Vgl. *Alewell* (1965), S. 97.

41 *Henke* (1979), S. 2.

42 Vgl. beispielsweise Gesetz über die Gemeinschaftsaufgabe „Verbesserung der regionalen Wirtschaftsstruktur" vom 6. Oktober 1969, BGBl. I, S. 1861.

1.3. Enge Auslegung des Zuschussnehmerkreises

Der Zuschussbegriff zeichnet sich durch das „diskriminierende Element“ aus. Zuschüsse verkörpern in diesem Sinne „partielle Begünstigungen“, die einem ausgewählten Empfängerkreis gewährt werden.[43] Die Zuteilung von Zuschüssen setzt demnach die Erfüllung bestimmter Empfangsauflagen voraus, die sich aus den Umständen des Unternehmens im Einzelnen ergeben.[44] Indirekte Zuschüsse, bei denen der Zuschussnehmer im Gegensatz zu direkten Zuschüssen nicht unmittelbar Adressat der Mittelzuwendung ist[45], fallen nicht unter den typisierten Zuschussbegriff im Rahmen der vorliegenden Arbeit. Zu den indirekten Zuschüssen zählen neben allgemeinen konjunkturpolitischen Maßnahmen wie die Bereitstellung öffentlicher Güter[46] (zum Beispiel Infrastruktur) typischerweise Abgabensubventionen oder Steuervergünstigungen.[47] Neben den Empfangsauflagen knüpft die Vergabe von Zuschüssen darüber hinaus regelmäßig an bestimmte Verwendungsauflagen, die dem Empfänger des Zuschusses bestimmte Verhaltensweisen vorschreiben, die er nach dem Empfang der Mittelzuwendung einhalten muss.[48]

1.4. Zweckbindung von Zuschüssen: Primäre vs. finale Zweckbindung

Die mit öffentlichen und privaten Zuschüssen verfolgten Zwecksetzungen sind so vielschichtig, dass sie sich einer umfassenden Typisierung entziehen und eine vollumfängliche Darstellung gezwungenermaßen kursorisch bleiben müsste.[49] In Hinblick auf die Konkretisierung der bilanzrechtlichen Leistungsverpflichtung des Zuschussnehmers wird teilweise auf die im finanzwissenschaftlichen Schrifttum gebräuchliche Differenzierung zwischen primärer und finaler Zweckbindung einer öffentlichen Mittelzuwendung abgestellt.[50] Subventionen verkörpern als Mittel zum Zweck Instrumente der Wirtschaftsförderung, die der „Beeinflussung und Gestaltung bestimmter Teilbereiche des Wirtschaftsprozesses dienen“[51]. Die wirtschafts- oder sozialpolitische Zwecksetzung entspricht dem mittelbaren gesamtwirtschaftlichen Finalzweck[52] der Subventionierung, der „konstitutives Merkmal“[53] jeder Subvention bildet. Die

---

43 Beide Zitate: *Andel* (1970), S. 6; vgl. *Gröbner* (1983), S. 13, hier m.w.N.
44 Vgl. *Gröbner* (1983), S. 14; *Hansmeyer* (1966), S. 14.
45 Vgl. *Ewer* (2006), S. 113.
46 Vgl. *Pfitzer/Wirth/Staß* (2008), Rn. 8.
47 Vgl. *Ewer* (2006), S. 113; *Gröbner* (1983), S. 15; *Stober* (1996), S. 1846.
48 Vgl. zur Abgrenzung von Empfangs- und Verwendungsauflagen *Hansmeyer* (1966), S. 14f.
49 Zur Bedeutung der Subventionen im politischen Prozess und ihre finanz- und wirtschaftspolitischen Implikationen vgl. stellvertretend *Ewringmann/Hansmeyer* (1975), S. 27–77.
50 Diese Differenzierung geht u.a. auf *Ewringmann/Hansmeyer* (1975), S. 17f. zurück.
51 *Berg* (1999), S. 97.
52 Im Schrifttum findet sich auch die Differenzierung zwischen Primär- und Sekundärzweck, Nah- und entfernterer Zweck oder Erfolgs- und Verhaltenszweck. Vgl. *Berg* (1999), S. 98, hier m.w.N.
53 *Uhlig* (1989) S. 50.

Subventionsvergabe kann beispielsweise darauf zielen, regionale und soziale Disparitäten abzubauen, strukturschwache Industriezweige an moderne Produktionsbedingungen anzupassen oder Impulse für Wirtschaftswachstum und Innovation zu geben.[54] Dem einzelnen Zuschussbegünstigten obliegt einzig die Erfüllung der mit dem Zuschuss vergebenen Auflagen oder Bedingungen. Die hierdurch angestrebte Verhaltensänderung des Zuwendungsempfängers bestimmt den Primärzweck und leistet einen (Teil-)Beitrag zur Verwirklichung des Finalzwecks.[55] Wird beispielsweise ein Zuschuss zur Förderung von Forschungs- und Entwicklungsaktivitäten eines Unternehmens gewährt, können der Primärzweck in der Durchführung des Forschungsprogramms und der Finalzweck in der Stärkung der internationalen Wettbewerbsfähigkeit bestehen.[56] Die Realisierung des öffentlichen Finalzwecks ergibt sich somit erst aus der additiven Gesamtwirkung einzelner Zuschussverhältnisse und resultiert dabei gewissermaßen als „Kuppelprodukt der privaten Tätigkeit"[57].

Bei privaten Zuschüssen erübrigt sich in der Regel eine Differenzierung, da die Zuschusszweckerfüllung direkt gegenüber dem Zuschussgeber erbracht wird und sich primäre und finale Zweckbindung entsprechen. Im Rahmen der vorliegenden Arbeit wird untersucht, inwieweit der dem jeweiligen Zuschussnehmer auferlegte Primärzweck und der mit der Zuschussgewährung verbundene Finalzweck die bilanzrechtsrelevante Gegenleistungsverpflichtung des Zuschussempfängers spezifizieren.[58]

2. Klassifizierung von Zuschüssen

2.1. Verlorene und bedingt rückzahlbare Zuschüsse

Zuschüsse lassen sich nach dem Grad der Rückzahlbarkeit in rückzahlbare, nicht rückzahlbare (sog. verlorene) und bedingt rückzahlbare Zuschüsse unterteilen.

Ist die Gewährung des Zuschusses unmittelbar mit einer Rückzahlungsverpflichtung verbunden, ist der Zuschusseinnahme bilanztechnisch ein entsprechender Schuldposten gegenüberzustellen. Aufgrund der insoweit eindeutigen Bilanzierungsvorgabe bei rückzahlbaren Zuschüssen beschränkt sich der Untersuchungsbereich der Arbeit im Folgenden auf verlorene und bedingt rückzahlbare Zuschüsse.

---

54 Vgl. BMF (2007), S. 8; *Pitschas* (1999), S. 21.
55 Vgl. *Ewringmann/Hansmeyer* (1975), S. 14.
56 Vgl. *Jansen* (1988), S. 67.
57 *Ewringmann/Hansmeyer* (1975), S. 14.
58 Vgl. diesbezüglich Ausführungen in Abschnitt III.C.1.4.3.4.

Verlorene Zuschüsse sind nicht explizit mit einer Rückzahlungsverpflichtung ausgestattet. Bei einer nicht bestimmungsgemäßen Verwendung des Zuschusses behält sich der Zuschussgeber aber regelmäßig das Recht auf Rückzahlung des Zuschusses.[59]

Bedingt rückzahlbare Zuschüsse sind dagegen mit bestimmten Rückzahlungsklauseln verknüpft.[60] Zu unterscheiden sind hierbei aufschiebend oder auflösend bedingte Rückzahlungsverpflichtungen.[61] Sie zeichnen sich durch ein Auseinanderfallen von Rechtsgeschäft und Rechtsentstehung aus: Während bei einer aufschiebend bedingten Rückzahlungsverpflichtung das Anwartschaftsrecht erst mit dem Eintritt einer künftigen Bedingung zum Vollrecht erstarkt, besteht eine auflösend bedingte Rückzahlungsverpflichtung bereits rechtswirksam im Zeitpunkt des Vertragsabschlusses und erlischt erst mit dem Eintritt der auflösenden Bedingung.[62]
In einer Vielzahl von Fällen beteiligt sich der Zuschussgeber mit der finanziellen Zuwendung an den Risiken einer bestimmten Maßnahme, wie beispielsweise bei Zuschüssen zur Unterstützung von Forschungs- und Entwicklungsvorhaben, die mit einem hohen technischen oder wirtschaftlichen Risiko verbunden sind. Wenn und soweit der gewährte Zuschuss für eine Risikodeckung entbehrlich ist, sehen Förderbedingungen oftmals eine Rückzahlung des Zuschusses im Falle des Erfolgs in Abhängigkeit von den erzielten Gewinnen oder anderen Erfolgsgrößen vor. Die Rückzahlung des Zuschusses ist in diesem Fall mit einer aufschiebenden Bedingung verbunden, wenn die Zuschüsse zur Förderung von Forschungs- und Entwicklungsvorhaben bei einer erfolgreichen Umsetzung des Projekts aus künftigen Gewinnen des Unternehmens zurückzuzahlen sind. Dagegen liegt formalrechtlich eine auflösend bedingte Rückzahlungsverpflichtung vor, wenn der gewährte Forschungs- und Entwicklungszuschuss prinzipiell innerhalb eines bestimmten Zeitraums zurückzuzahlen ist, aber die Rückzahlungsverpflichtung entfällt, wenn das mit der Förderung angestrebte Erfolgsziel nicht erreicht wird. Die Verpflichtung zur Rückzahlung des Zuschusses entsteht hier bereits rechtswirksam im Zeitpunkt der Zuschussvergabe und entfällt erst bei Eintritt eines künftigen, spezifizierten Ereignisses.

2.2. Investitions- und Erfolgszuschüsse

In der Terminologie der Bilanzrechtsliteratur und Bilanzrechtsprechung findet sich das Begriffspaar der Investitions- und Erfolgszuschüsse. Erstere sind regelmäßig dadurch charakterisiert, dass sie aufgrund ihrer Objektbezogenheit an die Bedingung der Anschaffung oder Her-

---

59 Vgl. Abschnitt III.C.
60 Vgl. Abschnitt III.D.
61 Vgl. § 158 Abs. 1, 2 BGB.

stellung von Vermögenswerten knüpfen. Die Gewährung erfolgsbezogener Zuschüsse erfolgt dagegen typischerweise zum Ausgleich künftiger Mehraufwendungen (sog. Aufwandszuschüsse) oder zur Kompensation von Ertragswertminderungen (sog. Ertragszuschüsse).
Die vorgenommene Abgrenzung dient oftmals als bilanzrechtliche Vorfrage der Bestimmung des Gewinnrealisierungszeitpunkts und impliziert regelmäßig unterschiedliche Periodisierungsgrundlagen. Da eine trennscharfe Abgrenzung anhand der genannten Merkmale – wie in Abschnitt III.C.1.4.3.4.dargelegt – nicht möglich ist, wird für den Untersuchungszweck der Arbeit nicht auf eine pauschale Definition abgestellt. Die begriffliche Unterscheidung von investitions- und erfolgsbezogenen Zuschüssen ergibt sich im nachfolgenden Gang der Untersuchung erst aus einer bilanzrechtlichen Wirkungsanalyse unter Berücksichtigung der handelsrechtlichen Gewinnermittlungsgrundsätze bzw. der normierten Einzelvorschriften innerhalb des IFRS-Regelungswerks.

2.3. Zuschüsse und Zulagen

Nach der steuerlichen Wirkung beim Zuschussnehmer ergibt sich die Unterscheidung zwischen Zulagen und Zuschüssen. Die Gewährung von Zulagen reglementiert derzeit das Investitionszulagengesetz (InvZulG). Begünstigt sind im Rahmen eines sog. Erstinnovationsvorhabens[63] die Anschaffung oder Herstellung bestimmter abnutzbarer Wirtschaftsgüter in den neuen Bundesländern sowie Berlin.[64] Einen Anspruch auf die Gewährung von Investitionszulagen haben die im Fördergebiet ansässigen Steuerpflichtigen, die zu den begünstigten Betrieben im Sinne des InvZulG zählen.[65]
Zulagen unterscheiden sich von Zuschüssen ausschließlich dadurch, dass sie kraft Gesetz nicht zu den einkommensteuerpflichtigen Einkünften gehören und ausdrücklich nicht die Anschaffungs- bzw. Herstellungskosten mindern.[66] Für Investitionszuschüsse gilt indes grundsätzlich die Ertragsteuerbarkeit.[67] Aufgrund der steuerlichen Sonderstellung sowie des (vermeintlichen) Prämiencharakters von Investitionszulagen befürworten Teile des Schrifttums

---

62 Vgl. *Heinrichs* (2009), Rn. 1.
63 Zu den Erstinnovationen zählen gemäß § 2 Abs. 3 InvZulG die Errichtung einer neuen Betriebsstätte, die Erweiterung einer bestehenden Betriebsstätte, die Diversifizierung der Produktion einer Betriebsstätte in neue, zusätzliche Produkte, die grundlegende Änderung eines Produktes oder eines Produktionsverfahrens einer bestehenden Betriebsstätte oder unter bestimmten Voraussetzungen die Übernahme eines Betriebs.
64 Vgl. § 2 Abs. 1, 2 InvZulG.
65 Begünstigt sind Erstinnovationen in Betrieben des verarbeitenden Gewerbes, der produktionsnahen Dienstleistungen oder des Beherbergungsgewerbes. Vgl. § 3 Abs. 1 InvZulG.
66 Vgl. § 13 InvZulG.
67 Vgl. *Tertel* (1990), S. 20.

ihre sofortige Vereinnahmung in der Handelsbilanz.[68] Die These gibt Anlass zur Diskussion und steht in Abschnitt III.C.3.3 auf dem Prüfstand.

3. Rechtliche Rahmenbedingungen

3.1. Frage nach dem Gesetzesvorbehalt und -vorrang öffentlicher Zuschüsse

Mangels einer Kodifikation des deutschen Subventionsrechts steht im Zentrum der rechtswissenschaftlichen Diskussion die Frage nach dem Gesetzesvorbehalt für Subventionen, d.h. ob und unter welchen Voraussetzungen die Gewährung von Subventionen eine Ermächtigung durch Gesetz verlangt bzw. im Rahmen der „gesetzesfreien" Verwaltung rechtmäßig ist.[69] Hierzu hat das Bundesverfassungsgericht in seiner Entscheidung vom 26. April 1979 festgestellt, dass die Festsetzung von Subventionsmitteln im Haushaltsgesetz (bzw. Haushaltsplan) sowie die Konkretisierung der Mittelvergabe in ergänzenden Verwaltungsvorschriften den Gesetzesvorbehalt erfüllt und für die Bewilligung von Subventionen verfassungsgemäß sind.[70] Ist die Subventionsvergabe nicht durch das Haushaltsgesetz bzw. durch verwaltungsrechtliche Vorschriften geregelt sondern gesetzlich normiert, gilt der Grundsatz des Gesetzesvorrangs, wenngleich das Subventionsrecht nur sehr lückenhaft spezialgesetzlich geregelt ist[71], wie beispielsweise das Gesetz über die Gemeinschaftsaufgabe „Verbesserung der regionalen Wirtschaftsstruktur" oder das Investitionszulagengesetz. Während der Antragsteller aufgrund gesetzlicher Bestimmungen einen Anspruch auf Subventionsgewährung erlangt, sofern er die Tatbestandsvoraussetzungen erfüllt, vermittelt der Haushaltsplan kein subjektives Recht.

Da die zuwendungsbezogenen Vorschriften der Bundeshaushaltsordnung (BHO) bzw. sinngemäß der Länder (LHO) durch die dazu erlassenen Verwaltungsvorschriften ergänzt und konkretisiert werden und die Mehrzahl der Subventionsverhältnisse regelt, sei nachfolgend auf die wesentlichen Bestimmungen hinsichtlich der Voraussetzungen und Verfahren für die Gewährung staatlicher Finanzhilfen eingegangen.[72] Diese Verwaltungsvorschriften sind zwar

---

[68] Nach *Mathiak* läge es näher, die spezialgesetzlichen Vorschriften zu den Investitionszulagen als „eine Bestätigung des allgemeinen Grundsatzes zu sehen, daß alle Zuschüsse Erträge bzw. Betriebseinnahmen sind." *Mathiak* (1989), S. 237 (Hervorhebung im Orignial). Im Ergebnis wohl auch *Groh* (1973), S. 744f.

[69] Vgl. *Pitschas* (1999), S. 22–24; *Stober* (1996), S. 1847; *Stober* (1999), S. 9. Das bestehende sog. Subventionsgesetz verankert (lediglich) strafrechtliche Vorschriften zur Verhinderung des Subventionsbetrugs und ist insoweit von der Bezeichnung her ein „Etikettenschwindel". Vgl. *Stober* (1996), S. 1847.

[70] Inwiefern die Subventionsvergabe außerhalb der haushaltsrechtlichen Ermächtigung einer spezialgesetzlichen Grundlage bedarf, hat das Bundesverfassungsrecht insoweit offen gelassen. Vgl. BVerwG, Urteil vom 26. April 1979, 3 C 111/79, BVerwGE, 58, 45. Die Entbehrlichkeit einer besonderen Rechtsgrundlage hat das Bundesverwaltungsgericht zuletzt in seinem Urteil vom 8. April 1997 bestätigt. Vgl. BVerwG, Urteil vom 8. April 1997, 3 C 6/95, BVerwGE 104, 220.

[71] Vgl. hierzu *Ehlers* (1999), S. 130.

[72] Vgl. *Pitschas* (1999), S. 25.

keine Rechtsnormen und gelten vorbehaltlich abweichender gesetzlicher oder gewohnheitsrechtlicher Regelungen, sie steuern aber bisweilen mit Hilfe ihrer eigenen „(Binnen-) Rechtsetzung" maßgeblich das Rechtsgebiet der Subventionen.[73]

3.2. Verwaltungsrechtliche Begründung des öffentlichen Zuschussverhältnisses

3.2.1. Vergabeentscheidung

Der Subventionsverwaltung steht die Freiheit der „Formenwahl" zu: Neben der vollständigen Unterstellung des Subventionsverhältnisses entweder unter das öffentliche oder das private Recht wird es der Verwaltung auch gestattet, sich für eine zweistufige öffentlich-rechtliche und privatrechtliche Konstruktion auszusprechen, indem sie das „Ob" der Bewilligung öffentlich-rechtlich und das „Wie" privatrechtlich regelt.[74] Hat die Verwaltung für das öffentliche Recht im Sinne eines einstufigen Verfahrens votiert, kann sie sodann zwischen dem Verwaltungsakt[75] und dem verwaltungsrechtlichen Vertrag[76] wählen, sofern Rechtsvorschriften diesem nicht entgegenstehen.

Die typische und tradierte Handlungsform der Subventionsvergabe erfolgt durch einen Verwaltungsakt (sog. Bewilligungsbescheid).[77] Bei der Entscheidung über die Subventionsvergabe hat die Behörde den Sachverhalt unter Berücksichtigung der Auskunfts- und Mitwirkungspflichten des Antragstellers von Amts wegen zu ermitteln.[78] Der Verwaltungsakt wird im Zeitpunkt der Bekanntgabe rechtswirksam.[79]

Bei der Subventionsvergabe durch Verwaltungsakt können Verwendungsbeschränkungen dem Bewilligungsbescheid als Nebenbestimmungen beigefügt werden, deren Erlass im Ermessen der Behörde steht.[80] Verwendungsbeschränkungen dienen der zweckmäßigen Mittelverwendung und sollen die Erreichung des Primärzwecks sicherstellen.

---

73 *Pitschas* (1999), S. 20. Zur Diskussion der Rechtmäßigkeit von Verwaltungsvorschriften insbesondere in Hinblick auf die Rechtsprechung des EuGH vgl. *Stober* (1996), S. 1847.

74 Vgl. *Ehlers* (1999), S. 128. Dies trifft zum Beispiel auf die Gewährung von (Subventions-)Darlehen zu, die unter günstigeren Konditionen gewährt werden als dies privatwirtschaftlich der Fall wäre. Auf der ersten Verfahrensstufe wird entschieden, ob das Darlehen bewilligt wird. Diese Entscheidung folgt öffentlich-rechtlichen Bestimmungen und wird schließlich durch einen Verwaltungsakt umgesetzt. Bei dem zweiten Verfahrensabschnitt geht es um die Ausgestaltung des Darlehensverhältnisses, die privatrechtliche Vertragsinhalte gemäß §§ 488ff. BGB vorsieht. Da die zweistufige Rechtskonstruktion in der praktischen Anwendung von untergeordneter Bedeutung ist, wird im nachfolgenden auf eine nähere Untersuchung dieser Handlungsform verzichtet.

75 Vgl. §§ 35–53 VwVfG.

76 Vgl. §§ 54–62 VwVfG.

77 Vgl. *Stober* (1998), S. 292.

78 Vgl. § 24 VwVfG; vgl. hierzu ausführlich *Berg* (1999), S. 114–116.

79 Vgl. § 43 VwVfG i.V.m. § 41 VwVfG.

80 Vgl. § 36 VwVfG; *Berg* (1999), S. 103.

3.2.2. Widerruf und Rückforderung

Die Verwaltungsvorschriften bestimmen eine Mitwirkungspflicht des Begünstigten bei der Überwachung der zugewendeten Mittel. Die Behörde ist verpflichtet, vom Zuschussempfänger einen Verwendungsnachweis zu verlangen und diesen zu prüfen.[81] Diese Verpflichtung wird durch Auflagen im Bewilligungsbescheid verankert, die der Überwachung der zweckentsprechenden Mittelverwendung dienen.[82] Bei zweckwidriger Verwendung und Verletzung der Auflagen erlauben die §§ 48ff. VwVfG den Widerruf des Bewilligungsbescheids[83] und die Rückforderung der Mittel.[84] Nicht zweckmäßig verwendet wird die Leistung, wenn sie – abweichend von der Zweckbestimmung des Verwaltungsaktes – anderweitig verwendet wird oder zum Beispiel wegen Konkurses nicht mehr zweckmäßig verwendet werden kann.[85]

C. Zuschüsse im Gesellschaftsverhältnis – schuld- und insolvenzrechtliche Implikationen

1. Barzuschuss und Forderungsverzicht

Zur Abwehr einer Unternehmenskrise können Gesellschafter ihrer sanierungsbedürftigen Gesellschaft finanzielle Zuschüsse gewähren, die dazu beitragen sollen, die Finanz- und Ertragslage der Gesellschaft nachhaltig und dauerhaft zu stärken.[86] Sie dienen unmittelbar der Stärkung der Eigenkapitalbasis und der Vermeidung des Eintritts der insolvenzrechtlichen Tatbestände einer drohenden Überschuldung und/oder Zahlungsunfähigkeit. Führt der Gesellschafter der Gesellschaft Finanzmittel zu, die nicht an eine Rückzahlungsverpflichtung oder an die Gewährung gesellschaftsrechtlicher Leistungen knüpfen, handelt es sich um „Sanierungszuschüsse“[87], deren bilanzrechtliche Qualifikation im Rahmen der vorliegenden Arbeit im Vordergrund steht. Davon abzugrenzen ist somit die Kapitalerhöhung gegen Bareinlage, die zu einer Erhöhung des gezeichneten Kapitals einer Kapitalgesellschaft führt.[88]

---

81 Vgl. *Berg* (1999), S. 121.
82 Vgl. *Berg* (1999), S. 121.
83 Vgl. ausführlich zum Widerruf des Subventionsbescheids *Ehlers* (1999), S. 152–158.
84 Vgl. ausführlich zum Erstattungsanspruch nach Aufhebung des Subventionsbescheids *Ehlers* (1999), S. 158–161. Zu (entgegenstehenden) Vorschriften des europäischen Gemeinschaftsrechts vgl. *Ehlers* (1999), S. 130–142.
85 Vgl. *Ehlers* (1999), S. 155.
86 Vgl. *Lutter/Hommelhoff/Timm* (1980), S. 742.
87 BFH-Urteil vom 28. April 2004, I R 20/03, BFH/NV 2005, 19.
88 Vgl. §§ 182, 278 Abs. 3 AktG; §§ 55ff. GmbHG.

Ein weiteres bewährtes Sanierungsinstrument stellt der unbedingte Forderungsverzicht des Gesellschafters dar. Er verkörpert die „strengste Form eines Sanierungsbeitrags“[89], da der Gläubiger sämtliche Ansprüche gegenüber der Gesellschaft verliert.

Der unbedingte Forderungsverzicht kann schuldrechtlich als Erlassvertrag zwischen Gläubiger und Schuldner gemäß § 397 BGB geregelt sein.[90] Durch den Erlass verzichtet der Gläubiger auf einen schuldrechtlichen Anspruch[91], so dass der Gesellschafter-Gläubiger auch im Falle einer Besserung der wirtschaftlichen Lage der Gesellschaft keinerlei Rechte aus der erlassenen Verbindlichkeit mehr geltend machen kann.[92] Es bedarf hierzu eines Vertrages zwischen Gläubiger und Schuldner, da das Gesetz einen einseitigen Verzicht auf schuldrechtliche Forderungen nicht vorsieht.[93]

Im insolvenzrechtlichen Überschuldungsstatus der Gesellschaft kommt es zu einem Wegfall der Verbindlichkeit, so dass die Vereinbarung eines Forderungsverzichts gleichermaßen zur Abwendung einer Überschuldung geeignet ist.

2. Rangrücktrittsvereinbarungen

2.1. Schuldrechtliche Bedeutung des Rangrücktritts

Die rechtsdogmatische Einordnung des Rangrücktritts ist umstritten. Nach überwiegender Meinung handelt es sich um einen schuldändernden und damit die Fälligkeit der Verbindlichkeit beeinflussenden Vertrag im Sinne des § 311 Abs. 1 BGB[94], der den zivilrechtlichen Bestand der Forderung nicht berührt, sondern nur eine inhaltliche Änderung derart bewirkt, dass eine Subordination einer Forderung gegenüber anderen Forderungen erfolgt. Der Gläubiger besteht zwar weiterhin auf seine Forderung, stellt sie aber gegenüber anderen Gläubigern zurück.[95] Andere Autoren qualifizieren eine Rangrücktrittsvereinbarung als „pactum de non petendo“, wenn der Gläubiger (nur) verspricht, die Forderung nachrangig geltend zu machen.[96] Diese Vereinbarung berührt nicht von Rechts wegen die Fälligkeit, sondern gibt dem Schuldner eine Einrede zur Nichtfälligkeit.[97] Einigkeit besteht jedoch darin, dass das Schuldverhältnis rechtlich nicht erlischt.

---

89 *Rautenberg/Schaufenberg* (1995), S. 1345.

90 Vgl. § 397 Abs. 1 BGB.

91 Vgl. *Schlüter* (2007), Rn. 1.

92 Vgl. *Förschle/Heinz* (2008), Rn. 44.

93 Vgl. *Grüneberg* (2009b), Rn. 4.

94 Vgl. *Knobbe-Keuk* (1983), S. 129; *Priester* (1991), S. 1920; *Schulze-Osterloh* (1996), S. 98. Vgl. zur rechtswirksamen Beurteilung einer Änderung eines Schuldverhältnisses *Emmerich* (2007), Rn. 26–29.

95 Zur Frage, inwiefern die Aufhebung eines Rangrücktritts zu einer verdeckten Gewinnausschüttung führt, vgl. *Kammeter/Geißelmeier* (2007), S. 217.

96 Vgl. *Fleck* (1985), S. 119; *Groh* (1993), S. 1883; *Häuselmann* (1993), S. 1555; *Hölzle* (2005), S. 854; *Schmidt* (1987), S. 500.

97 Vgl. zur schuldrechtlichen Wirkung eines „pactum de non petendo“ *Krüger* (2007), Rn. 624; *Schlüter* (2007), Rn. 9.

Das primäre Ziel einer Rangrücktrittsvereinbarung besteht darin, die insolvenzrechtliche Überschuldung einer Gesellschaft abzuwenden, indem die Erfüllungsmodalitäten der Verbindlichkeit dergestalt modifiziert werden, dass eine Passivierung im insolvenzrechtlichen Überschuldungsstatus vermieden wird.[98] Welchen inhaltlichen und formellen Anforderungen eine Rangrücktrittsvereinbarung genügen muss, um einen Ausweis der rangrücktrittsbetroffenen Verbindlichkeit in der Überschuldungsbilanz zu verhindern, hat der Bundesgerichtshof in seinem Grundsatzurteil vom 8. Januar 2001 klar gestellt[99]: Danach entfällt eine Passivierung (eigenkapitalersetzender) Darlehen in der Überschuldungsbilanz nur dann, wenn der Gläubiger erklärt, dass er erst nach Befriedigung sämtlicher Gesellschaftsgläubiger und – bis zur Abwendung der Krise – nicht vorrangig, sondern zugleich mit den Einlagerückgewähransprüchen der Mitgesellschafter berücksichtigt wird.[100] Nur ein sog. „qualifizierter“ Rangrücktritt, der einen Gleichrang der Forderungen mit dem statuarischen Eigenkapital vorsieht, führt nach Auffassung des Bundesgerichtshofs zu einer Nichtberücksichtigung der Verbindlichkeit im Überschuldungsstatus und wird damit gegen den „einfachen“ Rangrücktritt abgegrenzt, bei dem der Schuldner lediglich hinter die Ansprüche anderer Gesellschaftsgläubiger zurücktritt.[101] Des weiteren muss in Hinblick auf eine Befriedigung außerhalb der Krise ergänzend zum Rangrücktritt erklärt werden, dass die Tilgung der zurückgetretenen Forderungen erst nach Beseitigung der Überschuldungsgefahr aus künftigen Gewinnen, sonstigem, die anderen Schulden der Gesellschaft übersteigendem Vermögen oder aus einem Liquidationsüberschuss verlangt werden kann.[102] Die Qualifikation eines Darlehens als sog. kapitalersetzendes Gesellschafterdarlehen rechtfertigte ohne die Erklärung eines Rangrücktritts nicht den Wegfall der Verbindlichkeit im Überschuldungsstatus[103], da bei der „Prüfung von Überschuldung und Konkursantragsverpflichtung meist noch ungeklärt sei, ob es sich um ein kapitalersetzendes Darlehen handle, das der Gesellschaft im Zustand der Kreditunwürdigkeit gegeben oder belassen wurde“[104].

Der Bundesrat hat am 19. September 2008 das vom Deutschen Bundestag am 26. Juni 2008 beschlossene Gesetz zur Modernisierung des GmbH-Rechts und zur Bekämpfung von Miss-

---

98 Vgl. BFH-Urteil vom 30. März 1993, IV R 57/91, BStBl II 1993, 502; *Groh* (1993), S. 1882; *Heerma* (2005), S. 538; *Schulze-Osterloh* (1996), S. 97.

99 Die Formulierung des Bundesgerichtshofs entfachte in Praxis und Schrifttum zahlreiche Diskussionen darüber, in welchen Rang die Forderung zurücktreten muss, damit die korrespondierende Verbindlichkeit im Überschuldungsstatus der Gesellschaft nicht passiviert wird. Gegen das BGH-Urteil wird insbesondere eingewendet, dass die geforderte Qualität eines weitergehenden Rangrücktritts nicht erforderlich sei, um die Gläubigerinteressen zu wahren. Vgl. *Schmidt* (1999), S. 9–15. Zu den möglichen Rangtiefen gemäß Insolvenzordnung vgl. Darstellung bei *Westerburg/Schwenn* (2006), S. 502; *Wittig* (1999), Rn. 518.

100 Vgl. BGH-Urteil vom 8. Januar 2001, II ZR 88/99, BGHZ, 146, 271.

101 Abzugrenzen von der Rangrücktrittsvereinbarung im insolvenzrechtlichen Sinne sind relative Rangrücktrittsvereinbarungen, die dem begünstigten Gläubiger lediglich ein vorrangiges Befriedigungsrecht gegenüber einem anderen Gläubiger einräumen. Vgl. hierzu *Haarmann* (2005), S. 139.

102 Vgl. BGH-Urteil vom 9. Februar 1987, II ZR 104/86, BB 1987, 728.

103 Vgl. *Häuselmann* (1993), S. 1552.

104 *Groh* (1993), S. 1888; a.A.: vgl. beispielsweise *Fleck* (1985), S. 125.

bräuchen (MoMiG) gebilligt.[105] Es ist zum 1. November 2008 in Kraft getreten und stellt die umfassendste Reform des GmbH-Rechts seit dem Bestehen des GmbH-Rechts dar. Das beschlossene Gesetz legt nunmehr fest, dass Forderungen auf Rückgewähr von Gesellschafterdarlehen auf der Passivseite des Insolvenzstatus nur dann unberücksichtigt bleiben, wenn ein einfacher Rangrücktritt hinter die in § 39 Abs. 1 InsO bezeichneten Forderungen vereinbart wird.[106] Das Gesetz nebst Begründung erscheint es als ausreichend anzusehen, dass lediglich erklärt wird, dass die Forderung hinter die gesetzlich subordinierten Ansprüche (§ 39 Abs. 1 Nr. 5 InsO) tritt, also nachrangig im Sinne von § 39 Abs. 2 InsO sein soll. Der Erklärung eines „qualifizierten" Rangrücktritts bedarf es zur Eigenkapitalqualifikation in der Überschuldungsbilanz damit nicht mehr.

2.2. Gesellschaftsrechtliche Implikationen: Sonderstatus von Gesellschafterdarlehen

Die Nachrangigkeit einer Gesellschafterforderung gegenüber Drittgläubigern kann sich einerseits aus einer vertraglich vereinbarten Rangrücktrittserklärung ergeben, die nach bisheriger Rechtslage im Besonderen eine insolvenzrechtliche Überschuldung zu vermeiden trachtete; andererseits konnte sie sich qua gesellschaftsrechtlicher Bestimmungen ergeben.[107] Gesellschafterforderungen unterlagen vor Inkrafttreten des MoMiG bei einer Krise der Gesellschaft kraft Gesellschaftsrecht besonderen Vermögensbindungen, die der Stärkung der Position und dem Schutz von Fremd-Gläubigern dienten.[108] Die vom Gesellschafter als Fremdkapital überlassenen Vermögenswerte wurden für die Dauer einer finanziellen Krise wie haftendes (funktionales) Eigenkapital behandelt und damit den Kapitalerhaltungsregeln unterworfen.[109]

Die Rechtsfigur der eigenkapitalersetzenden Darlehen hatte der Gesetzgeber mit den in §§ 32a, b GmbHG statuierten Beschränkungen (sog. „Novellenregelungen") und zusätzlich den §§ 30, 31 GmbHG, deren Anwendung maßgeblich von der Rechtsprechung geprägt wurde (sog. „Rechtsprechungsregeln"), eingeführt.[110] § 32a GmbHG schloss den Anspruch auf Darlehensrückgewähr im Konkurs- oder Vergleichsverfahren ohne höhenmäßige Begrenzung aus, wenn das Darlehen der GmbH in einem Zeitpunkt gewährt wurde, „in dem ihr die Ge-

---

105 Vgl. zu den Neuerungen des MoMiG *Kammeter/Geißelmeier* (2007), S. 214–220; *Schmidt* (2008), S. 461–463; *Thoms-Meyer* (2007), S. 659–663.
106 Vgl. Art. 4, Nr. 5 MoMiG; § 19 Abs. 2 InsO.
107 Vgl. *Dürr* (2007), S. 239.
108 Vgl. ausführlich hierzu *Häger/Elkemann-Reusch* (2007), Rn. 506–517.
109 Vgl. *Thoms-Meyer* (2007), S. 654.
110 Vgl. Übersicht bei *Groh* (1993), S. 1887f.; *Priester* (1991), S. 1919f.

sellschafter als ordentliche Kaufleute Eigenkapital zugeführt hätten" (Zeitpunkt der Krise).[111] Gesellschafterdarlehen erlangten hiermit im Zeitpunkt der Krise den rechtlichen Sonderstatus als eigenkapitalersetzend und waren durch das Gesellschaftsverhältnis veranlasst.
Die Umqualifizierung von Gesellschafterdarlehen in eigenkapitalersetzendes Darlehen bewirkte, dass Gesellschafterdarlehen im Insolvenzfall gegenüber den Drittgläubigern nachrangig bedient wurden.[112] Sie nahmen während der Krisensituation zugunsten der Dritt-Gläubiger den Status von Haftungskapital ein.[113] Die Umqualifizierung nach Maßgabe des Gesellschaftsrechts von Fremdkapital in funktionales Eigenkapital erfolgte nur vorübergehend bis die Krise überwunden war.
Der Rangrücktritt hatte somit, sofern er von Gläubigern eigenkapitalersetzender Leistungen erklärt wurde, lediglich deklaratorischen Charakter.[114] Erklärte der Gesellschafter den Rangrücktritt, unterwarf er sich (weitestgehend) den Rechtsfolgen, die das Gesetz an kapitalersetzende Gesellschafterdarlehen knüpfte.[115]

Mit Veröffentlichung des MoMiG wurde das Eigenkapitalersatzrecht umfassend reformiert. Gemäß den Neuregelungen sollen die Vorschriften zu eigenkapitalersetzenden Darlehen ersatzlos entfallen und stattdessen ausschließlich den insolvenzrechtlichen Grundsätzen unterliegen. Danach werden fortan sämtliche Gesellschafterdarlehen, also nicht nur solche, die eigenkapitalersetzenden Charakter haben, rechtsformneutral[116] im Insolvenzfall gleich behandelt und im Verhältnis zu Drittgläubigern stets als nachrangige Forderungen bedient.[117] Bislang bestehende Abgrenzungsschwierigkeiten bezüglich des Vorliegens einer finanziellen Krise werden damit beseitigt. Wegen des rechtsformübergreifenden Charakters der Insolvenzordnung betrifft dies auch andere Gesellschaftsformen, insbesondere die Aktiengesellschaften.

---

111 Der Zeitpunkt der Krise wurde maßgeblich durch Rechtsprechungsregeln präzisiert. Vgl. hierzu Nachweise bei *Dürr* (2007), S. 109f.

112 Der Eigenkapitalersatz von Darlehen eines Gesellschafters war gesetzlich für die GmbH geregelt. Gleichwohl sind die für die GmbH entwickelten Grundsätze über eigenkapitalersetzende Gesellschafterdarlehen auch, soweit keine natürliche Person persönlich und unbeschränkt haftet, für die Kommanditgesellschaft und die offenen Handelsgesellschaft sowie Aktiengesellschaften anzuwenden. Vgl. *Dürr* (2007), S. 108f.; *Häger/Elkemann-Reusch* (2007), Rn. 507.

113 Vgl. *Förschle/Heinz* (2008), Rn. 61.

114 Vgl. *Haarmann* (2005), S. 148.

115 Vgl. *Groh* (1993), S. 1888; *Wittig* (2003), Rn. 516.

116 Vgl. § 39 Abs. 4 Satz 1 InsO: Die Vorschrift des § 39 Abs. 1 Nr. 5 InsO „gilt für Gesellschaften, die weder eine natürliche Person noch eine Gesellschaft als persönlich haftenden Gesellschafter haben, bei der ein persönlich haftender Gesellschafter eine natürliche Person ist."

117 Vgl. § 39 Abs. 1 Nr. 5 InsO; Art. 9 Nr. 4 MoMiG.

Aufgrund der Aufhebung der Eigenkapitalersatzregeln beschränken sich die Ausführungen im Rahmen der Arbeit auf die bilanziellen Auswirkungen einer Rangrücktrittsvereinbarung hinsichtlich bestehender Gesellschafterdarlehen.

3. Forderungsverzicht mit Besserungsschein

Von der Rangrücktrittsvereinbarung ist der Forderungsverzicht mit Besserungsschein abzugrenzen. Besserungsvereinbarungen sind typischerweise dergestalt mit einem Forderungserlass verbunden, dass im Falle zukünftiger Gewinne eine Rückzahlungsverpflichtung entsteht. Rechtlich handelt es sich um einen Schulderlass unter zeitgleicher Begründung einer aufschiebend bedingten Forderung (§ 397 i.V.m. § 158 Abs. 1 BGB).[118] Der Forderungsverzicht mit Besserungsabrede kann jedoch auch als ein mit auflösender Bedingung versehener Forderungserlass vereinbart werden. Tritt die auflösende Bedingung der Sanierung ein, dann entsteht der Anspruch schuldrechtlich neu (§ 158 Abs. 2 BGB).[119] Als Bedingung des Besserungsscheins oder der Besserungsklausel wird regelmäßig vereinbart, dass der Anspruch des Gläubigers wieder auferlebt, wenn die in der Besserungsabrede beschriebenen Voraussetzungen eingetreten sind.[120] Da der Schulderlass mit Besserungsschein zum Stichtag das Konkursvermögen erhöht, führt er zum Wegfall der Verpflichtung in der Überschuldungsbilanz.

III. Bilanzierung von Zuschüssen nach HGB

A. Grundlagen der Rechnungslegung nach HGB

1. Rechtsnatur und Ermittlungsverfahren

Die handelsrechtlichen GoB stellen nach herrschender Lehre Rechtsnormen dar[121], die im Vergleich zu „bloßen Tatsachenfeststellungen"[122] (bzw. fachtechnischen Normen) revisibel sind[123] und als solche „nicht außerhalb des gesetzten Rechts [stehen], sondern [...] Konkretisierungen desselben" darstellen.[124] In dieser Funktion bilden die GoB den „zentralen unbestimmten Rechtsbegriff des Bilanzrechts"[125]. Aus der Qualifikation der GoB als Rechtsnormen folgt, dass ihre Gewinnung Rechtsfindung ist, „sei es als Auslegung bestehender GoB, sei es als – über die Grenzen der Auslegung hinausgehende – Rechtsfortbildung durch Konk-

118 Vgl. *Schlüter* (2007), Rn. 6.
119 Vgl. *Schlüter* (2007), Rn. 6.
120 Vgl. *Wittig* (2003), Rn. 514. Die Ausgestaltung des Besserungsscheins und der zum Eintritt der Leistungspflicht führenden Umstände zeigen im Schrifttum keine einheitlichen Tatbestände. Vgl. hierzu *Schulze-Osterloh* (1996), S. 102f., hier m.w.N.
121 Vgl. statt vieler *Beisse* (1993), S. 86; *Döllerer* (1959), S. 1217; *Moxter* (1993c), S. 534.
122 *Rüdinger* (2004), S. 7.
123 Vgl. *Döllerer* (1959), S. 1218.
124 *Beisse* (1984), S. 6.

retisierung der GoB"[126]. Nach modernem Verständnis bilden die GoB „kein Konglomerat einzelner Bräuche oder Regeln"[127], die sich induktiv durch Feststellung der Kaufmannsübung ergeben; sie stellen stattdessen „in ihrer Gesamtheit ein System sich wechselseitig ergänzender und beschränkender Grundsätze" dar.[128] Die Auslegung und Konkretisierung der GoB muss sich demgemäß – gestützt durch die Auffassung in Bilanzrechtsprechung[129] und Bilanzrechtsliteratur[130] – nach den Methoden der Rechtswissenschaft am Gesetzeszweck orientieren. So konstatierte DÖLLERER, dass die GoB deduktiv „durch Nachdenken" über die Zwecke, die eine Bilanz erfüllen muss, zu ermitteln sind.[131] Aus der Interdependenz von Bilanzrechtsprinzipien und Bilanzzweck ergibt sich mithin die Primärorientierung an der Ermittlung einer entziehbaren Gewinngröße.[132] Die das Bilanzrecht prägende dominierende wirtschaftliche Betrachtungsweise als „Spielart der teleologischen Interpretation" inkorporiert hierbei eine am wirtschaftlichen Normzweck orientierte Rechtsfindung.[133]

2. Rechnungslegungszwecke des HGB

2.1. Gewinnanspruchsermittlung

Nach herrschender Meinung erfüllen Rechnungslegungen „zwei wichtige Schutzfunktionen"[134]: die Konkretisierung von Gewinnansprüchen (Grundsätze ordnungsmäßiger Bilanzierung) und die Konkretisierung von Informationspflichten (Informations-GoB).[135]
Der handelsrechtliche Einzelabschluss dient „traditionell dem Gläubigerschutz"[136] und damit primär dem Sinn und Zweck der vorsichtigen Bestimmung des ausschüttungsfähigen Gewinns (Ausschüttungsbemessungsfunktion), der sich hermeneutisch aus den handelsrechtlich kodifizierten und nicht-kodifizierten GoB ableiten lässt.[137] Die GoB umfassen „als (kodifizierte) Fundamentalprinzipien"[138] das umsatzgebundene Realisationsprinzip und das verlustantizipierende Imparitätsprinzip sowie „ergänzende[n] und präzisierende[n] Objektivierungs- und Vereinfachungsprinzipien"[139]. Mit ihnen lässt sich nur die Ermittlung „eines vorsichtig ermit-

125 *Lang* (1986), S. 233.
126 *Beisse* (1990), S. 502.
127 *Beisse* (1988), S. 40.
128 *Moxter* (1994a), S. 710.
129 Vgl. BFH-Urteil vom 12. Mai 1966, IV 472/60, BStBl III 1966, 372.
130 Vgl. *Beisse* (1981), S. 1; *Böcking* (1997); S. 87; *Döllerer* (1959), S. 1220; *Moxter* (2003), S. 15.
131 *Döllerer* (1959), S. 1220, vgl. diesbezüglich auch *Moxter* (1994b), S. 97–102.
132 Vgl. *Böcking* (1988), S. 115.
133 *Beisse* (1984), S. 12.
134 *Moxter* (2005), S. 1007.
135 Vgl. *Moxter* (2000), S. 2149.
136 *Beisse* (1997), S. 408.
137 Vgl. *Ballwieser* (1987), S. 3–19; *Berndt* (1998), S. 39–42; *Böcking* (1989), S. 494; *Hommel* (1992), S. 6–13; *Moxter* (1987), S. 363–369; *Moxter* (1989b), S. 233.
138 *Moxter* (1987), S. 365.
139 *Hommel/Schmidt/Wüstemann* (2004), S93; vgl. auch *Moxter* (1985), S. 21–24; *Moxter* (1995c), S. 32.

telten Umsatzgewinns“ im Sinne eines entziehbaren Betrags widerspruchsfrei vereinbaren, „der liquide oder zumindest liquiditätsnahe und damit auch ausschüttungsfähig ist“[140].

Die Notwendigkeit der Gewinnanspruchsermittlung ergibt sich zum einen aus dem Gesellschaftsrecht[141], welches die Gewinnverteilung an die Gewinnberechtigten auf der Grundlage des bilanziell ermittelten Jahresüberschuss bemisst und zum anderen aus der Maßgeblichkeit der handelsrechtlichen GoB für die steuerliche Gewinnermittlung (§ 5 Abs. 1 Satz 1 EStG).[142] Da der ausschüttungsfähige Gewinn die Grundlage für die Gewinnverteilung und für die Gewinnausschüttung bildet, dient der handelsrechtliche Einzelabschluss dem „Schutz der Gewinnberechtigten vor Gewinnkürzung“ (Mindestausschüttung) und dem „Schutz [...] der Gläubiger vor überhöhten Ausschüttungen“ (Höchstausschüttung).[143]

2.2. Informationsvermittlung

Neben der Ermittlung einer Ausschüttungsrichtgröße besteht der Sinn und Zweck des handelsrechtlichen Einzelabschlusses in der Konkretisierung von Informationsinhalten.[144] Die Informationsfunktion ist inhärentes Merkmal der Rechnungslegung zur Selbstinformation des Kaufmanns sowie zur Informationsvermittlung gegenüber Dritten, wie beispielsweise den Anteilseignern, Gläubigern und der Öffentlichkeit.[145] Sie ergibt sich innerhalb des Handelsrechts aus den kodifizierten Einblicksgeboten[146]: § 238 Abs. 1 Satz 1 HGB verpflichtet jeden Kaufmann „die Lage seines Vermögens nach den Grundsätzen ordnungsmäßiger Buchführung ersichtlich zu machen“ (Selbstinformationspflicht).[147] Auch deuten die Gliederungsvorschriften[148] sowie die Informationspflichten im Anhang und im Lagebericht[149] auf die Jahresabschlussaufgabe der Informationsvermittlung gegenüber Dritten hin.[150]
Für Kapitalgesellschaften fordert das Handelsbilanzrecht, dass ihr Jahresabschluss „ein den tatsächlichen Verhältnissen entsprechendes Bild der Vermögens-, Finanz- und Ertragslage“ vermittelt (§ 264 Abs. 2 HGB). Die Darstellung eines „True and Fair View“ steht in unmittelbarem Zielkonflikt zu den handelsrechtlichen GoB[151]: Einerseits hat der Abschluss gemäß der

140 *Hommel/Schmidt/Wüstemann* (2004), S91; vgl. *Hommel* (1992), S. 6–13; *Moxter* (1987), S. 368.
141 Vgl. für Personengesellschaften zum Beispiel § 120 Abs. 1, § 167 Abs. 1 HGB, für Kapitalgesellschaften zum Beispiel § 58 Abs. 1 AktG, § 29 Abs. 1 GmbHG.
142 Vgl. *Rüdinger* (2004), S. 5; *Wüstemann/Bischof/Kierzek* (2007), Rn. 85.
143 *Moxter* (1997), S. 348; vgl. *Moxter* (2003), S. 3.
144 *Moxter* (1994a), S. 716.
145 Vgl. *Rüdinger* (2004), S. 5.
146 Vgl. *Berndt* (1998), S. 25–29.
147 Vgl. *Moxter* (2003), S. 4f.
148 Vgl. §§ 264ff. HGB.
149 Vgl. §§ 284ff. HGB.
150 Vgl. *Ballwieser* (1996), S. 8.
151 Vgl. *Beisse* (1994), S. 5.

für Kapitalgesellschaften geltenden Generalnorm über die tatsächliche wirtschaftliche Vermögens-, Finanz- und Ertragslage des Unternehmen zu informieren; andererseits hat dies „unter Beachtung der Grundsätze ordnungsmäßiger Buchführung“ zu geschehen. Damit tritt die Wertungsentscheidung des Gesetzgebers hervor: Der in § 264 Abs. 2 HGB kodifizierte True-and-Fair-View-Grundsatz bildet keinen GoB der Gewinnanspruchsermittlung und bleibt daher bei der Rechtsfortbildung unberücksichtigt.[152]

„Die Verzerrungen, die der Gewinn als Indikator der wirtschaftlichen Unternehmensentwicklung angesichts seiner objektivierten und vorsichtigen Ermittlung erleidet, können durch entsprechende Angaben im Anhang geheilt werden“[153]. Darauf gründet die von MOXTER geprägte „Abkopplungsthese“, die die Informationsvermittlung in den Anhang verlagert und die Ausschüttungsbemessungsfunktion als Primäraufgabe der Bilanz herausstellt.[154] Die Aufgabe der Informations-GoB „besteht demnach darin, die Gewinnkomponenten im Anhang durch Gliederung und Erläuterung derartig aufzubereiten, dass sie Anhaltspunkte für die Prognose zukünftiger Ausschüttungen liefern und so zumindest einen ‚gewissen Mindesteinblick‘ in die ‚tatsächliche‘ Lage des Unternehmens ‚gewähren‘“[155].

3. Zur Interdependenz von Vermögensermittlungs- und Gewinnermittlungsprinzipien

Das geltende Bilanzrechtssystem wird durch „zwei große Gruppen von Bilanzrechtsprinzipien, die Vermögensermittlungs- und die Gewinnermittlungsprinzipien, geprägt“[156].

In den Vermögensermittlungsprinzipien schlägt sich das Verständnis der Bilanz im Rechtssinne als „Vermögensbestandsrechnung“ nieder.[157] Es besagt im Kern, dass „die Bilanz (nur positive und negative Vermögenswerte (mit Ausnahme des bloßen Saldopostens Eigenkapital) aufnimmt; ausgeschlossen sind mithin sogenannte Verrechnungsposten im Sinne dynamischer Bilanzauffassung“, da sie keine wirtschaftlichen Ressourcen oder Verpflichtungen verkörpern.[158] Bilanzorientierte Objektivierungsprinzipien beschränken die Erfassung von Einnahme- und Ausgabepotentialen: Aktivierungsfähig ist der durch die Anschaffung oder Herstellung verkörperte vermögenswerte Vorteil, der mindestens zusammen mit dem Unterneh-

---

152 Vgl. *Beisse* (1990), S. 509. Vgl. ausführlich zur Diskussion des Verhältnisses des „True and Fair View“-Gebots zu den handelsrechtlichen GoB *Beisse* (1988), S. 25–44; *Moxter* (1995d), S. 419–429.

153 *Moxter* (1995d), S. 427.

154 *Moxter* (1995d), S. 426f.

155 *Wüstemann/Bischof/Kierzek* (2007), Rn. 90. *Wüstemann/Bischof/Kierzek* beziehen sich dabei auf *Moxter* (2003), 223–300.

156 *Breidert* (1994), S. 3. Vgl. grundlegend zur Interdependenz von Vermögensermittlungs- und Gewinnermittlungsprinzipien Ausführungen bei *Euler* (1996), S. 109–126; *Hommel* (1998), S. 46–51.

157 *Moxter* (2007), S. 3.

158 *Moxter* (1997), S. 351; vgl. auch *Moxter* (1984a), S. 156.

men auf einen Dritten übertragbar[159], hinsichtlich seiner Existenz formal greifbar[160] und selbständig bewertbar[161] ist. Auf der Passivseite bilden nur wirtschaftliche Vermögenslasten (Ausgabennachleistungen bzw. Umsatzverpflichtungen), die greifbar und mit einer objektivierten Mindestwahrscheinlichkeit eintreten, bilanzrechtliche Schulden.[162] Die Bilanz verkörpert damit mehr als nur einen „Kräftespeicher der Unternehmung"[163] im Sinne von noch nicht erfolgswirksam gewordenen Ausgaben und Einnahmen im Verständnis der dynamischen Bilanztheorie.

Die Art der Vermögensermittlung wird ferner durch die in § 252 Abs. 1 Nr. 2 und 3 HGB kodifizierten Unterprinzipien konkretisiert[164]: Der Grundsatz der Unternehmensfortführung qualifiziert den Inhalt der Bilanz als Fortführungsvermögen (im Unterschied zum Zerschlagungsvermögen); das Einzelbewertungsprinzip objektiviert die Vermögensermittlung, indem es an die Stelle eines durch Gesamtbewertung ermittelten Effektivvermögens die Ermittlung eines Buchvermögens setzt.[165]

Während das Vermögensermittlungsprinzip in Eröffnungsbilanzen und bei Einlagevorgängen in Folgebilanzen als „lex generalis" in seiner Reinform auftritt[166], wird es für die bilanzielle Erfassung von Geschäftsvorfällen in Folgebilanzen durch das Gewinnermittlungsprinzip als „lex specialis [...] ergänzt, präzisiert" und ggf. durchbrochen.[167] Der grundlegend als Reinvermögensmehrung konzipierte Gewinn wird aufgrund des die Gewinnermittlungsprin-

159 Das Übertragbarkeitsprinzip bewirkt den Ausschluss solcher Vermögenswerte, die an die individuellen Eigenschaften des Bilanzierenden knüpfen sowie einer breiten Öffentlichkeit zugänglich sind. Vgl. diesbezüglich *Hommel* (1998), S. 102f.; *Moxter* (2007), S. 7. Das strikte Erfordernis der Einzelveräußerbarkeit ist nach herrschender Rechtsprechung nicht geboten, da ein vermögenswerter Vorteil auch durch den Einsatz innerhalb des Unternehmens einen entsprechenden Nutzenwert entfalten kann. Vgl. BFH-Urteil vom 26. Februar 1975, I R 72/73, BStBl II 1976, 14. Vgl. diesbezüglich *Hommel* (1997), S. 355; *Hommel* (1998), S. 87–102; *Moxter* (2007), S. 7.

160 Bei einem Aktivum muss es sich danach „um ein Gut handeln, das bei Veräußerung des ganzen Betriebs sozusagen greifbar ist, d.h. als Einzelheit ins Gewicht fällt oder um etwas, das dem Betrieb zwar für die Zukunft zugute kommt, sich aber nicht so ins Allgemeine verflüchtigt, daß es nur als Steigerung des good will des ganzen Unternehmen in [...] Erscheinung tritt". RFH-Urteil vom 21. Oktober 1931, VI A 2002/29, RStBl 1932, 307. Im Schrifttum wird typisierend unterstellt, dass materielle Güter stets greifbar sind. Die Greifbarkeitsvermutung gilt ebenso für immaterielle Werte, die sich als Rechte konkretisieren und insofern individualisierbar und grundsätzlich vom Geschäfts- und Firmenwert isolierbar sind. Vgl. *Moxter* (2007), S. 6. Auch rein wirtschaftliche Güter können, sofern diese hinreichend in ihrer Existenz nachgewiesen sind, die Greifbarkeitskriterien erfüllen. Dies belegt die Gliederungsvorschrift des § 266 Abs. 2 HGB, die auch „ähnliche Rechte und Werte" unter den Bilanzposten der immateriellen Vermögensgegenstände subsumiert. Vgl. *Hommel* (1998), S. 145–147.

161 Eine abgrenzbare Wertzurechnung umfasst neben dem Nachweis eines Zugangswertes auch eine Abschätzung der Folgewerte zu späteren Bilanzstichtagen. Vgl. ausführlich zum Aktivierungskriterium der selbständigen Bewertbarkeit *Hommel* (1998), S. 206–234; *Moxter* (2007), S. 9.

162 Vgl. *Hommel/Schmidt/Wüstemann* (2004), S92.

163 *Schmalenbach* (1962), S. 74.

164 Vgl. *Breidert* (1994), S. 3.

165 Vgl. *Moxter* (1983), S. 302; *Moxter* (1994a), S. 712.

166 Vgl. diesbezüglich ausführlich *Euler* (1996), S. 127–129.

zipien beherrschenden Realisationsprinzips in einen Umsatzgewinn transformiert.[168] Vermögensermittlungs-, Realisations- und Imparitätsprinzip weisen damit in ihrer Gesamtheit auf eine umsatzabhängige und verlustantizipierende Vermögensänderung hin.

B. Überblick der anzuwendenden Regelungsnormen in Hinblick auf den Untersuchungsgegenstand der Arbeit

Gemäß § 242 Abs. 1 HGB haben alle Kaufleute ihren Jahresabschluss (Einzelabschluss) nach den GoB aufzustellen. Die Verweisung auf die GoB spiegelt das „Credo des Gesetzgebers" wider und ist als „Generalnorm des allgemeinen Bilanzrechts"[169] zu verstehen, da sie zum einen das „sonst rudimentär normierte[n] Bilanzrecht[s]"[170] in ein lückenloses, prinzipienbestimmtes Normensystem transformiert und zum anderen die prinzipielle Wertungsentscheidung des Gesetzgebers zugunsten einer gläubigerschutzorientierten Gewinnermittelung festlegt.[171] „Der Charakter der GoB als paradigmatisches System bedingt"[172], dass GoB für die (auslegungsoffenen) „praktisch bedeutsamen Fallgruppen", wie auch für den vorliegenden Untersuchungsgegenstand der Arbeit, innerhalb des Systems durch Konkretisierung der „oberen" GoB gewonnen werden.[173]

Am 26. März 2009 wurde das Bilanzrechtsmodernisierungsgesetz (BilMoG) vom Bundestag und am 3. April 2009 vom Bundesrat verabschiedet. Nachdem sich die Reform mehrfach verzögerte, erfolgt nunmehr grundsätzlich eine verpflichtende Anwendung der die Bilanzierung regelnden Vorschriften des BilMoG für Geschäftsjahre, die nach dem 31. Dezember 2009 beginnen. Die Unternehmen können jedoch wählen, ob sie die geänderten Vorschriften insgesamt bereits auf nach dem 31. Dezember 2008 beginnende Geschäftsjahre anwenden wollen. Einzelne begünstigende Vorschriften sind bereits für nach dem 31. Dezember 2007 beginnende Geschäftsjahre anwendbar. Dies gilt insbesondere für die Befreiung von der Buchführungs- und Bilanzierungspflicht für bestimmte Einzelkaufleute und die Anhebung der Größenklassen im Sinne des § 267 HGB.

Erklärtes Ziel ist es, den handelsrechtlichen Jahresabschluss zu einer „dauerhaften und im Verhältnis zu den internationalen Rechnungslegungsstandards vollwertigen, aber kostengüns-

---

167 *Euler* (1996), S. 112; *Hommel* (1998), S. 48.
168 Vgl. *Moxter* (2007), S. 3.
169 *Beisse* (1997), S. 400.
170 *Euler* (1996), S. 1.
171 Vgl. *Beisse* (1990), S. 499: „Jede Frage, die sich nicht nach gesetzlichen Einzelvorschriften beurteilt, beantworten die GoB." Vgl. *Euler* (1996), S. 10.
172 *Beisse* (1997), S. 402.
173 *Beisse* (1990), S. 503.

tigeren und einfacheren Alternative“ fortzuentwickeln.[174] Hierzu sei eine „maßvolle Annäherung“ der handelsrechtlichen Rechnungslegungsvorschriften an die internationalen Rechnungslegungsvorschriften der IFRS erforderlich, um die Informationsfunktion des handelsrechtlichen Jahresabschlusses zu stärken.[175] Das HGB soll moderner und damit wettbewerbsfähiger im Vergleich zu den IFRS werden. Erstmals erhalten damit IFRS-nahe Elemente in großem Stil Einzug in den handelsrechtlichen Jahresabschluss. Gleichzeitig soll an der Funktion der Ausschüttungsbemessung festgehalten werden.

Die Behauptung einer höheren Qualität der Rechnungslegungsinformationen eines IFRS-Abschlusses gegenüber dem handelsrechtlichen ist indes empirisch unbewiesen.[176] Es lässt sich weder eine Verringerung der asymmetrischen Informationsverteilung noch eine signifikante Kapitalkostensenkung konstatieren.[177]

Die Neuregelungen tangieren in Hinblick auf den Untersuchungsgegenstand der Arbeit insbesondere die bilanzrechtlichen Fragestellungen im Zusammenhang mit Zuschüssen, die zur Anschaffung oder Herstellung bestimmter Objekte gewährt werden. Sie betreffen die Aufhebung des Aktivierungsverbots für selbsterstellte immaterielle Vermögensgegenstände des Anlagevermögens[178] sowie die Folgebewertung von Vermögensgegenständen.[179]

Darüber hinaus werden die Ausführungen zur Bedeutung steuerrechtlicher Wahlrechte flankiert durch die Aufhebung der umgekehrten Maßgeblichkeit.[180] Mit dem BilMoG wird die gesetzlich verankerte formelle Maßgeblichkeit (§ 5 Abs. 1 Satz 2 EStG) abgeschafft, aber an der materiellen Maßgeblichkeit (§ 5 Abs. 1 Satz 1 EStG) unverändert festgehalten.

C. Bilanzierung von verlorenen Zuschüssen

1. Grundsätze erfolgswirksamer Vermögenszugänge als Deduktionsbasis für erfolgsbezogene Zuschüsse

1.1. Das Realisationsprinzip als übergeordneter Gewinnrealisierungsgrundsatz im Sinne der Ausschüttungsstatik

JANSEN lehnt das Realisationsprinzip als grundlegende Gewinnermittlungsnorm für Zuschüsse generell ab: Es sei nicht „idealtypisch für ein Zuwendungsverhältnis“, da „dieses Prinzip den Austausch von Gütern bzw. Dienstleistungen gegen Geld zwischen zwei Vertragspartnern

174 BilMoG-RegE (2008), S. 1.
175 BilMoG-RegE (2008), S. 69.
176 Vgl. diesbezüglich zum Beispiel Studie von *Harris/Lang/Möller* (1995), S. 996–1028.
177 Vgl. diesbezüglich Studie von *Daske/Hail/Leuz/Verdi* (2007), pessim.
178 Vgl. diesbezüglich Ausführungen in Abschnitt III.C.2.4.1.
179 Vgl. diesbezüglich Ausführungen in Abschnitt III.C.2.3.2.2.
180 Vgl. hierzu ausführlich *Herzig* (2008), S. 3f. Vgl. diesbezüglich auch Ausführungen in Abschnitt III.C.3.2.2.

zum Gegenstand hat"[181]. Da es auf einen „konkreten Realisationszeitpunkt" mit der vollständigen Erbringung der geschuldeten Leistung abstellt, werde es dem Postulat der Periodenvergleichbarkeit nicht gerecht, wenn sich die Gegenleistung des Zuschussempfängers auf mehrere Perioden erstreckt.[182]

Eine Beschränkung des Realisationsprinzips auf marktwirtschaftliche oder -ähnliche Transaktionen lässt sich keinesfalls aus dem Gesetzeswortlaut entnehmen, demzufolge Gewinne „nur zu berücksichtigen [sind], wenn sie am Abschlußstichtag realisiert sind"[183]. Indem es die auf den Ertrags- und Aufwandsausweis bezogenen Bilanzierungs- und Bewertungsregeln konkretisiert, dient es – entgegen der Auffassung von JANSEN – als grundlegendes Gewinnermittlungsprinzip der Bestimmung des ausschüttbaren Betrags und resultiert somit aus dem Primärzweck der Handelsbilanz.[184] Die Eingrenzung des Realisationsprinzips auf einzelne Umsatztypen führt andernfalls zu einer dem bilanzrechtlichen Sinn und Zweck widersprechenden Willkür und Ermessensfreiheit bei der Würdigung bilanzrechtlicher Sachverhalte. Als gesichert gilt somit, dass zunächst das Realisationsprinzip als „Eckpfeiler der Periodenabgrenzung"[185] und „eine der tragenden Säulen des deutschen Bilanzrechts"[186] – unter ergänzender Wirkung des verlustantizipierenden Imparitätsprinzips – „das allgemeine bilanzrechtliche Vermögensermittlungsprinzip konkretisiert"[187]. Nachgeordnete (vermögensorientierte) Objektivierungsprinzipien schränken die vom Realisationsprinzip vorgegebene Ausgaben- und Einnahmenperiodisierung weiter ein.[188]

Zur Sicherung des geltenden Normzwecks der Bilanz im Rechtssinne konzipiert das Realisationsprinzip „den bilanzrechtlichen Gewinn nicht mehr als Reinvermögenszuwachs, sondern als Umsatzgewinn"[189]. Es knüpft den Zeitpunkt der Gewinnrealisierung an den Umsatzakt,

---

181 *Jansen* (1988), S. 89, 90f.

182 *Jansen* (1988), S. 90: „Verteilt sich eine Gegenleistung auf mehrere Perioden, würde ein Zuwendungsertrag erst in der letzten mit Mehraufwendungen bzw. Mindererträgen belasteten Periode in einer Summe ertragswirksam, während in den Vorperioden realisierten Nettovermögensminderungen kein Zuwendungsertrag gegenüberstehen würde.", ders. S. 91: „[B]ei Anwendung des klassischen Realisationsprinzips [wäre] ein Periodengleichklang von Nettovermögensminderung und Zuwendungsertrag nicht mehr gewährleistet." *Jansen* befürwortet im Ergebnis eine aufwandsproportionale Zuschussvereinnahmung. Vgl. diesbezüglich Ausführungen in Abschnitt III.C.1.4.1.

183 § 252 Abs. 1 Nr. 4 HGB.

184 Vgl. *Moxter* (1995a), S. 497.

185 *Leffson* (1987), S. 251.

186 *Siegel* (1992), S. 587.

187 *Moxter* (1984a), S. 162 (Hervorhebung im Original).

188 Vgl. *Hommel/Schmidt/Wüstemann* (2004), S92; *Moxter* (1995a), S. 497.

189 *Moxter* (1989b), S. 233: „Auch ein solcher am Umsatz verdienter Überschuß vermehrt zwar das Reinvermögen, schlägt sich also als Reinvermögenszuwachs nieder, aber er kann nicht dem wirklichen bilanziellen Reinvermögen gleichgesetzt werden. Der wirkliche bilanzielle Reinvermögenszuwachs ergibt sich aufgrund einer zeitwertorientierten Vermögensermittlung; eine vom Realisationsprinzip beherrschte Bestimmung des Betriebsvermögens, wie sie das geltende Recht kennzeichnet, zielt so gesehen nicht auf Vermögensermittlung, sondern auf Gewinnermittlung."

die Lieferung und Leistung im Rechtssinne.[190] Gemäß dem Realisationsprinzip sind Forderungen im Rahmen gegenseitiger Verträge nicht bereits zum Zeitpunkt ihrer bürgerlichrechtlichen Entstehung, dem Vertragsabschluss, zu erfassen, sondern erst wenn die (eigene) „vereinbarte Lieferung und Leistung erbracht"[191] wurde, so dass die Forderung auf die Gegenleistung – unabhängig von Forderungsausfall- und Gewährleistungsrisiken[192] – dem Grunde nach „so gut wie sicher"[193] besteht[194] (Grundsatz des quasi-sicheren Anspruchs).[195] Daher markiert nach der herrschenden Meinung im Schrifttum bei einfachen Schuldverhältnissen der „Übergang der Preisgefahr auf den Geldleistungsverpflichteten"[196] regelmäßig den Zeitpunkt der Ertragsrealisation.[197] Obgleich in wirtschaftlicher Betrachtungsweise die gewinnrealisierungshemmenden Risiken mit Preisgefahrenübergang weitestgehend abgebaut sind, bedarf es einer weitergehenden Würdigung der noch existenten vertraglichen und außervertraglichen Risiken.[198] Bis dahin gilt der Grundsatz der Nichtbilanzierung schwebender Geschäfte.

1.2. Konkretisierende Gewinnermittlungsgrundsätze

1.2.1. Der Grundsatz der Nichtbilanzierung schwebender Geschäfte

Als schwebendes Geschäft bezeichnen Rechtsprechung und herrschende Literaturmeinung „zweiseitig verpflichtende" synallagmatische Verträge, bei denen der zur Sach- oder Dienstleistung verpflichtete Vertragspartner noch nicht geleistet hat.[199] Der (nicht unumstrittene) Grundsatz der Nichtbilanzierung[200] von Ansprüchen und Verpflichtungen aus einem schwebenden Rechtsgeschäft beruhte auf der (widerlegbaren) Vermutung[201], dass sich die wechsel-

---

190 Vgl. *Euler* (1989), S. 69; *Hommel* (1992), S. 10; *Moxter* (1989b), S. 233; *Moxter* (2003), S. 41.

191 BFH-Urteil vom 22. August 1984, I R 198/80, BStBl II 1985, 128.

192 Vgl. BFH-Urteil vom 29. November 1973, IV R 181/71, BStBl II 1974, 204f.

193 *Moxter* (2007), S. 45. Vgl. auch BFH-Urteil vom 25. Februar 1986, VIII R 134/80, BStBl II 1986, 788.

194 Vgl. BFH-Urteil vom 22. August 1984, I R 198/80, BStBl II 1985, 128; BFH-Urteil vom 27. Februar 1986, IV R 52/83, BStBl II 1986, 553. Grundsätzlich kommen innerhalb des Umsatzakts mehrere Zeitpunkte als Gewinnrealisationszeitpunkte in Betracht. Diese reichen vom Vertragsabschluss bis hin zum Geldeingang und unterscheiden sich hinsichtlich des Sicherheitsgrades, der dem Eingang der Forderung in diesem Zeitpunkt beigemessen wird. Vgl. diesbezüglich Darstellung bei *Hommel* (1992), S. 30–35, hier m.w.N.

195 Vgl. grundlegend *Euler* (1989), S. 67f. sowie Ausführungen in Abschnitt III.C.1.2.2.

196 *Lüders* (1987), S. 141. Die Preisgefahr umfasst die Gefahr des zufälligen Untergangs der Sache oder der zufälligen Verschlechterung des Vertragsgegenstandes vor dem Zeitpunkt der Entstehung des Zahlungsanspruchs auf den Kaufpreis. Der Preisgefahrenübergang als schuldrechtlicher Indikator variiert mit der zugrundeliegenden Vertragsart: Während die Preisgefahr beim Werkvertrag gemäß § 644 Abs. 1 Satz 1 BGB erst mit der Abnahme des Werks auf den Besteller übergeht, wird nach Kaufvertragsrecht auf den Gefahrenübergang durch Übergabe und Übertragung des Eigentums gemäß §§ 446, 447 BGB abgestellt.

197 Vgl. *Gelhausen* (1985), S. 162–166; *Herzig* (1993), S. 211; *Lüders* (1987), S. 72–84; *Moxter* (2003), S. 41; *Woerner* (1988), S. 774–777.

198 Vgl. *Hommel* (1992), S. 103–106; *Woerner* (1984), S. 494.

199 *Knobbe-Keuk* (1993), S. 141; vgl. ferner *Crezelius* (1988), S. 81; *Mellwig/Sabel* (2005), S. 357.

200 Vgl. *Woerner* (1989), S. 38.

201 Zur Entkräftung der These von der Ausgewogenheit von Forderungen und Schulden vgl. *Hommel* (1992), S. 36; *Woerner* (1988), S. 771.

seitigen Rechte und Pflichten aus dem Vertrag wertmäßig ausgleichen.[202] Ihre bilanzielle Berücksichtigung führe „lediglich zu einer Aufblähung der Bilanz und könne aus Vereinfachungs- und Übersichtlichkeitsgründen unterbleiben"[203].

Eine bilanzzweckadäquate und in der bilanzrechtlichen Literatur auch mehrheitlich akzeptierte Begründung für die Nichtbilanzierung schwebender Geschäfte ergibt sich aus dem Realisationsprinzip.[204] Es schränkt das Vermögensermittlungsprinzip dahingehend ein, dass die Aktivierbarkeit von ertragsrealisierenden Forderungen an die Lieferung und Leistung im Rechtssinne knüpft.[205] Bis zur Bewirkung des Umsatzes bleiben schwebende Rechtsgeschäfte aufgrund der „mit dem schwebenden Vertrag verbundenen Risiken"[206] grundsätzlich unberücksichtigt.[207]

Der Grundsatz der Nichtbilanzierung schwebender Rechtsgeschäfte wird durchbrochen, wenn und soweit das Gleichgewicht solcher Vertragsbeziehungen durch Vorleistungen oder Erfüllungsrückstände[208] eines Vertragspartners gestört ist oder aus diesem Geschäft antizipationspflichtige Ausgabenüberschüsse drohen.[209] Sofern sich diese Leistungen als greifbare Vermögenswerte erweisen[210], gebietet das Realisationsprinzip die Aktivierung (Passivierung) der eigenen Vorleistung (der eigenen Nachleistungsverpflichtung)[211], da ohnedies die Vor- oder die Nachleistung im jeweiligen Zahlungszeitpunkt gewinnwirksam würde.[212]

Die Gewährung von privaten als auch öffentlichen Zuschüssen bindet den Zuschussempfänger an die Erfüllung bestimmter – im Folgenden noch weiter zu konkretisierenden – Leistungshandlungen in Form der Zuschusszweckerfüllung. Solange die mit der Zuschussgewährung verbundenen Erfüllungshandlungen in die Abschlussperiode fallen, ist die Ertragsrealisierung grundsätzlich unproblematisch. Aufgrund der Finanzierungsfunktion von Zuschüssen dürften der Zeitpunkt der Zuschussvereinnahmung und der Zuschusszweckerfüllung regelmäßig auseinanderfallen. Soweit der erhaltene Zuschuss auf noch ausstehende Leistungen des Zuschussempfängers (bzw. den noch schwebenden Geschäftsteil entfällt), sind die vereinnahmten Zuschüsse als Vorleistungen im Rahmen eines schwebenden Geschäfts erfolgsneut-

---

202 Vgl. bereits RFH-Urteil vom 7. Mai 1920, I A 302/19, RFHE 3, 22; RFH-Urteil vom 25. März 1925, VI A 67–69/25, RStBl 1925, 166; BFH-Urteil vom 16. September 1970, I R 184/67, BStBl II 1971, 86.

203 *Hommel* (1992), S. 36. *Hommel* bezieht sich dabei auf *Schmidt/Meyer* (1975), S. 69: „Das schwebende Geschäft verkörpert ein zweiseitiges Rechtsgeschäft, bei dem sich grundsätzlich die von den Vertragspartnern zu erbringenden Leistungen in gleicher Höhe gegenüberstehen."

204 Vgl. *Crezelius* (1988), S. 85; *Döllerer* (1980), S. 1335; *Hommel* (1992), S. 36f.; *Knobbe-Keuk* (1993), S. 14.; *Woerner* (1988), S. 771.

205 Vgl. *Euler* (1996), S. 185; *Hommel* (1992), S. 36f.; *Woerner* (1984), S. 493f.

206 *Woerner* (1984), S. 492.

207 Hinsichtlich der Dauer des Schwebezustandes herrschen unterschiedliche Definitionsversuche. Vgl. diesbezüglich Darstellung bei *Buhleier* (1997), S. 41f.

208 Vgl. BFH-Urteil vom 15. April 1993, IV R 75/91, BFHE 171, 438; BFH-Urteil vom 25. Oktober 1994, VIII R 65/91, BStBl II 1995, 313; *Euler* (1996), S. 185f.

209 Vgl. diesbezüglich *Heddäus* (1997), S. 62–129; *Moxter* (2003), S. 51; *Woerner* (1984), S. 489.

210 Vgl. *Euler* (1996), S. 186.

211 Vgl. *Moxter* (2003), S. 51; *Schön* (1994), S. 9; *Weber-Grellet* (1996), S. 904f.

ral zu antizipieren und durch die Bildung eines der Art nach noch zu bestimmenden erfolgsneutralisierenden Passivpostens auf die Abschlussperiode der Leistungserbringung zu transferieren.[213]

Ob sich die (wirtschaftliche) Zuschusszweckerfüllung in einer einmaligen Handlung des Zuschussempfängers erschöpft oder an ein über mehrere Perioden dauerndes Verhalten oder aber an wiederkehrende Leistungshandlungen (in Form eines Dauerschuldverhältnisses) knüpft, lässt sich aufgrund der Vielfalt der Zuschussformen nicht pauschal beantworten, sondern ergibt sich gezwungenermaßen erst aus der bilanzrechtlichen Analyse des Einzelfalls. Gleichwohl gilt festzuhalten, dass das Ende des Schwebezustandes immer erst dann angenommen wird, „wenn der zur Sach- oder Dienstleistung Verpflichtete [hier der Zuschussempfänger] alle von ihm geschuldeten Erfüllungshandlungen in einer Weise erbracht hat, daß ihm die Forderung auf Gegenleistung [hier der Zuschuss] – von den mit jeder Forderung verbundenen Risiken abgesehen – so gut wie sicher ist“[214].

1.2.2. Der Grundsatz des quasi-sicheren Anspruchs

Nach dem Prinzip des quasi-sicheren Anspruchs[215] sind Gewinne erst dann auszuweisen, wenn der „Anspruch [...] auf die Gegenleistung im wesentlichen [...] gesichert erscheint“[216], also zu dem Zeitpunkt, wenn der Bilanzierende seine eigene Leistung erbracht hat und der Erhalt der Gegenleistung „so gut wie sicher ist“[217]. Die Gewinnrealisierungsgrundsätze binden die Ertragsrealisierung somit grundlegend an zwei Merkmale: Erstens muss der Schuldner seine ihm obliegende vertragsmäßige Leistung wirtschaftlich erfüllt haben. Zweitens muss der durch die Erfüllungshandlungen bedingte Anspruch auf die Gegenleistung einen hinreichenden Sicherheitsgrad aufweisen. Der Realisationszeitpunkt knüpft entsprechend dem Prinzip des quasi-sicheren Anspruchs an den mit der Erfüllung der geschuldeten Leistungshandlungen einhergehenden Risikoabbau.[218]

Hinsichtlich der Frage nach dem gewinnrelevanten Umsatzakt im Rahmen eines Zuschussverhältnisses bestehen in der bilanzrechtlichen Literatur und der höchstrichterlichen Rechtsprechung verschiedene Lösungsansätze, die nachfolgend kurz dargestellt und vor dem Hintergrund der zuvor skizzierten Grundsätze kritisch gewürdigt werden. Eine einheitliche bi-

---

212 Vgl. *Moxter* (2003), S. 51.
213 Vgl. diesbezüglich Ausführungen in Abschnitt III.C.1.5.
214 BFH-Beschluss vom 11. Dezember 1985, I B 49/85, BFH/NV 1986, 596; ebenso BFH-Urteil vom 6. April 1993, VIII R 86/91, BStBl II 1993, 710.
215 Vgl. *Hommel* (1992), S. 27–30 und 85–87; *Moxter* (2007), S. 45.
216 *Döllerer* (1974), S. 1543.
217 *Woerner* (1988), S. 773.
218 Vgl. *Hommel* (1992), S. 85.

lanzrechtliche Würdigung scheitert bereits auf der vorgelagerten Stufe im Rahmen der Präzisierung der mit der Zuschussgewährung verknüpften Gegenleistungsverpflichtung des Zuschussempfängers. Daher gilt festzustellen, welche Leistungshandlungen des Zuschussempfängers für die Beurteilung des bilanzrechtlichen Realisationszeitpunktes maßgeblich sind und wann die mit der Erfüllung der Leistungshandlungen verbundenen Risiken seitens des Zuschussempfängers soweit minimiert sind, dass der Anspruch auf Einbehalt des Zuschusses nicht mehr durch das Unvermögen des Zuschussempfängers zur Leistungserbringung gefährdet wird. Allerdings kann die Untersuchung nicht für die Gesamtheit aller Zuschussverhältnisse gleichermaßen erfolgen. Die Vielfältigkeit impliziert einen jeweils spezifischen Risikoverlauf. Daher stehen im Rahmen der anschließenden Analyse insbesondere solche Sachverhaltskonstellationen im Vordergrund, die im bilanzrechtlichen Schrifttum sowie in der höchstrichterlichen Rechtsprechung zahlreiche Kontroversen entfachten und bislang keine einheitliche Bilanzierungslösung hervorbrachten.

1.3. Konkretisierung des geforderten Synallagmas bei öffentlichen Zuschussverhältnissen

1.3.1. Das Verhältnis von wirtschaftlicher und formalrechtlicher Betrachtungsweise

Eine vornehmliche Orientierung an der formalen (Vertrags-)Gestaltung führt tendenziell zu einer den Objektivierungserfordernissen entsprechenden Ermessensbeschränkung[219], da sie die „Ansprüche, Einreden und Gestaltungsrechte der Beteiligten“ regelt und „Informationen über die Durchsetzungshindernisse von Forderungen und die Verfügungsmacht an Vermögensgegenständen“ enthält.[220] „In diesem Sinne erschließt erst die sorgfältige Analyse der Zivilrechtsstruktur die bilanzrechtlich gebotene Gewinnrealisation“[221]. Es liegt daher nahe, die zu erfüllenden Leistungshandlungen des Bilanzierenden anhand der schuldrechtlichen Vereinbarungen „als Abbild des im allgemeinen auch wirtschaftlich Gewollten“ abzuleiten.[222] Das Zivilrecht erlangt damit bei der Sachverhaltskonkretisierung eine Primärfunktion. Trotz der „Vorherigkeit des Zivilrechts für die bilanzrechtliche Gewinnermittlung“[223] gilt die Vorrangigkeit der wirtschaftlichen Betrachtungsweise gegenüber einer formalrechtlichen Betrachtungsweise[224], denn „wirtschaftlich sinnvolle Entscheidungen [...] setzen wirtschaftlich sinnvolle Bilanzinhalte voraus“[225]. Eine rein formalrechtliche Betrachtungsweise negiert „die

219 Vgl. *Hommel* (1992), S. 103; *Lorenz* (2002), S. 25.
220 *Euler* (1989), S. 70.
221 *Hommel* (1992), S. 103.
222 *Euler* (1989), S. 71.
223 *Hommel* (1992), S. 102.
224 Vgl. ausführlich zur Bedeutung der wirtschaftlichen Betrachtungsweise im deutschen Bilanzrecht: *Böcking* (1997), S. 85–103; *Hommel* (1992), S. 100–109; *Lorenz* (2002), S. 19–28.
225 *Moxter* (1995a), S. 492.

wirtschaftliche Bedeutung der bilanzrechtlichen Normen“[226]. Die wirtschaftliche Betrachtungsweise erlangt als Anwendungsform der eingangs erwähnten teleologischen Auslegungsmethode[227] nicht nur für den Bereich der Rechtsfindung eine zentrale Bedeutung, sondern wirkt sich somit auch maßgeblich auf die Rechtsanwendung aus.[228] Sie „verbindet den ‚Telos' des Gesetzes mit dem tatsächlichen ‚Ist'„[229], indem die zivilrechtlichen Erfüllungshandlungen im Rahmen einer sorgfältigen (betriebs-)wirtschaftlichen Analyse unter Risikogesichtspunkten zu untersuchen sind.[230]

1.3.2. Enges Verständnis des Synallagmas

Befürworter einer formaljuristischen Leistungskonzeption beurteilen den bilanzrechtlichen Charakter des Zuschussverhältnisses und mithin den Zeitpunkt der Gewinnrealisierung anhand der zivilrechtlichen Qualifikation der Leistungsbeziehung zwischen Zuschussgeber und -nehmer, indem sie das zivilrechtliche Synallagma als Kriterium für die Abgrenzung der bilanzrechtsrelevanten Leistungshandlung des Zuschussempfängers wählen.[231] Die Gewinnrealisierung knüpft nach dieser Anschauung an die Erbringung einer Leistungshandlung des Bilanzierenden, die im Sinne schuldrechtlicher Verträge auf einem synallagmatischen Leistungsaustausch beruht.

Bei gegenseitigen Verträgen, d.h. synallagmatischen Rechtsgeschäften im Sinne des bürgerlichen Rechts, stehen die beiderseitigen Verpflichtungen in einem Abhängigkeitsverhältnis zueinander: Jeder der beiden Vertragspartner verpflichtet sich zur Erbringung seiner Leistung als Gegenleistung für die des anderen.[232] Immanentes Wesensmerkmal ist die synallagmatische Verknüpfung der beiderseitigen Leistungspflichten.[233] Ferner gehen beide Vertragspartner davon aus, dass die Leistung des anderen der eigenen mindestens gleichwertig ist (sog. subjektive Äquivalenz).[234]

Während die Zuschussgewährung zwischen Privatpersonen typischerweise ein solches synallagmatisches Austauschverhältnis begründet[235], wird öffentlichen Zuschüssen das Merkmal

---

226 *Moxter* (1983), S. 300.
227 Vgl. *Böcking* (1997), S. 85; *Moxter* (1983), S. 300.
228 Vgl. *Beisse* (1977), S. 433–437; *Lorenz* (2002), S. 22–26.
229 *Böcking* (1997), S. 87.
230 Vgl. *Hommel* (1992), S. 102.
231 Vgl. *Ewertowski* (1984), S. 1023; *Förschle/Scheffels* (1993), S. 2394; *Kupsch* (1984), S. 371–373.
232 Vgl. *Grüneberg* (2009a), Einführung vor § 320 BGB, Rn. 5.
233 Vgl. *Grüneberg* (2009a), Einführung vor § 320 BGB, Rn. 5.
234 Vgl. *Grüneberg* (2009a), Einführung vor § 320 BGB, Rn. 8. Die subjektive Äquivalenz ist allerdings kein notwendiges Merkmal eines gegenseitigen Vertrags.
235 Vgl. *HFA des IDW* (1996), S. 710; *Künnemann/Beine* (2002), Sp. 2731–2732.

der gegenseitig verpflichtenden Leistungsbeziehung einheitlich abgesprochen.[236] Das Zuschussverhältnis zwischen Privatunternehmern folgt nicht struktur- oder wirtschaftspolitischen Motiven, sondern beruht grundsätzlich auf einem „ökonomischen Austauschverhältnis“[237], bei dem die mit der Zuschussgewährung verbundene Gegenleistungsverpflichtung nicht gegenüber einem Dritten oder der Allgemeinheit, sondern unmittelbar gegenüber dem Zuschussgeber erbracht wird. Die Gegenleistung des Zuschussempfängers besteht in der Erfüllung des Förderungszwecks zugunsten des privaten Zuschussgebers[238]; demgegenüber steht der Gewährung öffentlicher Zuschüsse keine angemessene, d.h. marktübliche Gegenleistung gegenüber. Damit mangelt es bei öffentlichen Zuschussvereinbarungen nicht nur an der Äquivalenz der beiderseitigen Leistungen[239], sondern es fehlt auch die auf dem Grundsatz des „do ut des“[240] beruhende wechselseitige Verknüpfung von Leistung und Gegenleistung im marktwirtschaftlichen Sinne.[241]

Aufgrund der fehlenden synallagmatischen Verknüpfung der beiderseitigen Leistungsverpflichtungen von Zuschussempfänger und (öffentlichem) Zuschussgeber propagieren FÖRSCHLE/SCHEFFELS eine sofortige erfolgswirksame Vereinnahmung von öffentlichen Investitionszuschüssen. „[W]eder der mit der Zuschußgewährung verbundene Verhaltenszweck [...] noch die Einhaltung einer Verwendungsauflage“ begründen eine bilanzrechtliche Gegenleistungsverpflichtung gegenüber dem Zuschussgeber.[242] Diese Argumentation untermauert EWERTOWSKI durch Bezugnahme auf das Realisationsprinzip, welches „nur Erlöse aus der Leistung des Unternehmens periodisiert“. Daraus schließt er, dass sog. *einseitig initiierte* Zuschüsse – in Abgrenzung zu „gegenseitigen Verträgen“ – „leistungsfreie Erträge“ seien, da sie lediglich an ein „wirtschaftspolitisch förderungswürdige[s] Verhalten“ knüpfen. Sie müssten deshalb nach dem Grundsatz der zeitlichen Abgrenzung, d.h. „in der Periode des Vermögensanfalls“, ertragswirksam werden.[243] Der Vereinnahmungszeitpunkt des Zuschusses orientiert somit regelmäßig am Zeitpunkt der Zuteilung des Zuschusses, d.h. wenn der Zuschussempfänger sämtliche Voraussetzungen für den Empfang des Zuschusses erfüllt hat und einen rechtlichen Anspruch auf Zuteilung des Zuschusses erhalten hat. Hingegen komme bei den sog. *gegenseitig initiierten* Zuschüssen, die „als Entgelt im Rahmen eines gegenseitigen Leis-

---

236 Vgl. *Groh* (1988a), S. 2419: „Öffentliche Investitionszuschüsse stellen durchweg keine Gegenleistung für Leistungen des Empfängers dar, während das bei privaten Zuschüssen gerade umgekehrt liegt.“

237 *HFA des IDW* (1996), S. 710.

238 Vgl. *HFA des IDW* (1996), S. 710.

239 Vgl. *Grüneberg* (2009a), Einführung vor § 320 BGB, Rn. 8.

240 *Ewringmann/Hansmeyer* (1975), S. 16; vgl. *Grüneberg* (2009a), Einführung vor § 320 BGB, Rn. 5.

241 Vgl. *Künnemann/Beine* (2002), Sp. 2733. So auch grundlegend das finanzwissenschaftliche Schrifttum: *Berg* (1999), S. 97; *Ewringmann/Hansmeyer* (1975), S. 16; *Gröbner* (1983), S. 12.

242 *Förschle/Scheffels* (1993), S. 2394; so auch *Groh* (1988a), S. 2418, wenngleich sich *Groh* gegen eine sofortige Vereinnahmung des Zuschusses im Zuteilungszeitpunkt ausspricht.

243 Alle vorstehenden Zitate: *Ewertowski* (1984), S. 1022, 1023. Abweichend vom Zeitpunkt des Mittelzuflusses könne nach Ansicht von *Ewertowski* auch ein früherer Ertragszeitpunkt in Frage kommen, sofern der Bilanzierende einen Rechtsanspruch auf die Gewährung des Zuschusses erlangt.

tungsaustausches“ gewährt werden, eine Ertragsrealisierung auf mehrere Perioden in Betracht, da die Zuschussgewährung an konkrete Leistungsverpflichtungen des Empfängers gegenüber dem Zuschussgeber knüpfe.[244] Zur Beurteilung des Zeitpunkts der Ertragsvereinnahmung von Zuschüssen wäre demnach zu prüfen, „ob mit der Gewährung einer Zuwendung eine Gegenleistungsverpflichtung gegenüber dem Geber oder ein im öffentlichen Interesse liegender Verhaltensanspruch des Empfängers begründet wird“[245]. Dient die Zuwendung der „Erfüllung einer im öffentlichen Interesse liegenden Verpflichtung“ und mithin nur mittelbar dem Interesse des Zuschussgebers, sei grundsätzlich eine erfolgswirksame Verrechnung im Zuteilungszeitpunkt geboten.[246] Das diskriminierende Gewinnelement stellt nach dieser Anschauung ausschließlich das Vorliegen einer Leistungsverpflichtung im strengen Sinne gegenseitiger Verträge dar. „Diese Verpflichtung ist selbst Bilanzierungsgegenstand und losgelöst von der bilanziellen Behandlung des Zuschusses zu bilanzieren“[247].

1.3.3. Wirtschaftliche Kausalität des Zuschussverhältnisses

1.3.3.1. Konditionalität der Gegenleistungsverpflichtung

Die an formalrechtlichen Kriterien orientierte Prüfung des erforderlichen Synallagmas hält einer von wirtschaftlichen Gesichtspunkten geprägten bilanzrechtlichen Wertung nicht stand. Die fehlende synallagmatische Leistungsverknüpfung im Rahmen eines öffentlichen Zuschussverhältnisses rechtfertigt nicht – entgegen der Auffassung von Teilen des bilanzrechtlichen Schrifttums – uneingeschränkt eine sofortige Vereinnahmung öffentlicher Zuschüsse im Zeitpunkt der Zuteilung. Dies hat der Bundesfinanzhof in seinem Urteil vom 5. April 1984 ausdrücklich bestätigt.[248] Im Streitfall ging es um die bilanzielle Beurteilung eines Ausbildungsplatzzuschusses, den ein Arbeitgeber für die Verpflichtung erhielt, „einen Arbeitsplatz für mindestens zwei aufeinanderfolgende Ausbildungsverhältnisse zu besetzen“. Im Falle der Nichterfüllung dieser Auflagen sahen die Vergaberichtlinien eine Rückzahlungspflicht vor. Zutreffend befand der entscheidende Senat, dass „die gewährte Subvention und die hieran anknüpfende Verpflichtung zueinander in einem – den gegenseitigen Verträgen (§§ 320ff. BGB) wirtschaftlich vergleichbaren – Verhältnis von Leistung und Gegenleistung“ ständen. Dem Zuschuss stand eine noch risikobehaftete Gegenleistungsverpflichtung gegenüber, da die Erfüllung der mit der Zuschussgewährung verbundenen Auflagen noch nicht so gut wie sicher

244 *Ewertowski* (1984), S. 1024.
245 *Kupsch* (1984), S. 377.
246 *Kupsch* (1984), S. 372.
247 *Ewertowski* (1984), S. 1024.
248 Vgl. Urteilswürdigung bei *Moxter* (2007), S. 175f. und S. 178f. Vgl. diesbezüglich auch den umfassenden Nachweis der Rechtsprechung zu vergleichbaren Sachverhalten bei *Nieland* (1986a), S. 184.

war. Zutreffend verneinte der Bundesfinanzhof daher eine sofortige Gewinnrealisierung und bestimmte den Ansatz eines passiven Rechnungsabgrenzungspostens.[249]
Die Tatsache, dass die Gegenleistung gegenüber einem Dritten und nicht dem Zuschussgeber erfolgte[250], war für die Urteilsfindung des Bundesfinanzhofs unerheblich; der ansonsten für den Ansatz passiver Rechnungsabgrenzungsposten erforderlich gehaltene Grundsatz strenger synallagmatischer Leistungskonkretisierung fand keine Anwendung, selbst wenn die aus Gründen der Konjunktur- und Regionalpolitik wünschenswerten Verhaltensweisen der Unternehmen nicht unmittelbar im Rahmen eines Leistungsaustausches gegenüber der öffentlichen Hand erbracht wurden.[251] Für die passivische Abgrenzung einer Einnahme bzw. des entsprechenden Einnahmengegenwertes genügt nach Auffassung der höchstrichterlichen Rechtsprechung auch, dass die nach dem Bilanzstichtag (fort-)bestehende Leistungsverpflichtung des Einnahmenempfängers in einem Dulden oder Unterlassen besteht.[252] Auch in diesen Fällen der konditionalen statt synallagmatischen Verknüpfung[253] zwischen Entgelt und zweckentsprechendem Verhalten des Empfängers kann die Annahme einer bilanzrechtlichen Gegenleistungsverpflichtung grundsätzlich nicht ausgeschlossen werden.[254] Dem Synallagmaverständnis der höchstrichterlichen Rechtsprechung liegt damit – wie beispielsweise bei der Beurteilung der Transferentscheidung im Lizenzfußball[255] – eine wirtschaftliche Betrachtungsweise zugrunde.

---

249 Alle vorstehenden Zitate: BFH-Urteil vom 5. April 1984, IV R 96/82, BStBl II 1984, 552: „Das Gebot, passive Rechnungsabgrenzungsposten zu bilden, ist nicht auf Fälle beschränkt, in denen Vorleistungen im Rahmen eines gegenseitigen Vertrags (§§ 320ff. des Bürgerlichen Gesetzbuches - BGB -) erbracht werden." Vgl. auch BFH-Urteil vom 14. Juli 1988, IV R 78/85, BStBl II 1989, 190: „[A]uch Zuschüsse der öffentlichen Hand [stellen] in Wahrheit eine Gegenleistung des Empfängers" dar. Ähnlich BFH-Urteil vom 22. Juli 1982, IV R 111/79, BStBl II 1982, 656.

250 Für das Vorliegen eines gegenseitigen Vertrags im Sinne des § 320 BGB ist unerheblich, an wen die Leistung zu erbringen ist. Vgl. *Grüneberg* (2009a), Einführung vor § 320 BGB, Rn. 5.

251 Vgl. *Depping* (1992), S. 95; *Hartung* (1994), S. 223; *Nieland* (1986a), S. 186. Verallgemeinernd gilt der von *Herzig* formulierte Grundsatz: „[A]n die Stelle des zivilrechtlichen Synallagmas [muss] ein bilanzrechtliches Synallagma treten [...], das alle Leistungen und Verpflichtungen umfaßt, die sich als Leistung und Gegenleistung gegenüberstehen und damit ein wirtschaftlich abgrenzbares Austauschverhältnis bilden." *Herzig* (1988), S. 215.

252 Vgl. BFH-Urteil vom 22. Juli 1982, BStBl II 1982, 656; BFH-Urteil vom 29. November 1990, IV R 131/89, BStBl II 1992, 715.

253 Im Zuge des Gesetzes zur Modernisierung des Schuldrechts gilt auch unter formalrechtlichen Aspekten, dass die für den Austauschvertrag im Sinne des § 320ff. BGB vorliegende Verknüpfung der Leistungsverpflichtungen nicht notwendigerweise synallagmatisch ausgestaltet sein muss. Es genügt, wenn zwischen Leistung und Gegenleistung eine konditionelle oder kausale Verbindung besteht. Vgl. hierzu *Grüneberg* (2009a), Einführung vor § 320 BGB, Rn. 7 und 16.

254 Vgl. *Fuchs* (1987), S. 77; *Künnemann/Beine* (2002), Sp. 2737f.; *Nieland* (1986b), S. 220; ausführlich: *Uhlig* (1989), S. 165–170.

255 Vgl. BFH-Urteil vom 26. August 1992, I R 24/91, BStBl II 1992, 977. Der Bundesfinanzhof hat im sog. Lizenzspieler-Urteil den entgeltlichen Erwerb einer Spielerlaubnis für einen Bundesligafußballspieler bejaht, obgleich zwischen dem erwerbenden und dem abgebenden Verein kein rechtlich synallagmatisches Verhältnis vorlag. Die Gegenleistung für die entrichtete Transferentschädigung bestand wirtschaftlich in der erteilten Spielerlizenz. Vgl. ausführlich Urteilswürdigung bei *Moxter* (2007), S. 30–32; *Wüstemann* (2007), S. 43–51.

1.3.3.2. Zuschusszweckerfüllung als Gegenleistungsverpflichtung

Für eine sofortige, zeitpunktbezogene Vereinnahmung von Zuschüssen könnte sprechen, dass der Unternehmer mit der Erfüllung der Vergabevoraussetzungen alles seinerseits Erforderliche getan hat, um den Zuschuss zu erlangen und sich einen künftigen wirtschaftlichen Nutzenzufluss zu sichern. Der wirtschaftliche Vermögensvorteil ist bereits im Zeitpunkt der Zuschussgewährung der Höhe und dem Grunde nach objektiv nachweisbar und quantifizierbar. Die Interpretation eines öffentlichen Zuschusses als „einseitige Vorteilsgewährung"[256], deren Empfang keine unmittelbaren Verpflichtungen gegenüber dem öffentlichen Zuschussgeber auslöst, ist aber vorschnell und Ausfluss einer formalrechtlichen Betrachtungsweise. Sie vermag nicht nur aus bilanzrechtlicher Sicht keineswegs überzeugen, sondern ist grundsätzlich vor dem Hintergrund der wirtschafts- oder sozialpolitischen Zwecksetzung öffentlicher Zuschüsse äußerst fragwürdig.

Zwar kann der Zuschussempfänger im Zuteilungszeitpunkt über die zugegangenen Fördermittel verfügen; der Verwendung des Zuschusses sind indessen enge Grenzen gesetzt, die in den entsprechenden Bedingungen der Gesetze, Förderrichtlinien oder -programmen ihren Ausdruck finden. Zur Erreichung subventionspolitischer Zielsetzungen ist die öffentliche Leistungsgewähr regelmäßig an bestimmte Voraussetzungen, Befristungen, Empfangs- und/oder Verwendungsauflagen geknüpft, welche die Freiheitsgrade des Zuschussempfängers begrenzen und eine zweckgerechte Verwendung der zugeführten Mittel sicherstellen sollen.[257] Der Anspruch auf Gewährung einer Investitionszulage setzt beispielsweise voraus, dass der Steuerpflichtige in einem bestimmten „Fördergebiet begünstigte Investitionen" durchführt.[258] Zusätzlich sieht das InvZulG einen Bindungszeitraum vor, d.h. „mindestens fünf Jahre nach Beendigung des Erstinnovationsvorhabens" ist der begünstigte Sachanlagegegenstand für betriebliche Zwecke zu verwenden.[259] Die Fördermittel stehen dem Empfänger damit nicht zur freien, disponiblen Verfügung; es besteht vielmehr ein außermarktlicher Leistungsaustausch[260] zwischen Zuschussgeber und Zuschussbegünstigten, d.h. eine konditionale Verbindung derart, die den Handlungsspielraum des Zuschussnehmers an Bedingungen knüpft, um bestimmte Handlungsweisen zu fördern und damit die wirtschafts- oder sozialpolitischen Wirkungen und Ziele der Subventionsgewährung zu erreichen.[261]

---

256 *HFA des IDW* (1996), S. 710.

257 Vgl. *Ewringmann/Hansmeyer* (1975), S. 18; *Hansmeyer* (1963), S. 13–15.

258 § 1 Abs. 1 InvZulG.

259 § 2 Abs. 1 Nr. 2 InvZulG.

260 Vgl. *Bardy* (1994), S. 1990.

261 Vgl. *Ewringmann/Hansmeyer* (1975), S. 18. Subventionen haben mithin eine „verhaltenssteuernde Funktion", hier S. 24 (Hervorhebung im Original).

Zutreffend ist, dass die Gewährung eines öffentlichen Zuschusses nicht an die unmittelbare Erbringung einer Leistung auf Seiten des Empfängers knüpft. Dies schließt jedoch keinesfalls aus, dass an Stelle einer marktwirtschaftlichen Gegenleistung indes bestimmte Verhaltensweisen des Zuschussempfängers im Sinne eines „quid pro quo" gefordert werden.[262] Der Zuschussgeber verlangt einen Gegenwert, der sich in Form der Zweckerfüllung durch den Zuschussempfänger konkretisiert.[263] Es wird somit ein bestimmtes wünschenswertes Verhalten des Zuschussempfängers induziert, welches dem Eigeninteresse des Zuschussgebers und der Zweckbindung entspricht.[264] „Um die Unentgeltlichkeit der Vermögenszuwendung durch den Zuschußgeber auszuschließen, genüg[t] [...] die kausale Verknüpfung mit der Zweckerfüllung durch den Empfänger"[265]. Die mit der Zuschussgewährung verbundene Zweckbindung begründet ein synallagmaähnliches Austauschverhältnis und grenzt den Zuschuss somit von einseitigen Vorteilsgewährungen im Sinne einer Schenkung nach § 516 BGB ab.[266] Besteht die Zuschusszweckerfüllung in der Herbeiführung eines bestimmten Erfolgs oder der Durchführung bestimmter Tätigkeiten, rückt das Zuschussverhältnis in die Nähe der privatrechtlichen Werk- oder Dienstverträge (§§ 631ff. BGB bzw. §§ 611ff. BGB).[267]

Daher gilt zunächst festzuhalten, dass die Gewährung eines Zuschusses ein synallagmaäquivalentes Austauschverhältnis begründet und die hieraus hervorgehenden Verhaltensweisen des Zuschussempfängers – außerhalb synallagmatischer Leistungsbeziehungen – grundsätzlich zu erfüllende Leistungshandlungen des Bilanzierenden darstellen, die bei der Bestimmung des bilanzrechtlichen Realisierungszeitpunkts zu würdigen sind. Die wirtschaftliche Betrachtungsweise hebt damit die strenge Typisierung nach der Herkunft des Zuschusses von öffentlicher Hand oder aufgrund privatrechtlicher Grundlage auf. Die bilanzielle Beurteilung von Zuschüssen richtet sich demzufolge nicht nach der Art der Zuschussgewährung aus öffentlichen oder privaten Mitteln, sondern stellt ausschließlich auf das Vorliegen einer risikobehafteten Leistungsverpflichtung des Zuschussnehmers ab.

262 Den Kern trifft die von *Ewringmann/Hansmeyer* formulierte Definition von Subventionen als „Geldzahlungen oder geldwerte Leistungen der öffentlichen Hand an Unternehmen [...], von denen an Stelle einer marktwirtschaftlichen Gegenleistung bestimmte Verhaltensweisen gefordert oder erwartet werden, die dazu führen sollen, die marktwirtschaftlichen Allokations- und/oder Distributionsergebnisse nach politischen Zielen zu korrigieren". *Ewringmann/Hansmeyer* (1975), S. 17.

263 Aufgrund der Zweckbindung des Zuschusses liegt nach *Henke* ein sog. Zweckerfüllungsgeschäft oder eine Zweckerfüllungshandlung vor. Vgl. *Henke* (1979), S. 240.

264 Vgl. *Bauer* (1985), S. 162; *Nieland* (1986a), S. 186.

265 *Nieland* (1986a), S. 186.

266 Vgl. *Henke* (1979), S. 33f.

267 Vgl. *Henke* (1979), S. 240.

1.4. Konkretisierung des bilanzrechtlichen Leistungszeitpunkts

1.4.1. Zur (Un-)Vereinbarkeit einer aufwandsorientierten Zuschussvereinnahmung mit den Grundsätzen erfolgswirksamer Vermögenszugänge

1.4.1.1. Ökonomische Begründung

Sieht man wie Teile des Schrifttums den primären Sinn und Zweck der Bilanz im Rechtssinne in der zutreffenden Ermittlung des Periodenergebnisses, indem Aufwendungen und Erträge dem Wirtschaftsjahr ihrer Verursachung zugeordnet werden[268], erschließt sich unmittelbar der Realisationszeitpunkt der Zuschusseinnahme. Dem Gebot der wirtschaftlichen Periodenzugehörigkeit von Aufwendungen und Erträgen entspricht eine Ertragsverteilung nach Maßstab der angefallenen Aufwendungen.[269]

Für eine aufwandskorrespondierende Periodisierung des Zuschusses könnte sprechen, dass die angefallenen Aufwendungen regelmäßig im Zusammenhang mit der Erfüllung der mit der Zuschussvergabe verbundenen Leistungshandlungen stehen.[270] Die Gewährung des Zuschusses bindet den Zuschussempfänger an die Erfüllung bestimmter Verhaltensweisen, die sich in künftigen Mehraufwendungen bzw. Ertragswertminderungen widerspiegeln, zu dessen Ausgleich der Zuschuss gewährt wird.[271] Die Zuschusserträge dienen in diesem Sinne betriebswirtschaftlich dazu, die aus der Bewirkung der Gegenleistung entstehenden künftigen Aufwendungen (zumindest teilweise) zu kompensieren.[272] So resultiert nach JANSEN aus der Erfüllung der mit dem Zuschuss verbundenen Leistungshandlungen eine „Nettovermögensmin-

---

268 Das betriebswirtschaftlich-dynamische Verständnis von Teilen des bilanzrechtlichen Schrifttums tritt insbesondere bei der Auffassung vom Sinn und Zweck der Rechnungsabgrenzungsposten hervor, die hiernach ausschließlich der zahlungsunabhängigen Periodenzuordnung von Aufwendungen und Erträgen dienen. Passive Rechnungsabgrenzungsposten werden in dem Sinne (miss-)verstanden, dass sämtliche geballt anfallende Einnahmen mit dem Ziel der periodengerechten Gewinnermittlung über „eine bestimmte Zeit" verteilt werden müssten. Vgl. diesbezüglich *Freericks* (1976), S. 211f.; *Herzig/Söffing* (1993), S. 468; *Mathiak* (1986), S. 173; *Schreiber* (2007), Rn. 664; *Tiedchen* (2006), Rn. 8: „Eines dieser dynamischen Elemente in der Bilanz sind die hier darzustellenden Rechnungsabgrenzungsposten"; *Winnefeld* (2006), D 720. Dynamisch geprägt ist auch noch das BFH-Urteil vom 4. September 1962, I 198/61 U, BStBl III 1963, 7: „Der Bundesfinanzhof hat wiederholt ausgesprochen, daß nach den Grundsätzen des Einkommensteuerrechts und der dynamischen Bilanzauffassung Aufwendungen grundsätzlich dem Jahr zugerechnet werden, zu dem sie wirtschaftlich gehören und mit dessen Ertrag sie wirtschaftlich zusammenhängen. Dies geschieht durch die Bildung eines Rechnungsabgrenzungspostens". Die dynamische Betrachtungsweise der Rechtsprechung wurde spätestens mit dem BFH-Urteil vom 17. Oktober 1968, IV 84/65, BStBl II 1969, 180 aufgegeben. Vgl. zur „dynamischen" Phase des BFH auch *Berndt* (1998), S. 170–194; *Rose* (1983/84), S. 141–168.

269 Vgl. bezogen auf Zuschüsse: *HFA des IDW* (1984), S. 613; *Jansen* (1988), S. 91; *Tjaden* (1985), S. 36f.

270 So auch die Begründung in der Stellungnahme des *HFA* des IDW (1984), S. 613: „Da die Gewährung nicht rückzahlbarer Zuwendungen regelmäßig erfordert, daß das begünstigte Unternehmen bestimmte, im Gesetz oder in Förderbestimmungen niedergelegte Voraussetzungen [...] erfüllt, muß für einen zutreffenden Erfolgsausweis des begünstigten Unternehmens die Ertragswirksamkeit von Zuschüssen und Zulagen an die Erfüllung dieser Voraussetzungen und an die Verrechnung der damit verbundenen Aufwendungen anknüpfen."

271 Vgl. *Tjaden* (1985), S. 35.

derung, die als Konkretisierung der Gegenleistung aus dem Zuwendungsgeschäft anzusehen ist"[273]. Die Gegenleistung des Zuschussempfängers besteht in diesem Sinne darin, diese Nettovermögensminderung zu dulden.[274] Dem „Primat der Periodenvergleichbarkeit" entspricht es, einen „Periodengleichklang von Nettovermögensminderung und Zuwendungsertrag" herzustellen.[275] Aus ökonomischer Sicht liegt es daher nahe, die Zuschüsse korrespondierend zu den Aufwendungen, die sich aus der Erfüllung der Leistungshandlungen ergeben, zu vereinnahmen. Die aufwandskorrespondierende Zuschussperiodisierung wird ferner damit begründet, dass der Zuschuss nicht nur als Erfolgsbestandteil, sondern auch als Finanzierungsmittel für die Nettovermögensminderung anzusehen ist: Der Zuschussgeber erbringt mit der Gewährung des Zuschusses eine Vorleistung, so dass die „ertragswirksame Erfassung der Zuwendung durch entsprechende Liquidität gedeckt ist"[276].

1.4.1.2. Bilanzrechtliche Implikationen

Eine aufwandsproportionale Periodisierung erfordert, die auf die einzelnen Perioden entfallende Kostenbelastung zu ermitteln und anschließend den Zuschussbetrag in Relation zu den angefallenen Kosten auf die einzelnen Perioden zu verteilen.[277] Das folgende Beispiel[278] veranschaulicht die Gewinnrealisation entsprechend des Aufwandsverlaufs:

Für die Anschaffung einer Maschine erhält ein Unternehmer einen öffentlichen Zuschuss in Höhe von GE 200. Der Bewilligungsbescheid knüpft an die Bedingung, die Maschine für die Dauer von fünf Jahren mit einem Auszubildenden zu besetzen. Die Anschaffungskosten der Maschine zu Geschäftsjahresbeginn t_1 *betragen GE 100, die linear über die betriebgewöhnliche Nutzungsdauer von fünf Jahren abgeschrieben werden. Im Zusammenhang mit der Beschäftigung des Auszubildenden entstehen Personal- und Verwaltungskosten in Höhe von GE 90. Sollte der Unternehmer den Verwendungsauflagen nicht nachkommen, ist der Zuschuss zeitanteilig zurückzuzahlen.*

---

272 *Jansen* unterstellt, dass der Zuschuss als Ausgleich für die Nettovermögensminderung eine Wertgleichheit von Ausgaben und Einnahmen bewirkt, das Zuschussgeschäft mithin einen Erfolgsbetrag von Null aufweist. Vgl. *Jansen* (1988), S. 70f.

273 *Jansen* (1988), S. 70.

274 Vgl. *Jansen* (1988), S. 71, 91.

275 *Jansen* (1988), S. 91

276 *Jansen* (1988), S. 91 (Hervorhebung im Original).

277 Vgl. allgemein zur „[w]irtschaftlich-betriebswirtschaftliche[n] Betrachtungsweise der Leistungsbewirkung" Ausführungen bei *Fuchs* (1987), S. 76–84.

278 Das Beispiel wurde in Anlehnung an das BFH-Urteil vom 22. Januar 1992, X R 23/89, BStBl II 1992, 488 entwickelt.

Unterstellt man, dass der Zuschussempfänger mit der Besetzung des Arbeitsplatzes zusätzlich Mehraufwendungen in Kauf nimmt, ergibt sich eine ertragswirksame Vereinnahmung des Zuschusses nach Maßgabe der angefallenen Personal- und Verwaltungskosten im Zusammenhang mit der Beschäftigung des Auszubildenden.

	t_1	t_2	t_3	t_4	t_5	Summe
Zuschusseinnahmen	52,63	42,11	37,89	35,79	31,58	200
Personal- und Verwaltungskosten	-30	-20	-16	-14	-10	-90
Abschreibungen	-20	-20	-20	-20	-20	-100
Gewinn	2,63	2,11	1,89	1,79	1,58	10

Abbildung 2: Gewinn- und Verlustdarstellung bei einer aufwandsorientierten Zuschussvereinnahmung

Das Prinzip der aufwandsproportionalen Ertragsrealisation führt in allen Geschäftsjahren zu einem positiven Geschäftsgewinn. Infolge der höheren Aufwendungen im Zusammenhang mit der Einarbeitung und Schulung des Auszubildenden und den (höheren) anteiligen Zuschusserträgen nimmt der Gewinn im Zeitablauf stetig ab.

1.4.1.3. Kritische Würdigung

Die ertragswirksame Vereinnahmung des Zuschusses nach Maßgabe der angefallenen Personal- und Verwaltungskosten ist nicht zwingend, wenn man in der Beschaffung der Maschine die eigentliche Hauptleistungsverpflichtung sieht und den Abschreibungsverlauf als Verteilungsbasis für die Periodisierung der Zuschusseinnahme akzeptiert. Dagegen könnte die Fiktion der Nettovermögensminderung sprechen, da mutmaßlich erst die Beschäftigung des Auszubildenden mit künftigen Mehraufwendungen des Unternehmers verbunden ist, die durch die Gewährung des Zuschusses kompensiert werden sollen. Mangelt es an einer eindeutigen Kompensationsbeziehung zwischen Zuschussertrag und den dazugehörigen zu alimentierenden Aufwendungen, liegt die Zuschussperiodisierung mangels eines eindeutigen Regelungsmaßstabs mehr oder weniger im Ermessen des bilanzierenden Unternehmens.

Eine weitere Entobjektivierung droht aus der möglichen Einrechenbarkeit von Gemeinkosten oder der Bewertung zu Teil- oder Vollkosten[279] sowie aus der allgemeinen Schätzungsunsicherheit bezüglich der Höhe der künftigen Aufwendungen. Indem bei der Beurteilung der

[279] Vgl. *Hommel* (1992), S. 193.

Ertragsrealisation an die Stelle intersubjektiv nachprüfbarer Regelungsnormen betriebsindividuelle und damit regelmäßig subjektive Aufwandsverläufe treten, ist der Objektivitätsgrad der Gewinnperiodisierung deutlich eingeschränkt.[280]

Eine aufwandsproportionale Zuschussrealisierung konfrontiert den Bilanzierenden daneben mit der Problematik eines unlösbaren Zirkelschlusses, da „das Abgrenzungskriterium ein bilanzrechtlich nicht zu rechtfertigendes Vorurteil über den Entstehungszeitraum des Aufwands voraussetzt“[281]. Die aus dem Realisationsprinzip folgenden Unterprinzipien der umsatzabhängigen Ertragsrealisation und der umsatzabhängigen Aufwandsperiodisierung reglementieren die periodengerechte Gewinnermittlung hinsichtlich der Einnahmen- und Ausgabenperiodisierung.[282] Erträge realisieren sich danach im Zeitpunkt der dazugehörigen unternehmensinduzierten Umsatztransaktionen. Von ihnen sind die leistungszugehörigen Aufwendungen gewinnwirksam abzusetzen („Prinzip der Nettorealisation“).[283] Soll nun der Aufwand als Zurechnungskriterium einerseits maßgeblich für die Periodisierung des Ertrags sein und andererseits dem nach Maßgabe der erbrachten Lieferung und Leistung ausgewiesenen Ertragsausweis folgen, offenbart sich die unlösbare Zirkelproblematik.

Die Gewinnrealisierung nach Maßgabe der korrelierenden Aufwendungen (bzw. Ausgaben) entspricht zwar einer periodengerechten Gewinnermittlung, ist aber völlig losgelöst vom Realisationsprinzip, nachdem es auf die wirtschaftliche Erfüllung der zu erbringenden Gegenleistungsverpflichtung ankommt. Die Unzulässigkeit der unmittelbaren Zurechnung der Zuschusserträge zu den unperiodisierten Ausgaben ergibt sich bereits aus dem Gesetzeswortlaut des § 252 Abs. 1 Nr. 5 HGB, nachdem Aufwendungen und Erträge des Geschäftsjahres unabhängig von den Zeitpunkten der entsprechenden Zahlungen im Jahresabschluss zu berücksichtigen sind.[284] Der Grundsatz, die „Bilanz im Rechtssinne ist keine Kostenrechnung“[285], gilt uneingeschränkt auch für die Ertragsperiodisierung und besagt im Kern, dass die Bestimmung des Gewinnrealisierungszeitpunkts nicht auf kostenrechnerischen Verteilungsnormen beruht, sondern vielmehr im Sinne des umsatz- bzw. ertragsbezogenen Realisationsprinzips auszule-

---

280 Vgl. *Fuchs* (1987) S. 83.

281 *Hommel* (1992), S. 194.

282 Vgl. *Hommel* (1992), S. 22f.; *Moxter* (1995a), S. 496f.

283 *Moxter* (2003), S. 46; kritisch insbesondere *Siegel* (1994), S. 1–24.

284 Vgl. diesbezüglich auch *Hommel* (1992), S. 190–196.

285 BFH-Urteil vom 17. Juli 1974, I R 195/72, BStBl II 1974, 686; BFH-Urteil vom 12. August 1982, IV R 184/79, BStBl II 1982, 698; BFH-Urteil vom 3. November 1982, I B 23/82, BStBl II 1983, 134. Bestätigend *Bauer* (1985), S. 162: „Jede Synchronisation von Zuschußeinnahmen und bezuschußten Aufwendungen bzw. Einnahmeverlusten hat genauso zu unterbleiben wie die korrespondierende Bilanzierung von Wirtschaftsgütern und Finanzierungsquellen. Die Bilanz ist nämlich auch keine Kapitalflußrechnung, die Aufschluß über Mittelherkunft und -verwendung gibt.“

gen ist.[286] Die bilanzrechtliche Inadäquanz des Kostenverlaufs als Abgrenzungskriterium resultiert insbesondere daraus, dass der Zuschussempfänger keine „innerbetrieblichen, kosteninduzierenden Maßnahmen"[287], sondern eine konkrete Verhaltenszweckerfüllung schuldet. Die bilanzrechtlichen Bedenken gegen eine aufwandsorientierte Ertragsrealisation finden ihre Bestätigung in der ständigen Rechtsprechung des Bundesfinanzhofs, der die Auflösung passiver Rechnungsabgrenzungsposten nach Maßgabe der entstandenen Kosten, etwa weil die Einnahmen zur Deckung künftiger Kosten bzw. als Entschädigung für künftige Ertragswertminderungen bestimmt sind, ausdrücklich abgelehnt hat.[288] Die im bilanzrechtlichen Sinne verstandenen Rechnungsabgrenzungsposten dienen somit nicht der (betriebswirtschaftlichen) Verrechnung von Aufwendungen und Erträgen, sondern der Zuordnung von „Vorleistungen" zu noch ausstehenden Gegenleistungen.[289]

Im Beispielfall führt die Synchronisation von Zuschussertrag und den angefallenen Aufwendungen bei hohen Aufwendungen zu Projektbeginn zu einer unzulässigen Vorverlagerung der Ertragsvolumina, denn erst die Erfüllung der andauernden Verpflichtung zur Besetzung des Arbeitsplatzes begründet den für die Realisierung maßgeblichen Umsatzakt. Kommt der Unternehmer der Verpflichtung nicht nach, ist der Zuschuss anteilig zurückzuzahlen. Der Kostenverlauf beim Zuschussempfänger verfehlt damit den wirtschaftlichen Normzweck und ist deshalb nicht geeignet, den empfangenen Zuschussbetrag bilanzzweckadäquat zu verteilen.[290]

1.4.2. Zur (Un-)Vereinbarkeit einer leistungsorientierten Zuschussvereinnahmung mit den Grundsätzen erfolgswirksamer Vermögenszugänge

1.4.2.1. Ökonomische Begründung

De lege lata gilt grundlegend, „daß Gewinn im Synallagma bei Lieferung oder Leistung realisiert wird"[291]. Das Tatbestandsmerkmal der Lieferung und Leistung ist zu unbestimmt, um den Gewinnrealisationszeitpunkt eindeutig zu determinieren.[292]

---

286 Die passive Abgrenzung als unmittelbares Folgeprinzip des Realisationsprinzips wurde von zahlreichen, insbesondere jüngeren Urteilen des Bundesfinanzhofs sowie weiten Teilen des Schrifttums bestätigt. Vgl. *Berndt* (1998), S. 201, hier m.w.N.

287 *Fuchs* (1987), S. 73.

288 Vgl. zum Beispiel BFH-Urteil vom 31. Mai 1967, I 208/63, BStBl III 1967, 607; BFH-Urteil vom 19. Januar 1972, I 114/65, BStBl II 1972, 396; BFH-Urteil vom 26. Mai 1976, I R 80/74, BStBl II 1976, 623f.; BFH-Urteil vom 24. August 1983, I R 16/79, BStBl II 1984, 276; BFH-Urteil vom 13. Juni 1986, III R 178/82, BStBl II 1986, 843.

289 So auch BFH-Urteil vom 19. Januar 1972, I 114/65, BStBl II 1972, 396; BFH-Urteil vom 12. August 1982, BStBl II 1982, 698.

290 Ähnlich *Bauer* (1985), S. 162: „Damit entfällt das Ziel periodengerechter Erfolgsverteilung als Begründung für die Bildung eines passivischen Rechnungsabgrenzungspostens oder eines neuartigen Sonderpostens mit Wertberichtigungscharakter. [...] Notwendige Bedingung für die Passivierung von Fördermitteln ist, daß der Zuschußempfänger durch den Erhalt der Subvention eine wie auch immer geartete, über den Bilanzstichtag hinausreichende, selbständig bewertbare Verpflichtung eingeht."

291 *Euler* (1989), S. 69.

Ein Teil des bilanzrechtlichen Schrifttums bedient sich zur Konkretisierung des ergänzungsbedürftigen bilanzrechtlichen Terminus der „Lieferung und Leistung“ und mithin des Gewinnrealisierungszeitpunkts einer betriebswirtschaftlichen Leistungskonzeption, nach dem der Gewinn mit Verwirklichung der *wesentlichen* Leistungshandlungen realisiert wird.[293] Quasi-sicher dürfte der Gewinn regelmäßig dann sein, wenn der bilanzierende Kaufmann den Vertrag „wirtschaftlich erfüllt“ hat, d.h. zu dem Zeitpunkt der zur Sachleistung Verpflichtete „seine Leistung gegenüber dem Auftraggeber im wesentlichen erbracht“ hat.[294] Im Umkehrschluss kann „[e]ine Leistung [...] nicht als realisiert behandelt werden, wenn der Lieferer wesentlichen Verpflichtungen noch nicht nachgekommen ist“[295]. Dem Gefahrenübergang wird bei der Bestimmung des Realisationszeitpunkts kein Gewicht zugemessen.[296] Seine Vernachlässigung basiert auf der Annahme, dass im Zeitpunkt der Leistungserbringung „eine Reihe anderer Faktoren des Umsatzprozesses zusammenfallen, durch die der Realisationszeitpunkt weiter präzisiert werden könne“[297]. Typisierend wird unterstellt, „daß das Leistungsrisiko an die vertraglich geschuldete Hauptleistung ‚gekoppelt‘ ist und mit dieser eine ‚wirtschaftliche Einheit‘ bildet“[298].

Teile des Schrifttums zur bilanzrechtlichen Behandlung von Zuschüssen scheinen dieser betriebswirtschaftlichen Leistungskonzeption zu folgen. Das „Kriterium der Leistungsbewirkung“ determiniert danach den Zeitpunkt der ertragswirksamen Vereinnahmung des Zuschusses.[299] Bezogen auf Investitionszuschüsse erfolge die Gewinnrealisation in diesem Sinne zeitpunktbezogen mit der Durchführung der begünstigten Investition; denn dann hätte die Unternehmung „das ihrerseits Erforderliche getan, um die finanzielle Unterstützung durch die öf-

---

292 Vgl. *Lüders* (1987), S. 29.

293 Vgl. stellvertretend *Leffson* (1987), S. 265–269; *Selchert* (1990), S. 799; eher kritisch *Lüders* (1987), S. 30–33; a.A.: *Euler* (1989), S. 79–81; *Hommel* (1992), S. 39–75, beide m.w.N. Der Beschluss des Bundesfinanzhofs zum sog. Anzeigenvertragsfall orientiert sich tendenziell auch an einer Gewinnrealisierung mit der Durchführung der Leistungshandlung. Im Streitfall wurde einem Anzeigenkunden von einem Zeitschriftenverlag eine bestimmte Mindestverkaufsmenge der Zeitschriften garantiert. Strittig war, ob der aus den aufgegebenen Anzeigen resultierende Gewinn bereits mit der Auslieferung der Zeitschriften an den Verkäufer oder erst nach dem Verkauf der Zeitschriften in der vertraglich fixierten Menge zu realisieren war. Vgl. BFH-Beschluss vom 11. Dezember 1985, I B 49/85, BFH/NV 1986, 595. Vgl. diesbezüglich Urteilswürdigung bei *Moxter* (2007), S. 64f.

294 BFH-Urteil vom 27. November 1968, I 104/65, BStBl II 1969, 297.

295 *Leffson* (1987), S. 267.

296 Vgl. *Leffson* (1987), S. 267. *Euler* weist daraufhin, dass eine leistungsorientierte Ertragsvereinnahmung bei „leistungshandlungsorientierten Verträgen“ (etwa bei Dienstleistungsverträgen) der „bilanzrechtliche[n] Erfüllung“ entspricht. Wird hingegen nicht nur ein Tätigwerden, sondern darüber hinaus ein bestimmter Erfolg geschuldet (etwa bei Werkverträgen), führt die Erfüllung der Leistungshandlung nicht zur Quasi-Sicherheit des Ertrags, da die Preisgefahr erst mit Erfolgseintritt (etwa mit der Abnahme des Werkes) auf den Besteller übergeht. *Euler* (1989), S. 79; vgl. diesbezüglich auch Ausführungen bei *Sessar* (2007), S. 63–66.

297 *Lüders* (1987), S. 30f.

298 *Hommel* (1992), S. 40. *Hommel* bezieht sich dabei auf *Körner* (1974), S. 512.

299 *Kupsch* (1979), S. 370.

fentliche Hand zu erlangen“[300]. Dem Zuschussempfänger obliegen – abgesehen von der Durchführung der Investition selbst – keine weiteren zu erfüllenden Leistungshandlungen, die eine sofortige Ertragsrealisierung hemmen würden.[301]
Die mit einer Zuschussgewährung regelmäßig verbundenen Bindungsfristen, wie die zweckgemäße Nutzung des bezuschussten Vermögensgegenstandes über einen bestimmten Zeitraum, deren Nichteinhaltung den Anspruch auf Rückzahlung des Zuschusses begründen, seien weder hinderlich für eine sofortige Vereinnahmung des Zuschusses noch genügen sie den bilanzrechtlichen Kriterien eines erfolgsneutralisierenden Passivpostens.[302] Sie beeinflussen „lediglich die allgemeinen Rahmenbedingungen der Leistungserstellung und -verwertung, die mangels Gegenleistungsverpflichtung keinen Anhaltspunkt für eine zeitliche Abgrenzung der Zuwendungen liefern“[303]. Die (Nicht-)Einhaltung der Verwendungsauflagen beruht vielmehr „auf einer autonomen Entscheidung des Unternehmens“. „[D]ie bloße Möglichkeit einer Rückforderung der Investitionszulage bei Nichteinhaltung der Bindungsklausel [begründet] keine bilanzierungsfähige Verpflichtung des Unternehmens“[304].

Die durch den Zuschussempfänger geschuldete Befolgung der Bindungsklauseln wäre erst bei Nichteinhaltung mit der Folge der Rückzahlung des Zuschusses als eine durch Rückstellungsbildung zu berücksichtigende Nebenleistung zu qualifizieren. Dies sei aber für die Ertragsrealisierung grundsätzlich unerheblich.[305]

1.4.2.2. Bilanzrechtliche Implikationen

Je nachdem worin man die zu erfüllende wesentliche Leistungshandlung des Zuschussempfängers sieht, ergeben sich unterschiedliche Anknüpfungspunkte für die ertragswirksame Vereinnahmung des Zuschusses. Mit einer an der Erfüllung der Leistungshandlung bewirkten Gewinnkonzeption ließe sich im skizzierten Ausgangsfall[306] beispielsweise vereinbaren, in der Anschaffung der Maschine die eigentliche Hauptleistungspflicht zu sehen, während die vom Zuschussnehmer geschuldete Bereitstellung eines Arbeitsplatzes für einen Auszubildenden als eine den Gewinnausweis nicht hindernde Nebenleistung qualifiziert wird. Mit Inbe-

---

300 *Kupsch* (1979), S. 370.

301 Vgl. *Kupsch* (1984), S. 375; *Rose* (1984), S. 2318. Im Ergebnis ähnlich *Nieland* (1986b), S. 218. Nach seiner Anschauung ist eine Ertragsrealisierung geboten, „wenn sich das der rechtlichen Zweckbindung entsprechende Verhalten des Zuschußempfängers in einer einmaligen Handlung, insbesondere in einer Investition, erschöpft und nicht in einem dauernden Verhalten besteht, das erst nach der Zuschußvereinnahmung endet“, hier: S. 218.

302 Vgl. *Kupsch* (1984), S. 375; so im Ergebnis auch *Hofbauer* (1976), S. 660; bezogen auf Investitionszulagen: *Knobbe-Keuk* (1978), S. 230f.; *Kupsch* (1979), S. 370f.; *Nieland* (1986b), S. 220.

303 *Kupsch* (1984), S. 375.

304 Beide Zitate: *Kupsch* (1979), S. 371.

305 Vgl. *Kupsch* (1984), S. 375.

triebnahme der Maschine hat der Zuschussnehmer das seinerseits Wesentliche erfüllt, so dass eine sofortige Zuschussrealisation mit Beschaffung der Maschine geboten wäre.

	t_1	t_2	t_3	t_4	t_5	Summe
Zuschusseinnahmen	200	0	0	0	0	200
Personal- und Verwaltungskosten	-30	-20	-16	-14	-10	-90
Abschreibungen	-20	-20	-20	-20	-20	-100
Gewinn	150	-40	-36	-34	-30	10

Abbildung 3: Gewinn- und Verlustdarstellung bei einer leistungsorientierten Zuschussvereinnahmung (Ertragsrealisation im Anschaffungszeitpunkt)

Eine vergleichbare Betrachtung liegt der Entscheidung des Bundesfinanzhofs in einem ähnlich gelagerten Fall zugrunde. In der Urteilsbegründung heißt es hierzu, dass die mit einem Investitionszuschuss verbundene Zweckbindung, „das bezuschußte Wirtschaftsgut während einer Nutzungsdauer für den geförderten Zweck vorzuhalten und einzusetzen, keine Gegenleistung des Zuschußempfängers" begründe.[307] Der Anteil des Zuschusses, der auf die Anschaffungskosten der Maschine entfällt, wäre mit diesen – in Anlehnung an das steuerliche Wahlrecht des Abs. 34 EStR[308] – zu verrechnen oder als Ertrag in voller Höhe zu vereinnahmen. Der übersteigende Betrag sei indes nicht für die Beschaffung der Maschine vorgesehen, sondern für die Errichtung und Erhaltung des Arbeitsplatzes und deshalb als passiver Rechnungsabgrenzungsposten zu erfassen.[309] In Abhängigkeit von der Wahlrechtsausübung ergeben sich im Beispielfall folgende Gewinnauswirkungen:

	t_1	t_2	t_3	t_4	t_5	Summe
Zuschusseinnahmen	0	25	25	25	25	100
Personal- und Verwaltungskosten	-30	-20	-16	-14	-10	-90
Abschreibungen	0	0	0	0	0	0
Gewinn	-30	5	9	11	15	10

Abbildung 4: Gewinn- und Verlustdarstellung bei Verrechnung des Zuschusses mit den Anschaffungskosten der Maschine

306 Vgl. Beispiel auf Seite 46.

307 BFH-Urteil vom 22. Januar 1992, X R 23/89, BStBl II 1992, 490.

308 Vgl. diesbezüglich Ausführungen in Abschnitt III.C.3.2.

309 Vgl. BFH-Urteil vom 22. Januar 1992, X R 23/89, BStBl II 1992, 490.

	t_1	t_2	t_3	t_4	t_5	Summe
Zuschusseinnahmen	100	25	25	25	25	200
Personal- und Verwaltungskosten	-30	-20	-16	-14	-10	-90
Abschreibungen	-20	-20	-20	-20	-20	-100
Gewinn	50	-15	-11	-9	-5	10

Abbildung 5: Gewinn- und Verlustdarstellung bei sofortiger erfolgswirksamer Vereinnahmung des Investitionszuschusses

1.4.2.3. Kritische Würdigung

Die Orientierung des Realisationszeitpunkts an einer betriebswirtschaftlichen Leistungskonzeption knüpft an den Gewinnrealisierungstatbestand, dass der Bilanzierende den Vertrag „wirtschaftlich" erfüllt hat. Im vorliegenden Sachverhalt ist äußerst zweifelhaft, ob die Beschaffung der Maschine der eigentlichen wirtschaftlichen Zweckbindung der Zuschussgewährung entspricht. Die Anschaffung der Maschine nimmt im Verhältnis zur sich anschließenden Beschäftigungsverpflichtung lediglich eine dienende Funktion ein. Mit der Zuschussgewährung wird nicht die Anschaffung der Maschine gefördert; sondern erst die dauerhafte Bereitstellung eines Ausbildungsplatzes erfüllt den wirtschaftlich gewollten Zuschusszweck.[310] Eine strenge Orientierung am „Kriterium der Leistungsbewirkung" vernachlässigt damit im vorliegenden Sachverhalt die wirtschaftliche Zweckbindung des Zuschusses. Würde indes der Zuschuss ausdrücklich der Anschaffung einer Maschine dienen, um beispielsweise die Forschungs- und Entwicklungsaktivitäten des Unternehmens zu fördern, und könnte der Zuschussempfänger eigene Mitarbeiter mit der Bedienung dieser Maschine betrauen, wäre der Beschaffungsvorgang die einzige risikobehaftete Gegenleistung des Zuschussempfängers. In diesem Fall würde ein investitionsbezogener Zuschuss vorliegen, deren Bilanzierung sich nach den Grundsätzen erfolgsneutraler Vermögenszugänge richtet.[311]

Gegen eine leistungsorientierte Gewinnkonzeption sprechen darüber hinaus zwei weitere Argumente: Ihre wesentlichen Schwächen liegen einerseits in der mangelnden Objektivierbarkeit der gewinnrelevanten Leistungshandlung und zum anderen in der Vernachlässigung des Prinzip des quasi-sicheren Anspruchs, da der Zeitpunkt der wesentlichen Leistungserfüllung – losgelöst von etwaigen Bindungsfristen – keine Aussage hinsichtlich der Sicherheit des Zuschusses, also den Anspruch auf Einbehalt des Zuschusses, trifft.

310 Vgl. *Berndt* (1998), S. 226.
311 Vgl. Abschnitt III.C.2.

Die Identifizierung der wesentlichen Gegenleistungsverpflichtung bei den „außerhalb des Leistungsverkehrs" liegenden Zuschussverhältnissen ist mit erheblichen Unsicherheiten behaftet. Die Differenzierung zwischen wesentlichen und unwesentlichen (Teil-)Leistungen erscheint wenig normscharf: Knüpft die Gewährung des Zuschusses an die Erfüllung mehrerer Gegenleistungsverpflichtungen des Zuschussnehmers, stellt sich die Frage, welche Leistungshandlung für die Gewinnrealisation ausschlaggebend ist. Die oben skizzierte Entscheidung des Bundesfinanzhofs verdeutlicht den Begründungsnotstand und das damit einhergehende Objektivierungsdefizit einer leistungsabhängigen Gewinnkonzeption. Mit der betragsmäßigen Aufteilung des Zuschusses in einen Investitions- und Ertragsanteil unterstellt der Bundesfinanzhof implizit, dass der Steuerpflichtige mit der Anschaffung der Maschine seine Hauptleistungspflicht erfüllt hat. Wenn der entscheidende Senat jedoch keine weiteren bilanzrechtlich zu würdigenden Gegenleistungsverpflichtungen anerkennt, ergibt sich für die passive Abgrenzung des übersteigenden Zuschuss offensichtlich ein Erklärungsnotstand. Die Urteilsbegründung des Bundesfinanzhofs ist insoweit in seiner Gesamtheit unschlüssig. Kann der Bilanzierende darlegen, dass die Erfüllung der Gegenleistungsverpflichtung so gut wie sicher ist und eine Rückzahlung nicht eintreffen wird, wäre der passive Rechnungsabgrenzungsposten abzulehnen. Darauf kann im vorliegenden Fall aber nicht geschlossen werden, denn ansonsten hätte der Senat nicht den Ansatz eines passiven Rechnungsabgrenzungspostens für den die Anschaffungskosten der Maschine übersteigenden Betrag bejahen dürfen.[312] Das „Kriterium der Leistungsbewirkung" ist deshalb als objektivierendes, übergreifendes Realisationskriterium ungeeignet. Eine eindeutige, willkürfreie Ertragsrealisierung ermöglicht erst der Rückgriff auf die den Sinn und Zweck der Bilanz im Rechtssinne konkretisierenden Gewinnrealisierungsgrundsätze.

1.4.3. Ausstehende risikobehaftete Zuschusszweckerfüllung als Ertragshemmnis

1.4.3.1. Grundsatz der Quasi-Sicherheit des Erfüllungsanspruchs

Dem Sinn und Zweck einer ausschüttungsstatischen Gewinnermittlung wird eine leistungsproportionale Ertragsvereinnahmung nur dann gerecht, wenn der Grundsatz des quasi-sicheren Anspruchs hinzutritt. Obgleich die These, dass der Sachleistungsverpflichtete zum Zeitpunkt der Bewirkung der wesentlichen Leistungshandlung „alles Erforderliche getan hat", im Einzelfall zutreffen kann, erscheint fraglich, ob der damit einhergehende Grad des Risikoabbaus bereits dem Grundsatz der Quasi-Sicherheit genügt.[313] So stehen einer Gewinnrealisierung regelmäßig das Risiko einer Nichterfüllung der Zuschussbedingungen und eine damit

---

[312] Vgl. *Berndt* (1998), S. 226.

[313] *Sessar* (2007), S. 63. *Sessar* bezieht sich dabei auf *Knobbe-Keuk* (1993), S. 246f.

einhergehende Rückzahlungsverpflichtung entgegen. Entscheidend für den Zeitpunkt der Ertragsvereinnahmung ist nicht die (Un-)Wesentlichkeit der ausstehenden Leistungen, sondern vielmehr der Umstand, inwieweit die Erfüllung der nach wirtschaftlichen Kriterien zu bestimmenden Gegenleistungsverpflichtung (noch) risikobehaftet ist[314]; mithin die Beantwortung der Frage, in welchem Maße ein Risiko besteht, dass der Zuschussempfänger seine Leistungen nicht (mehr) erbringen kann und das Recht auf Einbehalt des Zuschusses verliert.[315] Die Beurteilung der Wesentlichkeit kann, muss aber keineswegs mit der Quasi-Sicherheit des (Zuschuss-)anspruchs korrelieren.[316] Welche Leistungen erbracht bzw. welche Vertragsrisiken abgebaut sein müssen, damit der Anspruch auf Einbehalt des Zuschusses zur erforderlichen Quasi-Sicherheit erstarkt, ist durch eine wirtschaftliche Analyse des Zuschusszwecks und eine Gewichtung der mit den Erfüllungshandlungen verbundenen Risiken zu beurteilen. Bereits im Zeitpunkt der Vereinnahmung des Zuschusses ist demnach zu bestimmen, worin die wirtschaftliche Zweckerfüllung des Zuschusses besteht und welche Leistungshandlungen zur Sicherstellung des gewollten Ergebnisses erforderlich sind, um den Zeitpunkt des hinreichenden Risikoabbaus bilanzzweckadäquat auszuloten.
Werden mit einer einmaligen Zuschusseinnahme mehrere zeitlich auseinanderfallende Leistungen abgegolten, ist zu klären, ob eine „wirtschaftlich bedeutsame und daher bilanzrechtlich relevante Hauptleistungspflicht"[317] oder mehrere voneinander abgrenzbare Leistungskomponenten vorliegen. Die Frage nach einer Zuschussrealisierung mit Erbringung einzelner Teilleistungen rekurriert auf die von der Rechtsprechung und Literatur geprägten Teilgewinnrealisierungsgrundsätze.

1.4.3.2. Deduktion der Teilgewinnrealisierungsgrundsätze

a) Teilgewinnrealisierung bei abgrenzbaren, selbständig nutzbaren Teilleistungen und fehlendem Gesamtfunktionsrisiko

Für Werkverträge erachtet es die herrschende Meinung im Schrifttum unter restriktiven Bedingungen als zulässig, bereits vor Abnahme eines Auftrags Teilerträge zu realisieren, sofern es sich um „selbständig abrechenbare und vergütungsfähige Teilleistungen handelt"[318]. Im Gegensatz zu den sog. kalkulatorischen Teilabrechnungen, die sich (lediglich) durch eine eindeutige Zurechenbarkeit des Gesamtertrags auf einzelne Teilleistungen auszeichnen, erzwingt das Realisationsprinzip eine Gewinnvereinnahmung auf Basis – zivilrechtlich verstandener –

---

314 Vgl. *Berndt* (1998), S. 224.
315 Vgl. ähnlich *Berndt* (1998), S. 238.
316 Vgl. allgemein zur (Teil-)Gewinnrealisierung bei Mehrkomponentenverträgen *Sessar* (2007), S. 104–119.
317 *Berndt* (1998), S. 208.
318 BFH-Urteil vom 28. Januar 1960, IV 226/58 S, BStBl III 1960, 293; vgl. BFH-Urteil vom 5. Mai 1976, I R 121/74, BStBl II 1976, 542.

„echter" Teilabnahmen. Eine „[q]ualifizierte [zivilrechtliche] Teilerfüllung"[319] setzt voraus, dass „vertraglich zulässige oder vereinbarte Teilabrechnungen erfolgen, die nicht nur die Funktion von Anzahlungen haben, sondern Folge der Übergabe der betreffenden [Vermögensgegenstände] an den Abnehmer bzw. Folge des Erbringens der Leistung sind"[320]. Übernimmt der Leistende dagegen ein Gesamtfunktionsrisiko und führen spätere Leistungsstörungen zu einer Rücknahmepflicht des Gesamtwerks, ist der Anspruch auf Gegenleistung vor Abnahme des Komplettwerks zu unsicher, um eine (Teil-)Gewinnrealisierung zu rechtfertigen.[321]

Bei Dienstverträgen und Dauerschuldverhältnissen wird mit jeder Leistungshandlung eine „teilweise [...] Beendigung des schwebenden Vertrages"[322] angenommen und demgemäß der Gewinn mit fortschreitender Leistungserbringung realisiert, obwohl Verpflichtungen aus Dienstverträgen und Dauerschuldverhältnissen erst mit der vollständigen Vertragserfüllung erlöschen.[323] Dies wird damit begründet, dass der auf die bereits erbrachte Teilleistung entfallende Gegenleistungsanspruch auch im Falle der fehlenden oder nicht vertragsgemäßen Erbringung zukünftiger Teilleistungen rechtlich durchsetzbar ist.[324]

Eine Teilgewinnrealisierung mit Erbringung einer Teilleistung setzt somit allgemein voraus, dass „der auf bereits bewirkte Leistungen entfallende Gegenleistungsanspruch von einer die zukünftigen Teilleistungen betreffenden Leistungsstörung unberührt bleibt, sich also das Recht des Gläubigers im Falle fehlender oder nicht vertragsmäßiger Erfüllung der ausstehenden Vertragsleistungen auf den Teilrücktritt bzw. die Forderung von Schadenersatz ausschließlich hinsichtlich des gestörten Leistungsteils beschränkt"[325]. Die Erfüllung einer qualifizierten Teilleistung führt damit zu einer partiellen Beendigung des Schwebezustandes, der hinsichtlich der zukünftigen Leistungen und Verpflichtungen fortbesteht.[326]

---

319 *Döllerer* (1974), S. 1544.
320 *Selchert* (2002), Rn. 111.
321 Vgl. *Backhaus* (1980), S. 356; *Euler* (1989), S. 95. Des Weiteren dürfen aus den noch ausstehenden Teilleistungen keine Verluste drohen, auch hier ist ein Gewinn aus dem gesamten Projekt noch nicht gesichert. Vgl. *Moxter* (2007), S. 70f.
322 *Woerner* (1984), S. 493.
323 Vgl. zu Dauerschuldverhältnissen *Crezelius* (1988), S. 84f.; *Hommel* (1992), S. 88–90.
324 Vgl. *Döllerer* (1974), S. 1544; *Euler* (1989), S. 95.
325 *Wüstemann/Kierzek* (2007b), S. 893.
326 Vgl. *Herzig* (1988), S. 216.

b) *Risiko der Rückzahlung des Zuschusses als Teilrealisationskriterium*

Bei bestimmungswidriger Verwendung des Zuschusses droht regelmäßig die Rückzahlungspflicht. Sie ergibt sich zum Beispiel aus den zugrundeliegenden Gesetzen, Verwaltungsvorschriften oder Vertragsvereinbarungen. Derartige Verwendungsauflagen oder Bindungsfristen werden nach verbreiteter Auffassung nicht als bilanzrechtliche Gegenleistung des Zuschussempfängers anerkannt, es handele sich vielmehr um auflösende, die Ertragsrealisierung nicht hemmende Bedingungen.[327] Die Passivierung einer Rückzahlungsverpflichtung wäre erst dann geboten, „wenn die Nichteinhaltung der Bindungsfrist [...] feststeht, beabsichtigt oder zu erwarten ist“[328].

Eine bloße Erwartungshaltung, die an den Zuschussempfänger gestellt wird, reicht nicht aus, um eine sofortige Gewinnrealisierung abzulehnen.[329] Gegen eine erfolgswirksame Soforterfassung des Zuschusses spricht aber das mit der Erfüllung der Zweckbindung verbundene Risiko, die „notwendigen Leistungen nicht erbringen zu können und deshalb die erhaltenen Zuschüsse wegen Verstoßes gegen die Förderungsregelungen zurückzahlen zu müssen“[330]. Das Risiko bei einfachen Schuldverhältnissen, die Lieferung und Leistung nicht erbringen zu können und damit den Anspruch auf Gegenleistung zu verlieren, entspricht bei Zuschussverhältnissen dem Risiko der Rückzahlung des Zuschusses im Falle der Nichteinhaltung der Verwendungsauflagen und/oder Bindungsfristen. Die mit der Zuschussgewährung verbundenen Auflagen und Bindungsfristen zur zweckgemäßen Verwendung des Zuschusses konkretisieren insofern die eigentlich zu erbringende Gegenleistungsverpflichtung des Zuschussempfängers.[331] Sie qualifizieren sich deshalb nicht als unwesentliche und somit die Ertragsvereinnahmung nicht hindernde Risiken wie beispielsweise Forderungsausfall- und Gewährleistungsrisiken, die im Rahmen der Forderungsbewertung[332] oder durch Rückstellungsbildung[333] zu berücksichtigen sind. Der Einwand, dass der gewünschte Verhaltenszweck „lediglich die allgemeinen Rahmenbedingungen der Leistungserstellung und -verwertung“ bestimmt und „mangels Gegenleistungsverpflichtung keinen Anhaltspunkt für eine zeitliche Abgrenzung der Zuwendungen“ liefert[334], geht damit am Kern der bilanzrechtlichen Problematik vorbei.

---

327 Vgl. *Hofbauer* (1976), S. 660.
328 *HFA des IDW* (1984), S. 614.
329 Vgl. auch BFH-Urteil vom 26. Februar 1975, I R 72/73, BStBl II 1976, 14: „Einseitige Erwartungen des Zuschußgebers genügen nicht.“
330 *Berndt* (1998), S. 231.
331 Vgl. *Künnemann/Beine* (2002), Sp. 2737; *Uhlig* (1989), S. 199f.
332 Vgl. *Euler* (1989), S. 70.
333 Vgl. *Hoyos/Ring* (2006b), Rn. 10; *Rüdinger* (2004), S. 41.
334 *Kupsch* (1984), S. 375; ähnlich *Groh* (1988a), S. 2418f.; *Tjaden* (1985), S. 36.

Der Grundsatz des hinreichenden Risikoabbaus erzwingt deshalb die Berücksichtigung der mit der Zuschussgewährung regelmäßig verbundenen Bindungsfristen und Verwendungsauflagen, wie die zweckgemäße Nutzung des bezuschussten Vermögensgegenstandes über einen bestimmten Zeitraum. Wirtschaftlich kondensieren die Erfüllungsrisiken in der Tatsache, dass der Zuschussempfänger die ordnungsgemäße und rechtzeitige Leistungserbringung zum Zeitpunkt der Zuteilung des Zuschusses regelmäßig noch nicht mit hinreichender Sicherheit garantieren kann. Erst wenn – unter Berücksichtigung der mit der Zuschussgewährung verbundenen Bindungsfristen und Rückzahlungsbedingungen – die Erfüllung einer Leistungshandlung zu einem quasi-sicheren Anspruch auf Einbehalt des Zuschusses führt, ist ein entsprechender Ertragsausweis zulässig.

c) Subsumtion der Teilgewinnrealisierungsgrundsätze auf den Ausgangssachverhalt

Im Beispielfall verbietet das Prinzip des quasi-sicheren Anspruchs die Zuschussvereinnahmung im Zeitpunkt der Beschaffung der Maschine. Dem Ansatz eines passiven Rechnungsabgrenzungspostens in Höhe des gesamten Investitionszuschusses ist – entgegen der Auffassung des Bundesfinanzhofs – im vorliegenden Sachverhalt zwingend der Vorrang einzuräumen, da die Durchführung der Investition lediglich die notwendige Voraussetzung für die Besetzung des Arbeitsplatzes schafft, worin sich die risikobehaftete, zeitraumbezogene Leistungsschuld des Zuschussempfängers konkretisiert.

Der Anspruch auf Behalt des Zuschusses ist zum Bilanzstichtag nur insoweit quasi-sicher entstanden, als der Zuschussempfänger bei einer vorzeitigen Beendigung des Zuschussverhältnisses nicht zur Rückzahlung des Zuschusses verpflichtet ist.[335] Die Förderbedingungen sehen im Ausgangsfall vor, dass der Zuschuss bei vorzeitiger Aufhebung des Arbeitsverhältnisses und erfolglosem Bemühen der Neubesetzung nicht vollständig, sondern nur zeitanteilig zurückzuzahlen ist. Damit ist eine lineare Periodisierung der Zuschusseinnahme über die Dauer des Verpflichtungszeitraums geboten. Mit fortschreitender Beschäftigungsdauer erstarkt der Gewinnanspruch auf Behalt des Zuschusses und rechtfertigt einen zeitanteiligen Ertragsausweis. Verletzt der Zuschussempfänger die Verwendungs- und Bindungsauflagen, behält er den Anspruch auf den Teil der Zuschusseinnahme, der auf die in der Vergangenheit erbrachten Leistungshandlungen entfällt. Die Verpflichtung zur anteiligen Rückzahlung objektiviert insoweit die Verteilung des Zuschusses auf die einzelnen Perioden.[336]

335 Vgl. allgemein *Hommel* (1992), S. 90.
336 Vgl. allgemein *Fuchs* (1987), S. 73.

Werden Zuschüsse mit der ausdrücklichen Maßgabe (voraus-)gezahlt, dass über die Anspruchsberechtigung nur vorläufig entschieden sei und einer Prüfung vorbehalten bleibe, so dass ggf. mit einer vollständigen Rückforderung gerechnet werden muss oder führt der Verstoß gegen Verwendungsauflagen und Bindungsfristen zu einer Rückerstattungspflicht des Zuschussnehmers in voller Zuschusshöhe, scheidet eine zeitanteilige Zuschussrealisation aus. Die Gefahr einer Nichterbringung der Gesamtleistung kann nicht so gut wie sicher ausgeschlossen werden, da der Zuschussanspruch noch von dem zentralen Risiko einer Teilleistungsstörung bedroht ist, aus der eine Rückabwicklung des gesamten Zuschussverhältnisses resultieren könnte.

Dagegen könnte sprechen, dass der Zuschussnehmer gewillt ist, die mit der Zuschussgewährung verbundene Bindungsfrist einzuhalten und seinen Leistungsverpflichtungen nachzukommen, da er andernfalls bei Verstoß gegen die Förderregeln insgesamt einen Verlust erleiden würde. Mutmaßlich hat er sich nur unter der Bedingung der Zuschussgewährung auf das Zuschussverhältnis eingelassen. Der Zuschuss ist jedoch nicht bereits schon dann erfolgswirksam zu verbuchen, wenn unter Berücksichtigung subjektiver Motive erkennbar wird, dass der Zuschussempfänger seiner Leistungsschuld wahrscheinlich nachkommen wird, sondern erst dann, wenn dies so gut wie sicher feststeht und die Erhebung eines Rückerstattungsanspruchs quasi-sicher ausgeschlossen werden kann.[337] Bestimmen die Zuschussregeln eine vollständige Rückzahlung des Zuschusses im Falle der Nichterfüllung des Zuschusszwecks, ist der Anspruch auf Behalt des Zuschusses somit erst mit Ablauf der Bindungsfrist quasisicher entstanden.[338]

	t_1	t_2	t_3	t_4	t_5	Summe
Zuschusseinnahmen	40	40	40	40	40	200
Personal- und Verwaltungskosten	-30	-20	-16	-14	-10	-90
Abschreibungen	-20	-20	-20	-20	-20	-100
Gewinn	-10	0	4	6	10	10

Abbildung 6: Gewinn- und Verlustdarstellung bei linearer Zuschussvereinnahmung

Gegenüber einer aufwandsproportionalen Zuschussvereinnahmung ermöglicht die Linearisierung nach Maßgabe des Rückzahlungsrisikos eine objektivierte und ermessensfreie Zurechnung der Zuschusseinnahmen auf die einzelnen Perioden.

[337] Das Prinzip objektivierter Mindestwahrscheinlichkeit als Verbindlichkeitskriterium gilt unter Beachtung der Gewinnermittlungsgrundsätze grundsätzlich auch für passive Rechnungsabgrenzungsposten. Vgl. *Berndt* (1998), S. 238.

[338] So auch allgemein *Fuchs* (1987), S. 88.

Der lineare Verteilungsmaßstab führt trotz Rentabilität des Gesamtprojekts aufgrund der Einstellungskosten im ersten Jahr zu einem Verlust. Der Ausweis eines „Anlaufverlustes" könnte durch eine gleichmäßige Gewinnrealisierung über den Zeitraum der Bindungsfrist vermieden werden.

	t_1	t_2	t_3	t_4	t_5	Summe
Zuschusseinnahmen	52	42	38	36	32	200
Personal- und Verwaltungskosten	-30	-20	-16	-14	-10	-90
Abschreibungen	-20	-20	-20	-20	-20	-100
Gewinn	2	2	2	2	2	10

Abbildung 7: Gewinn- und Verlustdarstellung bei linearer Gewinnvereinnahmung

Obwohl der Verlust in den Folgeperioden mehr als kompensiert wird und insgesamt zu einer kostendeckenden Gesamtkalkulation führt, verbietet eine vorsichtig geprägte Gewinnermittlung eine Vorverlagerung der Ertragsvolumina. Zum jeweiligen Bilanzstichtag ist der Zuschussanspruch noch dadurch bedroht, dass der Zuschussempfänger seinen Leistungsverpflichtungen über den Bindungszeitraum nicht nachkommen kann und der Zuschussgeber dann den Zuschussbetrag anteilig zurückfordert. Das bilanzrechtliche Vorsichtsprinzip verbietet in diesem Fall eine lineare Gewinnrealisation.

1.4.3.3. Zur Interdependenz von Zuschusszweckerfüllung und Risikoabbau

Erst die Synthese aus der Bestimmung der wirtschaftlich relevanten Zuschusszweckerfüllung und einer wirtschaftlich orientierten Risikoanalyse führt zu einer bilanzzweckadäquaten Auslegung der Rechtsnormen. Das formale Bestehen einer Gegenleistungsverpflichtung verhindert noch nicht die sofortige Gewinnrealisierung. Sich auf das Realisationsprinzip berufend bedeutet indes auch, eine bilanzrechtliche Gegenleistungsverpflichtung wiederum erst dann anzunehmen, wenn deren Erfüllung tatsächlich auch risikobehaftet ist.[339] Die nachfolgend dargestellten Urteilsfälle des Bundesfinanzhofs veranschaulichen die Interdependenz von Zuschusszweckerfüllung und dem damit verbundenen Erfüllungsrisiko: Das Bestehen einer (zeitraumbezogenen) Leistungsverpflichtung ist einerseits nicht hinderlich für eine Gewinnrealisierung, wenn deren Nichterfüllung so gut wie sicher ausgeschlossen werden kann; andererseits verbietet das Quasi-Sicherheitsprinzip eine Ertragsrealisierung, wenn die ausste-

[339] Vgl. *Berndt* (1998), S. 202; ders. (2005), S. 1497.

henden Leistungshandlungen des Zuschussempfängers (noch) mit wesentlichen Erfüllungsrisiken verbunden sind.

a) Unmaßgeblichkeit der Zuschusszweckerfüllung bei Quasi-Sicherheit des Erfüllungsanspruchs, dargestellt am Beispiel des Zuschusses zur Stilllegung eines Mühlenbetriebs

(1) Unterlassungsverpflichtung als bilanzrechtsrelevante Gegenleistungsverpflichtung

In seinem Urteil vom 22. Juli 1982 entschied der Bundesfinanzhof, dass für „die aus Zahlung einer Abfindung nach dem MühlStruG sich ergebende Verpflichtung, die Mühle stillzulegen und für 30 Jahre den Mühlenbetrieb nicht wiederaufzunehmen, [...] ein passiver Rechnungsabgrenzungsposten zu bilden [sei])“[340]. Zum rechtswirksamen Schutz seiner Ansprüche wurde zugunsten des Zuschussgebers (hier: der Bundesrepublik) im Grundbuch eine beschränkte persönliche Grunddienstbarkeit eingetragen. Die hierin begründete Unterlassungspflicht, den Mühlenbetrieb für die Dauer von 30 Jahren nicht wieder aufzunehmen, stelle eine hinreichend konkretisierbare Gegenleistung dar, die den Ansatz eines passiven Rechnungsabgrenzungspostens und dessen Auflösung über 30 Jahre erfordere.

Gegen die Bildung eines passiven Rechnungsabgrenzungspostens könnte im Urteilsfall sprechen, dass der Zuschussempfänger mit der Einräumung des dinglichen Nutzungsrechts bereits vor dem Bilanzstichtag seine Hauptleistungspflicht erfüllt hat, da der Zuschussgeber eine eigentumsähnliche Rechtsstellung erlangt, die ihm die (eingeschränkte) Nutzung des betreffenden Eigentums sichert.[341] Dieser Auslegung ist der Bundesfinanzhof ausdrücklich nicht gefolgt: Er wendet sich gegen die Auffassung des vorinstanzlichen Finanzamts, in der Stilllegung der Mühle die wirtschaftlich relevante „Hauptpflicht“ und in der sich anschließenden Verpflichtung zur Unterlassung der Wiederaufnahme des Mühlenbetriebs eine nicht abgrenzungsfähige „Nebenpflicht“ zu sehen. Die Stilllegung der Mühle „wäre ohne wirtschaftlichen Sinn, wäre sie nicht von der hieran anschließenden Verpflichtung zur langfristigen Unterlassung der Wiederaufnahme des Betriebs begleitet“[342]. Die Stilllegung der Mühle begründet vielmehr eine zeitlich vorgelagerte Verpflichtung, die erst die Erfüllung der eigentlichen Zwecksetzung des Zuschusses, nämlich den langfristigen Abbau der Überkapazitäten in der

---

340 BFH-Urteil vom 22. Juli 1982, IV R 111/79, BStBl 1982, 655 (Hervorhebung im Original).

341 Die formale Qualifikation eines dinglichen Rechtsverhältnisses als Veräußerungsvorgang beruht auf der sog. „Abspaltungstheorie“ als Ausfluss einer betriebswirtschaftlichen Leistungskonzeption. Vgl. hierzu und zur sog. „Duldungstheorie“ Ausführungen bei *Hommel* (1992), S. 50–53. Vgl. zur Urteilswürdigung *Berndt* (1998), S. 219–221.

342 Vorangehende Zitate: BFH-Urteil vom 22. Juli 1982, IV R 111/79, BStBl 1982, 657. In der Stilllegung die relevante Hauptpflicht zu sehen, würde indes „einen fortwährenden Wechsel von Betriebsschließung und -eröffnung“ herausfordern. So *Bauer* (1985), S. 163.

Mühlenwirtschaft, ermöglicht. Daher befand der Bundesfinanzhof, dass die Einstellung des Mühlenbetriebs und die Verpflichtung zur Unterlassung der Wiederaufnahme „eine wirtschaftlich zusammenhängende einheitliche Leistung“ verkörpern.[343]

(2) Zur Quasi-Sicherheit des Erfüllungsanspruchs

Für die passive Rechnungsabgrenzung genügte dem Bundesfinanzhof das Vorliegen einer nach dem Stichtag konkreten zeitraumbezogenen Gegenleistungsverpflichtung. Das Eingehen einer fortdauernden Unterlassungsverpflichtung allein rechtfertigt indes noch nicht die Bildung eines passiven Rechnungsabgrenzungspostens; das Realisationsprinzip erfordert zusätzlich eine Einschätzung bezüglich des Risikos zur Erfüllung der Verpflichtung. Inwieweit die Verpflichtung zur Stilllegung des Mühlenbetriebs über einen bestimmten Zeitraum überhaupt noch mit Risiken behaftet war, ließ der Bundesfinanzhof jedoch bei seiner Urteilsfindung gänzlich außer Betracht.[344] Vielmehr erscheine es nach der Auffassung des Bundesfinanzhofs in Hinblick auf den „zu beachtenden Sinn und Zweck der Gewinnermittlung, nach Möglichkeit einen periodengerechten Gewinn auszuweisen“, zweckmäßig, die Erträge den künftigen Perioden zuzurechnen, da dem betroffenen Bilanzierenden künftig höhere Aufwendungen entstünden, die durch den Zuschuss ausgeglichen werden sollten.[345] Die vom Bundesfinanzhof propagierte Zurechnung von Erträgen und den sie zu alimentierenden Aufwendungen ließe sich in Einklang bringen mit einer dynamisch geprägten Gewinnkonzeption.

Eine passive Rechnungsabgrenzung, die dem realisationsprinzipkonformen Grundsatz der Quasi-Sicherheit folgt, ist jedoch nur geboten, wenn der Bilanzierende eine ausstehende, risikobehaftete Gegenleistung zu erbringen hat. Im Urteilsfall ist zweifelhaft, ob die Verpflichtung zur dauerhaften Stilllegung des Mühlenbetriebs überhaupt eine risikobehaftete Gegenleistungsverpflichtung des Bilanzierenden darstellt. Es handelt sich vielmehr – im Gegensatz zur Verpflichtung zur Bereitstellung eines Ausbildungsplatzes – um eine passive Verhaltensweise des Zuschussempfängers. Hinzu kommt, dass die Stilllegung der Mühle oftmals einhergeht mit einer vollständigen Aufgabe des gesamten Betriebs.[346] Da sich der Mühlenbesitzer

343 BFH-Urteil vom 22. Juli 1982, IV R 111/79, BStBl 1982, 657.

344 Vgl. *Berndt* (1998), S. 220.

345 BFH-Urteil vom 17. Juli 1980, IV R 10/76, BStBl II 1981, 672. In diesem ähnlich gelagerten Fall erhielt ein Kaufmann für den immerwährenden Verzicht auf sein Recht, die Wasserkraft eines Flusses zur Stromerzeugung zu nutzen, einen Entschädigungsbetrag. Der Bundesfinanzhof bejahte wiederum den Ansatz eines passiven Rechnungsabgrenzungspostens, sofern rechnerisch ein (Mindest-)Zeitraum feststellbar sei.

346 Diese Folgewirkung wird auch vom erkennenden Senat antizipiert, wenngleich hieraus keine Rückschlüsse auf die bilanzrechtliche Behandlung der Stilllegungsprämie gezogen werden. Vgl. BFH-Urteil vom 22. Juli 1982, IV R 111/79, BStBl 1982, 657: „Der Anerkennung eines passiven Rechnungsabgrenzungspostens steht nicht entgegen, daß bei einer erheblichen Zahl von Mühlenbesitzern die Bildung eines solchen Postens nicht mehr möglich ist, weil sie ihren Betrieb in vollem Umfang aufgegeben haben.“

verpflichtet, „den Vertrieb und die Lagerung von Mahlerzeugnissen auf dem Mühlengrundstück einzustellen und die Vorrichtungen, die zur Herstellung von Mahlererzeugnissen gedient haben, nicht mehr zur Verarbeitung von Getreide zu verwenden“[347], ist kaum davon auszugehen, dass er die Betriebseinrichtung für den Zeitraum von 30 Jahren so instand hält, dass mit einer Aufnahme des Betriebs jederzeit zu rechnen wäre. Es entspricht wohl eher dem Handeln eines vernünftigen Kaufmanns, bauliche und organisatorische Maßnahmen zu ergreifen, die zu einer anderen gewinnbringenden Zweckverwendung der Mühle führen oder sich ggf. für einen Verkauf des Gesamtobjekts zu entscheiden. Damit wäre eine Wiederaufnahme des Mühlenbetriebs faktisch so gut wie sicher ausgeschlossen und die Annahme eines passiven Rechnungsabgrenzungspostens hinfällig.

In eine vergleichbare Richtung weist die Entscheidung des Bundesfinanzhofs in einem früheren Urteil: Den Ansatz eines passiven Rechnungsabgrenzungspostens verneinte der Bundesfinanzhof für die Vereinnahmung eines Zuschusses durch einen Omnibusunternehmer, der sich im Gegenzug verpflichtete, seine Linienverkehrskonzession an die Deutsche Bundespost zu übertragen und über einen unbegrenzten Zeitraum, Wettbewerb zu unterlassen.[348] Trotz einer nach dem Bilanzstichtag fortbestehenden Unterlassungsverpflichtung kann der Entschädigungsbetrag als so gut wie sicher gelten, denn mit dem Entzug der Konzession und der Vermietung einiger Busse an die Deutsche Bundespost konnte eine Nichteinhaltung der Wettbewerbsunterlassung faktisch nicht nur so gut wie sicher ausgeschlossen werden; darüber hinaus war der Unternehmer aus wirtschaftlichen Verhältnissen gezwungen, den Betrieb aufzugeben, da „der Betrieb dieser Linien durch ihn neben der Deutschen Bundespost unrentabel sein würde“[349]. Nicht die Unbestimmtheit des Zeitraumes ist in diesem Fall das ausschlaggebende Kriterium für die Ablehnung eines passiven Rechnungsabgrenzungspostens, sondern vielmehr die fehlende risikobehaftete Gegenleistungsverpflichtung.

Die aufgezeigte Risikolage des Sachverhalts klassifiziert den vorliegenden Sachverhalt bilanzrechtlich als kaufähnliches Geschäft, in dem gegen Entgeltzahlung in Form eines Zuschusses die Übertragung einer Konzession erfolgt. Die bilanzrechtliche Gleichsetzung mit einem Veräußerungsgeschäft erlaubt deshalb die zeitpunktbezogene Vereinnahmung des Zuschusses, da die wesentlichen Leistungsrisiken mit Verzicht auf die Ausübung der Konzession im vorliegenden Fall erfüllt sind. Ebenso kann die Berechtigung zum Betrieb einer Mühle einem unentgeltlich erworbenen Nutzungsrecht gleichgestellt werden, das einen Bestandteil

---

[347] BFH-Urteil vom 22. Juli 1982, IV R 111/79, BStBl II 1982, 657.
[348] Vgl. BFH-Urteil vom 26. Mai 1965, I 84/63 U, BStBl III 1965, 481.
[349] BFH-Urteil vom 26. Mai 1965, I 84/63 U, BStBl III 1965, 481. Vgl. zur Urteilswürdigung *Berndt* (1998), S. 179f.

des originären Geschäfts- und Firmenwertes darstellt, deren Veräußerung ebenso zur Gewinnrealisierung führt wie der Verkauf von Einzelwirtschaftsgütern.[350] Der vorinstanzlichen Entscheidung des Finanzgerichts ist im Ergebnis zuzustimmen, wenngleich die Begründung für eine sofortige Ertragsvereinnahmung nicht (nur) auf einer nach wirtschaftlichen Kriterien bemessenen Aufteilung von Haupt- und Nebenleistungsverpflichtung beruht, sondern vielmehr Risikogesichtspunkten folgt.

b) *Maßgeblichkeit der Zuschusszweckerfüllung bei Quasi-Unsicherheit des Erfüllungsanspruchs, dargestellt am Beispiel des Zuschusses zur Duldung immerwährender Lasten*

(1) Immerwährende Duldungsverpflichtung als bilanzrechtsrelevante Gegenleistungsverpflichtung

Den Ansatz eines passiven Rechnungsabgrenzungspostens nahm der Bundesfinanzhof beispielsweise für immerwährende Duldungsverpflichtungen bei folgendem Sachverhalt an: In einem Urteilsfall erhielt ein buchführender Landwirt für die Verlegung von Ferngasleitungen auf seinem Grund und Boden und für die zeitlich unbegrenzte Verpflichtung, diese Nutzungen zu dulden, eine einmalige Entschädigungszahlung.[351] Zur Sicherung der Nutzungsrechte wurde zugunsten des Zuschussgebers eine beschränkte persönliche Dienstbarkeit eingetragen, die nach Ansicht des Bundesfinanzhofs nicht „der Veräußerung eines Anteils am Grund und Boden [...] gleichgestellt werden“ kann. Es liegt damit keine „entgeltliche Übertragung einer ‚Wertparzelle' an dem belasteten Grundstück“ vor, die eine sofortige Ertragsvereinnahmung aus der Erfüllung eines gegenseitigen Schuldverhältnisses begründen würde.[352] Für die Erfüllung des Bestimmtheitserfordernisses genüge die Berechnung eines Mindestzeitraums, der sich „aus der Zahl der Jahresraten gewinnen [lasse], die mit dem Kapitalbetrag abgegolten sind“. Bei der Ermittlung des abgrenzbaren Zeitraumes waren „die Einmalvergütungen [...] als Kapitalwert einer ewigen Rente zu erfassen [...] [,die] rechnerisch wie auf bestimmte Zeit

---

[350] Vgl. *Moxter* (2007), S. 180. *Moxter* bezieht sich dabei auf das BFH-Urteil vom 17. Juli 1980, IV R 10/76, BStBl II 1981, 669 zur Behandlung einer Entschädigungszahlung für den Verzicht auf ein Wassernutzungsrecht; ähnlich *Euler* (1996), S. 167. Wurde das Nutzungsrecht indes entgeltlich erworben, erfolgt der Abgang des aktivierungsfähigen Vermögensgegenstandes.

[351] Vgl. BFH-Urteil vom 24. März 1982, IV R 96/78, BStBl 1982 II, 643. Vgl. zu ähnlichen Sachverhalten BFH-Urteil vom 26. Mai 1965, I 84/63 U, BStBl III 1965, 480; BFH-Urteil vom 17. Juli 1980, IV R 10/76, BStBl II 1981, 669; BFH-Urteil vom 22. Juli 1982, IV R 111/79, BStBl 1982, 655; BFH-Urteil vom 9. Dezember 1993, IV R 130/91, BStBl II 1993, 202. Im Streitfall erhielt ein Kaufmann für den Verzicht auf sein Recht, die Wasserkraft eines Flusses zur Stromerzeugung zu nutzen, einen Entschädigungsbetrag, der als Ertrag nach dem Bilanzstichtag gelte und als passiver Rechnungsabgrenzungsposten abzugrenzen sei. Verglichen wird der Sachverhalt mit dem Fall, in dem ein Gewerbetreibender eine Zahlung erhält, für eine bestimmte Zeit Wettbewerb zu unterlassen. Auch hier begründet das Unterlassen eine Gegenleistung, „die laufend während der Geltung der Wettbewerbsvereinbarung zu bewirken ist“.

[352] Beide vorstehenden Zitate: BFH-Urteil vom 24. März 1982, IV R 96/78, BStBl II 1982, 645.

gezahlte Renten zu behandeln [sind]"[353]. Bei einer jährlichen Zahlung von GE 100.000 und einem Zinsfuss von 4 % ergäbe sich zum Beispiel eine Entschädigungsprämie von GE 2,5 Mio., die auf 25 Jahre zu verteilen wäre.

Nicht die Einräumung der Dienstbarkeit begründet nach Ansicht des entscheidenden Senats die für den Ansatz eines passiven Rechnungsabgrenzungspostens erforderliche bilanzrechtsrelevante Gegenleistungsverpflichtung, sondern erst die sich anschließende dauernde Duldungsverpflichtung.[354] Mit der Annahme eines berechenbaren Mindestzeitraums im vorliegenden Streitfall misst der Bundesfinanzhof dem Kriterium der bestimmten Zeit grundsätzlich ein Mindestmaß an Objektivierung bei – es soll (lediglich) „eine willkürliche Beeinflussung des Gewinns"[355] verhindern – und wendet sich damit gegen weite Teile des Schrifttums, die diesem Tatbestandsmerkmal als „Fundamentalprinzip"[356] eine übergeordnete Bedeutung einräumen.[357] Den Ansatz eines passiven Rechnungsabgrenzungspostens infolge einer zu engen Wortlautauslegung der „bestimmten Zeit" zu versagen, entspräche in der Tat einer von den Gewinnrealisierungsgrundsätzen losgelösten Überobjektivierung, die sich keinesfalls mit dem Vorsichts- und Realisationsprinzip vereinbaren ließe.[358]

(2) Zur Quasi-Sicherheit des Erfüllungsanspruchs

Der Tatbestand ist jedoch in dem vorliegenden Fall anders gelagert. Nur scheinbar interpretiert der Bundesfinanzhof das Tatbestandsmerkmal der bestimmten Zeit nach Maßgabe der Gewinnrealisierungsgrundsätze, denn der Annahme eines Mindestzeitraums steht entgegen, dass theoretisch auch nach Auflösung des Rechnungsabgrenzungspostens (nach Verstreichen der errechneten 25 Jahre) die Verpflichtung fortbesteht, die Nutzungen zu erdulden.[359] Eine vollständige Gewinnrealisierung käme streng genommen auch dann nicht in Betracht. Die Festlegung eines berechenbaren Mindestzeitraums – bei Vorliegen eines nicht bestimmbaren Gesamtleistungszeitraums – und der hieraus abgeleitete Ansatz eines passiven Rechnungsabgrenzungspostens vermögen vor diesem Hintergrund nicht überzeugen.[360]
Bei stringenter Anwendung der Gewinnrealisierungsgrundsätze wäre indes zu prüfen, inwieweit die Entschädigungszahlung an eine künftige risikobehaftete Gegenleistungsverpflichtung

353 BFH-Urteil vom 24. März 1982, IV R 96/78, BStBl 1982 II, 646.
354 Dieser Auffassung ist der Bundesfinanzhof in weiteren Urteilen gefolgt. Vgl. beispielsweise BFH-Urteil vom 9. Dezember 1993, IV R 130/91, BStBl II 1995, 202.
355 BFH-Urteil vom 9. Dezember 1993, IV R 130/91, BStBl II 1995, 204.
356 *Berndt* (1998), S. 251.
357 Zu umfangreichen Einzelnachweisen vgl. *Berndt* (1998), S. 239.
358 Vgl. *Hartung* (1999), S. 224.
359 Vgl. *Berndt* (1998), S. 245.

des Bilanzierenden knüpft.[361] Das Risiko einer wirtschaftlichen Nichterfüllung kann im Urteilsfall so gut wie sicher ausgeschlossen werden, da die Verpflichtung des Landwirts, die baulichen Investitionen zu dulden ohne sein „aktives" Zutun fortbesteht und damit nicht mehr risikobehaftet ist. Darüber hinaus wird der Zuschussgeber aufgrund seines Nutzungsrechts bauliche Maßnahmen veranlassen, die eine mögliche Nutzbarkeit der Grundstücksflächen durch den Eigentümer regelmäßig vollständig verhindern.

1.4.3.4. Zur Abgrenzung von investitions- und erfolgsbezogenen Zuschüssen

a) Primäre Zweckbindung als Abgrenzungskriterium

Nach der primären Zwecksetzung, die mit der Gewährung von Zuschüssen verbunden ist, findet sich im Schrifttum und in den Urteilen der höchstrichterlichen Rechtsprechung zur Zuschussbilanzierung durchgängig die Unterscheidung zwischen investitions- und erfolgsbezogenen Zuschüssen (bzw. Investitions- und Erfolgszuschüssen).[362] Das wesensimmanente Merkmal eines Investitionszuschusses besteht nach dieser Anschauung in der Bindung des Zuschussempfängers an die Durchführung einer Investition.[363] Aufgrund ihrer Objektbezogenheit stellt die Bemessungsgrundlage für die Gewährung von Investitionszuschüssen regelmäßig die Höhe der Anschaffungs- bzw. Herstellungskosten des zu finanzierenden Objekts dar.[364] Bei erfolgsbezogenen Zuschüssen kann die Gegenleistung des Zuschussempfängers in der Durchführung einer (meist aufwandswirksamen) Maßnahme (zum Beispiel Forschungs- und Entwicklungsmaßnahmen) oder in der Übernahme einer (meist ertragsmindernden) Verpflichtung (zum Beispiel Eingehen eines Wettbewerbsverbots) bestehen.[365]

Die an der (primären) Zweckbindung orientierte begriffliche Unterscheidung zwischen Investitions- und Erfolgszuschüssen gilt in Teilen des Schrifttums als bilanzrechtliche Vorfrage bei der Bestimmung des Gewinnrealisationszeitpunkts von Zuschüssen: Während Erfolgszuschüsse regelmäßig an eine (zeitraumbezogene) Leistung des Zuschussempfängers knüpfen und den Ansatz eines passiven Rechnungsabgrenzungspostens erfordern, sei für Investitionszuschüsse eine Minderung der Anschaffungs- bzw. Herstellungskosten in Höhe des Zuschus-

---

360 Gegen die Bildung eines passiven Rechnungsabgrenzungspostens für immerwährende Leistungsverpflichtungen über einen berechenbaren Mindestzeitraum auch *Berndt* (1998), S. 245f.

361 Neben dem Erfordernis des Risikoabbaus betonen *Moxter/Wesner* den Grundsatz einer funktional verstandenen Reinvermögenserhaltung als hinreichende Realisationsvoraussetzung. Vgl. *Moxter/Wesner* (2001), S. 649–662.

362 Vgl. *Küting* (1996a), S. 277.

363 Vgl. BFH-Urteil vom 22. Januar 1992, X R 23/89, BStBl II 1992, 490; *HFA des IDW* (1984), S. 613.

364 Vgl. *Groh* (1994), S. 91; *Mathiak* (1992), S. 1603.

365 Vgl. *HFA des IDW* (1996), S. 712. Vgl. zur Abgrenzung von investitions- und erfolgsbezogenen Zuschüssen Ausführungen in Abschnitt III.C.1.4.3.4.

ses oder (mitunter sogar) eine sofortige Erfolgsrealisierung geboten.[366] Die Gewinnrealisation könnte demnach bei Erfolgszuschüssen im Zeitablauf pro rata temporis erfolgen, während Investitionszuschüsse entsprechend der Nutzungsdauer des bezuschussten Vermögensgegenstandes oder bereits zeitpunktbezogen mit der Durchführung der Investition vereinnahmt werden.

b) *Finale Zweckbindung als Abgrenzungskriterium*

Für die Qualifikation eines Zuschusses als Investitionszuschuss komme es dagegen nach TUBBESING auf die finale Zweckbindung der Mittelzuwendung im Einzelfall an, denn „allein aus dem Zweck des Zuschusses kann gefolgert werden, wie stark die unmittelbare innere Bindung des Zuschusses an die Investition und damit sein Einfluß auf deren Anschaffungskosten ist"[367]. Die bilanzrechtliche Behandlung und mithin der Umfang der Anschaffungskosten des bezuschussten Vermögens richte sich zweckorientiert danach, ob der Investitionszuschuss ausschließlich zur speziellen Unterstützung einer bestimmten Investition oder nur „als Mittel zur allgemeinen Förderung des investierenden Unternehmens" gewährt wird.[368]
Der erste Fall soll tatbestandsmäßig dann vorliegen, wenn der bezuschusste Investitionsgegenstand – im Regelfall während seiner gesamten Nutzungsdauer – ausschließlich für Zwecke des Zuschussgebers eingesetzt wird oder die Zuschussgewährung auf die Förderung eines außerhalb des Unternehmens stehenden allgemeinen Empfängerkreis zielt. Annahmegemäß liege dann – wirtschaftlich betrachtet – im Grunde eine Investition des Zuschussgebers vor, der die Anschaffungs- bzw. Herstellungskosten der Investition im Wesentlichen trägt.[369] Der Zuschussnehmer fungiert lediglich als vermittelnde Instanz zur Erfüllung der externen Zwecksetzungen, der ohne die Finanzierungsstütze kein ökonomisches Interesse hätte, die Investition durchzuführen, aber beispielsweise aufgrund seiner Monopolstellung oder aufgrund seiner speziellen Fähigkeiten oder Kenntnisse zur Durchführung einer bestimmten Investition prädestiniert ist.[370] Aus der unmittelbaren Bindung des Zuschusses an die Durchführung einer Investition wird geschlussfolgert, dass der Zuschuss das Unternehmen nur als Durchlaufstation passiert: Der Zuschuss fließt zum Unternehmer, wird aber sodann mit

---

366 Vgl. *Groh* (1988a), S. 2418: „Verlangt wird aber auch, daß der passivierte Betrag die Gegenleistung für eine noch zu erbringende zeitraumbezogene Leistung des Unternehmens darstellt. Daran aber fehlt es bei den Investitionszuschüssen; die Einhaltung der Verwendungsauflagen [...] kann auch bei großzügiger Betrachtung nicht als Gegenleistung angesehen werden". Bestätigt auch durch die Rechtsprechung: vgl. BFH-Urteil vom 22. Januar 1992, X R 23/89, BStBl II 1992, 488; BFH-Urteil vom 19. Juli 1995, I R 56/94, BStBl II 1996, 28; Urteil des FG Niedersachsen vom 22. Januar 1985, II 178/83, EFG 1985, S. 596, n. rkr. Ähnlich BMF (1985), S. 568.

367 *Tubbesing* (1967), S. 205.

368 *Tubbesing* (1967), S. 204. Eine ähnliche am Zuschusszweck orientierte Klassifizierung findet sich bei *Hofbauer* (1976), S. 656–658; ebenso *Schulte-Groß* (1971), S. 157–159.

369 Vgl. *Tubbesing* (1967), S. 207; sowie Darstellung bei *Küting* (1996a), S. 278.

Durchführung der Investition direkt an den Beschaffungsmarkt weitergeleitet.[371] Besteht eine derart enge Verknüpfung zwischen dem Zuschuss und dem Beschaffungsvorgang, beschränken sich die Anschaffungskosten auf den effektiven Ausgabebetrag. Dies gelte zum Beispiel für solche Zuschüsse, die einer Bahngesellschaft zur Erneuerung von Gleisanlagen gewährt werden, die andernfalls stillgelegt worden wären. Der Zuschussgeber bezwecke damit nicht die wirtschaftliche Unterstützung der Bahngesellschaft, sondern die Förderung des Gemeinwohls der Bevölkerung und der wirtschaftlichen Lage in dem betreffenden Gebiet.[372]

Im Umkehrschluss soll die Konzeption des Durchlaufpostens[373] nicht für solche Zuschüsse greifen, die der allgemeinen Förderung des empfangenden Unternehmens dienen.[374] Das begünstigte Investitionsvorhaben dient als „Mittel zum eigentlichen Zweck" der Förderung der gesamten Unternehmung; typischerweise gelte diese Zwecksetzung beispielsweise für Investitionszuschüsse, die zur Förderung regional benachteiligter Unternehmen oder zur Anschaffung kostenintensiver Anlagen im Rahmen der Auftragsforschung gewährt werden.[375] Für diesen Zuschusstypus erwägt TUBBESING die Zuführung in eine offene Rücklage.[376] Der Zweck des Investitionszuschusses, „der nach dem erklärten Willen von Zuschußgeber und Zuschußempfänger und der sonstigen Umstände im Einzelfall mit dem Zuschuß verfolgt wird", fungiert damit als ausschlaggebendes Bilanzierungskriterium.[377]

c) Objektivierungsbedingte Unschärfen der primären und finalen Zweckbindung als Bilanzierungskriterium

Die vorgenommene Systematisierung zwischen Erfolgs- und Investitionszuschüssen anhand des Kriteriums der primären Zweckbindung erweist sich als nicht trennscharf, da sich die zur Beurteilung stehenden Zuschüsse nicht immer eindeutig unter die genannten Typenklassen subsumieren lassen. Ein Investitionszuschuss könnte ebenso als Aufwandszuschuss interpretiert werden, da er wirtschaftlich eine Minderung der zukünftigen Abschreibungsbasis be-

---

370 Vgl. *Tubbesing* (1967), S. 207.

371 Vgl. *Kupsch* (1984), S. 372; *Küting* (1996a), S. 278.

372 Vgl. *Tubbesing* (1967), S. 209.

373 Der Begriff des durchlaufenden Postens wird in § 4 Abs. 3 S. 2 EStG definiert. Danach sind darunter Betriebseinnahmen und -ausgaben zu verstehen, die im fremden Namen und für fremde Rechnung vereinnahmt oder verausgabt werden. Formal ist die Bezeichnung des Zuschusses als Durchlaufposten unzulässig, da der Zuschussempfänger im eigenen Namen und für eigene Rechnung auftritt. Die Interpretation des Zuschusses als Durchlaufposten folgt daher einer wirtschaftlichen Betrachtungsweise. Vgl. auch *Ewertowski* (1984), S. 1019.

374 Vgl. *Tubbesing* (1967), S. 205; ähnlich auch *Husemann* (1976), S. 99f.

375 *Tubbesing* (1967), S. 205.

376 Vgl. *Tubbesing* (1967), S. 205. Zur Zulässigkeit der Rücklagendotierung vgl. Ausführungen in Abschnitt III.C.3.5.1.

377 *Tubbesing* (1967), S. 205.

wirkt.[378] Die Konturenlosigkeit der Differenzierung zeigt sich auch regelmäßig bei der Gewährung von Zuschüssen, die zur Finanzierung einer Investition gewährt werden und darüber hinaus den Zuschussempfänger zur Einhaltung bestimmter Verwendungsauflagen verpflichten. Knüpft die Zuschussvergabe an eine Vielzahl von Zweckbindungen, ergibt sich offensichtlich ein Zuordnungsproblem.
Der Begründungsnotstand tritt bei einem Urteil der Finanzverwaltung deutlich hervor[379]: Im Streitfall ging es um die bilanzielle Abbildung von Zuschüssen, die zur Errichtung von Studentenwohnheimen gewährt wurden. Gleichzeitig verpflichtete sich der Zuschussempfänger, die Wohnräume über einen bestimmten Zeitraum zu einem festgelegten Mietzins an Studenten zu vermieten. Je nachdem worin man die Zweckbindung des Zuschusses sieht, kann der Zuschuss als Investitions- oder Erfolgszuschuss typisiert werden: Eine Klassifizierung als Investitionszuschuss wäre geboten, wenn man in der Errichtung der Mieträume die wesentliche Zweckbindung des Zuschusses auffasst, denn schließlich erhält nur derjenige einen Zuschuss, der neuen Wohnraum schafft und das bereits bestehende Angebot an Studentenwohnplätzen erweitert. Demgegenüber ließe sich argumentieren, dass der Zuschuss gewährt wird, um den zukünftigen Aufwand auszugleichen, der sich aus der langfristigen Mietpreisbindung ergibt. In diesem Sinne würde die Verpflichtung, einen reduzierten Mietzins in Rechnung zu stellen, die primäre Zweckbindung des Zuschussempfängers darstellen. Es wird deutlich, dass das Kriterium der Zweckbindung des Zuschusses nicht geeignet ist, eine eindeutige, objektive Einordnung von Zuschüssen zu ermöglichen und die begriffliche Qualifikation als Investitions- oder Erfolgszuschuss letztlich noch nichts über die gebotene Bilanzierungsweise aussagt.

Nach der von TUBBESING geprägten Abgrenzungskonzeption werden Zuschüsse entsprechend ihrer finalen Zwecksetzung typisiert. Der Zweck des Zuschusses oder die Absicht des Zuschussgebers determinieren die Abbildung des Zuschusses im Jahresabschluss. Eine eindeutige Klassifizierung erweist sich im Einzelfall ebenfalls als unlösbar: Ob die Zuschussvergabe beispielsweise ausschließlich der Förderung des Unternehmens dient oder zugunsten eines außerhalb des Unternehmens stehenden Personenkreises erfolgt, bedarf einer subjektiven Wertungsentscheidung. TUBBESING subsumiert beispielsweise Zuschüsse für Forschungszwecke zur Anschaffung kostspieliger Meßeinrichtungen usw. unter die Kategorie „Förderung des investierenden Unternehmens“[380]. Eine Minderung der Anschaffungs- bzw. Herstellungskosten käme danach nicht in Betracht, da die Investition nur als Mittel zum Zweck der Förderung des investierenden Unternehmens dient.[381] Die Zuordnung erscheint in dieser Aus-

378 Vgl. *Groh* (1988a), 2417f.; *Kupsch* (1984), S. 370.
379 Vgl. Urteil des FG Baden-Württemberg vom 3. Mai 1991, I K 139/87, WPg 1991, 750.
380 *Tubbesing* (1967), S. 205.
381 Vgl. *Tubbesing* (1967), S. 205.

schließlichkeit problematisch. Der Zuschuss fördert zweifelsohne das betreffende Unternehmen aufgrund der Erstattung von Finanzierungsmitteln. Allerdings lässt sich schwerlich abstreiten, dass die erzielten Forschungsergebnisse letztlich auch dem Gemeinwohl zu Gute kommen. Ebenso problematisch erweist sich die Typisierung von Zuschüssen zur allgemeinen Förderung von Unternehmen in strukturschwachen Regionen finden. Es ist schwerlich nachzuweisen, dass die Fördermittel nicht indirekt auch Synergieeffekte auf die gesamte Region ausstrahlen. Das Abgrenzungsmerkmal läuft somit ins Leere, denn zwischen der Unterstützung des Unternehmens und der Förderung Dritter besteht nicht zwingend ein konkurrierendes Verhältnis.[382] Aus diesem Grunde vermag auch die ergänzende Einschränkung im Falle von Zuschüssen zugunsten Dritter, „dass das Unternehmen selbst aus Wirtschaftlichkeits- oder Rentabilitätsgründen kein Interesse an der Investition hat" [383], wenig überzeugen, denn der begünstigte Zuschussempfänger wäre als ökonomisch handelnder Kaufmann doch gewillt, das Zuschussverhältnis nur einzugehen, wenn es einen entsprechenden Nutzwert für ihn stiftet.

So räumt auch TUBBESING ein, dass es zwischen den einzelnen zweckorientierten Typisierungen „Übergangsformen [gäbe], die mit unterschiedlichem Schwergewicht Elemente der einen oder anderen reinen Form aufweisen. Die Bilanzierung muß hier den überwiegenden Merkmalen folgen"[384]. Ergänzend sei nach KÜCKEN das Kalkül des Unternehmens (zum Beispiel in Hinblick auf die Normalisierung der Jahresergebnisse oder Dividendenkontinuität) entscheidungsrelevant, wenn der Zuschusszweck nicht eindeutig ermittelbar ist.[385] Die Bestimmung des Zuschusszweckes liegt damit gezwungenermaßen im Ermessen des Bilanzierenden.

Solche Typisierungen sind deshalb für die Bilanzierungspraxis generell untauglich, weil sich die meisten Zuschüsse nicht eindeutig in ein festgelegtes Schema einordnen lassen.[386] Das einem Zuschussverhältnis zugrundeliegende Motiv entzieht sich darüber hinaus einer objektivierten Überprüfung und überlässt die Behandlung des Zuschusses dem Belieben des Bilanzierenden. Bei öffentlichen Zuschüssen mögen die Motive des Gesetzgebers weitgehend bekannt sein, wenngleich es sich dabei um gesellschafts- oder wirtschaftspolitische Zwecksetzungen handelt, die aufgrund ihrer „bilanzfremde[n] Natur" nicht als Bilanzierungskriterium geeignet sind.[387] Infolge der mangelnden Überschneidungsfreiheit und Operationalität ist der vom Zuschussgeber beabsichtigte primäre oder finale Zuwendungszweck als bilanzfremdes

---

382 Vgl. *Kupsch* (1979), S. 368; ähnlich *Kücken* (1975), S. 1950.
383 *Tubbesing* (1967), S. 207.
384 *Tubbesing* (1967), S. 207.
385 Vgl. *Kücken* (1975), S. 1950. Nach *Kücken* kommt dem Unternehmerkalkül immer dann Entscheidungsrelevanz zu, wenn der Zuschusszweck nicht eindeutig ist.
386 Vgl. *Groh* (1973), S. 743; kritisch auch *Husemann* (1976), S. 99f.; *Jansen* (1988), S. 88; *Uhlig* (1989), S. 82–84.
387 *Ewertowski* (1984), S. 1023.

Bilanzierungskriterium mit dem „Grundsatz willkürfreier Rechnungslegung“ nicht zu vereinbaren.[388] Die primäre Zweckbindung des Zuschussempfängers umschreibt lediglich die zu erfüllenden Leistungshandlungen des Zuschussempfängers; sie ist aber als ausschließliches Bilanzierungskriterium ungeeignet.

d) Bilanzierungslösung durch Rekurs auf den Grundsatz des quasi-sicheren Anspruchs

(1) Abgrenzungskriterien: Investition als separierbare (Haupt-)Leistungsverpflichtung oder als Mittel zum Zweck zur Erfüllung einer risikobehafteten Gegenleistungsverpflichtung

Für den Untersuchungszweck der Arbeit soll die bilanzrechtliche Einordnung des Zuschussverhältnisses entsprechend dem Prinzip des quasi-sicheren Anspruchs nach der geschuldeten risikobehafteten Leistungsverpflichtung des Zuschussnehmers erfolgen. Danach ist im Einzelfall zu prüfen, ob der Zuschuss als Mittel zum Zweck eingesetzt wird, um ein bestimmtes Verhalten des Zuschussempfängers zu induzieren oder ob in der Durchführung der Investition selbst die eigentliche risikobehaftete Leistungshandlung des Zuschussnehmers liegt.[389] Nur im letzteren Fall liegt ein „echter“ Investitionszuschuss vor, deren Zuschusszweckerfüllung sich in der Durchführung der Investition erschöpft. Obgleich der Zuschuss mit der Durchführung insoweit verdient ist und dem Zuschussempfänger keine weiteren Zweckerfüllungshandlungen obliegen, ist die ertragswirksame Vereinnahmung des gesamten Zuschusses als Bilanzierungsfolge nicht zwingend. Stattdessen gilt – mittels Deduktion der Grundsätze erfolgsneutraler Vermögenszugänge – (im Folgenden noch) zu eruieren, ob eine Minderung der Anschaffungs- bzw. Herstellungskosten des bezuschussten Vermögensgegenstandes zu einer bilanzzweckadäquaten Bilanzierungslösung führt.[390] Ist die Investition nur Mittel zur Erfüllung darüber hinausgehender Zwecksetzungen, liegt hingegen ein Erfolgszuschuss vor, deren Bilanzierung in Einklang mit den Grundsätzen erfolgswirksamer Vermögenszugänge zu erfolgen hat.

In diesem Sinne qualifiziert sich der Zuschuss zur Errichtung von Studentenwohnheimen als Erfolgszuschuss, da der Unternehmer mit der Mietpreisbindung eine (zeitraumbezogene) Gegenleistungsverpflichtung eingeht, deren Nichterfüllung mutmaßlich zu einer Rückzahlung des Zuschusses führt. Die Errichtung des Wohnraums sowie die sich anschließende vergünstigte Überlassung des Wohnraums an Studenten bilden ein Gesamtleistungskonglomerat, welches der gesamtheitlichen, wirtschaftlichen Zwecksetzung der Zuschussvergabe entspricht.

---

388 *Kupsch* (1979), S. 368; vgl. auch *Döllerer* (1966), S. 1405.
389 Vgl. *Depping* (1992), S. 96; *Unverdorben* (1987), S. 107f.
390 Vgl. diesbezüglich Abschnitt III.C.2.

(2) Subsumtion der Abgrenzungskriterien auf nicht rückerstattungsfähige Vorauszahlungen, dargestellt am Beispiel der Baukostenzuschüsse

Diffiziler gestaltet sich die bilanzrechtliche Klassifizierung von Zuschüssen, die als Vorabentgelt für die Gewährung eines Zugangs zum Erwerb bestimmter Produkte oder dem Empfang von Dienstleistungen gewährt werden. Sie sind „dadurch gekennzeichnet, dass ein Kunde mit der Leistung einer nichtrückerstattungsfähigen Zahlung neben einer unmittelbaren Lieferung oder sonstigen Leistung vor allem auch ein Recht auf eine zukünftige Leistungserbringung [...] für einen bestimmten oder unbestimmten zukünftigen Zeitraum erwirbt“[391]. Sie sind wirtschaftlich mit den im internationalen Rechnungslegungsschrifttum diskutierten sog. „Up-front Fees“[392] im Zusammenhang mit Mehrkomponentengeschäften verwandt, wie beispielsweise die Zahlung einer einmaligen Anschluss- bzw. Einrichtungsgebühr an einen Mobilfunkanbieter, Mitgliedschafts- oder Aufnahmegebühren oder Fondsgebühren.
Zu den nichtrückerstattungsfähigen Vorauszahlungen zählen auch die von Endabnehmern an Versorgungsunternehmen gezahlten, nicht rückzahlbaren Baukostenzuschüsse zur Erstellung des Versorgungsanschlusses bzw. zum Anschluss an das Hauptleitungsnetz.[393] Sie haben in der handels- und steuerrechtlichen Bilanzierungspraxis und -theorie bislang keine einheitliche Bilanzierungslösung hervorgebracht.
Nach der früheren herrschenden Meinung im handels- und steuerrechtlichen Schrifttum stellten Baukostenzuschüsse im Voraus erhaltene Erfolgszuschüsse für künftige Leistungen dar, für die ein Passivposten zu bilden war.[394] In diesem Sinne äußerte sich auch der Bundesfinanzhof in seinem Urteil vom 23. Februar 1977 zur Bilanzierung von Baukostenzuschüssen an ein Gasversorgungsunternehmen. Für die Verpflichtung des Gasversorgungsunternehmens „die Anschlußleitungen herzustellen und betriebssicher zu erhalten, ständig instandzusetzen und erforderlichenfalls kostenlos zu erneuern“, bejahte er die Zulässigkeit eines Passivpostens. Zur Bestimmung des Zeitraums, über den der zu bildende Passivposten aufzulösen sei, bestünden nach Auffassung des entscheidenden Senats „keine Bedenken dagegen, diesen Zeitraum in Anlehnung an § 19 Abs. 6 EigV auf 20 Jahre zu schätzen“[395]. Diese Vorgehensweise entsprach gleichfalls den eigenbetrieblichen Regelungen der Länder[396], nach denen die

---

391 *Pilhofer* (2002), S. 255.
392 Vgl. hierzu Ausführungen in Abschnitt IV.C.2.2.6.
393 Baukostenzuschüsse können auch von Mietern zur Finanzierung der erforderlichen Neuanschaffung von Wohnraum gewährt werden.
394 Vgl. beispielsweise *Hofbauer* (1976), S. 655.
395 Beide vorstehenden Zitate: BFH-Urteil vom 23. Februar 1977, I R 104/75, BStBl II 1977, 392. Nach Auffassung des Senats konnte es allerdings offen gelassen werden, ob der zu bildende Passivposten eine Rückstellung oder ein passiver Rechnungsabgrenzungsposten ist, denn „in beiden Fällen kommen in dem Posten die Verpflichtungen der Klägerin aus den Gaslieferungsverträgen zum Ausdruck.“
396 Vgl. beispielsweise § 23 Abs. 3 EigBGes (Landesnorm Hessen).

passivierten Ertragszuschüsse jährlich mit einem Zwanzigstel aufzulösen und als Ertrag zu vereinnahmen sind.[397]

Im Zuge der Liberalisierung des Energiewirtschaftsrechts für Strom und Gas erfolgte im Bilanzsteuerrecht eine Kehrtwende und die bislang steuerlich anerkannte Bilanzierungspraxis wurde durch das Bundesministerium für Finanzen zurückgewiesen.[398] Mit den Vorschriften des Energiewirtschaftsgesetzes werden Versorgungsunternehmen verpflichtet, ihre Tätigkeiten wie die Übertragung[399] und Verteilung[400] von Energie nicht nur getrennt zu verwalten, sondern für interne Rechnungslegungszwecke jeweils getrennte Konten für jeden Bereich zu führen, wie dies erforderlich wäre, wenn diese Arbeiten von rechtlich selbständigen Unternehmen ausgeführt würden.[401] Aufgrund der operationalen und rechentechnischen Separierung der Leistungskomponenten wäre nach Auffassung der Finanzverwaltung erkennbar geworden, dass der Baukostenzuschuss ausschließlich Entgelt für den Anschlussvertrag bzw. den Netzanschluss darstellt.[402] Die Finanzverwaltung lehnte in der Folge für die nach In-Kraft-Treten des neuen Energiewirtschaftsgesetzes vereinbarten Baukostenzuschüsse die bisher anerkannte Behandlung als Ertragszuschuss ab und spricht sich für eine Behandlung als Kapital- bzw. Investitionszuschuss im Sinne der Einkommensteuer-Richtlinien (R 6.5 EStR 2005) aus.[403] Baukostenzuschüsse sind danach entweder als Betriebseinnahme zu erfassen oder erfolgsneutral von den durch das Unternehmen selbst getragenen Anschaffungs- bzw. Herstellungskosten für den Versorgungsanschluss abzuziehen.[404]

Eine Separierung von Leistungsverpflichtungen ergibt sich hierbei allein aus dem Motiv des Energiewirtschaftsgesetzes – der Schaffung von Transparenz und unverfälschtem Wettbewerb sowie der Vermeidung von Quersubventionen.[405] Eine bilanzzweckadäquate Begründung muss indes auf der Grundlage der den bilanzrechtlichen Sinn und Zweck umschließenden Vermögens- und Gewinnermittlungsprinzipien erfolgen.

---

397 Den landesrechtlichen Vorschriften ist ggf. der Vorrang einzuräumen, wenn es sich um Unternehmen im Sinne von § 263 HGB handelt. Von der Vorschrift werden solche Unternehmer einer Gemeinde, eines Gemeindeverbands oder eines Zweckverbands erfasst, die ohne eigene Rechtspersönlichkeit betrieben werden.

398 Vgl. BMF (2003), S. 361.

399 Elektrizitätsübertragung ist definiert als „Transport von Elektrizität über ein Höchstspannungs- und Hochspannungsverbundnetz zum Zwecke der Belieferung von Letztverbrauchern oder Verteilern, jedoch nicht die Belieferung der Kunden selbst". § 3 Nr. 32 EnWG.

400 Elektrizitätsverteilung ist definiert als „Transport von Elektrizität mit hoher, mittlerer oder niederer Spannung über Elektrizitätsverteilernetze [...], um die Versorgung von Kunden zu ermöglichen, jedoch nicht die Belieferung der Kunden selbst". § 3 Nr. 37 EnWG.

401 Vgl. § 10 Abs. 3 EnWG. Darüber hinaus sind für jeden Tätigkeitsbereich intern jeweils eine gesonderte Bilanz und Gewinn- und Verlustrechnung aufzustellen und bestimmte Erläuterungen zu einzelnen Posten zu machen.

402 Vgl. *Meißner* (2003), S. 2081.

403 In der Folge bestätigt durch OFD Rheinland, Vfg. vom 3. März 2006, S 2137–1005–St 1, DB 2006, 586; OFD Hannover, Vfg. vom 7. August 2006, S 2741–222–StO 241, DB 2006, 2038.

404 Vgl. BMF (2003), S. 361.

405 Vgl. § 1 Abs. 2; § 11 Abs. 1 EnWG.

Für die Annahme einer (zeitraumbezogenen) Gegenleistungsverpflichtung des Versorgungsunternehmens spricht wirtschaftlich, dass der Endabnehmer nur zur Zahlung eines Baukostenzuschusses bereit ist, um künftige Versorgungsleistungen in Anspruch zu nehmen. Hierin könnte neben der Errichtung der Anschlussleitung eine weitere Verpflichtung der Versorgungsunternehmen, „ein sicheres, zuverlässiges und leistungsfähiges Energieversorgungsnetz [...] zu betreiben, zu warten und bedarfsgerecht auszubauen“, bestehen.[406] Der Zuschussgeber hat im Fall der Kündigung des Vertrags oder im Falle einer Leistungsstörung des Versorgungsunternehmens in der Regel jedoch keinen Anspruch auf Rückgewährung des vorab gezahlten Baukostenzuschusses. Die Verpflichtung zur dauerhaften Bereitstellung und Sicherung der Energieversorgung steht somit kausal nicht im Zusammenhang mit der Zahlung des Baukostenzuschusses. Dem Versorgungsunternehmen obliegen im Rahmen der branchenüblichen Vertragsgestaltungen neben der Erstellung der Anschlussleitung regelmäßig keine weiteren Leistungsverpflichtungen, deren Nichterfüllung zu einer Rückerstattung des Zuschusses führen würde.[407]

Eine konkretisierbare Leistungsverpflichtung könnte sich indes aus der Verpflichtung ergeben, die Baukostenzuschüsse bei der Kalkulation der Netznutzungsentgelte abschlägig zu berücksichtigen. So wurde im Zuge der Neuformulierung des Energiewirtschaftsgesetzes mit der Stromnetz- und Gasnetzentgeltverordnung eine staatliche Gesetzesgrundlage geschaffen, aufgrund derer Baukostenzuschüsse bei der Netzentgeltbemessung abschlägig zu berücksichtigen sind.[408] Die gesetzlich auferlegte Preisbindung gilt jedoch unabhängig von den zu erbringenden Vertragsleistungen gegenüber dem Endabnehmer im Zusammenhang mit der Gewährung des Baukostenzuschusses. Für den Fall, dass das Versorgungsunternehmen der staatlich festgelegten Preisbindung nicht nachkommt, hat der Endkunde in der Regel keinen Anspruch auf Rückerstattung des Zuschusses. Die Verpflichtung zur Minderung der Netzentgelte und die Zahlung des Baukostenzuschusses begründen daher kein bilanzrechtliches Synallagma. Demzufolge qualifiziert sich der Baukostenzuschuss als „echter“ Investitionszuschuss. Sieht man in dem Baukostenzuschuss eine Art Risikoprämie, die den Versorgungsunternehmen das Risiko abnimmt, dass sich die einmaligen Anschlussgebühren nicht amortisieren – etwa weil der Endkunde den Vertrag frühzeitig kündigt – , dann wäre der Baukostenzuschuss von den Anschaffungs- bzw. Herstellungskosten des im Eigentum des Versorgungsunternehmens stehenden Netzanschlusses abzusetzen. Die These gilt es (später) durch Deduktion der Grundsätze erfolgsneutraler Vermögenszugänge zu verifizieren.[409]

406 § 10 Abs. 1 EnWG.
407 Ähnlich *Eisolt*, der die Hauptleistung in der Errichtung der Anlagen sieht. Vgl. *Eisolt* (2003), S. 1082.
408 Vgl. GasNEV vom 25. Juli 2005, BGBl. I 2005, § 9; StromNEV vom 25. Juli 2005, BGBl. I, S. 2225, § 9.
409 Vgl. Abschnitt III.C.2.

1.5. Spezifizierung des erfolgsneutralisierenden Passivpostens bei erfolgsbezogenen Zuschüssen

1.5.1. Passive Rechnungsabgrenzung bei sukzessiver Ertragsrealisierung

Gebietet das Prinzip des quasi-sicheren Anspruchs eine erfolgsneutrale Erfassung des Zuschusses im Zuteilungszeitpunkt, stellt sich die Frage hinsichtlich der Art des anzusetzenden Passivpostens.

Die Wahl des erfolgsneutralisierenden Passivpostens impliziert unterschiedliche Ansatz- und Bewertungsregeln: Das für gewisse Verbindlichkeiten und (für Rückstellungen umstritten) geltende Anschaffungs- und Höchstwertprinzip ist nicht auf passive Rechnungsabgrenzungsposten übertragbar.[410] Die Zugangs- und Folgebewertung der ausstehenden Gegenleistungsverpflichtung wird einerseits betragsmäßig im Sinne der Gesetzesvorschrift „Ertrag für eine bestimmte Zeit" nach dem Abschlussstichtag durch die äquivalente Einnahme begrenzt, so dass ein Höchstwertprinzip für passive Rechnungsabgrenzungsposten ins Leere läuft.[411] Wegen der im Gesetz vorgegebenen Auflösungspflicht (Ertrag nur für eine „bestimmte Zeit") greift andererseits auch das Anschaffungswertprinzip bei der Bewertung von passiven Rechnungsabgrenzungsposten nicht.[412]

Der Ansatz eines Rechnungsabgrenzungspostens setzt gleichwohl das Vorliegen einer greifbaren, selbständig bewertbaren Vermögenslast voraus, die zu einem Abfluss wirtschaftlicher Ressourcen führt. Denn nach dem geltenden Bilanzrechtsverständnis dient der zu passivierende Abgrenzungsposten nicht der bloßen Verteilung von Einnahmen, sondern er verhindert die sofortige ertragswirksame Realisierung von Einnahmen, denen eine noch nicht erfüllte und risikobehaftete Gegenleistung durch den Empfänger gegenübersteht. Als unmittelbare Folge des Realisationsprinzips knüpft die ertragswirksame Auflösung des Abgrenzungspostens an den mit der Erfüllung der Leistung einhergehenden Risikoabbau.[413]

Ob ein Zuschuss in den Anwendungsbereich der Rechnungsabgrenzungsposten fällt, wird durch den spezifischen Risikoverlauf des zugrundeliegenden Zuschussverhältnisses determiniert. Wegen der Auflösungspflicht fallen sämtliche Zuschüsse in das Spektrum passiver Rechnungsabgrenzungsposten, die – in Abgrenzung zu einer Verbindlichkeit oder einer Rückstellung – das diskriminierende Merkmal der „bestimmten Zeit" und die Kriterien einer Teilgewinnrealisierung erfüllen. Die Erfüllung einzelner (Teil-)Leistungen führt dabei – unabhängig von künftig zu bewirkenden Leistungen – zur Entstehung eines durchsetzbaren Vergütungsanspruchs.

---

410 Vgl. *Rose* (1983/84), S. 163.
411 Vgl. *Berndt* (1998), S. 185.
412 Vgl. *Moxter* (2007), S. 172.

1.5.2. Abgrenzung von Rückstellungen für ungewisse Verbindlichkeiten und gewissen Verbindlichkeiten

Eine Subsumtion unter die Verbindlichkeiten scheidet aus, sofern der Zuschuss eine Einnahme vor dem Bilanzstichtag darstellt, die einer künftigen, zeitraumbezogenen Leistung des Zuschussempfängers zurechenbar ist, deren Erfüllung noch nicht quasi-sicher ist.
Andernfalls kommt die Passivierung einer Rückstellung oder einer Verbindlichkeit in Frage. Verpflichtungen, die dem Grunde und/oder der Höhe nach ungewiss sind, werden unter den Rückstellungen ausgewiesen. Dies gilt nicht, wenn die Verpflichtung – wie im Falles eines Zuschussverhältnisses – auf einem erfolgsneutralen Geschäftsvorfall beruht.[414] Da dem Bilanzierenden gleichzeitig aktivierungspflichtige Vermögensgegenstände zugehen, ist mit Rücksicht auf das Erfolgsneutralitätsprinzip die gegengleiche Bildung einer gewissen Verbindlichkeit geboten. Ihr Wertansatz entspricht der Höhe des korrespondierenden Zuschusses und ist in Folgeperioden gemäß dem Realisationsprinzip aufzulösen.

1.5.3. Passivposten „besonderer Art" als bilanzrechtliche Fremdkörper

Die Konstruktion eines Sonderpostens, der zwischen Eigen- und Fremdkapital in Höhe des empfangenen Zuschusses anzusetzen ist[415], entbindet den Bilanzierenden von jeglicher Begründung, dass (und warum) es sich bei dem Sonderposten um eine bilanzrechtliche Verbindlichkeit handelt. Sie ist daher nicht GoB-konform: Nach den handelsrechtlichen GoB dürfen Zuwendungen Dritter grundsätzlich nur dann gewinnneutral passiviert werden, wenn ihnen eine korrespondierende Verpflichtung gegenübersteht. Kann der Kaufmann unter Verweis auf die Besonderheit einer Transaktion jederzeit einen Sonderposten ins Leben rufen, so liegt es in seinem Ermessen, Geschäftsvorfälle gewinnneutral oder gewinnwirksam zu passivieren. Die Bildung eines Sonderpostens würde das Gliederungsschema erweitern und damit eine generell willkürliche Bilanzierung des Kaufmanns gestatten. Eine Gewinnneutralisierung durch Einstellen eines Sonderpostens kann daher keine überzeugende Lösung sein.

1.6. Zwischenergebnis

Die Erfolgswirksamkeit von erfolgsbezogenen Zuschüssen, deren risikobehaftete Gegenleistungsverpflichtung zur Erfüllung des Zuschusszwecks sich nicht in der Durchführung einer Investition erschöpft, richtet sich nach dem Realisationsprinzip. Das aus ihm folgende Unter-

---

413 Vgl. *Moxter* (2007), S. 170.
414 Vgl. allgemein *Hommel* (2002b), Rn. 41.
415 Kritisch: *Bauer* (1985), S. 62; *Groh* (1988a), S. 2419.

prinzip des quasi-sicheren Anspruchs konkretisiert den Gewinnrealisierungszeitpunkt auf der Grundlage des spezifischen Risikoverlaufs des zugrundeliegenden Zuschussverhältnisses. Es verbietet eine aufwandsorientierte Zuschussvereinnahmung und ergänzt bilanzzweckadäquat eine leistungsorientierte Zuschussperiodisierung. Das Quasi-Sicherheitsprinzip gebietet die erfolgswirksame Vereinnahmung des Zuschusses, sofern die unter wirtschaftlichen Gesichtspunkten ermittelte Gegenleistungsverpflichtung zur Erreichung der primären Zuschusszweckbindung erfüllt ist und das Risiko der Rückzahlung des Zuschusses anhand objektiver Tatbestände zum Bilanzstichtag quasi-sicher ausgeschlossen werden kann. Die zu erbringende Gegenleistungsverpflichtung wird hierbei durch die mit der Zuschussgewährung verbundenen Verwendungsauflagen und Bindungsfristen determiniert.

Für „echte“ Investitionszuschüsse würde aus den Grundsätzen erfolgswirksamer Vermögenszugänge die ertragswirksame Vereinnahmung des Zuschusses im Zeitpunkt der Durchführung der betreffenden Investition folgen. Nachfolgend gilt zu eruieren, inwieweit die Grundsätze erfolgsneutraler Vermögenszugänge, insbesondere das dem Vorsichtsprinzip folgende Imparitätsprinzip eine Minderung der Anschaffungs- bzw. Herstellungskosten um den Zuschuss gebietet.

2. Grundsätze erfolgsneutraler Vermögenszugänge als ergänzende Deduktionsbasis für investitionsbezogene Zuschüsse

2.1. Ausstrahlungswirkung bilanztheoretischer Vermögenskonzeptionen auf die Bilanzierungsansätze investitionsbezogener Zuschüsse

2.1.1. Bedeutung der Spezifizierung des bilanztheoretischen Vermögensbegriffs für den weiteren Gang der Untersuchung

Das heterogene Meinungsspektrum im Schrifttum zur Zuschussbilanzierung spiegelt die Wechselwirkungen zwischen verschiedenen Bilanzzweckkonzeptionen und den daraus abgeleiteten Rechnungslegungsgrundsätzen wider. Das ungleiche Bilanzzweckverständnis zeigt sich insbesondere in der Diskussion zur bilanziellen Behandlung der „echten“ Investitionszuschüsse, die an die risikobehaftete Gegenleistungsverpflichtung der Durchführung einer Investition knüpfen.

Eine mehrheitliche Meinung hat sich bislang nicht herausgebildet: Ein Teil des bilanzrechtlichen Schrifttums spricht sich für eine Minderung der Anschaffungs- bzw. Herstellungskosten des betreffenden Vermögensgegenstandes in Höhe des Investitionszuschusses aus.[416] Der Net-

[416] Für einen um den Zuschuss geminderten Ansatz der Anschaffungs- bzw. Herstellungskosten vgl. *Groh* (1988a), S. 2419; *Groh* (1994), S. 91; *Kücken* (1975), S. 1951; *Moxter* (2003), S. 151f.; *Schulte-Groß* (1971), S. 157f. Bestätigt durch: BFH-Urteil vom 14. Juli 1988, IV R 78/85, BStBl II 1989, 189; BFH-Urteil vom 28. April 1989, III R 4/87, BStBl II 1989, 619; BFH-Urteil vom 21. Juni 1990, IV B 100/89, BStBl II 1990, 981. A.A.: *Bauer* (1985), S. 161; *Dahl* (1959), S. 60; *Ewertowski* (1984), S. 1019f.; *För-*

toausweis führt infolge der geringeren Abschreibungsbemessungsgrundlage zu einer sukzessiven Ertragsvereinnahmung über den Zeitraum der Nutzungsdauer des bezuschussten Vermögensgegenstandes. Demgegenüber präferieren Gegner dieses Nettoausweises den Ansatz eines gesonderten Passivpostens, der abschreibungsproportional aufzulösen ist.[417] Die Anwendung der Bruttomethode führt bei einer Ertragsperiodisierung entsprechend des Abschreibungsverlaufs zu einer identischen Ergebniswirkung im Zeitablauf.

Im verbreiteten Schrifttum wird gegen einen zuschussgeminderten Ansatz des Anschaffungs- bzw. Herstellungskostenwertes eingewendet, dass sich der Wertansatz – unabhängig von der Finanzierungsquelle – allein vom Beschaffungsmarkt ableitet und durch die vertraglich festgelegten, anlässlich der Beschaffungstransaktion eingegangenen Leistungsverpflichtungen konkretisiert.[418] Im Umkehrschluss haben geleistete Zuschüsse von Dritten grundsätzlich keinen Einfluss auf die eingegangenen Verpflichtungen gegenüber dem Beschaffungsmarkt und damit keine Auswirkung auf den Umfang der zu aktivierenden Anschaffungs- bzw. Herstellungskosten.[419]

Für einen Bruttoausweis spricht auch, dass die Mittelherkunft auf die Bemessung des Anschaffungs- bzw. Herstellungskostenansatzes generell keine Auswirkung hat. Die Art der Finanzierung einer Anschaffung mit Eigen- oder Fremdkapital spiegelt sich beispielsweise nicht im Wertansatz wider.[420] Somit scheiden Aufwendungen für eine Fremdfinanzierung als aktivierbare Anschaffungsnebenkosten aus, da eine Einzelzurechenbarkeit von Mittelaufnahme und Mittelverwendung regelmäßig ermessensbehaftet ist und die angeschafften Vermögensgegenstände durch eine Fremdfinanzierung keinen Wertzuwachs erfahren.[421] Wenn für die Höhe der Anschaffungskosten deren Finanzierung mit Fremdkapital ohne Bedeutung ist, kann es nach NIELAND ebenfalls nicht darauf ankommen, aus welchen Quellen und unter welchen Bedingungen der Investor das zur Anschaffung aufgewendete Eigenkapital erhalten hat.[422] Ein wertgeminderter Anschaffungs- bzw. Herstellungskostenansatz würde dem Anschaffungswertprinzip in zweifacher Weise Rechnung tragen und eine Überbetonung des

---

schle/Scheffels (1993), S. 2394; *Husemann* (1976), S. 99f.; *Knobbe-Keuk* (1978) S. 230f., *Kupsch* (1979), S. 367; *Laicher* (1993), S. 294; *Nieland* (1986b), S. 218; *Rose* (1984), S. 2318; *Uhlig* (1989), S. 75–114; *von Zwehl* (1970), S. 5.

417 Vgl. beispielsweise *HFA des IDW* (1984), S. 614; *von Zwehl* (1970), S. 5f.

418 Vgl. stellvertretend *Kupsch* (1979), S. 367; ders. (1984), S. 373

419 Vgl. *Kupsch* (1979), S. 367: „Die Anschaffungskosten sind eine aus dem Beschaffungsmarkt abgeleitete Wertkategorie, deren Umfang durch die vertraglich fixierten Leistungsverpflichtungen determiniert wird, die das Unternehmen anläßlich der Beschaffungstransaktion eingegangen ist." Vgl. *Kupsch* (1984), S. 373.

420 Der Gesetzeswortlaut trägt dem Rechnung: Die Einrechenbarkeit von Finanzierungsaufwendungen wird nur bei den Herstellungskosten erwähnt und dort als Ausnahmeregelung behandelt (§ 255 Abs. 3 HGB). Vgl. *Moxter* (2003), S. 154.

421 Dies gilt nicht für solche Fälle, in denen die Kredite dazu dienen, die Anschaffung von Neuanlagen mit längerer Bauzeit durch Anzahlungen oder Vorauszahlungen zu finanzieren. In diesen Fällen ersetzen die Kredite andernfalls zu verzinsendes Kapital des Lieferanten, d.h. sie führen indirekt zu einer Verminderung der sich sonst ergebenden höheren Anschaffungskosten. Vgl. *Ellrott/Brendt* (2006), Rn. 501.

422 Vgl. *Nieland* (1986b), S. 218.

Vorsichtsprinzips darstellen.[423] Die Anwendung der Nettomethode führe darüber hinaus zu einer unzulässigen Verrechnung von Mittelaufbringung und Mittelverwendung, die den Einblick in die Vermögens-, Finanz- und Ertragslage verzerrt und gegen das Gebot der Klarheit und Vollständigkeit verstößt.[424]

Gegenüber einer erfolgsneutralen Zuschussvereinnahmung besteht im handels- und steuerrechtlichen Schrifttum zur Bilanzierung von Investitionszuschüssen daneben vermehrt die Forderung nach einer sofortigen ertragswirksamen Erfassung im Zeitpunkt der Zuteilung des Zuschusses.[425]
Das bilanzzweckadäquate Verständnis des Vermögensbegriffs bildet den Ausgangspunkt für die Ableitung von Ansatz- und Bewertungsnormen für Investitionszuschüsse und mithin für die Beurteilung eines um den Zuschuss geminderten Wertansatzes. Welchen Mechanismen und Prinzipien die Bilanzierung von Investitionszuschüssen in der Bilanz im Rechtssinne zu folgen hat und welcher Bilanzierungsmethode der Vorrang einzuräumen ist, zwingt daher zunächst zur Untersuchung des bilanztheoretischen Vermögensbegriffs. In diesem Rahmen gilt es, sich zu vergegenwärtigen, dass ein unterschiedlicher Vermögensbegriff – abgeleitet aus unterschiedlichen bilanztheoretischen Vermögenskonzepten – auch unterschiedliche Regelungsansätze zur Erfassung von investitionsbezogenen Zuschüssen impliziert.

Nachfolgend zeigt ein kurzer Rekurs den Einfluss dynamischer und statischer Vermögenskonzepte auf die im Schrifttum aufgezeigten divergierenden Ansätze zur Bilanzierung von Investitionszuschüssen. Anschließend wird der Vermögensgegenstandsbegriff definiert, der den handelsrechtlichen Bilanzierungszweck der Ermittlung eines vorsichtig bemessenen, ausschüttungsfähigen und verteilungsfähigen Gewinns im Interesse des Gläubigerschutzes reflektiert und Ausgangspunkt für die Ableitung von Ansatz- und Bewertungsnormen darstellt.

---

423 *Kupsch* sieht in der Minderung der Anschaffungskosten eine unzulässige Unterbewertung. „Der Grundsatz ‚Vorsicht, Vorsicht über alles' kann aber spätestens seit der Aktienrechtsreform in dieser verabsolutierenden Form nicht aufrechterhalten werden." *Kupsch* (1979), S. 367.

424 Vgl. *Dahl* (1959), S. 60; *Husemann* (1976) S. 100; *Künnemann/Beine* (2002), Sp. 2738; *Kupsch* (1979), S. 367; *Nieland* (1986b), S. 218; *von Zwehl* (1970), S. 5.

425 So formuliert *Ewertowski* (1984), S. 1018f.: „Die sofortige, vollständige erfolgswirksame Vereinnahmung des [Investitions-]Zuschusses in der Periode des Zuflusses dürfte den Grundfall darstellen." Für eine sofortige Vereinnahmung von Investitionszuschüssen vgl. *Ewertowski* (1984), S. 1018f; *Nieland* (1986b), S. 217f.; *Rose* (1984), S. 2318.

2.1.2. Vermögen als Aufwand dem Grunde nach und bilanzielle Implikationen

2.1.2.1. Die dynamische Vermögenskonzeption von SCHMALENBACH

Der Gewinn wird im Lichte der dynamischen Bilanztheorie als „Maßstab der Wirtschaftlichkeit“[426] verstanden, der als Indikator der Unternehmensentwicklung „das Auf und Ab der Wirtschaftlichkeit möglichst markant“[427] anzeigt. SCHMALENBACH misst der Vermögensermittlung einen untergeordneten Wert bei; das „wirkliche“ Vermögen sei nicht feststellbar.[428] Mit Rücksicht auf die Vergleichbarkeit der Erfolgsrechnung sind nach dynamischem Vermögensverständnis in der Bilanz nicht – wie bei den Statikern – Vermögensgegenstände, sondern „schwebende[n] Vorleistungen“[429] für künftige Perioden abgebildet.[430] In der Betrachtung des Vermögenswertbegriffs setzt sich die „dynamische Doktrin der Aufwandsverteilungsthese“ fort: Die in den Aktiven gebundenen Anschaffungsausgaben verkörpern Aufwand dem Grunde nach, die auf die Erfolgsrechnungen späterer Perioden zu verteilen sind.[431] Es handelt sich um „noch nicht als Aufwand verrechnete Ausgabenreste“ in der Bilanz.[432] Das dynamische Leitprinzip der Ermittlung eines „vergleichbaren“ und „relativ richtige[n]“ Gewinns[433] kommt auch in dem „dynamisch-stetigen“ Abschreibungsgedanken von SCHMALENBACH zum Ausdruck, nachdem planmäßige Abschreibungen unabhängig von etwaigen tatsächlich eingetretenen Wertminderungen des abnutzbaren Anlagegegenstandes auf die Nutzungsdauer zu verteilen sind.[434] In der Folge gelten außerplanmäßige Abschreibungen als zweckwidrig, weil sie die Vergleichbarkeit der Periodengewinne beeinträchtigen. Die dynamische Verteilungsthese verlangt daneben die Aktivierung eines unentgeltlich erworbenen Vermögenswertes, da sein „Verbrauch ebenso ein Aufwand [darstellt], wie wenn er gekauft worden wäre“[435].

---

426 *Schmalenbach* (1919), S. 7–10.
427 *Schmalenbach* (1919), S. 9.
428 Vgl. *Schmalenbach* (1908/09), S. 81: „[D]ie Jahresbilanz in der ordnungsmäßigen Buchführung [hat] nicht den Zweck der Vermögensübersicht, sondern den Zweck der Gewinnermittlung“.
429 *Schmalenbach* (1962), S. 66.
430 Vgl. *Moxter* (1977), S. 678.
431 Vgl. zur Aufwandsverteilungsthese *Jäger* (1996), S. 21; *Jakob/Wittmann* (1988), S. 540–553; *Wassermeyer* (1983), S. 157–164.
432 *Schmalenbach* (1962), S. 68.
433 *Moxter* (1977), S. 679.
434 *Moxter* (1978), S. 479.
435 *Schmalenbach* (1962), S. 184; vgl. *Schmalenbach* (1919), S. 39.

2.1.2.2. Interpretation des Zuschusses als (Teil-)Schenkung

Mit Bezug auf die von SCHMALENBACH geprägte Lehre der dynamischen Bilanztheorie[436] und die von ihm geforderte Aktivierung unentgeltlich erworbener Anlagegüter[437] lehnt DAHL einen um den Zuschuss gekürzten Wertansatz der begünstigten Vermögensgegenstände konsequent ab.[438] Die Einnahme aus dem Zuschuss sei wie eine Teilschenkung zu behandeln und als fiktive Ausgabe zu aktivieren, um den erwarteten Nutzenzuflüssen die korrespondierenden „wirklichen" Aufwendungen in den Folgejahren gegenüberzustellen und dadurch die Wirtschaftlichkeit der Unternehmung richtig darzustellen. Nur so sei schließlich gewährleistet, dass „in den Jahren der Nutzung des betreffenden Wirtschaftsgutes den mit ihm erwirtschafteten Erträgen auch die vollen Aufwendungen gegenübergestellt, beide somit entsprechend ihrer Verursachung berücksichtigt werden"[439]. Zugunsten einer periodengerechten Erfolgsverteilung in den Folgeperioden wird die sofortige Zuschussvereinnahmung im Zuflusszeitpunkt als Ertrag in Kauf genommen, da dem Ertrag gleich hohe Aufwendungen in den Folgejahren gegenüberstehen und der Totalgewinn in der Gänze nicht berührt wird. Es ergibt sich mithin ein entsprechender Gewinnanstieg in der Periode der Zuteilung des Zuschusses, der als außerordentlicher Ertrag zu kennzeichnen ist[440], um (mutmaßlich) die gewünschte Vergleichbarkeit der Erfolgsrechnung im Sinne ihrer Indikatorfunktion für die Unternehmensentwicklung im Zeitablauf zu sichern.

Die sofortige Vereinnahmung des Zuschusses als außerordentlicher Ertrag und die Darstellung des vollen Wertansatzes des begünstigten Vermögensgegenstandes stehen grundsätzlich in Einklang mit dem von SCHMALENBACH propagierten Gewinnverständnis. Die Aktivierung einer unentgeltlich zugegangenen Maschine erweist sich zweifellos als sachgerecht, um den künftigen Erträgen die entsprechenden Aufwendungen gegenüberzustellen. Insofern erscheint eine Aktivierung vor dem Hintergrund des von SCHMALENBACH propagierten Verteilungsparadigmas zweckmäßig.

Die von DAHL favorisierte Bilanzierung von Zuschüssen missachtet allerdings die eigentliche Zweckbestimmung von Zuschüssen. Entgegen seiner Auffassung stellen Zuschüsse keineswegs einseitige Vermögensmehrungen im Sinne einer Schenkung dar. Darüber hinaus folgt

---

436 Vgl. diesbezüglich *Berndt* (1998), S. 58–66; *Moxter* (1977), S. 678–685; *Moxter* (1993a), Sp. 502f.

437 Vgl. *Schmalenbach* (1919), S. 40; *Schmalenbach* (1962), S. 184f.

438 Vgl. *Dahl* (1959), S. 60.

439 *Dahl* (1959), S. 60: „So wie die eigenen Ausgaben, die der Käufer für den Erwerb des Anlagegutes bestreitet, im Augenblick der Anschaffung aktiviert werden müssen, da sie erst später nach Maßgabe der Nutzung zu Aufwand werden, sind u.E. auch die Einnahmen aus dem Zuschuß sozusagen als fiktive Ausgaben zu aktivieren und in den Folgejahren entsprechend als Aufwand zu verrechnen". Vgl. auch a.A. *Hast* (1934), S. 70.

die ertragswirksame Erfassung und gegengleiche Aktivierung eines Investitionszuschusses einem formalen „Verteilungsbedürfnis“, welches den Kreis der Aktiven und den Abschreibungsverlauf unabhängig vom Werteverzehr determiniert.[441] Die Dominanz des dynamischen Periodisierungsprinzips vernachlässigt damit die im geltenden Bilanzrecht verankerten Grundprinzipien.[442] Insbesondere fraglich erscheint die Anwendung der Bruttokonzeption bei Investitionszuschüssen, die tendenziell für ertragsschwache Vermögensgegenstände gewährt werden und die Investition für den Zuschussempfänger regelmäßig erst „wirtschaftlich“ machen. Sie missachtet das immanente Risiko, dass sich die (nicht um den Zuschuss verminderten) Ausgaben für den Vermögensgegenstand (möglicherweise) nicht amortisieren.[443] Die von DAHL favorisierte Bilanzierung von Zuschüssen lässt sich daher in der Regel nicht mit der geltenden handelsrechtlichen Rechnungslegungskonzeption vereinbaren, in der die Gewinnermittlung unter dem Aspekt des Gläubigerschutzes von Vorsichts- und Objektivierungsprinzipien geprägt ist.

2.1.3. Vermögen als subjektives Nutzenpotential und bilanzielle Implikationen

2.1.3.1. Die statische Vermögenskonzeption von SIMON

Nach dem statisch geprägten Vermögensbegriff von HERMAN VEIT SIMON, dem Begründer der Fortführungsstatik, wird das Fortführungsvermögen vom Ertragswert verkörpert: „Vermögensgegenstand ist damit grundsätzlich alles, was einen Ertragswertbeitrag erwarten läßt“[444]. In statischer Sicht wird nicht die Ausgabe, sondern das für sie Erlangte, der Ausgabengegenwert aktiviert.[445] Dieser Ausgabengegenwert wird durch den dem Vermögensgegenstand innewohnenden Verwendungsnutzen konkretisiert; er wird deshalb auch als „Nutzungspotential“ bezeichnet.[446] Die Greifbarkeit eines Vermögensgegenstandes erweist sich mithin nicht allein aufgrund des Vorhandenseins eines Erwerbspreises[447], sondern meint die Bedeutung, welche das betreffende Wirtschaftsgut aufgrund seiner „Betriebszugehörigkeit“ besitzt. Vermögen ist damit als Summe von „Betriebswerten“ aufzufassen.[448] Hieraus leitet sich die

---

440 Zur Sicherung der Steuerfreiheit erwägt *Dahl* für steuerbilanzielle Zwecke die Einstellung des Zuschusses in eine steuerfreie Rücklage. Vgl. *Dahl* (1956), S. 60.

441 *Jäger* (1996), S. 15.

442 Vgl. *Mellwig* (1983), S. 1614.

443 Vgl. *Moxter* (2003), S. 152; *Schulte-Groß* (1971), S. 157.

444 *Moxter* (1984a), S. 11.

445 Vgl. *Simon* (1899), S. 363.

446 *Werndl* (1988), Rn. A 14 (Hervorhebung im Original).

447 Vgl. *Simon* (1899), S. 363.

448 *Moxter* (1977), S. 673. Der von *Simon* geprägte Vermögensbegriff stellt nicht den allgemein gültigen Vermögensbegriff in der statischen Evolutionslehre dar. Vielmehr bestimmen die „divergierenden statischen Zwecksetzungen“ die unterschiedlichen statisch orientierten Bilanztypen. *Jäger* (1996), S. 25; vgl. auch *Moxter* (1993d), Sp. 1852.

statisch orientierte Wertverzehrthese[449] als „Gegenspieler des Aufwandsverteilungsparadigmas" ab[450], die nicht den Aufwandscharakter des jeweiligen Vermögensteils betont, sondern den darin gebundenen Ausgabengegenwert betrachtet. In diesem Sinne reflektieren die Abschreibungen den Rückgang des Nutzungspotentials eines Vermögensgegenstandes.[451] SIMON wendet sich damit gegen die am allgemeinen Verkehrswert orientierte Zerschlagungskonzeption des Reichsoberhandelsgerichts[452], denn deren Standpunkt missachtet „die Bedeutung der kaufmännischen Bilanz, welche die individuelle Berücksichtigung der Zwecke des Gegenstands nicht nur gestattet, sondern sogar erheischt"[453]. Mit Verkehrswerten erfasse man die für Gläubiger im Konkursfall zur Verfügung stehende Vermögensmasse; den Kaufmann selbst interessiert aber *sein* Vermögen.[454] Mit der Abkehr vom zerschlagungsstatischen „Gläubigerzugriffsvermögen" zum individuellen „Kaufmannsvermögen" tritt an die Stelle des objektiven Veräußerungswertes das subjektive Werturteil des Kaufmanns, da es allein darauf ankomme, welchen Wert der Vermögensgegenstand für den bilanzierenden Kaufmann hat.[455]

Die dazu erforderliche Effektivvermögensapproximation ist aufgrund der mit einem Ertragswertansatz verbundenen Zurechnungsprobleme der zukünftig erwarteten Einnahmen- bzw. Ausgabenströme zu einem Vermögensobjekt regelmäßig nicht objektivierbar.[456] Die subjektive Wertschätzung des Kaufmanns schlägt sich nach SIMON jedoch nicht willkürlich in der Bestimmung der Betriebswerte nieder, sondern findet im Zugangszeitpunkt von Anlagegegenständen grundsätzlich im „Erwerbspreis ihren spezifischen Ausdruck, wobei individuellen Wertvorstellungen ein breiter Rahmen eingeräumt wird"[457], denn „ein Gegenstand müsse im Erwerbszeitpunkt für den Kaufmann mindestens soviel ‚wert' sein, wie er hierfür effektiv ausgebe"[458]. Typisierend fordert SIMON ferner eine Bewertung von Vermögensgegenständen des Umlaufvermögens zu ihren potentiellen, individuellen Veräußerungspreisen, den die Gesellschaft erzielen kann.[459] Die Bewertung zu Veräußerungswerten erfolgt damit unabhängig von den Anschaffungs- bzw. Herstellungskosten, und damit losgelöst vom Realisationsprinzip.[460]

---

449 Vgl. *Costede* (1986), S. 44–52; *Meyer* (1986), S. 986–989.

450 *Jäger* (1996), S. 24.

451 Vgl. *Jäger* (1996), S. 201.

452 Das Urteil des Reichsoberhandelsgerichtes von 1873 erlangt bilanztheoretische Bedeutung, da es „erste (nennenswerte) bilanztheoretische Diskussion entzündete." Danach stand eine Vermögenskonzeption im Vordergrund, die auf die Ermittlung eines Zerschlagungsvermögens im Konkursfalle zielte. *Moxter (*1977), S. 672; vgl. diesbezüglich auch *Jäger* (1996), S. 25–29.

453 *Simon* (1886), S. 295.

454 Vgl. *Moxter* (1977), S. 673.

455 *Moxter* (1984a), S. 6 (Hervorhebung im Original); vgl. *Jäger* (1996), S. 29–32; *Koch* (1960), S. 346.

456 Vgl. *Moxter* (2000), S. 2143.

457 *Jäger* (1996), S. 31; vgl. *Moxter* (1993d), Sp. 1855; *Simon* (1886), S. 304 und S. 407.

458 *Moxter* (1977), S. 673; vgl. hierzu auch *Jäger* (1996), S. 29–32.

459 Vgl. *Moxter* (1984a), S. 16.

460 Vgl. *Moxter* (1993a), Sp. 502.

2.1.3.2. Interpretation des Zuschusses als subjektiver Wertabschlag von den Anschaffungs- bzw. Herstellungskosten

Im Sinne der von SIMON geprägten Bilanzauffassung kommt es nicht darauf an, „was ‚jedermann' für einen Gegenstand zu entrichten hat bzw. erlösen kann. Vielmehr zählt, was der betreffende Kaufmann für den Gegenstand gezahlt hat (sein besonderer Anschaffungspreis) oder erlösen würde (sein besonderer Veräußerungspreis)"[461]. Der um den Zuschuss geminderte Erwerbspreis wäre in diesem Sinne Ausdruck der Wertschätzung, die der Kaufmann dem erworbenen Vermögensgegenstand für den betreffenden Betrieb beimisst, da der Kaufmann ohne die Zuschussförderung unter Umständen keinen Anreiz hätte, die Investition durchzuführen. Aus ökonomischer Sicht hat der Bilanzierende de facto nur die um den Zuschuss geminderten Anschaffungs- bzw. Herstellungskosten zur Durchführung des Investitionsvorhabens ausgegeben. Der geminderte Wertansatz spiegelt mithin den individuellen „Betriebswert" der Unternehmung wider. Die Vermögenskonzeption von SIMON steht vor diesem Hintergrund in Einklang mit einem um den Zuschuss geminderten Wertansatz.

Die subjektive Wertschätzung des bilanzierenden Kaufmanns als typisierendes Bewertungskriterium kondensiert nicht in einer „vom Ermessen des Einzelnen unabhängige[n], allgemeingültige[n] Größe"[462]. Obgleich nach SIMON, „[d]er individuelle Werth [...] keineswegs ein willkürlicher"[463] darstellt, ist die Objektivierungsrestriktion eingeschränkt: Unklar bleibt in der Vermögenskonzeption von SIMON die „definitorische Abgrenzung des Nutzenbegriffs"[464], d.h. die Frage danach, „was für den Kaufmann den Wert des Wirtschaftsgutes ausmacht"[465]. Die fortführungsstatische Vermögenskonzeption harmoniert mit dem Rekurs auf den Ausgabengegenwert und der Annahme der Unternehmensfortführung zwar grundsätzlich mit dem Prinzipiengefüge des geltenden Bilanzrechts.[466] Zur Begründung einer Anschaffungs- bzw. Herstellungskostenminderung bezuschusster Vermögensgegenstände bedarf es indes eines übergeordneten, aus dem Sinn und Zweck der Bilanz im Rechtssinne folgenden, hinreichend objektivierten Referenzmaßstabs.

---

461 *Moxter* (1977), S. 673.
462 *Koch* (1960), S. 347.
463 *Simon* (1899), S. 305.
464 *Jäger* (1996), S. 51.
465 *Jäger* (1996), S. 38.
466 Vgl. *Jäger* (1996), S. 51.

2.1.4. *Ausschüttungsstatische Vermögenskonzeptionen: Ausgabengegenwert als künftiges Ertragspotential*

Der Begriff des Vermögensgegenstandes knüpft an keine Legaldefinition; die Vorschrift des § 246 Abs. 1 HGB unterwirft (lediglich) alle Kaufleute dem Vollständigkeitsgebot und verpflichtet jeden Kaufmann, sämtliche Vermögensgegenstände, Schulden, Rechnungsabgrenzungsposten, Aufwendungen und Erträge im Jahresabschluss auszuweisen. Der Inhalt dieses unbestimmten Rechtsbegriffs ergibt sich somit aus dem Sinn und Zweck der Bilanz im Rechtssinne und den kodifizierten Einzelnormen.[467] Einer Bilanz, die zum Zwecke der Ausschüttungsbemessung der Ermittlung einer maximal entziehbaren Gewinngröße dient, liegt ein prospektiver Vermögensbegriff zugrunde. „Vermögen bildet danach nur, was direkt oder indirekt mit der Erzielung von Nettoeinnahmen [...] verbunden ist"[468]. Der „ausschüttungsgeprägte Vermögensgegenstandsbegriff"[469] setzt den Zufluss eines künftigen vermögenswerten Vorteils voraus:[470] „Vermögensgegenstand ist nur [...] was Vermögenswert hat, was also einen wirtschaftlichen Vorteil verkörpert, der sich nicht im Jahre der Ausgabe ‚erschöpft', sondern einen künftigen ‚Nutzen' bringt, kurz, was künftige Umsätze zu alimentieren geeignet ist"[471]. Ein in diesem Sinne verstandener Vermögenswertbegriff schließt wie der fortführungsstatische Vermögensbegriff die Aktivierung bloßer Ausgaben aus.[472] So akzentuierte bereits der Reichsfinanzhof, dass es nicht auf die „Aktivierung der Ausgabe als solcher, sondern des für sie Erlangten", des „Gegenwertes" ankomme.[473]

Mit einer am wirtschaftlichen Normzweck orientierten Vermögenskonzeption korrespondiert ein „typisierter vorsichtiger Wertansatz, der gemäß dem Investitionskalkül im Zugangszeitpunkt durch künftige Einnahmenüberschüsse amortisiert wird"[474]. Soll der Wertansatz als vorsichtig bemessener Indikator des künftigen Nutzenpotentials fungieren, sind solche Kostenbestandteile von den zu aktivierenden Anschaffungs- bzw. Herstellungskosten auszuschließen, deren Ausgabengegenwert zweifelhaft ist.[475] Vor diesem Hintergrund gilt festzustellen, inwieweit der Anschaffungswert eines bezuschussten Vermögensgegenstandes das künftige wirtschaftliche Nettoeinnahmepotential zutreffend widerspiegelt und unter welchen Voraussetzungen eine Minderung des Zuschusses zulässig bzw. geboten wäre.

---

[467] Vgl. *Hommel* (1997), S. 347.
[468] *Eibelshäuser* (1997), S. 157.
[469] *Hommel* (1997), S. 348.
[470] Vgl. *Hommel* (1997), S. 352.
[471] *Moxter* (1988), S. 453.
[472] Vgl. *Moxter* (2007), S. 6.
[473] RFH-Urteil vom 21. September 1927, VI A 383/27, RStBl 1927, 241.
[474] *Breidert* (1994), S. 9.

2.2. Anschaffungswertprinzip

2.2.1. Vollamortisationsvermutung im Zugangszeitpunkt

Der primäre Wertansatz von Vermögensgegenständen resultiert aus dem Anschaffungswertprinzip – eines der zentralen Bestandteile des Realisationsprinzips.[476] Es stellt den erfolgsneutralen Zugang nicht umsatzinduzierter Vermögenswerte sicher, indem es diese mit dem Wert der abgehenden Vermögensteile veranschlagt und damit eine reine „Vermögensumschichtung“ herbeiführt.[477] In Einklang mit den Gewinnermittlungsgrundsätzen knüpft die Erfolgswirksamkeit der erworbenen Aktiva erst an den Zeitpunkt des Umsatzaktes oder ihres Untergangs im Rahmen des Herstellungsprozesses.[478]

Dem Anschaffungswertansatz liegt implizit eine „Vollamortisationsvermutung“ zugrunde.[479] Sie impliziert die (durch den niedrigeren beizulegenden Wert zu falsifizierende) Hypothese, dass – ausgehend vom Investitionskalkül eines ökonomisch handelnden Kaufmanns – die aus dem Anschaffungsvorgang erwarteten Nettoeinnahmen die Anschaffungsausgaben übersteigen, oder zumindest aber vollständig alimentieren, d.h. „das betreffende Gut [hat] im Erwerbszeitpunkt für den Bilanzierenden mindestens einen Nutzen in Höhe des Kaufpreises“[480]. Die Anschaffungsausgaben gelten mithin als objektivierter Indikator für die Werthaltigkeit des erworbenen Vermögensgegenstandes, der den künftigen Effektivvermögensbeitrag näherungsweise approximiert.[481] „Trotz ihres Vergangenheitsbezugs auf die bereits getätigten Ausgaben können die Anschaffungs- bzw. Herstellungskosten [...] zukunftsbezogen interpretiert werden als der Betrag, der mindestens durch künftige Nettoeinnahmen gedeckt ist, oder anders ausgedrückt als der Betrag, der einen ‚Kapitalwert der Investition von Null ergibt'“[482].

Dem Vermögensermittlungsprinzip entspricht es, den vollen Vermögenswert des zugegangenen Vermögensgegenstandes auszuweisen.[483] Übersteigt der zugehende Vermögenswert den Anschaffungswert abgehender Vermögensteile, ergibt sich ein Zielkonflikt zwischen dem Vermögens- und Gewinnermittlungsprinzip, der in Hinblick auf den Sinn und Zweck der Bilanz im Rechtssinne gelöst werden kann. Zur Ermittlung einer verteilungsfähigen Gewinngröße tritt das Vermögensermittlungsprinzip vorsichtsbedingt hinter das Realisationsprinzip

---

475 Vgl. *Breidert* (1994), S. 9.
476 Vgl. *Moxter* (1984b), S. 1783.
477 *Werndl* (2006), Rn. A 77 (Hervorhebung im Original); vgl. *Moxter* (1986), S. 41f.
478 Vgl. *Fladung* (2000), S. 151.
479 *Jäger* (1996), S. 68; vgl. auch *Moxter* (2007), S. 284.
480 *Leffson* (1987), S. 255; vgl. *Döllerer*, (1976/77), 197; *Euler* (1991), S. 194.
481 Vgl. *Fladung* (2000), S. 150.
482 *Eibelshäuser* (1997), S. 158; vgl. *Ordelheide* (1988), S. 281.
483 Vgl. *Jäger* (1996), S. 67.

zurück, welches den vorzeitigen Ausweis unrealisierter, nicht durch einen Umsatzakt bestätigter Ertrags- oder Wertsteigerungen über den Anschaffungswertansatz verbietet.[484]

2.2.2. *Entkräftung der Vollamortisationsvermutung bei investitionsbezogenen Zuschüssen*

2.2.2.1. Zur Auslegung der Teilwertkonzeption in der höchstrichterlichen Rechtsprechung

Die Vermutung der Vollamortisation im Zugangszeitpunkt kommt auch in der von der Rechtsprechung geprägten Teilwertvermutung zum Ausdruck, nachdem der Teilwert eines Wirtschaftsgutes im Anschaffungs- bzw. Herstellungszeitpunkt den Anschaffungs- bzw. Herstellungskosten entspricht.[485] Die höchstrichterliche Rechtsprechung hat sich der Problematik einer „richtigen" (Teil-)Wertbemessung bezuschusster Vermögensgegenstände angenommen: In einschlägigen Urteilen hat der Bundesfinanzhof die Teilwertvermutung entkräftet und einheitlich bestätigt, dass investitionsbezogene Zuschüsse im Rahmen der Teilwertbemessung unter bestimmten Voraussetzungen zu berücksichtigen seien.[486]
In einem Urteilsfall hatte der 3. Senat zu entscheiden, wie der Teilwert von Handelsschiffen zu bemessen sei, für dessen anteilige Finanzierung ein staatlicher Schiffbauzuschuss zur Förderung der Wettbewerbsfähigkeit der deutschen Werftindustrie gewährt wurde.[487] Nach ständiger Auffassung der Rechtsprechung[488] befand auch der entscheidende Senat, dass der Teilwert regelmäßig den Wiederbeschaffungskosten gleichzusetzen sei. Einschränkend gelte, dass die Wiederbeschaffungskosten dann nicht zum richtigen Teilwert führten, „wenn der Staat mit Subventionszuschüssen nachhaltig und über längere Zeit und in etwa gleichbleibender Höhe in das Marktgeschehen eingreift"[489].

---

484 Vgl. *Euler* (1991), S. 194; *Jäger* (1996), S. 67f.

485 Vgl. zum Beispiel RFH-Urteil vom 14. März 1928, VI A 54/28, RStBl 1928, 182; BFH-Urteil vom 13. August 1957, I 18/57 U, BStBl III 1957, 350; BFH-Urteil vom 20. Mai 1965, IV 49/65 U, BStBl III 1965, 504; BFH-Urteil vom 27. Juli 1988, I R 104/84, BStBl II 1989, 274.

486 Vgl. BFH-Urteil vom 8. Mai 1981, III R 109/76, BStBl II 1981, 700; BFH-Urteil vom 8. Mai 1981, III R 26/79, BStBl II 1981, 702; BFH-Urteil vom 8. Mai 1981, III R 33/79, BStBl II 1981, 705. Die Rechtsprechung des Bundesfinanzhofs wendet sich damit gegen ein früheres Urteil des Reichsfinanzhofs, der den Abzug des Zuschusses im Rahmen der Teilwertfindung ausdrücklich verneinte. In der Urteilsbegründung des Reichsfinanzhofs wird hierzu hervorgehoben, dass die Gewährung des Zuschusses eine Sondermaßnahme sei, die sich außerhalb des gewöhnlichen Geschäftsverkehrs vollziehe und deshalb auf die Bemessung des Teilwerts keinen Einfluss habe. Die Denkfigur des „fiktiven Erwerbers" lehnt der Reichsfinanzhof explizit ab, denn „[e]s mag richtig sein, daß der Käufer eines Schiffes nur einen Preis in Höhe der Aufwendungen bewilligen würde, die er dafür bei einem Neubau des Schiffes auf einer inländischen Werft aus eigenen Mitteln machen müßte. Das kann aber die Höhe des Teilwerts nicht berühren". RFH-Urteil vom 8. Juli 1943, III 22/42, RStBl 1943, 669; vgl. zur (kritischen) Besprechung des RFH-Urteils *Breitwieser* (1982), S. 158; *Merkert* (1979), S. 1056; *Radisch* (1980), S. 34; *Unverdorben* (1987), S. 59f.

487 Vgl. BFH-Urteil vom 8. Mai 1981, III R 109/76, BStBl II 1981, 700.

488 Vgl. BFH-Urteil vom 2. März 1973, III R 88/69, BStBl II 1973, 475; BFH-Urteil vom 20. Juli 1973, III R 100-101/72, BStBl II 1973, 794.

489 BFH-Urteil vom 8. Mai 1981, III R 109/76, BStBl II 1981, 702.

In der Urteilsbegründung stützt sich der Bundesfinanzhof ferner auf die Fiktion des gedachten Erwerbers, der nicht bereit wäre, „einen Preis zu bezahlen, der über den Investitionskosten läge, die er selbst bei einer Neuerstellung einer vergleichbaren Anlage aufwenden müßte“[490]. Es würde dem Vorgehen eines wirtschaftlich handelnden Kaufmanns widersprechen, „für ein gebrauchtes Wirtschaftsgut möglicherweise mehr zu bezahlen als für ein neues Wirtschaftsgut, für das er ebenfalls einen Zuschuß erhalten könnte“[491]. Der Zuschuss an sich sei hierbei – bezogen auf den zu beurteilenden Sachverhalt – kein dem Steuerpflichtigen eigens gewährtes Spezifikum, sondern stehe jedem zu, der in der betreffenden Branche Wirtschaftsbetriebe betreibt.[492] Da ein fiktiver Erwerber die Zuschüsse unter den gleichen Bedingungen beanspruchen könnte, würde er diese bei seiner Kaufpreisbemessung mindernd berücksichtigen.[493] Die Wiederbeschaffungskosten entsprechen damit den um den Zuschuss geminderten Anschaffungs- bzw. Herstellungskosten der Seeschiffe.[494]

2.2.2.2. Kritische Würdigung der Erwerbsfiktion und der Teilwertkriterien des Bundesfinanzhofs

a) Konzeptionelle Grenzen der Erwerbsfiktion

Die Annahme eines hypothetischen Veräußerungsfalls vermag generell und insbesondere in der Auslegung des Bundesfinanzhofs zur Ableitung einer Teilwertminderung nicht vollständig zu überzeugen:

Das gedankliche Konstrukt des „fiktiven Erwerbers“ knüpft an den Wortlaut der gesetzlichen Teilwertvorschrift: § 6 Abs. 1 Nr. 1 Satz 3 EStG konzipiert den Teilwert als Anteil am Gesamtkaufpreis und damit am Ertragswert des Unternehmens, d.h. den Betrag, „den ein Erwerber des ganzen Betriebs im Rahmen des Gesamtkaufpreises für das einzelne Wirtschaftsgut ansetzen würde“[495]. Eine solche Orientierung am Ertragswert erweist sich als eine (scheinbar) unlösbare Konzeption zur Ermittlung des Teilwertes. Bei wörtlicher Interpretation der Gesetzesvorschrift bedürfte es zunächst der Ermittlung des Gesamtkaufpreises, den ein fiktiver Erwerber für das Unternehmen ansetzen würde.[496] Daraus leitet sich der anteilige Wert der einzelnen Wirtschaftsgüter als Effektivvermögenswertanteil ab.[497] Aus der Aufteilung des Gesamtwertes ergibt sich zwangsweise eine Zuordnungsproblematik, die nach herrschender

---

490 BFH-Urteil vom 8. Mai 1981, III 26/79, BStBl II 1981, 704.

BFH-Urteil vom 8. Mai 1981, III R 109/76, BStBl II 1981, 702.

492 Vgl. BFH-Urteil vom 8. Mai 1981, III R 26/79, BStBl II 1981, 704.

493 Vgl. BFH-Urteil vom 8. Mai 1981, III R 26/79, BStBl II 1981, 704.

494 Vgl. BFH-Urteil vom 8. Mai 1981, III R 109/76, BStBl II 1981, 702.

495 § 6 Abs. 1 Nr. 1 Satz 3 EStG.

496 Vgl. *Siepe* (1992), S. 611.

497 Vgl. *Moxter* (1994c), S. 828.

Meinung und ständiger Rechtsprechung durch den Rückgriff auf die Wiederbeschaffungskosten gelöst wird.[498] Hieraus stützt sich die These der Erwerberfiktion: der Teilwert entspricht dem Substitutionswert, den „der gedachte Erwerber des Unternehmens für das einzelne Wirtschaftsgut höchstens [...] zahlen würde, als er an Kosten aufwenden müßte, um dieses Wirtschaftsgut, falls es fehlte, wiederzubeschaffen“[499]. Dieser Weg der Teilwertermittlung scheitert bereits daran, dass ein potentieller Erwerber in den meisten Fällen nicht vorhanden ist. „Die Frage, wie ein nicht vorhandenes Gegenüber wohl entscheiden würde, wenn es an der eigenen Stelle stünde, mündet letztlich in einer Befragung des Kaufmanns durch sich selbst“[500]. Dennoch ermöglicht die Hilfskonstruktion des „fiktiven Erwerbers“ den Teilwert als nicht rein subjektiven Ertragswertanteil, sondern als „Ausdruck des Bemühens um Objektivierung der Wertzumessung“[501] zu verstehen.[502] An die Stelle der subjektiven Beurteilung der Unternehmung tritt die „vernünftige[r] kaufmännische[r] Beurteilung“[503]. Die Veräußerungsfiktion dient insofern der Objektivierung der Teilwertfindung.[504]

Gegen die vom Bundesfinanzhof geforderte Teilwertminderung könnte sprechen, dass die Eigenschaft des Unternehmens, Subventionen zu erhalten, zu den immateriellen Werten (wie zum Beispiel Know-How oder Kundenstamm) gehört, denen der Käufer einen zusätzlichen Wert im Rahmen seiner Preisfindung zurechnet.[505] Diese Sichtweise würde jedoch implizieren, dass Zuschüsse „Bereicherung[en] einzelner auf Grund staatlicher Geschenke“[506] verkörpern. Es ist vielmehr davon auszugehen, dass ein Unternehmen zumindest in Höhe des Zuschusses Nachteile zu erdulden hat. Die Zahlung der Subvention führt nicht dazu, dass der Vermögenswert steigt, sondern bewirkt lediglich, dass die Anschaffungs- bzw. Herstellungskosten auf einen Betrag heruntergeschleust werden, der den Zuschussempfänger zur Durchführung bestimmter Investitionen veranlasst.[507] Zu Recht fragt MERKERT: „Warum sollte [ein gedachter Erwerber] bereit sein, eben diejenigen betrieblichen Nachteile [zu erdulden], deretwillen der Erstinvestor staatliche Zuschüsse erlangt hatte, ohne einen entsprechenden Ausgleich auf sich zu nehmen?“[508].

---

498 Vgl. zum Beispiel BFH-Urteil vom 8. Mai 1981, III R 26/79, BStBl II 1981, 700. Eine Übersicht der Vertreter, die in den Wiederbeschaffungskosten den relevanten Wertmaßstab sehen, gibt *Mellwig* (1994), S. 1082.

499 BFH-Urteil vom 8. Mai 1981, III 26/79, BStBl II 1981, 704.

500 *Hommel* (2007b), S. 187.

501 *Mellwig* (1994), S. 1079.

502 Vgl. hierzu *Breidert* (2001), S. 980.

503 § 253 Abs. 1 Satz 2 HGB.

504 Vgl. *Siepe* (1992), S. 615.

505 Vgl. *Radisch* (1980), S. 33.

506 *Merkert* (1979), S. 1057.

507 Vgl. *Radisch* (1980), S. 34.

508 *Merkert* (1979), S. 1057.

b) *Objektivierungsbedingte Grenzen der Teilwertkriterien des Bundesfinanzhofs*

Die Erwerbsfiktion unterstellt, dass der gedachte Erwerber auf gleiche Weise durch die öffentliche Hand gefördert wird wie der betroffene Unternehmer. Diese Umstände liegen nach der Auffassung des Bundesfinanzhofs nur dann vor, wenn jeder in der Branche tätige Unternehmer die Subventionierung „nachhaltig und über längere Zeit und in etwa gleichbleibender Höhe“ in Anspruch nehmen kann.[509] Im vorliegenden Urteilsfall ließe sich (möglicherweise) der Nachweis erbringen, dass jeder Reeder einen Anspruch auf die staatlichen Schiffbauzuschüsse hat und aufgrund der Historie „neue[r] Schiffe bereits nachhaltig und über längere Zeit und in etwa gleichbleibender Höhe subventioniert worden“ sind und auch künftig damit zu rechnen ist.[510] Von diesem Sachverhalt abgesehen würde eine Verallgemeinerung und Übertragung der vom Bundesfinanzhof entwickelten Kriterien auf andere Sachverhalte – je nach Auslegung durch den Bilanzierenden – zu einer Absage oder Zusage einer Teilwertminderung führen. Denn der entscheidende Senat lässt in seiner Urteilsbegründung offen, wann Zuschüsse „nachhaltig und über längere Zeit“ gewährt werden. Dies erweist sich insbesondere dann als problematisch, wenn im Rahmen der Zuschussvergabe Einzelzusagen getroffen werden, die sich nach den individuellen Umständen der Unternehmensverhältnisse richten. Es obliegt dann dem Urteilsvermögen des Bilanzierenden zu entscheiden, ob Zuschüsse nachhaltig, über längere Zeit und in etwa gleichbleibender Höhe gewährt werden und damit jedem Unternehmer zugänglich sind.[511]

Sind die Bedingungen für eine Teilwertminderung am Abschlussstichtag erfüllt, stellt sich ferner die Frage, wie die vorgenommene Teilwertminderung an den nachfolgenden Bilanzstichtagen zu behandeln ist, wenn Zuschüsse – zum Beispiel als Folge einer angespannten Haushaltssituation – nicht mehr gewährt werden und die Voraussetzung einer nachhaltigen und über eine längere Zeit andauernden Zuschussgewährung nicht mehr vorliegen. Bei konsequenter Anwendung des Stichtagsprinzips könnte der Wegfall der Zuschussgewährung dazu führen, dass eine bislang anerkannte Teilwertabschreibung trotz unveränderter (schlechter) Rentabilität nun entfällt. Diese Vorgehensweise verdeutlicht die konzeptionellen Grenzen und Widersprüche der Veräußerungsfiktion.

Die Würdigung dieser Tatbestände setzt umfassende Kenntnisse über sämtliche Förderbedingungen voraus, die dem Bilanzierenden oftmals verborgen bzw. nicht zugänglich sind. Damit trägt der Bilanzierende ein kaum zu erfüllendes Nachweisproblem. Es erwachsen subjektive Ermessensräume, die sich gezwungenermaßen unmittelbar auf den Teilwert auswirken kön-

[509] BFH-Urteil vom 8. Mai 1981, III R 109/76, BStBl II 1981, 702.
[510] BFH-Urteil vom 8. Mai 1981, III R 109/76, BStBl II 1981, 702.
[511] Vgl. *Breitwieser* (1982), S. 160; *Radisch* (1980), S. 33.

nen. Für eine frei von subjektiven Ermessensräumen geforderte Gewinnermittlung sind die Kriterien des Bundesfinanzhofs ungeeignet, da sie in die Sphäre eines Dritten verweisen. Der gesetzlichen Teilwertvorschrift entspricht es vielmehr, auf die konkreten Verhältnisse des Betriebs abzustellen. Die Forderung, dass der Zuschuss „jedem Unternehmer" gewährt wird, entspricht einer den wirtschaftlichen Gegebenheiten widersprechenden unverhältnismäßigen Objektivierung. Es bedarf zum Nachweis einer objektivierten Teilwertabschreibungsregel indes einer eindeutigen zweckadäquaten Begründung.

2.3. Grundsatz der imparitätischen Verlustantizipation

2.3.1. Funktionales Teilwertverständnis

Die Orientierung an einem funktionalen – dem Sinn und Zweck der Bilanz entsprechenden – Teilwertverständnis, welches die Verlustantizipation als Sinn und Zweck der gesetzlichen Teilwertkonzeption versteht[512], beseitigt die objektivierungsbedingten Schwächen der Teilwertfindung und die Widersprüche der Veräußerungsfiktion des Bundesfinanzhofs.[513]

Der steuerrechtliche Teilwert ist durch das Maßgeblichkeitsprinzip an die handelsrechtlichen GoB gekoppelt (§ 5 Abs. 1 Satz 1EStG).[514] Danach determinieren das Imparitätsprinzip und das ihm folgende Niederstwertprinzip gleichermaßen die Bemessung des beizulegenden Wertes bzw. des steuerrechtlichen Teilwertes.[515] Nach den Verhältnissen am Bilanzstichtag ist zu beurteilen, ob aus den vorhandenen Vermögensgegenständen, Schulden und schwebenden Geschäften ein Aufwandsüberschuss droht, der künftige Gewinne belastet, denn nur ein „verlustfreier Umsatzgewinn kann als grundsätzlich ausschüttbar angesehen werden"[516]. Im Sinne einer bilanzzweckkonformen Bewertung muss damit auch die Teilwertfindung der Antizipation künftiger Ausschüttungsbelastungen dienen.[517] Keine andere Zweckbestimmung der Teilwertvorschrift ließe sich mit dem Imparitätsprinzip vereinbaren, „nach dem alle vorhersehbaren Risiken und Verluste, die bis zum Abschlußstichtag entstanden sind", zu antizipieren sind.[518] Erst durch die Vorwegnahme noch nicht realisierter, aber am Bilanzstichtag bereits

512 Vgl. *Euler* (1991), S. 191–212; *Moxter* (1991), S. 473–481.

513 In anderen Urteilen legt der Bundesfinanzhof das Imparitätsprinzip überwiegend funktional aus. Vgl. hierzu Beispiele bei *Wüstemann* (1995), S. 1033–1035, hier S. 1040: „(E)ine ‚Verabschiedung' des Bundesfinanzhofes vom Imparitätsprinzip kann demzufolge nicht festgestellt werden." (Hervorhebung im Original).

514 Vgl. *Euler* (1991), S. 208.

515 Vgl. *Euler* (1991), S. 207f.; *Mellwig* (1994), S. 1085.

516 *Euler* (1991), S. 193; vgl. *Moxter* (1991), S. 477.

517 Im Schrifttum konkurrieren zwei grundlegende Teilwertkonzeptionen: Ein Teil des Schrifttums fasst den Teilwert als Vermögenswertanteil auf und bejaht eine Teilwertabschreibung für bereits eingetretene Vermögensverluste; demgegenüber herrscht das Verständnis eines als Verlustmaßstab verstandenen Teilwerts. Zur ersten Auffassung: vgl. *Piltz* (1999/2000), S. 224; *Teschke* (2006), S. 661; zur zweiten Auffassung: vgl. stellvertretend für viele *Moxter* (1994c), S. 830–832.

518 § 252 Abs. 1 Nr. 4 HGB; vgl. auch *Wüstemann* (1995), S. 1039.

erkennbarer künftiger ausschüttungsbelastender Risken und Verluste kann die Entziehbarkeit der zunächst auf der Basis des Realisationsprinzips ermittelten Gewinngröße abgesichert werden.[519] Das Imparitätsprinzip als Ausprägung des Vorsichtsprinzips drängt die periodengerechte, realisationsprinzipkonforme Erfolgsermittlung zugunsten der Ermittlung einer vorsichtig bemessenen Ausschüttungsgröße zurück. Eine im Sinne einer Verlustantizipation verstandene Teilwertfindung orientiert sich mithin nur formal an den Wiederbeschaffungswerten; eine am Beschaffungsmarkt orientierte Wertermittlung ist aber keineswegs zwingend[520], sondern bestimmt sich vorrangig nach den drohenden Verlusten.[521]

2.3.2. *Vorsichtsbedingte Zurückdrängung des Erfolgsneutralitätsprinzips im Rahmen der Zugangsbewertung*

Das Imparitätsprinzip gebietet die Antizipation drohender Überschüsse von Aufwendungen über Erträge. Im Sinne eines funktionalen – auf die Verlustantizipation abstellendes – Teilwertverständnis führen entgehende Gewinne in künftigen Abschlussperioden nicht zu Aufwandsüberschüssen.[522] Sinken beispielsweise die Wiederbeschaffungskosten eines Warenbestandes unter die Anschaffungskosten, liegen die Nettoveräußerungserlöse aber über den Anschaffungskosten, droht kein zu antizipierender Verlust. Die gefallenen Wiederbeschaffungskosten führen lediglich zu einer künftigen Gewinnminderung, so dass eine Verlustantizipation mangels drohender Aufwandsüberschüsse ausscheidet. Erst wenn die Preisverhältnisse am Bilanzstichtag Nettoveräußerungserlöse erwarten lassen, die unter den Anschaffungskosten liegen, droht ein künftiger, zu antizipierender Verlust.

In Bezug auf die Ermittlung des Teilwertes bzw. des beizulegenden Wertes bezuschusster Vermögensgegenstände wäre demnach festzustellen, inwieweit aus der Nutzung der bezuschussten Vermögensgegenständen (lediglich) künftige entgehende Gewinne zu erwarten sind oder ein künftiger Aufwandsüberschuss droht. Die Tatsache, dass beispielsweise die erwarteten Umsatzerlöse aufgrund eines Standortnachteils geringer ausfallen als etwa bei einem Konkurrenzunternehmen, rechtfertigt per se keine zu antizipierende Wertminderung des bezuschussten Vermögensgegenstandes. Um den Wertminderungsbetrag GoB-zweckadäquat ermitteln zu können, wären indes dem betreffenden Vermögensgegenstand die mit seiner Nutzung voraussichtlich verbundenen Umsätze und Ausgaben zuzuordnen, um einen etwaigen Aufwendungsüberschuss zu ermitteln. Wenn die (ggf. um Abschreibungen geminderten) An-

---

519 Vgl. *Mellwig* (1983), S. 1616.
520 Vgl. *Mellwig* (1994), S. 1084.
521 Vgl. *Mellwig* (1994), S. 1074; *Moxter* (1991), S. 479f.
522 Vgl. *Moxter* (1991), S. 477.

schaffungs- bzw. Herstellungskosten die künftigen dem Anlagegegenstand zurechenbaren Nettoerträge überschreiten, besteht eine Abwertungspflicht.[523]
Der objektivierte Nachweis einer Wertminderung des bezuschussten Vermögensgegenstandes, insbesondere im Zugangszeitpunkt, lässt sich freilich nur schwer erbringen. Die Interdependenz zwischen Unternehmensgesamtertrag und Ertrag des einzelnen Anlagegegenstandes erschwert generell eine objektivierte, kausale Zurechnung der künftigen Erträge zu einem Vermögensgegenstand. Hinzu tritt die Unsicherheit der Zukunftsentwicklung, beispielsweise bei Investitionszuschüssen zur Förderung neuer Technologien oder der Entwicklung von Innovationen, deren Marktdurchdringung noch aussteht, so dass die Ermittlung künftiger Erträge allenfalls auf groben Schätzungen beruhen kann.

Mit dem Sinn und Zweck der Bilanz der Ermittlung einer Ausschüttungsgröße ist jedoch die Grundwertung zugunsten einer vorsichtigen Gewinnermittlung vorgegeben. Vorsichts- und objektivierungsbedingt kann die Tatsache der Zuschussgewährung als objektivierter Indikator gelten, dass zwischen dem Anschaffungswert und den künftigen erzielbaren Nutzenzuflüssen regelmäßig eine Deckungslücke besteht, die durch den Mittelzufluss des Zuschusses ausgeglichen werden soll. Dies entspricht letztlich dem konstitutiven Merkmal von Zuschüssen zur finanziellen Unterstützung einer Investition, die gewährt werden, um ein mit der Investition verbundenes Risiko zu kompensieren oder zumindest zu mindern und finanzielle Nachteile auszugleichen.[524]

Die Vermutung einer Vollamortisation ist im Fall bezuschusster Vermögensgegenstände widerlegbar: Handelt es sich um (meist öffentliche) Investitionszuschüsse, die für ertragsschwache, unrentable Investitionsvorhaben gewährt werden und die Beschaffung für den Zuschussempfänger erst „wirtschaftlich" machen, liegen die künftigen Nettoeinnahmen des erlangten Gegenwertes regelmäßig unter den zu ihrer Alimentierung erforderlichen (ungekürzten) Anschaffungsausgaben. Soll der Zuschuss Investitionsanreize schaffen, dann doch offenbar deshalb, weil die „normale" Rentabilität nicht ausreicht. Die bezuschussten Projekte müssen zwar technisch bzw. wirtschaftlich machbar erscheinen, aber auch mit hohen (technischen bzw. wirtschaftlichen) Risiken verbunden sein.[525]

Eine ähnliche Risikolage kennzeichnet ein privates Zuschussverhältnis: Der Bundesfinanzhof hatte im Urteil vom 3. Juli 1997 über die Bilanzierung von Druckkostenzuschüssen zu ent-

---

523 Vgl. *Euler* (1991), S. 196.
524 Vgl. auch *Merkert* (1979), S. 1057: Öffentliche Zuschüsse erlangen „ihre innere Berechtigung regelmäßig allein aus der Tatsache, daß sie einen Ausgleich für meßbare Nachteile darstellen, die sich als Hindernis für eine volkswirtschaftlich erwünschte Entwicklung erweisen."

scheiden, die einem Verlag von Autoren für die Erstellung und Veröffentlichung eines Manuskripts gewährt wurden.[526] Die nachfolgenden Ausführungen blenden zunächst den Umstand aus, dass der Druckkostenzuschuss im Urteilsfall bei Überschreiten einer bestimmten Absatzschwelle anteilig zurückzuzahlen war.

Interpretiert man die Autorenzahlung als (Teil-)Entgeltzahlung an den Verlag, der sich im Gegenzug zur Herstellung und Veröffentlichung des Buches verpflichtet, liegt es nahe, den Zuschuss mit Erbringung dieser Leistungsschuld ertragswirksam zu vereinnahmen. Der Autor wendet dem Verlag die Mittel in diesem Sinne nur deshalb zu, damit sein Manuskript als Buch hergestellt und veröffentlich würde. Auf der anderen Seite macht der Verlag die Drucklegung und Veröffentlichung von der Gewährung der Beihilfe abhängig, weil ihm andernfalls das Risiko eines Verlustes aus der Produktion des Buches zu hoch erscheint. Der vereinnahmte Druckkostenzuschuss wäre dann gewinnwirksam zu vereinnahmen, sobald der Verlag mit Drucklegung des Manuskripts und der Veröffentlichung des Werks die von ihr geschuldete Leistung im Wesentlichen erbracht hatte. Bis zu diesem Zeitpunkt wären die erhaltenen Druckbeihilfen als erhaltene Anzahlungen zu passivieren.

Andererseits, und wirtschaftlich naheliegender, ist die Annahme, dass der Verlag die Zuschusszahlung fordert, um sich vor dem möglichen Verlust aus dem Verkauf des Buches zu schützen. Zur Minderung des Vertriebsrisikos garantiert der Autor eine gewinnbringende Amortisation der Herstellungskosten, indem er dem Verlag vorab den am Markt möglicherweise nicht durchsetzbaren Mehrverkaufspreis in Form einer Einmalzahlung vergütet. So könnte der Vertragsinhalt auch in der Weise lauten, dass der Autor dem Verlag den Absatz einer Mindestmenge garantiert und für jedes nicht verkaufte Exemplar eine Ausgleichszahlung an den Verlag entrichtet. Damit übernimmt der Zuschussgeber das wirtschaftliche Risiko, dass sich die Investition künftig nicht amortisiert. Der Zuschuss fungiert mithin als „Risikoprämie“, die durch eine Minderung der Herstellungskosten sukzessive mit Verkauf pro Buch realisiert wird. Im Ausgangssachverhalt lag ein bedingt rückzahlbarer Zuschuss vor, der bei Überschreiten einer bestimmten Absatzschwelle zurückzuzahlen war. Seine bilanzielle Behandlung ist Gegenstand des Kapitels III.D.

Dem Vermögensermittlungsprinzip ist gegenüber dem Anschaffungswertprinzip somit immer dann der Vorrang einzuräumen, wenn der Anschaffungswert nicht oder nur teilweise durch das künftige Nettoeinnahmepotential amortisiert wird. Die strikte Anwendung des realisationsprinzipkonformen Anschaffungswertprinzips verstößt gegen das Imparitätsprinzip, welches die Antizipation unrealisierter Verluste am Bilanzstichtag vollständig gebietet.[527]

---

525 Vgl. beispielsweise BMWi (2006), Rn. 4.1.2.

526 Vgl. BFH-Urteil vom 3. Juli 1997, IV R 49/96, BStBl II 1998, 244.

527 Vgl. *Jäger* (1996), S. 68.

Sieht man den Zweck des Erfolgsneutralitätsprinzip nicht nur in der Periodenabgrenzung, sondern auch in der Ermittlung eines (typisierten) Vermögenswertes, dann gilt zu prüfen, ob die erfolgsneutrale Behandlung des Vermögenszugangs nicht zu einer Überbewertung führt, die einen künftigen Verlustausweis in der Zukunft impliziert.[528] Die (dynamische) Aufwandsverteilungsthese tritt vorsichtsbedingt hinter die Wertverzehrthese zurück, weil „die reine Verteilungsfunktion zu einer dem Vorsichtsprinzip klar widersprechenden Wertbemessung für das Wirtschaftsgut führt"[529]. Das Risiko, dass sich die Investitionsausgaben in künftigen Perioden nicht amortisieren, d.h. die zu erwartenden Nettoeinnahmen den Buchwert des bezuschussten Vermögensgegenstandes nicht decken, muss sich daher zwingend im Wertansatz des bezuschussten Vermögensgegenstandes widerspiegeln.

2.3.3. Investitionszuschuss als objektivierter Mindestabschlag im Rahmen der Zugangsbewertung

Als Rechtsgrundlage für eine Minderung des Wertansatzes um den Zuschussbetrag wird im Schrifttum das dem Realisationsprinzip immanente Anschaffungskostenprinzip herangezogen: Als Anschaffungskosten definiert das Gesetz "die Aufwendungen, die geleistet werden, um einen Vermögensgegenstand zu erwerben und ihn in einen betriebsbereiten Zustand zu versetzen, soweit sie dem Vermögensgegenstand einzeln zugeordnet werden können"[530]. Aufwendungen für die Anschaffung eines Vermögensgegenstandes werden als Anschaffungskosten erfolgsneutral aktiviert und erst in der Folge als Aufwendungen gewinnwirksam. Spiegelbildlich führt eine Minderung der Ausgaben für die Anschaffung nicht zu einem gewinnerhöhenden Ertrag, sondern lediglich zu einer Ermäßigung der Anschaffungskosten.[531] Diesen Gedankengang hat der Gesetzgeber mit der Vorschrift des § 255 Abs. 1 Satz 3 HGB umgesetzt, wonach Anschaffungspreisminderungen wie Skonti, Rabatte und ähnliche Preisnachlässe zwingend von den Anschaffungskosten abzusetzen sind. Die Vorschrift gilt jedoch nicht nur für eine Minderung des vereinbarten Anschaffungspreises, sondern nach dem Zweck der Aktivierungsvorschrift auch für die Rückzahlung von Anschaffungsnebenkosten und darüber hinaus für die Erstattung und Vergütung von Anschaffungsausgaben durch Dritte, sofern hierin nicht ein Entgelt für eine Leistung des Empfängers liegt.[532] Gleiches müsse nach Auffassung einiger Autoren und der neueren Rechtsprechung auch für Zuschüsse zur Durch-

---

528 Vgl. *Eibelshäuser* (1997), S. 159.

529 *Moxter* (1993b), S. 200.

530 § 255 Abs. 1 Satz 1 HGB.

531 Vgl. *Groh* (1988a), S. 2418f.; *Moxter* (2003), S. 151f.

532 Vgl. § 255 Abs. 1 Satz 2 HGB; BFH-Urteil vom 14. November 1985, IV R 170/83, BStBl II 1986, 61; *Groh* (1994), S. 91: „Damit kann es keinen Unterschied machen, ob ein Dritter Kosten gegenüber dem Verkäufer übernimmt und der Anschaffungspreis sich deswegen mindert, oder ob die Kosten dem Käufer abgenommen werden."

führung einer Investition gelten, die als Minderung der Anschaffungs- bzw. Herstellungskosten gemäß § 255 Abs. 1 Satz 3 HGB im Zuflusszeitpunkt erfolgsneutral abzusetzen sind.[533] Der Gesetzeswortlaut „lasse Raum für die vereinfachende Überlegung, der erhaltene Investitionszuschuss mindere die Anschaffungs- bzw. Herstellungskosten [...], weil der Zuwendungsempfänger für den bezuschussten Gegenstand lediglich den Differenzbetrag aufwende“[534]. Es liegt daher nahe, Investitionszuschüsse bilanziell wie Anschaffungspreisminderungen abzubilden.

Die Parallele eines Zuschusses zu einer klassischen Anschaffungspreisminderung vermag dennoch nicht vollständig zu überzeugen. Während die Gewährung eines Preisnachlasses wie zum Beispiel Boni umsatz- oder mengenabhängig für die im abgelaufenen Geschäftsjahr getätigte Leistung gewährt wird[535], folgt die Bemessung öffentlicher bzw. privater Zuschüsse mehrheitlich fiskal- oder haushaltspolitischen Motiven bzw. unternehmerischen Kalkülen, die sich dann unmittelbar im Wertansatz des bezuschussten Vermögensgegenstandes niederschlagen. Infolge knapper Haushaltskassen fällt ein öffentlicher Zuschuss beispielsweise unter Umständen niedriger aus bei dennoch unveränderter Rentierlichkeit des betroffenen Vermögensgegenstandes. Ebenso können die zu gewährenden Zuschüsse – wie nachfolgendes Beispiel veranschaulicht – nach bestimmten Beträgen gestaffelt sein, so dass sich die Frage einer zweckadäquaten Zurechnung des Zuschussbetrages stellt.[536]

Ein Unternehmen erhält beispielsweise zur Anschaffung von Maschinen einen Zuschuss in Höhe von 20% der Investitionssumme; der zu gewährende Zuschusssatz sinkt allerdings auf 7,5%, wenn die Anschaffungs- bzw. Herstellungskosten ein Investitionsvolumen von 500.000 GE pro Geschäftsjahr übersteigen. Der reduzierte Prozentsatz entfällt anteilig nur auf den übersteigenden Betrag. Erwirbt das Unternehmen im Jahr 01 eine Maschine A zu Anschaffungskosten von 400.000 GE und eine Maschine B zu Anschaffungskosten von 600.000 GE, würde es einen Zuschuss von insgesamt 137.500 GE (bis 500.000 GE (20%): 100.000 GE und ab 500.000 GE (7,5%): 37.500 GE) erhalten. Die Zurechnung des Zuschusses auf die beiden Maschinen könnte sich an ihren Anschaffungszeitpunkten orientieren, d.h. erfolgt zunächst die Anschaffung der Maschine A, ergäbe sich ein abzugsfähiger Zuschuss in Höhe von 80.000 GE. Dementsprechend würde auf die Anschaffung der Maschine B nur noch ein abzugsfähiger Zuschuss in Höhe von 57.500 GE entfallen. Gegen diese Aufteilung spricht, dass die Anschaffung der Maschine frei wählbar ist und auch in umgekehrter Reihe hätte erfolgen können. Ein Vermögensgegenstand erfährt aber nicht deshalb einen Wertänderung, weil er

533 Vgl. *Groh* (1988a), S. 2419; *Groh* (1994), S. 91.
534 *Künnemann/Beine* (2002), Sp. 2738.
535 Vgl. *Hommel* (2002a), Sp. 81.
536 Beispiel in Anlehnung an *Hötzel* (1986), S. 1272f.

etwa früher oder später angeschafft wurde. Vielmehr ist davon auszugehen, dass die Investitionen der beiden Maschinen gleichermaßen gefördert werden. Bei einem durchschnittlichen Zuschusssatz von 13,75% ergäbe sich demzufolge für die Maschine A eine Anschaffungskostenminderung in Höhe von 55.000 GE bzw. für Maschine B in Höhe von 82.500 GE. Um den maximalen Zuschussbetrag abzuschöpfen, könnte sich der bilanzierende Kaufmann aber auch dazu entscheiden, die Beschaffung der Maschinen auf unterschiedliche Geschäftsjahre zu verteilen, sofern beide Investitionen zeitlich unabhängig voneinander eingesetzt werden können. Für die Maschine A bekäme der Unternehmer einen Zuschuss von 80.000 GE und für B 107.500 GE. Der Wertsansatz der Maschine B wäre demnach per se aufgrund des geänderten Anschaffungszeitpunkts höher.

Die Höhe des Zuschusses eignet sich deshalb nur bedingt als Maßstab für die Höhe der Abschreibung. Sie fungiert aber als objektiver Indikator für den zu ermittelnden Abwertungsbedarf, denn Investitionsmaßnahmen werden regelmäßig nur staatlich gefördert, wenn der Unternehmer einen entsprechenden Bedarf glaubhaft nachweisen kann. Förderbedingungen knüpfen die Zuschussgewährung regelmäßig an die Bedingung, dass die Durchführung einer Investition mit hohen technischen und wirtschaftlichen Risiken verbunden ist und ohne Förderung nicht oder nur mit deutlichem Zeitverzug realisiert werden könnte. Gleichwohl erfolgt eine Unterstützung nur, wenn das Investitionsprojekt technisch und wirtschaftlich machbar erscheint und die zu entwickelnden und zu nutzenden Erzeugnisse oder Verfahren deutliche Marktchancen besitzen. Diese Chancen und Erwartungen sind oft im Rahmen eines Verwertungsplanes darzulegen und zu begründen. Die an die Bewilligung des Zuschusses gebundenen Nachweispflichten objektivieren damit grundsätzlich die im Anschaffungswertansatz (abzüglich des Zuschusses) zum Ausdruck kommende Mindesteinnahmeerwartung. Der Zuschuss zur Anschaffung bzw. Herstellung eines Vermögensgegenstandes gilt damit als stichhaltiges, greifbares Indiz für das potentielle Risiko künftiger drohender Ausschüttungsbelastungen. Der wertmäßige Betrag des Zuschusses legt in diesem Sinne die Mindestuntergrenze für eine Abwertung des bezuschussten Vermögensgegenstandes fest.

Im Anschaffungs- bzw. Herstellungszeitpunkt gilt grundsätzlich der dem Vermögensgegenstand zurechenbare Zuschuss als objektivierter Wertabschlag. Das Imparitätsprinzip gebietet darüber hinaus die Antizipation von Verlusten durch eine außerplanmäßige Abschreibung auf den niedrigeren beizulegenden Wert, wenn die künftigen Nettozahlungsströme, die aus dem Objekt resultieren, voraussichtlich nicht dazu ausreichen, die zukünftigen, mit der Sachanlage verbundenen Aufwendungen (einschließlich zukünftiger Abschreibungen) zu decken oder die durch die Anlage zu alimentierenden Umsätze zukünftig hinter den dem Abschreibungsplan zugrundeliegenden Umsätzen zurückbleiben (Realisationsprinzip).[537] Ähnlich hat auch der Bundesfinanzhof unter bestimmten Voraussetzungen im Falle einer „Fehlmaßnahme"[538] oder bei „Unrentierlichkeit einer Anlage"[539] eine Teilwertabschreibung bereits im Zugangszeitpunkt des Vermögensgegenstandes zugelassen, wenn mit einer Amortisation der aufgewendeten Anschaffungs- bzw. Herstellungskosten nicht gerechnet werden kann.[540] Gemäß den handelsrechtlichen Vorschriften ist eine außerplanmäßige Abschreibung im Rahmen des Anlagevermögens zwingend, sofern die Wertminderung voraussichtlich dauerhafter Natur ist.[541] Im Zuge der Umsetzung des BilMoG wird für Anlagegegenstände ein rechtsformunabhängiges[542] Verbot bei voraussichtlich vorübergehender Wertminderung implementiert.

2.3.4. Anschaffungs- bzw. Herstellungsvorgang und Investitionszuschuss als Bewertungseinheit

Der Einwand, dass eine Kürzung der Anschaffungs- bzw. Herstellungskosten den Einblick in die Vermögens- und Ertragslage beschränke, kann vor dem Hintergrund des Normzwecks der Bilanz im Rechtssinne zunächst nicht überzeugen. Für Kapitalgesellschaften fordert das Handelsbilanzrecht zwar, dass ihr Jahresabschluss „ein den tatsächlichen Verhältnissen entsprechendes Bild der Vermögens-, Finanz- und Ertragslage" vermittelt (§ 264 Abs. 2 HGB). Die Beurteilung der Bilanzierungsansätze anhand der Darstellung eines „True and Fair View" steht jedoch im unmittelbaren Zielkonflikt zur zentralen Aufgabe des handelsrechtlichen Jahresabschlusses: der Ermittlung eines vorsichtig bemessenen, ausschüttungsfähigen und verteilungsfähigen Gewinns im Interesse des Gläubigerschutzes. Eine Rangordnung ermöglicht die „Abkopplungsthese", die die reine Informationsaufgabe in den Anhang verlagert und die Ausschüttungsbemessungsfunktion als Primäraufgabe der Bilanz herausstellt.

Die Auffassung, dass die Zuschussgewährung strikt vom Wertansatz des bezuschussten Vermögensgegenstandes zu trennen ist, entspricht einer zu engen, dem wirtschaftlichen Normzweck widersprechenden Interpretation des Anschaffungswertprinzips.[543] Der Anschaffungs-

---

537 Vgl. *Euler* (1991), S. 196

538 BFH-Urteil vom 20. Mai 1988, III R 151/86, 270; vgl. ebenso BFH-Urteil vom 17. Januar 1978, VIII R 31/75, BStBl II 1978, 335; BFH-Urteil vom 17. September 1987, III R 201-202/84, BFHE 152, 223.

539 BFH-Urteil vom 19. Oktober 1972, I R 244/70, BStBl II 1973, 55.

540 Vgl. Urteilswürdigung bei *Moxter* (2007), S. 284f.

541 Vgl. § 253 Abs. 2 Satz 3 HGB.

542 Das für Kapitalgesellschaften und Gesellschaften im Sinne des § 264a HGB geltende Abschreibungswahlrecht auf Finanzanlagen wegen einer vorübergehenden Wertminderung (§ 279 Abs. 1 Satz 2 HGB) gilt für alle Unternehmen (§ 253 Abs. 3 Satz 3 HGB n.F.; § 253 Abs. 4 HGB n.F.).

543 Vgl. *Groh* (1994), S. 91: „[I]n § 255 Abs. 1 Satz 3 HGB sei zwar die Berücksichtigung von Minderungen der Anschaffungskosten vorgesehen, doch sei damit die Reduzierung des Kaufpreises, nicht ein Zuschuß von dritter Seite gemeint. Daran ist richtig, dass sich das Realisationsprinzip nur in den vom Gesetz gezogenen Grenzen verwirklichen kann. Doch wirft die wiederum allein am vermeintlichen Wortlaut orientierte

kostenbegriff des Gesetzes gewährt dem Bilanzierenden im Rahmen einer wirtschaftlichen Betrachtungsweise ein breites Spektrum an zurechenbaren Aufwendungen: „Zu den Anschaffungskosten rechnen nicht nur dem Veräußerer geschuldete Gegenleistungen, sondern auch sonstige Aufwendungen, die in einem unmittelbaren wirtschaftlichem Zusammenhang mit der Anschaffung stehen, insbesondere zwangsläufig im Gefolge der Anschaffung anfallen“[544]. Maßgeblich für die Bemessung des Wertansatzes ist „die Zweckbindung einer Aufwendung. Zu den Anschaffungskosten eines Wirtschaftsgutes gehören danach auch solche Zahlungen des Erwerbers an den Veräußerer, die von den Vertragsparteien nicht als Kaufpreis [...] bezeichnet werden, gleichwohl aber bei wirtschaftlicher Betrachtungsweise nach ihrer Zweckbestimmung dem Erwerb des Wirtschaftsgutes dienen“[545].

Nichts anderes kann spiegelbildlich für Zuschüsse gelten, die zur Anschaffung einer Investition von dritter Seite gewährt werden. Für die Bemessung der Anschaffungskosten ist es aus ökonomischer Sicht unerheblich, ob eine dritte Partei für die Anschaffung eines Vermögensgegenstandes (teilweise) Aufwendungen übernimmt und sich der Anschaffungspreis deshalb mindert oder dem Käufer beispielsweise ein Preisnachlass gewährt wird.[546] Die „individuelle Zweckbindungsabrede“ erfordert im Einzelfall in Einklang mit dem Einzelbewertungsgrundsatz, Anschaffungs- bzw. Herstellungsvorgang und Zuschussgewährung zusammenzufassen.[547]

Dem Einwand, dass eine sukzessive Ertragsvereinnahmung durch eine Minderung der Anschaffungs- bzw. Herstellungskosten den bilanzrechtlichen Periodisierungsgedanken umkehrt, (d.h. die Zuschussvereinnahmung den Abschreibungen folgt, obwohl nach den GoB umgekehrt die leistungsbezogenen Aufwendungen jener Periode zuzurechnen wären, in der die Erträge vereinnahmt werden), steht das verlustantizipierende Imparitätsprinzip entgegen. Eine abschreibungsproportionale Zuschussrealisierung wird darüber hinaus grundsätzlich dem bilanzrechtlichen Objektivierungserfordernis gerecht, da die Absetzung des Zuschussbetrags der Höhe und dem Grunde nach intersubjektiv nachprüfbar ist und der Abschreibungsverlauf eine hinreichend objektivierte Verteilungsfunktion darstellt.

Argumentation ein Schlaglicht auf die unentwickelte Auslegungskultur des Bilanzrechts. Die historische, systematische und teleologische Auslegung, in anderen Rechtsgebieten mit Selbstverständlichkeit bemüht, bleibt völlig unbeachtet.“

544 BFH-Urteil vom 13. September 1984, IV R 101/82, BStBl II 1985, 49.

545 BFH-Urteil vom 24. Februar 1987, IX R 114/82, BStBl II 1987, 812f.

546 Vgl. *Groh* (1994), S. 91.

547 *Künnemann/Beine* (2002), Sp. 2738; vgl. BFH-Urteil vom 26. März 1991, IX R 104/86, BStBl II 1992, 1000; BFH-Urteil vom 22. Januar 1992, X R 23/89, BStBl II 1992, 491.

2.4. Methodische Grenzen der Nettokonzeption

2.4.1. Fehlende Ansatzobjektivierung und bilanzielle Implikationen

Die Konzeption eines geminderten Anschaffungs- bzw. Herstellungskostenansatzes setzt grundsätzlich die Vermögensgegenstandseigenschaft der bezuschussten Investitionsobjekte voraus. Nicht jedem durch künftige Nettoeinnahmen konkretisierten Ausgabengegenwert wird die Vermögensgegenstandseigenschaft zugesprochen. Nur wenn der durch die Anschaffung bzw. Herstellung verkörperte vermögenswerte Vorteil (mindestens zusammen mit dem Unternehmen) auf einen Dritten übertragbar, hinsichtlich seiner Existenz formal greifbar und selbständig bewertbar ist, liegt ein wirtschaftlich realisierbarer Vermögensgegenstand vor. Für immaterielle Vermögensgegenstände des Anlagevermögens hat der Gesetzgeber darüber hinaus im Rahmen der konkreten Aktivierungsfähigkeit in § 248 Abs. 2 HGB das Prinzip des entgeltlichen Erwerbs normiert. Da „immaterielle Anlagewerte in der Regel schwer schätzbar und daher unsichere Werte sind“[548], knüpft der Bundesfinanzhof die Aktivierung an die Voraussetzung, „daß der Markt in Gestalt von Anschaffungskosten eine Bestätigung für ihren Wert abgegeben hat“[549].

Erfüllt der bezuschusste Vermögensvorteil nicht die Ansatzkriterien, kommt eine Absetzung des Zuschusses von den Anschaffungs- bzw. Herstellungskosten nicht in Betracht. Der Ertragsrealisierungszeitpunkt des Zuschusses bestimmt sich dann nach den bereits dargelegten Grundsätzen erfolgswirksamer Vermögenszugänge. Mit der Realisierung der aufwandswirksamen Investitionsmaßnahme innerhalb eines vorgegebenen Zeitrahmens hat der Zuschussempfänger sämtliche mit der Zuschussgewährung verbundenen Verpflichtungen erfüllt. Ist eine Rückerstattung des Zuschusses quasi-sicher ausgeschlossen, wäre der Zuschuss erfolgswirksam zu vereinnahmen. Aufgrund der inhärenten Risikolage ist darüber hinaus zu prüfen, ob künftige Aufwendungsüberschusse aus Ansprüchen und Verpflichtungen im Rahmen eines schwebenden Geschäfts durch den Ansatz einer Drohverlustrückstellung zu antizipieren sind.[550]

Gemäß BilMoG wird das Verbot der Aktivierung selbst geschaffener immaterieller Vermögensgegenstände des Anlagevermögens gemäß § 248 Abs. 2 HGB in Anlehnung an die internationalen Vorschriften der IFRS teilweise aufgehoben und durch die Pflicht zur Aktivierung der auf die Entwicklungsphase entfallenden Herstellungskosten ersetzt, wohingegen auf die

548 BFH-Urteil vom 8. November 1979, IV R 145/77, BStBl II 1980, 146.
549 BFH-Urteil vom 26. Februar 1975, I R 72/73, BStBl II 1976, 14.
550 Vgl. allgmein *Heddäus* (1997), passim.

Forschungsphase entfallende Herstellungskosten von der Aktivierung ausgeschlossen sind.[551] Da selbst geschaffenen immateriellen Vermögensgegenständen des Anlagevermögens „ein objektiver Wert nur schwer zugewiesen werden kann“, soll die Vorschrift an eine Ausschüttungssperre gekoppelt werden (§ 268 Abs. 8 HGB n.F.).[552] Gemäß § 248 Nr. 4 HGB n.F. wären Marken, Drucktitel, Verlagsrechte, Kundenlisten und vergleichbare selbst geschaffene immaterielle Vermögensgegenstände des Anlagevermögens, die nicht entgeltlich erworben worden sind, einer Aktivierung auch weiterhin nicht zugänglich.

Hierdurch drängt sich insbesondere bei selbst erstellten immateriellen Vermögenswerten die Frage auf, wie beispielsweise Forschungs- und Entwicklungszuschüsse bilanziell abzubilden sind, wenn im Rahmen der Durchführung des zuschussbegünstigten Investitionsprojekts einerseits aufwandswirksame Forschungsausgaben und andererseits aktivierungspflichtige Ausgaben im Rahmen der Entwicklungsphase entstehen. Bemisst sich die Höhe des Zuschusses als Prozentsatz der förderfähigen Forschungs- und Entwicklungsausgaben, wäre der Zuschuss anteilig den aktivierten Entwicklungsausgaben zuzurechnen und in Abzug zu bringen. Dadurch wird das Risiko antizipiert, dass sich die Investitionsausgaben in künftigen Perioden nicht amortisieren, d.h. die zu erwartenden Nettoeinnahmen den Buchwert des bezuschussten Vermögensgegenstandes nicht decken.

Die in Anlehnung an den Kriterienkatalog des IAS 38.8 entwickelten Abgrenzungsmerkmale für Forschungs- und Entwicklungsaufwendungen ermöglichen keine trennscharfe Differenzierung zwischen den einzelnen Phasen. Hierdurch werden dem bilanzierenden Unternehmen bilanzpolitische Spielräume eröffnet, die letztlich zu einem faktischen Ansatzwahlrecht selbst erstellter immaterieller Vermögensgegenstände in Höhe der originären Entwicklungskosten führen.[553] Die Unterscheidung zwischen Forschungs- und Entwicklungsausgaben beeinflusst nicht nur die zu erfassenden Aufwendungen, sondern auch die Höhe des zu realisierenden Zuschussertrags. Die bilanzpolitischen Ermessensspielräume entfalten somit auch im Rahmen der Ertragsrealisierung ihre Wirkung.

2.4.2. Fehlende planmäßige Abnutzbarkeit des Zuschusses und bilanzielle Implikationen

Eine (sukzessive) Ertragsvereinnahmung nach Maßgabe des planmäßigen Abschreibungsverlaufs entfällt bei nicht abnutzbaren Vermögensgegenständen des Anlagevermögens sowie bei Vermögensgegenständen des Umlaufvermögens. Zuschüsse werden dann erst im Falle einer

---

551 Vgl. § 255 Abs. 2 Satz 4, Abs. 2a HGB n.F.
552 BilMoG-RegE (2008), S. 138.
553 Vgl. *Fasselt/Brinkmann* (2004), Rn. 79; ein Beispiel findet sich bei *Hoffmann* (2008b), Rn. 30.

außerplanmäßigen Abschreibung oder einer Veräußerung bzw. eines Abgangs des Vermögensgegenstandes vollständig erfolgswirksam.

Bei Vermögensgegenständen des Umlaufvermögens gilt typisierend weiterhin ein um den Zuschuss geminderter Wertansatz. Der betreffende Vermögensgegenstand ist typischerweise zur alsbaldigen Veräußerung beziehungsweise zum Verbrauch bestimmt, so dass der Zuschuss zeitnah im Zeitpunkt des Abgangs erfolgswirksam wird. Bis dahin gebietet das Imparitätsprinzip die erfolgsneutrale Absetzung des Zuschusses vom Buchwertansatz, wenn die dem Vermögensgegenstand zurechenbaren Einnahmenüberschüsse den Buchwert unterschreiten. Bei Anlagegegenständen ist im Einzelfall zu prüfen, inwieweit die zurechenbaren Nettoerträge am Bilanzstichtag den Buchwert decken. Die erfolgswirksame Vereinnahmung des Zuschusses ist geboten, wenn absehbar ist, dass sich die Investition amortisiert, d.h. die zurechenbaren Nettoerträge die Anschaffungs- bzw. Herstellungskosten kompensieren.

2.4.3. Fehlende wirtschaftliche Zurechnung und bilanzielle Implikationen

Die Anwendung der Nettokonzeption setzt neben der Vermögensgegenstandseigenschaft ferner voraus, dass der betreffende Vermögensgegenstand dem Zuschussnehmer zurechenbar ist. Gemäß dem Prinzip der wirtschaftlichen Zugehörigkeit wird dem Bilanzierenden der Vermögensgegenstand zugerechnet, wenn er über das Einnahmepotential sowie über die Wertsteigerungschancen und Wertminderungsrisiken aus der getätigten Investition verfügt.[554] Das Prinzip der wirtschaftlichen Zurechnung wird erstmals durch die Neufassung des § 246 Abs. 1 Satz 1 HGB n.F. explizit im Handelsrecht verankert; bisher regelte das HGB die Vermögenszurechnung explizit nur für einige Sonderfälle.[555] Aus der Begründung des Gesetzesentwurfs geht übereinstimmend hervor, dass die Zurechnung eines Vermögensgegenstandes anhand der Verteilung der wirtschaftlichen Chancen und Risiken zu beurteilen ist, die aus dem Vermögensgegenstand erwachsen.[556] Damit wird die Spezialregelung des § 39 AO weiter beschränkt.[557]

Relevant sind in diesem Zusammenhang beispielsweise die in der Zulieferindustrie häufig vorkommenden Werkzeugkostenzuschüsse. Sind für die Produktion der Zulieferteile Spezialwerkzeuge notwendig, beteiligt sich der Abnehmer (beispielsweise der Automobilhersteller) regelmäßig mit einem Zuschuss an der Finanzierung dieser Werkzeuge. Je nach Vertragstypus erfolgt eine unterschiedliche Verlagerung der Investitionschancen und -risiken und mithin

---

554 Vgl. hierzu allgemein *Lorenz* (2002), passim.

555 Vgl. zum Beispiel § 246 Abs. 1 Sätze 2 und 3 HGB; § 340b Abs. 4 Satz 1 HGB; vgl. diesbezüglich auch *Moxter* (2007), S. 35f.

556 Vgl. BilMoG-RegE (2008), S. 101.

eine Zurechnung der Werkzeuge in die Sphäre des Zuschussgebers oder -empfängers. Im Falle der Zurechnung des Werkzeugs zum Zulieferer ist eine Kürzung der Anschaffungs- bzw. Herstellungskosten allerdings nicht unbedingt zwingend. Im Einzelfall können weitere Nebenabreden, wie zum Beispiel die Zuschusszahlungen bei der Preiskalkulation erlösmindernd zu berücksichtigen oder die Werkzeuge zur Ersatzteilherstellung für einen bestimmten Zeitraum vorzuhalten, den Ansatz einer Verbindlichkeit begründen.[558]

2.5. Zwischenergebnis

Investitionszuschüsse, die tendenziell für ertragsschwache Vermögensgegenstände gewährt werden und die Investition für den Zuschussempfänger regelmäßig erst „wirtschaftlich" machen, sind im Zugangszeitpunkt erfolgsneutral von den Anschaffungs- bzw. Herstellungskosten abzusetzen. Eine Minderung der Anschaffungs- bzw. Herstellungskosten um den Zuschussbetrag im Zugangszeitpunkt steht zwar grundsätzlich in Einklang mit den Gewinnermittlungsgrundsätzen, sie entspricht aber nicht zwingend dem nach imparitätischen Grundsätzen ermittelten Abwertungsbedarf. Während die erfolgsneutrale Berücksichtigung von Anschaffungspreisminderungen unmittelbar aus dem Realisationsprinzip resultiert, da es die Vorwegnahme unrealisierter Gewinne verhindert, die sich durch die Aktivierung von Vermögensgegenständen in Höhe der Bruttoanschaffungspreise ergeben würden, muss die bilanzielle Erfassung des Zuschusses darüber hinaus primär aus dem Imparitätsprinzip abgeleitet werden. Das dem Vorsichtsprinzip folgende Imparitätsprinzip drängt das Anschaffungswertprinzip im Zugangszeitpunkt zugunsten eines um den Zuschuss geminderten Wertansatzes zurück und antizipiert das Risiko, dass sich die (nicht um den Zuschuss verminderten) Ausgaben für den Vermögensgegenstand (möglicherweise) nicht amortisieren.[559] Die Nettokonzeption steht damit in Einklang mit der Ermittlung eines fortführungsstatischen Vermögensbegriffs, der den Ausgabengegenwert als künftiges Nettopotential widerspiegelt. Die Gewährung des Zuschusses indiziert hierbei typisierend die Höhe des Wertminderungsbedarfs des begünstigten Vermögensgegenstandes. Den hilfsweisen Ansatz eines bilanzfremden Wertberichtigungspostens bedarf es hierzu, etwa aus Gründen der Bilanzklarheit, keineswegs.

---

557 Vgl. hierzu *Herzig* (2008), S. 5.

558 Vgl. zu dieser Thematik: BFH-Urteil vom 29. November 2002, I R 87/99, BStBl II 2002, 656; *Förschle/Scheffels* (1993), S. 2395–2399; *Gläßner/Leineweber* (1985), S. 97–100; *Hommel* (2001), S. 773f.; *Kormann* (1965), S. 792–795; *Wulf/Scheffbuch* (2000), S. 1884–1888.

559 Vgl. *Moxter* (2003), S. 151; *Schulte-Groß* (1971), S. 157.

3. (Vermeintliche) Interdependenzen zwischen handelsrechtlichen GoB und Bilanzsteuerrecht

3.1. Unmaßgeblichkeit außerbilanzrechtlicher Rechenschaftsversuche

Die erfolgsneutrale Erfassung von Zuschüssen wird teilweise mit dem Grundsatz der Gleichmäßigkeit und Gerechtigkeit der Besteuerung begründet. So wendet sich GROH gegen eine sofortige Ertragsvereinnahmung, da andernfalls der Zuschuss der Besteuerung unterläge und „nur der kärgliche Rest für die Investition zur Verfügung“ stehen würde oder als Gewinn an die Gesellschafter einer Kapitalgesellschaft ausgeschüttet werden könnte.[560] Es wird in diesem Sinne als unbillig empfunden, Zuschusseinnahmen im Zuflussjahr der Besteuerung zu unterwerfen, deretwillen der Kaufmann Mehrbelastungen in Kauf nimmt. Erhält ein bilanzierender Kaufmann von der Gemeinde einen Zuschuss zur Stilllegung seines Mühlenbetriebs oder für die Durchschneidung seines Grund und Bodens durch den Bau einer Eisenbahnanlage, handelt er im öffentlichen Interesse. In diesem Sinne erschiene es ungerecht, den Kaufmann durch eine sofortige Besteuerung der Zuschusseinnahmen zusätzlich zu „bestrafen“. Demgegenüber müssten konsequenterweise Zuschüsse, die auf einen „fairen Interessenausgleich“ zielen und nicht im öffentlichen Interesse liegen, der Besteuerung unterworfen werden.[561] Hierzu sind subjektive Wertungsentscheidungen notwendig, die eine einheitliche Anwendung und Auslegung von Bilanzierungsvorschriften im Sinne einer objektivierten Rechnungslegung beschränken. Die Begründung für eine erfolgsneutrale Zuschussbilanzierung folgt damit außerbilanzrechtlichen Motiven und ist deshalb zur Ableitung bilanzzweckadäquater Lösungen ungeeignet.

3.2. Unmaßgeblichkeit steuerrechtlicher Wahlrechte

3.2.1. Zur Entstehung des steuerrechtlichen Wahlrechts

Traditionell ist das deutsche Bilanzrecht durch die „fruchtbare Symbiose von Handelsbilanz und Steuerbilanz“ geprägt.[562] Die enge Verzahnung zwischen den beiden Rechtskreisen zeigt auch die Betrachtung der Rechenschaftsversuche im bilanzrechtlichen Schrifttum zur Zuschussbilanzierung, die in nicht unerheblichem Maße im Boden des Steuerrechts wurzeln. Ein Teil des handelsrechtlichen Schrifttums vertritt die Auffassung, dass für Investitionszuschüsse in Anlehnung an die bilanzsteuerrechtlichen Regelungen ein Wahlrecht gelte: Danach stehe es im Belieben des bilanzierenden Kaufmanns, den erhaltenen Zuschuss im Zuteilungszeitpunkt erfolgsneutral durch eine Minderung der Anschaffungs- bzw. Herstellungskosten anzusetzen

---

560 *Groh* (1988a), S. 2418.
561 *Berndt* (1998), S. 143.
562 *Jäger* (1996), S. 7; *Küting* (2006), S. 1448.

oder sofort erfolgswirksam zu vereinnahmen.[563] Als (vermeintliche) Rechtsgrundlage wird das steuerrechtliche Wahlrecht der Finanzverwaltung in R 6.5 EStR 2005 (vorher: Abschnitt 34 EStR) benannt, dessen Implementierung ursprünglich auf die (ältere) Rechtsprechung des Reichsfinanzhofs zurückgeht.[564]

Im damals zu beurteilenden Streitfall ging es um die Bilanzierung von Baukostenzuschüssen von Mietern, deren Empfang den Hauseigentümer im Gegenzug verpflichtete, langfristige Mietverträge zu verbilligten Konditionen mit den Mietern einzugehen.[565] Der Reichsfinanzhof räumt den Empfängern von privaten Baukostenzuschüssen grundsätzlich ein Wahlrecht ein, die Herstellungskosten des Gebäudes um den Zuschuss zu mindern oder diesen ertragswirksam zu vereinnahmen.[566] Die Wahlrechtsausübung solle sich hierbei am Vorliegen des jeweiligen Tatbestandes orientieren: Rechnet der bilanzierende Kaufmann insgesamt mit einer Rentabilität des Bauprojekts, sei der Zuschuss sofort erfolgswirksam zu vereinnahmen. Es sei aber ebenso gut möglich, dass der Bauunternehmer davon ausgeht, dass sich das Bauvorhaben nicht rentiert und die Baukosten (teilweise) von den Mietern in Form des Zuschusses finanziert werden. In diesem Fall mindere der Zuschuss die Herstellungskosten des Gebäudes, denn „[n]ur der Umstand, dass der von ihm geschätzte Minderwert des Gebäudes gegenüber den Baukosten von anderen Personen bezahlt würde, könne ihn veranlassen, den Bau herzustellen." Die Rechtsprechung des Reichsfinanzhofs entfaltet Folgewirkungen: Der erste Senat des Bundesfinanzhofs schließt sich mit Urteilsbeschluss vom 6. Oktober 1953 der Rechtsprechung des Reichsfinanzhofs an. Mit Urteilsbeschluss vom 4. November 1965 normiert der Bundesfinanzhof das Wahlrecht auch für öffentliche Zuschüsse[567], welches schließlich Eingang in die Steuerrichtlinien der Finanzverwaltung findet.[568] Bei der Ausübung des steuerlich normierten Wahlrechts ist nunmehr nicht auf die vorliegenden wirtschaftlichen Tatbestände abzustellen. „Voraussetzung für die erfolgsneutrale Behandlung der Zuschüsse ist [einzig], dass in der handelsrechtlichen Jahresbilanz entsprechend verfahren wird"[569].

---

563 Vgl. beispielsweise *Ellrott/Brendt* (2006), Rn. 115.

564 Einen umfassenden Überblick zur Entwicklung der Rechtsprechung geben *Ewertowski* (1984), S. 1016–1018 und *Unverdorben* (1987), S. 32–37.

565 Vgl. RFH-Urteil vom 23. Juni 1933, VI A 28/31, RStBl. 1933, 1143.

566 Das Wahlrecht wurde vom Einkommensteuer- und Körperschaftsteuersenat bestätigt: vgl. RFH-Urteil vom 21. Dezember 1933, IA 309/32, RStBl 1934, 394; RFH-Urteil vom 14. Februar 1934, VI A 1949/32, RStBl 1934, 606; RFH vom 11. Februar 1941, I 451/40, RStBl 1041, 268.

567 Vgl. BFH-Urteil vom 4. November 1965, IV 228/63 U, BStBl III, 167.

568 Bis zum Veranlagungszeitraum 1966 war gemäß den Vorschriften des Abschnitts 34 EStR in der damals gültigen Fassung ausschließlich der Abzug öffentlicher Investitionszuschüsse von den Anschaffungs- bzw. Herstellungskosten in der Steuerbilanz gestattet. Vgl. hierzu *Unverdorben* (1987), S. 32.

569 R 6.5 Abs. 2 Satz 4 EStR 2005.

3.2.2. *Unvereinbarkeit des Wahlrechts mit dem Maßgeblichkeitsprinzip und dem geltenden GoB-Verständnis*

Der Bundesfinanzhof hat in einem späteren Urteil offen gelassen, ob es sich bei dem Wahlrecht „um einkommensteuerrechtliches Gewohnheitsrecht oder um ungeschriebene Grundsätze ordnungsmäßiger Buchführung handelt, die gemäß § 5 Abs. 1 EStG [...] auch für die Steuerbilanz maßgeblich sind“[570]. Die Ansicht basiert auf einem heute allgemein als überholt geltenden induktiven GoB-Verständnis.[571] Mangels einer einheitlichen prinzipienbestimmenden Kaufmannsübung im Allgemeinen[572] und im Speziellen zur bilanziellen Abbildung von Zuschüssen, sondern einer sich eher widerstreitenden Rechtsprechung und Bilanzierungspraxis, lässt sich im Zeitablauf aber gerade kein Gewohnheitsrecht feststellen. Wird kaufmännischen Bilanzierungsübungen oder -anschauungen die Rechtsquelleneigenschaft nach herrschender Meinung abgesprochen, vermag erst recht die Ableitung eines gewohnheitsrechtlichen Bilanzierungswahlrechts mangels einer einheitlichen kaufmännischen Übung vor dem Hintergrund des heute geltenden GoB-Verständnisses nicht zu überzeugen.[573] Danach folgt die Ermittlung der GoB einem „hermeneutischen Erkenntnisprozeß“, in dessen Kern sich die Primäraufgabe der Handelsbilanz und der Sinn und Zweck der Bilanzierungs- und Bewertungsnormen wechselseitig konkretisieren.[574] Dies entspricht dem „Systemcharakter“ der GoB, die „heute als ein Gefüge von sich wechselseitig ergänzenden und beschränkenden (Fundamental-)Prinzipien, Folgeprinzipien und Einzelnormen interpretiert“ werden.[575] Es kann somit dahingestellt bleiben, inwiefern eine Wahlrechtspraxis tatsächlich allgemeine kaufmännische Übung war; für die heutige Rechtslage ist dies jedenfalls nicht mehr begründbar.

Die Andeutung des Bundesfinanzhofs[576], in dem Wahlrecht einen ungeschriebenen GoB zu sehen und als solcher über das Maßgeblichkeitsprinzip auch Eingang im Bilanzsteuerrecht zu finden, vermag ebenfalls nicht zu überzeugen.[577] Aufgrund des in § 5 Abs. 1 EStG verankerten Maßgeblichkeitsprinzips ist der Steuerpflichtige grundsätzlich an die handelsrechtlichen GoB gebunden. Der gesetzlich forcierte Gleichklang zwischen Handelsbilanz und Steuerbi-

---

570 BFH-Urteil vom 29. April 1982, IV R 177/78, BStBl II 1982, 592.

571 Vgl. *Berndt* (1998), S. 228.

572 Vgl. hierzu *Döllerer* (1959), S. 1220; *Moxter* (1993c), S. 534.

573 Zur induktiven Ermittlung der GoB vgl. ausführlich *Euler* (1996), S. 5–10. Grundsätzlich gilt: „Bilanzierungsübungen und Bilanzierungsanschauungen zählen nicht zu den Rechtsquellen und begründen damit keine Vermutung für einen Grundsatz ordnungsmäßiger Buchführung; eine induktive GoB-Ermittlung ist somit nur dann zulässig, wenn sich die durch eine ständige Rechtsprechung legitimierten Übungen und Anschauungen zu einem Gewohnheitsrecht verdichtet haben.“ *Euler* (1996), S. 141.

574 *Euler* (1989), S. 59.

575 *Moxter* (1993c), S. 534.

576 Vgl. BFH-Urteil vom 29. April 1982, IV R 177/78, BStBl 1982 II, 592. Bestätigend BFH-Urteil vom 22. Januar 1992, X R, BStBl II 1992, 491; BFH-Urteil vom 5. Juni 2003, IV R 56/01, BStBl II 2003, 802.

577 Vgl. auch *Berndt* (1998), S. 161f.

lanz wird nur durchbrochen, wenn zwingende steuerrechtliche Vorschriften oder handelsrechtliche Wahlrechte bestehen.[578]

Der Große Senat konstatierte in seinem Urteil vom 3. Februar 1969, dass „Bilanzierungswahlrechte im Steuerrecht [...] schwerlich im Einklang mit dem verfassungsrechtlichen Grundsatz der Gleichheit der Besteuerung [stünden]"[579]. Gleichzeitig begrenzt er den Anwendungsbereich des Maßgeblichkeitsprinzips und beschränkt die Übernahme handelsrechtlicher Wahlrechte in die Steuerbilanz. Danach führen ein handelsrechtliches Aktivierungswahlrecht in der Handelsbilanz zu einer bilanzsteuerrechtlichen Aktivierungspflicht und ein Passivierungswahlrecht in der Handelsbilanz zu einem Passivierungsverbot in der Steuerbilanz.[580] Ein steuerliches Wahlrecht ist wiederum nur in Übereinstimmung mit der Handelsbilanz auszuüben.[581] Das bisher geltende Prinzip der umgekehrten Maßgeblichkeit[582] gilt für die nach § 254 HGB normierten Abschreibungen sowie die Bildung bestimmter Rücklagen, die nur steuerrechtlich zulässig sind.[583] In allen anderen Fällen werden steuerrechtliche Wahlrechte durch zwingende handelsrechtliche Vorschriften verdrängt.[584] Das Wahlrecht der Finanzverwaltung zur Bilanzierung von Zuschüssen lässt sich indes nicht unter die gesetzlich normierten Ausnahmeregelungen subsumieren, die die Ausübung der steuerlichen Wahlrechte unabhängig von den handelsrechtlichen Vorschriften erlauben.

Zur „Vereinfachung der handelsrechtlichen Rechnungslegung und [zur] Anhebung des Informationsniveaus des handelsrechtlichen Jahresabschlusses" ist mit der Einführung des BilMoG eine Aufhebung des Grundsatzes der umgekehrten Maßgeblichkeit vorgesehen.[585] Die in diesem Zusammenhang stehenden handelsrechtlichen Vorschriften sollen entsprechend aufgehoben werden.[586]

Fingiert man ein handelsrechtliches Wahlrecht, käme es in der Steuerbilanz zu dem Ansatz der vollen Anschaffungs- bzw. Herstellungskosten und folglich zu einer sofortigen Ertrags-

---

578 Vgl. *Wellisch* (2002), S. 116.

579 BFH-Beschluss vom 3. Februar 1969, GrS 2/68, BStBl II 1969, 293. Zur Urteilswürdigung vgl. insbesondere *Döllerer* (1969), S. 503f.

580 Vgl. BFH-Beschluss vom 3. Februar 1969, GrS 2/68, BStBl II 1969, 293: „Da es dem Sinn und Zweck der steuerrechtlichen Gewinnermittlung entspricht, den vollen Gewinn zu erfassen, kann es nicht im Belieben des Kaufmanns stehen, sich durch Nichtaktivierung von Wirtschaftsgütern, die handelsrechtlich aktiviert werden dürfen, oder durch den Ansatz eines Passivpostens, der handelsrechtlich nicht geboten ist, ärmer zu machen, als er ist." Das Urteil ist richtungsweisend und wurde in ständiger Rechtsprechung bestätigt.

581 Vgl. § 5 Abs. 1 Satz 2 EStG.

582 Zur Diskussion der umgekehrten Maßgeblichkeit vgl. insbesondere *Schildbach* (1989), S. 1447f.; kritisch: *Karsten* (1967), S. 425–428; *Woerner* (1976), S. 1569–1573.

583 Dies gilt für überhöhte Abschreibungen nach §§ 7a-7k EStG.

584 Vgl. *Wellisch* (2002), S. 117.

585 BilMoG-RegE (2008), S. 73.

586 Vgl. § 247 Abs. 3, §§ 254, 273, 279 Abs. 2, § 280 Abs. 1, §§ 281, 285 Satz 1 Nr. 5 HGB.

realisierung.[587] Ein derartiges Wahlrecht ist dem Handelsrecht jedoch fremd, da die handelsrechtlichen GoB in der Handels- und Steuerbilanz grundsätzlich gleichermaßen auf die Ermittlung eines Bilanzgewinns zielen, der im Sinne des Gläubigerschutzes eine Ausschüttungsgröße verkörpert und – verstanden als Indikator wirtschaftlicher Leistungsfähigkeit – Ausgangsgröße für eine leistungsgerechte Besteuerung ist.[588] Wahlrechte per se GoB-Charakter zuzusprechen, widerspricht dem Normzweck der Bilanz, einen objektivierten Gewinn zu ermitteln; die Beurteilung eines Wahlrechts richtet sich vielmehr nach der Vereinbarkeit ihrer Rechtsfolgen mit den GoB.[589] Eine „Entweder-Oder-Entscheidung" lässt sich jedoch nicht mit den handels- und steuerrechtlichen Gewinnrealisierungsgrundsätzen vereinbaren. Das Realisationsprinzip erzwingt eine eindeutige Lösung: Entweder ist der Gewinn quasi-sicher, dann muss er auch als erfolgswirksame Vermögensmehrung gezeigt werden, oder er ist noch mit der Erfüllung einer risikobehafteten Gegenleistungsverpflichtung verbunden, so dass eine sofortige Ertragsrealisierung zwingend ausscheidet.[590] Die Einschränkungen des Bundesfinanzhofs für die Ausübung des Wahlrechts, wonach die gewählte Bilanzierungsweise den tatsächlichen Verhältnissen zu entsprechen habe[591] und der Bilanzierende „für den ganzen Zeitraum an diese Sachbehandlung gebunden"[592] sein müsse, tragen hierbei wenig zur Rechtssicherheit bei.[593] Unter dem Aspekt der Gleichmäßigkeit der Besteuerung sind Wahlrechte, die unmittelbar die Steuerbemessungsgrundlage beeinflussen, grundsätzlich auch im Steuerrecht Fremdkörper.[594]

Das Wahlrecht entzieht sich somit jeglicher Rechtsgrundlage[595] und wirkt indes wie eine „salomonische[n]" Entscheidung der Rechtsprechung und Finanzverwaltung, in dem es dem Steuerpflichtigen die Möglichkeit gewährt, für eine sukzessive Ertragsvereinnahmung zu optieren.[596]

---

587 Vgl. *Groh* (1994), S. 92; *Laicher* (1993), S. 293.

588 Vgl. *Euler* (1991), S. 193; *Hommel* (1992), S. 19; *Moxter* (1985), S. 26.

589 Vgl. *Weber-Grellet* (1994), S. 2406: „Wahlrechte als solche sind m.E. keine GoB; Wahlrechte sind allein darauf zu untersuchen, ob ihre möglichen Rechtsfolgen mit den GoB vereinbar sind."

590 Vgl. *Berndt* (1998), S. 228. Anders die Auffassung des X. Senats, nach der sich die Rechtsgrundlage des Wahlrechts aus dem Gewinnrealisierungsgrundsatz ergebe. Ausgehend von der Annahme, dass (öffentliche) Zuschüsse generell als Betriebseinnahmen sofort erfolgswirksam zu erfassen seien, lasse der Gewinnrealisierungsgrundsatz Raum, von einer „sofortigen Gewinnrealisierung abzusehen" und stattdessen „hilfs- und wahlweise" für eine Verteilung des Zuschusses über die Nutzungsdauer des bezuschussten Anlagegutes zu optieren. Der Ansicht kann ausdrücklich nicht gefolgt werden, da rechtliche Zweifel zur Auslegung eines Gewinnrealisierungstatbestandes nicht das Zugeständnis eines Wahlrechts rechtfertigen. BFH-Urteil vom 22. Januar 1992, X R 23/89, BStBl II 1992, 491.

591 Vgl. BFH-Urteil vom 6. Oktober 1953, I 55/53 U, BStBl III, 316.

592 BFH-Urteil vom 4. Dezember 1962, VI 308/61 S, BStBl III 1963, 121.

593 Vgl. zur Wahlrechtsproblematik auch *Berndt* (1998), S. 155f.

594 Vgl. *Siepe* (1992), S. 610; *Tipke/Lang* (2008), S. 82–87.

595 Zustimmend: *Ewertowski* (1984), S. 1018; *Groh* (1988a), S. 2419; *Kupsch* (1984), S. 369; *Nieland* (1986b), S. 218; *Rose* (1984), S. 2319.

596 *Groh* (1994), S. 92: „Das Wahlrecht soll sich aus dem Gewinnrealisierungsgrundsatz des Handelsrechts ergeben. Wie das? Es soll im Handels- und Steuerrecht gleichmäßig ausgeübt werden. Woraus soll sich das

Der Begründungsnotstand für die Annahme eines Wahlrechts zeigt sich auch in der Folgerechtsprechung: Es vollzieht sich scheinbar ein Sinneswandel des Bundesfinanzhofs, der sich – wiederum der privaten Baukostenzuschüsse zuwendend –ausdrücklich gegen das einst konstatierte Wahlrecht wendet. In der Urteilsbegründung heißt es hierzu: „Für das von der Klägerin begehrte Wahlrecht, die abschreibbaren Herstellungskosten der Gebäude um die Baukostenzuschüsse zu mindern, gibt es keine gesetzliche Grundlage“[597]. Indessen seien Zuschüsse als sofort gewinnerhöhende Betriebseinnahmen anzusetzen, soweit mit dem Empfang des Zuschusses keine zeitraumbezogene Gegenleistungsverpflichtung verknüpft sei, die den Ansatz eines passiven Rechnungsabgrenzungspostens begründe. Die Absetzung des Zuschusses von den Anschaffungs- bzw. Herstellungskosten wurde mit dem Urteil explizit ausgeschlossen.[598] Später ergangene BFH-Urteile weisen wiederum in eine neue Richtung, die das Wahlrecht stets im Sinne des Abzugs des Investitionszuschusses von den Anschaffungs- bzw. Herstellungskosten auslegen.[599]

Die wechselhaften Entscheidungen der Folgerechtsprechung zu vergleichbaren Sachverhalten belegen, dass das Wahlrecht ein übrig gebliebenes Relikt eines mittlerweile antiquierten Urteils ist, das zwingend einer Abschaffung bedarf, da es weder mit dem Maßgeblichkeitsprinzip vereinbar noch widerspruchsfrei aus den GoB ableitbar ist.[600]

3.3. Unmaßgeblichkeit der steuerfreien Behandlung von Investitionszulagen

Die Maßgeblichkeit der handelsrechtlichen GoB für die Steuerbilanz verbietet auch – entgegen einer Mindermeinung im Schrifttum – eine gesonderte Behandlung von Investitionszulagen: Während Zuschüsse grundsätzlich zu den steuerbaren Einkünften zählen, sind Zulagen kraft Gesetz ausdrücklich von der Ertragsteuerbarkeit ausgenommen und mindern nicht die steuerlichen Anschaffungs- bzw. Herstellungskosten.[601] Aufgrund der steuerrechtlichen Son-

---

ergeben und wie wird die Wahl vollzogen? [...] Die Vorstellungswelt, in der sich die Entscheidung bewegt, bleibt letztlich dunkel.“

597 BFH-Urteil vom 28. Oktober 1980, VIII R 34/76, BStBl 1981 II, 162.

598 Vgl. BFH-Urteil vom 28. Oktober 1980, VIII R 34/76, BStBl 1981 II, 163. Ähnlich auch BFH-Urteil vom 12. März 1969, I 97/65, BStBl II 1969, 381; BFH-Urteil vom 29. April 1982, IV R 177/78, BStBl II 1982, 591.

599 Vgl. BFH-Urteil vom 29. April 1982, IV R 177/78, BStBl II 1982, 591. Nach Auffassung des III., IV. und IX. Senats führen öffentliche Investitionszuschüsse grundsätzlich zu einer Minderung der Anschaffungs- bzw. Herstellungskosten: BFH-Urteil vom 8. Mai 1981, III R 26/79, BFHE 133, 567, BStBl II 1981, 702; BFH-Urteil vom 14. Juli 1988, IV R 78/85, BStBl II 1989, 189; BFH-Urteil vom 28. April 1989, III R 4/87, BStBl II 1989, 618; BFH-Beschluss vom 21. Juni 1990, IV B 100/89, BStBl II 1990, 981; BFH-Urteil vom 26. März 1991, IX R 104/86, BStBl II 1992, 999; BFH-Urteil vom 23. März 1995, IV R 58/94, BStBl II 1995, 702.

600 Vgl. *Groh* (1994), S. 92; *Kupsch* (1984), S. 373; *Nieland* (1986b), S. 218; *Rose* (1984), S. 2319.

601 Vgl. § 13 InvZulG.

derstellung sowie des Prämiencharakters[602] von Investitionszulagen präferiert ein Teil des Schrifttums im Zeitpunkt der Gewährung ihre sofortige erfolgswirksame Vereinnahmung in der Handelsbilanz.[603] Die ertragsteuerliche Qualifikation von Zulagen und Zuschüssen ist auf der Ebene der Einkommenssteuerermittlung relevant, für Zwecke der handelsrechtlichen Gewinnermittlung spielt der Unterschied keine Rolle.

D. Bilanzierung von bedingt rückzahlbaren Zuschüssen

1. Grundsatz wirtschaftlicher Betrachtungsweise als übergeordnete bilanzzweckadäquate Deduktionsbasis

1.1. Vorliegen einer wirtschaftlichen Vermögensbelastung

Die Gewährung bedingt rückzahlbarer Zuschüsse löst im Falle des Eintritts bestimmter spezifizierter Bedingungen die Verpflichtung zur Rückzahlung des Zuschusses aus. Nachfolgend gilt zunächst zu untersuchen, inwieweit die Grundsätze erfolgswirksamer Passivenzugänge geeignet sind, bedingt rückzahlbare Zuschüsse bilanzzweckadäquat abzubilden. Die nachfolgende Untersuchung befasst sich daher mit der Fragestellung, ob die Verpflichtung zur Rückzahlung des Zuschusses die Passivierung einer Rückstellung begründet. Liegt nach bilanzrechtlichen Passivierungskriterien eine Verbindlichkeit vor, wird ferner untersucht, zu welchem Zeitpunkt eine Passivierungspflicht eintritt. Die Analyse folgt im ersten Schritt einer isolierten Betrachtungsweise im Sinne des Einzelbewertungsprinzips. In einem weiteren Schritt wird gezeigt, dass eine sachgerechte Lösung nur unter gleichzeitiger Berücksichtigung der Erfassung des Zuschusses ermittelbar ist.

Der bilanzrechtliche Verbindlichkeitsbegriff orientiert sich analog zur Beurteilung der Vermögensgegenstandseigenschaft an einer wirtschaftlichen Betrachtungsweise[604], nachdem grundsätzlich alle hinreichend objektivierbaren wirtschaftlichen Vermögenslasten, die zu einem Abfluss finanzieller Ressourcen führen, passivierungspflichtig sind.[605] „Eine Verbindlichkeitspassivierung, die sich ausschließlich oder auch nur primär an der rechtlichen Verbindlichkeitsstruktur orientiert, [...] verfehlt grundsätzlich den wirtschaftlichen Norm-

---

602 Nach *Hofbauer* dienen Investitionszulagen als „Prämie für ein wirtschaftspolitisches Wohlverhalten" der allgemeinen Konjunkturbelebung und nicht der Förderung eines speziellen Unternehmens. *Hofbauer* (1976), S. 656.

603 Nach *Mathiak* läge es näher, die spezialgesetzlichen Vorschriften zu den Investitionszulagen als „eine Bestätigung des allgemeinen Grundsatzes zu sehen, dass alle Zuschüsse Erträge bzw. Betriebseinnahmen sind." *Mathiak* (1989), S. 237 (Hervorhebung im Original). Im Ergebnis wohl auch *Schulte-Groß* (1971), S. 158.

604 Vgl. *Beisse* (1984), S. 1–14; *Moxter* (1989b), S. 232–241.

605 Vgl. *Hommel/Wich* (2004), S. 18.

zweck"[606]. Zivilrechtliche bzw. öffentlich-rechtliche Verpflichtungen, die keine wirtschaftliche Vermögensbelastung darstellen, stellen weder eine notwendige noch hinreichende Bedingung für das Vorliegen einer bilanzrechtlichen Verbindlichkeit dar.[607] Ebenso können faktische Leistungszwänge (zum Beispiel Gratifikationen[608]), denen sich das Unternehmen nicht entziehen kann, ohne finanzielle Nachteile in Kauf zu nehmen, eine passivierungspflichtige Verbindlichkeit begründen.[609]

1.2. Wirtschaftliche Zweckidentität von aufschiebend und auflösend bedingten Rückzahlungsverpflichtungen

Die Rückzahlungsverpflichtung des Zuschusses kann mit einer aufschiebenden oder einer auflösenden Bedingung verknüpft sein. Die bilanzielle Behandlung beider Rechtskonstrukte wird in Schrifttum und Rechtsprechung kontrovers diskutiert; eine einheitliche Bilanzierungspraxis hat sich bislang nicht herausgebildet: Nach Ansicht des HFA DES IDW sind an den Erfolgseintritt des geförderten Projekts oder an die Gewinnerzielung gebundene Rückzahlungsverpflichtungen erst zu passivieren, wenn die aufschiebende Bedingung eingetreten ist, d.h. der Projekterfolg eingetreten ist oder ein Gewinn realisiert wird.[610] Knüpft die Zuschussgewährung dagegen an eine auflösend bedingte Rückzahlungsverpflichtung besteht grundsätzlich bis zum Eintritt der auflösenden Bedingung ein Passivierungsgebot; die Rückzahlungsverpflichtung und mithin die Passivierungspflicht entfallen erst, wenn zum Beispiel der angestrebte Projekterfolg nachweislich nicht eintritt.[611] Für die Passivierung einer auflösend bedingten Verbindlichkeit – unabhängig von der Wahrscheinlichkeit des Bedingungseintritts – stimmen auch ADLER/DÜRING/SCHMALTZ, denn das „Imparitätsprinzip in Verbindung mit dem Realisationsprinzip läßt die Berücksichtigung der Eintrittswahrscheinlichkeit nur für Risiken zu, fordert für Chancen/Gewinne aber, daß die Vermögensmehrung durch einen Realisationsakt am Markt bestätigt bzw. aus sonstigen Gründen ‚so gut wie sicher' ist"[612].

Orientiert sich der Bilanzinhalt ausschließlich an formalrechtlichen Kriterien, ergibt sich gezwungenermaßen eine Passivierungspflicht für eine auflösend bedingte Verpflichtung, da bis zum Bedingungseintritt eine rechtlich voll wirksam entstandene Verbindlichkeit fortbesteht.

---

606 *Böcking* (1994b), S. 4.
607 Vgl. BFH-Urteil vom 22. November 1988, VIII R 62/85, BStBl II 1989, 361; *Böcking* (1994a), S. 130; *Moxter* (1992), S. 429.
608 Vgl. BFH-Urteil vom 20. November 1962, I 242/61 U, BStBl III 1963, 113; BFH-Urteil vom 24. Juli 1964, VI 289/63 U, BStBl III 1964, 554.
609 Vgl. *Hommel/Wich* (2004), S. 18f.; *Moxter* (1992), S. 429.
610 Vgl. *HFA des IDW* (1984), S. 614f.
611 Vgl. *HFA des IDW* (1984), S. 615.
612 *ADS* (1998a), Rn. 122 (Hervorhebung im Original). So auch *Tjaden* (1985), S. 44. *Tjaden* bezieht sich dabei auf die Stellungnahme des *HFA des IDW* (1984).

Im Falle aufschiebend bedingter Rückzahlungsverpflichtungen ist im Umkehrschluss eine Verbindlichkeit formalrechtlich erst mit Eintritt der rechtswirksamen Bedingung entstanden. Eine bilanzielle Ungleichbehandlung von aufschiebend und auflösend bedingten Verpflichtungen vom Standpunkt einer (extrem) formalrechtlichen Position ist unvereinbar mit der das Bilanzrecht prägenden wirtschaftlichen Betrachtungsweise. Sie eliminiert den formalrechtlichen Unterschied zwischen einer auflösend und einer aufschiebend bedingten Rückzahlungsverpflichtung: Ob eine Rückzahlungsverpflichtung rechtlich wirksam wird, wenn ein bestimmtes Ereignis eintrifft (aufschiebend bedingt) oder unter der auflösenden Bedingung des Eintritts dieses Ereignisses rechtskräftig wird, beschreibt ökonomisch den gleichen Tatbestand.[613] Unter wirtschaftlichen Gesichtspunkten besteht beispielsweise kein Unterschied, ob öffentliche Zuschüsse zur Förderung von Forschungs- und Entwicklungsvorhaben im Erfolgsfall zurückzuzahlen sind oder als Darlehen gewährt werden, welches im Falle eines Misserfolgs erlassen wird.[614] Die rechtstechnischen Mittel der aufschiebenden und auflösenden Bedingung sind somit austauschbar: In beiden Fällen besteht wirtschaftlich betrachtet bis zum Eintritt des aufschiebenden oder auflösenden Ereignisses ein gleich andauernder Schwebezustand, denn der Ausfall der auslösenden Bedingung entspricht faktisch dem Eintritt einer aufschiebend bedingten Rückzahlungsverpflichtung.[615] „Es gilt insoweit der Grundsatz der Nichtpassivierung nur rechtlich, nicht aber wirtschaftlich existierender Verbindlichkeiten“[616].

2. Grundsätze erfolgswirksamer Passivenzugänge als (vermeintliche) Deduktionsbasis für bedingt rückzahlbare Zuschüsse

2.1. Ansatzprinzipien

2.1.1. Erfüllung des Außenverpflichtungsprinzips

Bloße Vermutungen oder eine pessimistische Beurteilung der künftigen Entwicklung rechtfertigen nicht die Passivierung einer Verbindlichkeit.[617] Der Grundsatz der wirtschaftlichen Vermögensbelastung wird durch das Greifbarkeitsprinzip konkretisiert, um die behauptete Vermögenslast am Bilanzstichtag in ihrer formalen Existenz nachzuweisen. Hierbei werden auf die Objektivierungskriterien des Bestehens einer Außenverpflichtung und der Mindestwahrscheinlichkeit der Inanspruchnahme abgestellt.

---

613 Vgl. BFH-Urteil vom 17. Dezember 1998, IV R 21/97, BStBl II 2000, 118: „Denn wirtschaftlich betrachtet unterscheidet sich der Schwebezustand bis zum Eintritt der auflösenden Bedingung bei derartigen Fallgestaltungen nicht von Fällen, in denen eine aufschiebende Bedingung vereinbart ist.“ Bestätigend: BFH-Urteil vom 11. April 1990, I R 63/86, BFHE 160, 323; BFH-Urteil vom 4. Februar 1999, IV R 54/97, BStBl II 2000, 141f.; *Hoyos/Ring* (2006a), Rn. 225; *Küting* (1996b), S. 314; *Uhlig* (1989), S. 132; *Winnefeld* (2006), D 1457.

614 Vgl. *Groh* (1988a), S. 2418.

615 Vgl. BFH-Urteil vom 3. Juli 1997, IV R 49/96, BStBl II 1998, 246.

616 *Hommel* (2002b), Rn. 32.

Das Außenverpflichtungsprinzip fordert objektivierungsbedingt nur solche zukünftigen, wirtschaftlichen Belastungen zu passivieren, denen sich der Bilanzierende am Bilanzstichtag nicht mehr sanktionslos entziehen kann.[618] Verbindlichkeiten sind nur dann passivierungsfähig, wenn sie Verpflichtungen gegenüber einem außenstehenden Dritten darstellen, so dass ihre Erfüllung nicht mehr im freien Ermessen des Kaufmanns steht.[619]

Die Verpflichtung zur Rückzahlung des Zuschusses nach Maßgabe bestimmter Bedingungen basiert auf zivil- oder öffentlich-rechtlichen Zuschussvereinbarungen und führt bei Eintritt der entsprechenden Bedingungen zu einem Abfluss wirtschaftlicher Ressourcen. Sie ist dadurch für außenstehende Dritte nachprüfbar und nachvollziehbar. Die Voraussetzungen, die von der Rechtsprechung an den Nachweis einer öffentlich-rechtlichen Verpflichtung knüpft, liegen ohne Ausnahme vor[620]: Das Unternehmen ist zu einem inhaltlich genau beschriebenen Handeln innerhalb eines genau fixierten Zeitraums verpflichtet, wobei die Nichtbefolgung der Verpflichtung mit Sanktionen bedroht ist.[621] Der Schuldcharakter konkretisiert sich in einer Leistungsverpflichtung gegenüber dem Zuschussgeber als außenstehenden Dritten. Damit begründet die Rückzahlungsverpflichtung eine hinreichend greifbare und bewertbare Leistungsverpflichtung, der sich der Bilanzierende nicht mehr entziehen kann.

2.1.2. Exponierte Bedeutung des Wahrscheinlichkeitskriteriums bei bedingten Rückzahlungsverpflichtungen

Nach verbreiteter Auffassung in Bilanzrechtsliteratur[622] und Bilanzrechtsprechung[623] sind bedingte Verpflichtungen allgemein erst dann passivierbar, wenn der Eintritt der (aufschiebenden oder auflösenden) Bedingung hinreichend wahrscheinlich ist. Diese Forderung darf nicht im Sinne einer mathematischen Wahrscheinlichkeit dahingehend verstanden werden, dass für eine Passivierungspflicht die Existenz der Verbindlichkeit und die Inanspruchnahme „überwiegend wahrscheinlich"[624] sein müssen (51 %-Regel).[625] Das Kriterium der Mindest-

---

617 Vgl. *Böcking* (1994a), S. 130.
618 Vgl. *Böcking* (1994b), S. 103–109.
619 Vgl. *Hommel* (2007b), S. 185.
620 Vgl. hierzu *Herzig* (1990), S. 1345.
621 Vgl. BFH-Urteil vom 26. Oktober 1977, I R 148/75, BStBl II 1978, 99; BFH-Urteil vom 20. März 1980, IV R 89/79, BStBl II 1980, 298; BFH-Urteil vom 3. Mai 1983, VIII R 100/81, BStBl II 1983, 575.
622 Vgl. *Ewertowski* (1984), S. 1021; *Hoyos/Ring* (2006a), Rn. 225; *Küting* (1996b), S. 313; *Winnefeld* (2006), D 1457.
623 Vgl. BFH-Urteil vom 14. Februar 1990, II R 29/87, BStBl II 1990, 460; BFH-Urteil vom 11. April 1990, I R 63/86, BFHE 160, 325; BFH-Urteil vom 21. Juni 1990, IV B 100/89, BStBl II 1990, 982; BFH-Urteil vom 17. Dezember 1998, IV R 21/97, BStBl II 2000, 116; BFH-Urteil vom 4. Februar 1999, IV R 54/97, BStBl II 2000, 142.
624 *Moxter* (1998), S. 2464.
625 Vgl. *Hommel* (2002b), Rn. 44.

wahrscheinlichkeit gilt indes als erfüllt, wenn „gute (stichhaltige) Gründe“ [626] dafür sprechen, dass der Kaufmann mit zukünftigen Ressourcenabflüssen rechnen muss.

Einer bilanziellen Berücksichtigung des potentiellen Rückzahlungsrisikos soll dementsprechend durch die Dotierung einer Rückstellung Rechnung getragen werden, sofern am Bilanzstichtag greifbare Indizien für den Eintritt der Bedingung vorliegen. Die Passivierung der bedingten Zahlungsverpflichtung ergibt sich damit unmittelbar aus dem Erfolgswirksamkeitsprinzip. Es fordert zu jedem Bilanzstichtag eine Prognose hinsichtlich der Wahrscheinlichkeit des Bedingungseintritts.

Ein gleichlautender Tenor prägt die Argumentation weiter Teile des bilanzrechtlichen Schrifttums sowie der höchstrichterlichen Rechtsprechung hinsichtlich der bilanziellen Erfassung bedingter Rückzahlungsverpflichtungen, die mit der Gewährung eines Zuschusses verbunden sind. Sind Zuschüsse bei Erfolgseintritt oder bei Erzielen eines Gewinns zurückzuzahlen, entscheidet das Kriterium der Mindestwahrscheinlichkeit über die Passivierung der Rückzahlungsverpflichtung. So hatte der Bundesfinanzhof beispielsweise über die Bilanzierung eines Zuschusses zu entscheiden, der zur Durchführung von Forschungs- und Entwicklungsvorhaben unter dem Vorbehalt der Rückzahlung gewährt wurde. Die Rückzahlungsverpflichtung wurde drei Jahre nach dem Zuwendungsbescheid wirksam, es sei denn, der Zuschussempfänger legte glaubhaft dar, dass „das wirtschaftlich-technische Ziel in wichtigen Punkten nicht erreicht wurde oder eine kommerzielle Verwertung nicht möglich ist“ und/oder „die Verwertung der Ergebnisse des geförderten Vorhabens zu keinem nachhaltigen Umsatz geführt hat“[627]. In der Urteilsbegründung konkludiert der entscheidende Senat, dass „die Bildung der Rückstellung von dem Grad der Wahrscheinlichkeit ab[hänge], daß die Klägerin auf Rückzahlung in Anspruch genommen wird. Da nach den Förderbedingungen die Rückzahlungsverpflichtung nur unter bestimmten Voraussetzungen ‚wirksam‘ werden sollte und außerdem vom Zuwendungsgeber ganz oder teilweise auf die Rückzahlung der Fördermittel verzichtet werden konnte, ist für jeden Bilanzstichtag eine Prognose darüber anzustellen, ob und ggf. in welcher Höhe eine Inanspruchnahme auf Rückzahlung ernsthaft zu erwarten war. Es handelt sich dabei um eine dem FG vorbehaltene Tatfrage“[628].

---

626 *Eibelshäuser* (1987), S. 863.
627 BFH-Urteil vom 17. Dezember 1998, IV R 21/97, BStBl II 2000, 117 (Hervorhebung im Original).
628 BFH-Urteil vom 17. Dezember 1998, IV R 21/97, BStBl II 2000, 117 (Hervorhebung im Original).

2.2. Passivierungszeitpunkt bedingter Rückzahlungsverpflichtungen

2.2.1. Kasuistik der wirtschaftlich wesentlichen Tatbestandsmerkmale

Die Zugehörigkeit einer Rückstellung zum Stichtagsvermögen orientiert sich nach ständiger Rechtsprechung an einem Doppelkriterium, nachdem eine Verpflichtung zu passivieren ist, wenn sie in früheren Geschäftsjahren rechtlich voll entstanden oder wirtschaftlich verursacht ist.[629] Für eine rechtliche Vollentstehung setzt der Bundesfinanzhof das Vorliegen sämtlicher, die Leistungspflicht auslösenden Tatbestandsmerkmale voraus, an die die Rechtsfolge geknüpft ist.[630] Dagegen genügt es für die wirtschaftliche Verursachung, wenn die wirtschaftlich wesentlichen Tatbestandsmerkmale bis zum Bilanzstichtag verwirklicht sind.[631] Fallen rechtliche und wirtschaftliche Entstehung einer Verbindlichkeit auseinander, markiert der frühere der beiden Zeitpunkte den maßgeblichen Passivierungszeitpunkt.[632]

Wann eine Verbindlichkeit „im Wesentlichen verwirklicht ist und die Verbindlichkeit damit so eng mit dem betrieblichen Geschehen [des] Wirtschaftsjahres verknüpft ist, dass es gerechtfertigt erscheint, sie wirtschaftlich als eine am Bilanzstichtag bestehende Verbindlichkeit zu behandeln"[633], wird für Zuschussverhältnisse mit bedingten Rückzahlungsverpflichtungen nicht einheitlich beantwortet. Unklar bleibt, welche Tatbestandsmerkmale als wirtschaftlich wesentlich zu qualifizieren sind und welche nicht.[634]

Die Finanzverwaltung wertet in ihrem BMF-Schreiben vom 7. November 1990 zu den „Sanierungsleistungen gegen Besserungsschein bei Kreditgenossenschaften" als wesentliches Tatbestandsmerkmal den Eintritt der Bedingungen, die die Rückzahlungsverpflichtung auslösen: „Gewährt die Sicherungseinrichtung Zuschüsse mit der Maßgabe, daß das empfangende Kreditinstitut diese in künftigen Wirtschaftsjahren aus dann anfallenden positiven Geschäftsergebnissen zurückzuzahlen hat, so kann für die Rückzahlungsverpflichtung im Zeitpunkt der Vereinnahmung des Zuschusses keine Rückstellung gebildet werden. Es fehlt an der wirtschaftlichen Verursachung der Rückzahlungsverpflichtung als Voraussetzung für die Rück-

---

629 Vgl. BFH-Urteil vom 17. Dezember 1998, IV R 21/97, BStBl II 2000, 118f.; vgl. hierzu auch Darstellung bei *Moxter* (2007), S. 116f.

630 Vgl. BFH-Urteil vom 1. August 1984, I R 88/80, BStBl II 1985, 46f.

631 Vgl. hierzu *Moxter* (1992), S. 431. Die Formulierung impliziert, dass die rechtliche Vollentstehung spätestmöglicher Passivierungszeitpunkt ist. Vgl. *Böcking* (1994a), S. 137.

632 Vgl. BFH-Urteil vom 23. September 1969, I R 22/66, BStBl II 1970, 106; BFH-Urteil vom 1. August 1984, II R 88/80, BStBl II 1985, 46f.

633 BFH-Urteil IV R 21/97 vom 17. Dezember 1998, BStBl II 2000, 118; ähnlich BFH-Urteil vom 24. Juni 1969, I R 15/68, BStBl II 1969, 582.

634 Vgl. *Hommel/Wich* (2004), S. 19; *Moxter* (1992), S. 431.

stellungsbildung [...]. Eine Rückstellung ist vielmehr erst in den Jahren zulässig, in denen Gewinne entstehen, aus denen die Rückzahlung zu erfolgen hat"[635].

Ebenfalls mit Bezug auf das Konzept der wirtschaftlichen Verursachung sei demgegenüber nach der Auffassung des Bundesfinanzhofs „die Verpflichtung zur Rückzahlung der Fördermittel [...] bereits im Zeitpunkt der Vereinnahmung der Fördergelder wirtschaftlich verursacht. Betrifft eine ungewisse Verbindlichkeit zurückzugewährende Erlöse, so ergibt sich die wirtschaftliche Verursachung der Rückzahlung aus der erfolgswirksamen Vereinnahmung dieser Erlöse"[636].

Die skizzierten Entscheidungen der Finanzverwaltung und Rechtsprechung veranschaulichen beispielhaft die mit der Konzeption der wirtschaftlichen Verursachung verbundene Kasuistik und die damit einhergehenden, sich widersprechenden Auslegungen bei der Konkretisierung der wirtschaftlich wesentlichen Tatbestandsmerkmale. Aufgrund der Unbestimmtheit der Begrifflichkeiten, insbesondere der Abgrenzung zwischen wirtschaftlich wesentlichen von unwesentlichen Tatbestandsmerkmalen, sind Rückschlüsse auf den Passivierungszeitpunkt ermessensbehaftet und mit erheblichen Objektivierungseinbußen verbunden.[637]

2.2.2. Konkretisierte Zugehörigkeit zu bereits realisierten Erträgen

2.2.2.1. Passivierung unkompensierter Vermögensbelastungen

Eine eindeutige Auslegung der wirtschaftlichen Verursachung erfolgt nach MOXTER auf der Grundlage des Realisationsprinzips[638], nachdem die Bildung einer Rückstellung, die konkretisierte Zugehörigkeit künftiger Aufwendungen zu bereits realisierten zugehörigen Erträgen voraussetzt.[639] Passivierungspflichtig sind demnach nur sog. „unkompensierte" Verbindlichkeiten, die nicht durch künftige zuordenbare Erträge gedeckt werden.[640] Für die bilanzrechtliche Vollentstehung einer Verbindlichkeit genügt nicht das Vorliegen künftiger Aufwendungen, sondern erst die Existenz eines künftigen Aufwendungsüberschusses.[641]

---

[635] BMF (1990), S. 354; vgl. diesbezüglich kritische Würdigung bei *Böcking* (1994b), S. 84–86.
[636] BFH-Urteil vom 17. Dezember 1998, IV R 21/97, BStBl II 2000, 119.
[637] Vgl. *Herzig* (1990), S. 1346; *Mayr* (2002), S. 2323; *Moxter* (1992), S. 431.
[638] Vgl. *Moxter* (1992), S. 433.
[639] Vgl. BFH-Urteil vom 25. August 1989, III R 95/87, BStBl II 1989, 895.
[640] Vgl. *Böcking* (1994a), S. 144f.; *Moxter* (1992), S. 432.
[641] Vgl. *Moxter* (1992), S. 432.

2.2.2.2. Erlös- oder gewinnabhängige Verpflichtungen als kompensierte Lasten

Aus dem Passivierungsverbot kompensierter Lasten hat die ständige Rechtsprechung[642] für Verpflichtungen, die nur aus künftigen Gewinnen zu tilgen sind, zutreffend eine Passivierungspflicht abgelehnt, da am Bilanzstichtag nicht gegenwärtiges, sondern zukünftiges Vermögen belastet wird. Obwohl hier die rechtliche Vollentstehung regelmäßig bereits bei Vertragsabschluss gegeben ist, unterbleibt der Ansatz einer Rückstellung, da es an der im Sinne einer umsatzabhängigen Aufwandsperiodisierung verstandenen wirtschaftlichen Verursachung fehlt. Die am Abschlussstichtag zukünftige bedingte Verpflichtung muss nicht eingegangen werden, um in der Vergangenheit realisierte Erträge zu alimentieren. Insofern fehlt es an der konkretisierten Zugehörigkeit künftiger Ausgaben zu bereits in der Vergangenheit realisierten Erträgen (unmittelbare Zugehörigkeit).[643] Eine passivierungspflichtige Vermögenslast liegt auch nicht im Sinne einer mittelbaren Zugehörigkeit vor, etwa weil ihnen keine kompensierenden künftigen Erträge mehr gegenüberstehen (Prinzip der unkompensierten Last).[644] Genau das Gegenteil gilt für Verpflichtungen, die nur aus künftigen Gewinnen oder Erlösen zu tilgen sind: Den künftigen Vermögensbelastungen können künftige Vermögenszugänge greifbar zugeordnet werden, denn die Rückzahlungsverpflichtung wird genau dann wirksam, wenn ihnen Erträge gegenüberstehen. Es mangelt damit an einem künftigen Aufwendungsüberschuss, der die bilanzrechtlich maßgebende Stichtagsbelastung des Vermögens kennzeichnet. Zum Stichtag ist ausgeschlossen, dass die Verbindlichkeit, die nur aus künftigen Gewinnen zu tilgen ist, aus dem vorhandenen Vermögen bedient werden muss.[645] Nach dem am Realisationsprinzip ausgerichteten Merkmal der wirtschaftlichen Verursachung handelt es sich am Bilanzstichtag mithin um kompensierte Lasten, die in der skizzierten Auslegung des Vermögensermittlungsprinzips keine bilanzrechtliche Vermögenslast darstellen und folglich den Ansatz einer Verbindlichkeit verbieten.[646]

2.3. Bilanzrechtliche Einwände gegen die Anwendung der Grundsätze erfolgswirksamer Passivenzugänge bei bedingt rückzahlbaren Zuschüssen

Für die Annahme einer überwiegenden Wahrscheinlichkeit einer Rückzahlung im Zeitpunkt des Zugangs des Zuschusses könnte das Investitionskalkül des Zuschussempfängers sprechen,

---

642 Vgl. BFH-Urteil vom 18. Juni 1980, I R 72/76, BStBl II 1980, 742f.; BFH-Urteil vom 10. November 1980, GrS 1/79, BStBl II 1981, 169; BFH-Urteil vom 10. Oktober 1985, IV B 30/85, BStBl II 1986, 70; bestätigt in der Bilanzrechtsliteratur durch: *ADS* (1998a), Rn. 150; *Hüttemann* (1976), S. 28; *Schulze-Osterloh* (1996), S. 99.

643 Vgl. *Moxter* (1995b), S. 321–323; *Moxter* (2007), S. 119f.; *Rüdinger* (2004), S. 94.

644 Vgl. *Moxter* (2007), S. 119f.

645 Vgl. *Schulze-Osterloh* (1996), S. 99.

646 Vgl. auch *Euler* (1996), S. 175f.

insbesondere wenn der Zuschuss im Erfolgsfall oder im Falle einer Erlös- oder Gewinnerzielung zurückzugewähren ist. Die bezuschussten Projekte sind zwar regelmäßig mit gewissen Erfolgsrisiken verbunden und versprechen (ohne Zuschussgewährung) gerade keine Erfolgsgarantie; doch sowohl Zuschussgeber als auch Zuschussnehmer beteiligen sich nur an dem Zuschussgeschäft, wenn eine gewisse Erfolgsaussicht besteht; andernfalls wäre das Zuschussgeschäft nicht zustande gekommen. Der Zuschussgeber hätte kaum Interesse, den Zuschuss zu vergeben, wenn er von einem Misserfolg des betreffenden Projekts ausgeht; ebenso wird der Zuschussnehmer nur gewillt sein, das Projekt durchzuführen, wenn er mit einer gewissen Wahrscheinlichkeit einen Mehrgewinn abschöpft.

Eine Einschätzung der erforderlichen Wahrscheinlichkeit ist aber „nicht nach den subjektiven Erwartungen" des Bilanzierenden, „sondern auf der Grundlage objektiver, am Bilanzstichtag vorliegender oder spätestens bei Aufstellung der Bilanz erkennbarer Tatsachen aus der Sicht eines sorgfältig und gewissenhaften Kaufmanns zu beurteilen"[647]. Der Rekurs auf das Investitionskalkül des Zuschussempfängers stellt auf subjektive Wahrscheinlichkeitsschätzungen ab und ist damit für die Beurteilung der Passivierung der vorliegenden Rückzahlungsverpflichtungen untauglich. Für die Rückstellungspassivierung bedarf es indes einer objektivierten vernünftigen kaufmännischen Beurteilung.

Eine eindeutige Grenzziehung zwischen nicht passivierungsfähigen bloß möglichen und passivierungspflichtigen wahrscheinlichen Verpflichtungen, und mithin eine objektivierte Gewichtung der Eintrittswahrscheinlichkeiten, ist bei Rückzahlungsverpflichtungen, die an künftige stets unsichere Bedingungen knüpfen, stets mit Ermessensspielräumen verbunden. Die Einschätzung der Eintrittswahrscheinlichkeit im Zeitpunkt der Gewährung des Zuschusses beruht in der Regel mangels konkreter, objektiver Anhaltspunkte zwangsweise auf mehr oder weniger stark ausgeprägten subjektiven Annahmen. Die Quasi-Unmöglichkeit einer objektivierten Einschätzung der Eintrittswahrscheinlichkeit der Rückzahlungsbedingung tritt insbesondere im dem Urteil des Bundesfinanzhofs zur Bilanzierung sog. „Vorauszahlungsmittel" zur Durchführung von Modernisierungs- und Instandsetzungsmaßnahmen hervor. Nach dem „Berliner Landesmodernisierungsprogramm" wird „vom Land Berlin unter Berücksichtigung der nachhaltig erzielbaren Mieten entschieden, in welcher Höhe die Vorauszahlungsmittel in Darlehen umgewandelt bzw. endgültig als Zuschuss gewährt werden"[648]. Im Urteilsfall hängt die Rückzahlung des Zuschusses – unter Berücksichtigung der Mietpreisentwicklung – von der Ermessensentscheidung eines Dritten ab. Damit trägt das bilanzierende Unternehmen im Rahmen der Wahrscheinlichkeitsbeurteilung ein kaum zu erfüllendes Nachweisproblem, denn

[647] BFH-Urteil vom 1. August 1984, I R 88/80, BStBl II 1985, 46.

der Bilanzierende wird mit Beginn des Förderzeitraums kaum in der Lage sein, eine Prognose hinsichtlich der künftigen Mietpreisentwicklung zu treffen und hieraus letztlich eine hinreichend sichere Annahme hinsichtlich der Entscheidung des Zuschussgebers über die Zuschussrückzahlung zu treffen.

Die Einschätzung des Wahrscheinlichkeitsgrades ist nicht nur im vorliegenden Fall stark ermessensbehaftet, sondern generell bei Rückzahlungsverpflichtungen, die an den Erfolg des bezuschussten Projekts oder an die Erzielung künftiger Gewinne oder Erlöse knüpfen. Im Zeitpunkt der Zuschussgewährung besteht Unsicherheit, ob es zu einer Rückzahlung des Zuschusses kommen wird, da regelmäßig noch keine greifbaren Tatbestände vorliegen, die darauf schließen lassen, dass mit überwiegender Wahrscheinlichkeit der maßgebliche Erfolg eintreten wird. Eine überwiegende den Ansatz einer Rückstellung begründende Wahrscheinlichkeit einer Rückzahlung wäre erst an Folgestichtagen eindeutig zu bejahen, wenn zum Beispiel mit der Verwertung des Forschungsprojekts begonnen wurde oder Auftragseingänge vorliegen, die mit gewisser Wahrscheinlichkeit zu künftigen Umsätzen führen.[649] Angesichts der inhärenten Ungewissheiten bei der Bildung von Verbindlichkeitsrückstellungen dürfte eine Passivierung in den vorliegenden Fällen im Zeitpunkt der Zuteilung des Zuschusses regelmäßig außer Frage stehen. Die gezwungenermaßen subjektive Wertung des Kriteriums der Mindestwahrscheinlichkeit birgt damit die Gefahr, dass wider das handelsrechtliche Prinzip des quasi-sicheren Anspruchs ein Zuschussertrag zur Ausschüttung gelangt, der noch nicht quasisicher ist. Die Gewinnrealisierungsgrundsätze gebieten eine entschieden restriktivere Auslegung des Wahrscheinlichkeitskriteriums: Erst wenn der Zuschussempfänger mit an Sicherheit grenzender Wahrscheinlichkeit nicht zur Rückzahlung verpflichtet ist, steht eine Nichtpassivierung in Einklang mit den Gewinnrealisierungsprinzipien. Eine derartige Auslegung des Wahrscheinlichkeitskriteriums rekurriert auf die Grundsätze erfolgsneutraler Passivenzugänge. Sie stellen wie nachfolgend dargelegt die vorrangigen Bilanzierungsgrundsätze von bedingt rückzahlbaren Zuschüssen dar.

3. Grundsätze erfolgsneutraler Passivenzugänge als vorrangige Deduktionsbasis für bedingt rückzahlbare Zuschüsse

3.1. Passivenansatz als Ausfluss des Erfolgswirksamkeits- oder Erfolgsneutralitätsprinzips

In seiner Eigenschaft als Erfolgsneutralitätsprinzip gebietet das Realisationsprinzip bei nicht umsatzinduzierten Aktivenzugängen den Ansatz einer erfolgsneutralisierenden Verbindlich-

[648] BFH-Urteil vom 4. Februar 1999, IV R 54/97, BStBl II 2000, 140.
[649] Vgl. *HFA des IDW* (1984), S. 615.

keit.[650] Aus dem Realisationsprinzip folgt das für gewisse Verbindlichkeiten geltende Anschaffungs- bzw. Höchstwertprinzip. Danach sind Verbindlichkeiten grundsätzlich mit dem vollen Erfüllungsbetrag zu passivieren, es sei denn, eine Inanspruchnahme kann mit an Sicherheit grenzender Wahrscheinlichkeit ausgeschlossen werden. Die Gewinnrealisierungsgrundsätze verbieten den Ausweis eines niedrigeren Erfüllungsbetrags, wenn in Höhe des Unterschiedsbetrags ein Ertrag noch nicht so gut wie sicher entstanden ist. Der Bundesfinanzhof ist in seinem sog. Gutmünzen-Entscheidung dem Erfolgsneutralitätsprinzip gefolgt: Für die Verpflichtung zur Einlösung ausgegebener Gutmünzen bestimmte er den Ansatz einer Verbindlichkeit. Allerdings darf der Teil der ausgegebenen Münzen bei der Bemessung des Erfüllungsbetrages nicht berücksichtigt werden, der mit an Sicherheit grenzender Wahrscheinlichkeit nicht erfüllt werden muss.[651]
Demgegenüber resultiert der Ansatz einer Verbindlichkeitsrückstellung aus dem Erfolgswirksamkeitsprinzip, nachdem sich die Passivierung dieser Verpflichtungen allein danach orientiert, ob das Bestehen oder Nichtbestehen der Verpflichtung hinreichend wahrscheinlich ist. Uneinigkeit besteht indes darüber, inwieweit das Höchstwertprinzip mit Betonung der „Anschaffungskosten“ auf Rückstellungen übertragbar ist. Nach MOXTER ist es „die Wiederkehrmöglichkeit der den Anschaffungswert bestimmenden Faktoren, die es erfordert, von einer Wiederkehrvermutung auszugehen“[652]. Demgegenüber vertritt eine andere Meinung, dass auch eine Verminderung der Rückstellung unter deren „Anschaffungskosten“ zulässig sei.[653]

3.2. Passivierungspflicht bei synallagmatischem Vermögenszugang

Die Begründung des Bundesfinanzhofs rekurriert überwiegend auf das Erfolgswirksamkeitsprinzip, d.h. Zuschüsse, die erfolgsabhängig zurückzuzahlen waren, seien nur unter Rückstellungsgesichtspunkten passivierbar. Die Verpflichtung zur Rückzahlung des Zuschusses sei keine gewisse Verbindlichkeit, da regelmäßig nicht absehbar sei, ob bzw. in welcher Höhe das vereinnahmende Unternehmen zur Rückzahlung verpflichtet sein wird. Die höchstrichterliche Rechtsprechung legt der Grenzziehung zwischen Verbindlichkeiten und Rückstellungen für ungewisse Verbindlichkeiten in den betreffenden Urteilsfällen eine formalrechtliche Sicht zugrunde, da sie allein auf die nach Grund und Höhe rechtlich gewisse Verpflichtung abstellt.[654] Die Annahme, dass ungewisse Verbindlichkeiten nicht als Verbindlichkeiten im Sinne des Erfolgsneutralitätsprinzip ausgewiesen werden können, trifft nur bedingt zu: Wer bei-

---

650 Vgl. *Fladung* (2000), S. 217.

651 Vgl. BFH-Urteil vom 22. November 1988, VIII R 62/85, BStBl II 1989, 361; vgl. diesbezüglich ausführlich Urteilswürdigung bei *Böcking* (1994b), S. 38–41.

652 *Moxter* (1989a), S. 947.

653 Vgl. zum Beispiel *Ballwieser* (1992), S. 45–62.

654 Vgl. *Groh* (1988b), S. 27, hier m.w.N.

spielsweise ein Grundstück gegen eine Leibrente kauft oder einen Betrieb gegen ein umsatz- oder gewinnabhängiges Entgelt erwirbt, geht eine höchst ungewisse Verbindlichkeit ein. In seiner Eigenschaft als Erfolgsneutralitätsprinzip verlangt das Realisationsprinzip, dass nicht umsatzinduzierten Aktivenzugängen ein erfolgsneutralisierender Passivposten gegenüberzustellen ist. Auf dem Aktivenzugang lastet eine Rückzahlungsverpflichtung, die dem Grunde und der Höhe nach als gewisse Verbindlichkeit zu antizipieren ist.[655]

3.3. Zuschuss und Rückzahlungsverpflichtung als bilanzrechtliches Synallagma

3.3.1. Erfolgsneutralitätsprinzip und Ansatz des vollen Erfüllungsbetrags

Die Passivierung bedingter Rückzahlungsverpflichtungen mit der Begründung abzulehnen, dass es sich hierbei um kompensierte Lasten handelt, kann nicht überzeugen, wenn die Verbindlichkeit mit einem synallagmatischen Vermögenszugang einhergeht. Diese Einzelbetrachtung negiert die wirtschaftlichen Gesamtumstände und spricht gegen eine von den Gewinnrealisierungsgrundsätzen geprägte Bilanzierung.
Zwar hat der Zuschussempfänger mit Erfüllung der an den Zuschuss gebundenen risikobehafteten Zweckerfüllungshandlungen alles seinerseits Erforderliche getan, um sich den Zuschuss zu „verdienen". Eine strenge Auslegung des Einzelbewertungsgrundsatzes würde zu einer Nichtpassivierung der Rückzahlungsverpflichtung und einer ertragswirksamen Vereinnahmung des Zuschusses führen. Diese Bilanzierungsweise ließe sich allenfalls mit der Ermittlung eines zerschlagungsstatischen Vermögens vereinbaren. Die Verpflichtung zur bedingten Rückzahlung entsteht rechtlich erst mit dem Erzielen einer bestimmten Erfolgsgröße und ist folglich am Bilanzstichtag noch nicht unausweichlich. Im Falle eines Konkurses erhöht der Zuschuss zweifellos die den Gläubigern zustehende Vermögensmasse. Die gesetzlich verankerte Fortführungsprämisse erzwingt dagegen eine zukunftsorientierte Betrachtung.

Daher stellt erst das Erfolgsneutralitätsprinzip die normzweckadäquate Anwendung des Realisationsprinzips sicher. Der Grundsatz des quasi-sicheren Anspruchs gebietet die Vereinnahmung des Zuschusses und die gegengleiche bedingte Rückzahlungsverpflichtung als bilanzrechtliches Synallagma zu begreifen. Das bilanzrechtliche Synallagma bildet die dem Zuschussverhältnis innewohnende Risikolage wirtschaftlich ab: Zuschüsse werden den betroffenen Unternehmen gewährt, um finanzielle Hürden in der Anlaufphase zu nehmen und Anreize zur Durchführung der Investition usw. zu schaffen. Bei erfolgreicher Umsetzung des Förderprojekts entfällt der Anspruch auf den Zuschuss. Der Zuschussgeber beteiligt sich damit an

---

[655] Vgl. zum Beispiel BFH-Urteil vom 2. Februar 1967, IV 246/64, BStBl III 1967, 366; *Groh* (1988b), S. 27; *Hüttemann* (1976), S. 27.

den regelmäßig beträchtlichen Risiken des Projekts bis der Erfolg gewiss ist. Der Zuschuss hat damit den Charakter eines zinslosen Darlehens zur (Vor-)Finanzierung von Ausgaben und keinen Schenkungscharakter. Die getroffene Vereinbarung, den Zuschuss nur im Falle eines Erfolgs bzw. aus künftigen Gewinnen oder Erlösen zurückzugewähren, könnte auch als eine Art der Kaufpreisstundung interpretiert werden. Die Verknüpfung der Zuschussgewährung mit einer bedingten Rückzahlungsverpflichtung verbietet somit eine Ertragsrealisierung, sofern nicht mit an Sicherheit grenzender Wahrscheinlichkeit eine Rückzahlung des Zuschusses ausgeschlossen werden kann. Damit entfällt die für Investitionszuschüsse favorisierte Möglichkeit einer sukzessiven Ertragsvereinnahmung infolge eines zuschussgeminderten Wertansatzes, da hierdurch unter Umständen noch nicht quasi-sichere Gewinne ausgewiesen würden.

3.3.2. Erfolgswirksamkeitsprinzip bei hinreichender Ansatz- und Bewertungsobjektivierung

3.3.2.1. Hinreichende Ansatzobjektivierung bei faktischer Entziehbarkeit

Der Ansatz einer Verbindlichkeit mit Rücksicht auf das Erfolgsneutralitätsprinzip impliziert stets den Ausweis des vollen Erfüllungsbetrags in Höhe des zugegangenen Aktivwertes. Für gewisse Verbindlichkeiten gilt das dem Erfolgsneutralitätsprinzip folgende Anschaffungswertprinzip, d.h. „Rückzahlungsverminderungen sind höchstens bis zu den Zugangswerten zu berücksichtigen“[656]. Eine Unterschreitung des vollen Erfüllungsbetrags für gewisse Verbindlichkeiten ist nur dann zulässig, wenn die Vermutung der vollständigen Rückzahlung des Zuschusses mit an Sicherheit grenzender Wahrscheinlichkeit entkräftet werden kann. Regelmäßig liegen erst im Verlauf oder gar nach Abschluss des bezuschussten Projekts objektivierte Tatbestände vor, anhand dessen beurteilt werden kann, ob eine kommerzielle Verwertung möglich ist und eine Rückzahlung quasi-sicher ausgeschlossen werden kann. Bis zu diesem Zeitpunkt hat der Kaufmann stichhaltige Nachweise zu erbringen, warum eine Passivierung nicht gerechtfertigt wäre.

Eine Ausnahme vom Erfolgsneutralitätsprinzip besteht beispielsweise dann, wenn der Zuschussempfänger sich faktisch der Rückzahlungsverpflichtung entziehen kann. Das sog. Druckkosten-Urteil soll die bilanziellen Implikationen verdeutlichen: Im Urteilsfall hatte der Bundesfinanzhof über die Bilanzierung von Druckkostenzuschüssen zu entscheiden, die einem Verlag von Autoren für die Erstellung und Veröffentlichung eines Manuskripts gewährt wurden. Der Verlagsvertrag mit dem Autor regelte, dass der Zuschuss bei Überschreiten einer bestimmten Absatzschwelle für jedes weitere abgesetzte Exemplar zurückzuzahlen ist. Für die künftige Belastung, „in manchen Fällen[,] die Beihilfe zumindest teilweise zurückzuzahlen“,

---

656 *Ballwieser* (1992), S. 62.

sei nach Auffassung des Bundesfinanzhofs eine Rückstellung zu bilden.[657] Inwieweit der Bilanzierende sich der Rückzahlungsverpflichtung entziehen konnte, wurde im Urteilsfall gar nicht diskutiert: Erzielt der Vertrag auch bei Überschreiten der Absatzschwelle und einer (anteiligen) Rückzahlung des Zuschusses einen Gewinn, besteht im Zugangszeitpunkt zunächst die Vermutung, dass der Verlag die Drucklegung und den Vertrieb des Manuskripts fortsetzen wird und der Zuschuss nach Maßgabe der veräußerten Exemplare zurückzugewähren ist. Im Zeitpunkt der Veröffentlichung wäre die bedingte Rückzahlungsverpflichtung durch den Ansatz einer gewissen Verbindlichkeit zu antizipieren. Auch hier erzwingt der Grundsatz quasisicherer Gewinnrealisierung als Folge des Realisationsprinzips die Bildung eines neutralisierenden Passivpostens. Ist dagegen der Absatzpreis so kalkuliert, dass die Herstellung und der Absatz weiterer Exemplare keine zusätzlichen Gewinne generieren, ist davon auszugehen, dass der Verlag als ökonomisch handelnder Kaufmann die Herstellung und Veröffentlichung unter Berücksichtigung der Kalkulation einstellt und sich der Rückzahlungsverpflichtung entziehen wird. Freilich könnte eine Absatzpreiserhöhung – bei entsprechender Nachfrage – zu einer veränderten Preispolitik des Verlags führen. Dies ist zu Vertragsbeginn zu unsicher, als dass es den Ansatz einer Verbindlichkeit begründen könnte. Damit ergibt sich zwangsläufig die Schlussfolgerung, dass eine Passivierung mangels Konkretisierung ausscheidet. Hierdurch qualifiziert sich der Zuschuss nicht mehr als bedingt rückzahlbarer Zuschuss sondern als Investitionszuschuss. Folglich wären die Herstellungskosten der Manuskripte um den Zuschuss zu mindern.

Dagegen könnte sprechen, dass die Rückzahlung damit mehr oder weniger in der Kontrolle des Unternehmens liegt. Für die Passivierungsfrage entscheidet zwar nicht der Umstand, dass der Bilanzierende subjektiv nicht die ernstliche Absicht hat, eine entsprechende Leistung zu erbringen; andernfalls dürfte es keine Rückstellungen für Prozessrisiken geben, bei denen das Unternehmen Beklagter ist.[658] Ebenfalls ist die hypothetische Möglichkeit der Abwendung der Verpflichtung, beispielsweise durch Aufgabe des Betriebs, im geltenden Bilanzrecht aufgrund des Going-Concern-Prinzips nicht ausreichend, um eine Entziehbarkeit durch künftiges Handeln zu begründen.[659] Der vorliegende Fall ist indes anders gelagert: Die künftigen Entscheidungen des Verlags stehen nicht ausschließlich in seinem subjektiven Ermessen; vielmehr werden die künftigen Handlungsweisen des Bilanzierenden durch die am Bilanzstichtag feststehende Kalkulation der Geschäftsparameter objektiviert.

---

657 BFH-Urteil vom 3. Juli 1997, IV R 49/96, BStBl II 1998, 246.

658 Vgl. *Herzig* (1990), S. 1347.

659 Vgl. *Herzig/Gellrich* (2006), S. 509.

3.3.2.2. Hinreichende Bewertungsobjektivierung bei statistischer oder vergangenheitsbezogener Datengrundlage

Die Passivierung bedingt rückzahlbarer Zuschüsse nach Maßgabe des Erfolgsneutralitätsprinzips besitzt keine Allgemeingültigkeit. Die Anwendung der Grundsätze erfolgswirksamer Passivenzugänge wäre im Einzelfall vereinbar mit den Gewinnrealisierungsgrundsätzen, wenn im Zugangszeitpunkt greifbare und mithin hinreichend objektivierbare Anhaltspunkte zur Einschätzung des Rückzahlungsrisikos vorliegen. Vergangenheitserfahrungen oder Branchenkenntnisse können hierbei die Wahrscheinlichkeitsbeurteilung zweckadäquat objektivieren und eine verlässliche Prognosebasis liefern.[660]

Falls eine ausreichend breite Datenbasis vorliegt, kann zum Beispiel anhand von statistischen Schätzmethoden das Rückgaberisiko quantifiziert und somit eine bilanzielle Bewertbarkeit ermöglicht werden.[661] Im Druckkosten-Urteil käme es damit unter Umständen auch deshalb zur Nichtpassivierung einer Verbindlichkeit, weil die verkauften Auflagen der Vorgänger-Manuskripte in der Vergangenheit die betreffende Mindestauflage nie überschritten haben.

Wegweisend und einmalig ist – im Vergleich zu ähnlich gelagerten Urteilen – die Entscheidung des Bundesfinanzhofs zur bilanziellen Abbildung eines Kredits zur Förderung einer Filmproduktion, der „‚aus den Verwertungserlösen' innerhalb von 60 Monaten nach dem Uraufführungstermin zurückzuzahlen" war. Es sei ein niedrigerer Wert als den Rückzahlungsbetrag anzusetzen, wenn unter Berücksichtigung von „Erfahrungswerte[n] der Vergangenheit" oder „statistischen Daten [...] eine eventuelle Herabsetzung mit an Sicherheit grenzender Wahrscheinlichkeit geboten erscheint"[662]. In diesen Fällen ist eine Rückstellung für das auf der Basis von Vergangenheitserfahrungen oder ähnlichem ermittelten Rückzahlungsrisiko zu bilden.[663]

---

660 Vgl. *Hommel* (2002b), Rn. 47.

661 Vgl. *Wüstemann* (2007) S. 85.

662 Beide vorstehenden Zitate: BFH-Urteil vom 20. September 1995, X R 225/93, BStBl II 1997, 324f.; ähnlich bereits BFH-Urteil 10. Oktober 1985, IV B 30/85, BStBl II 1986, S. 70.

663 Der erkennende Senat votierte im Urteilsfall indes für den Ansatz einer gewissen Verbindlichkeit.

E. Bilanzierung von Zuschüssen im Gesellschaftsverhältnis

1. Bilanzielle Abbildung bei der Schuldner-Gesellschaft

1.1. Barzuschuss und unbedingter Forderungsverzicht

1.1.1. Wirtschaftliche Zweckidentität von Barzuschuss und Forderungsverzicht

Die Erklärung eines Forderungsverzichts und die Zuführung von Barmitteln als Sanierungsleistungen eines Gesellschafters begründen annahmegemäß (für vorliegende Untersuchungszwecke) keine Gegenleistungsverpflichtungen bei der empfangenen Gesellschaft. Vor diesem Hintergrund wurde insbesondere für bilanzsteuerliche Zwecke umfassend diskutiert, ob Gesellschafterzuwendungen zu einem verdeckten Einlagevorgang[664] oder zu einer Gewinnerhöhung im Jahresabschluss bei der betroffenen Gesellschaft führen. Den aufgeworfenen Fragenkreis hat der Große Senat des Bundesfinanzhofs in seiner Grundsatzentscheidung vom 9. Juni 1997 adressiert.[665] Aus seinem Beschluss geht hervor, dass „ein auf dem Gesellschaftsverhältnis beruhender Verzicht eines Gesellschafters auf seine nicht mehr vollwertige Forderung gegenüber seiner Kapitalgesellschaft [...] bei dieser zu einer Einlage in Höhe des Teilwertes der Forderung" führt.[666] Kann die Forderung „angesichts der Vermögensverhältnisse der Gesellschaft nicht als vollwertig angesehen werden", führt der Forderungsverzicht nur hinsichtlich des noch werthaltigen Teils zu einer verdeckten Einlage, weil nur insoweit Vermögen vom Gesellschafter auf die Gesellschaft übertragen wurde.[667] In Höhe des Unterschiedsbetrags zwischen Nennbetrag und Teilwert des bislang bei der Gesellschaft passivierten Gesellschafterdarlehens resultiert steuerbares Einkommen.

Die von der BFH-Rechtsprechung geforderten Grundsätze erfordern eine Einschätzung hinsichtlich der Werthaltigkeit des zugewendeten Vermögensvorteils, denn nur sein werthaltiger Teil sei schließlich als Einlage zu qualifizieren. Hierdurch kommt es unter Umständen nicht nur zur möglichen „Aufspaltung eines einheitlichen Vorgangs"[668] in werthaltige (erfolgsneutrale) und nicht werthaltige (erfolgswirksame) Vermögensbestandteile, sondern es wird auch in die Sphäre eines anderen Rechts- bzw. Steuerobjekts, nämlich des Gesellschafter-

---

[664] Der Begriff der verdeckten Einlage ist gesetzlich nicht definiert. Nach ständiger Rechtsprechung des Bundesfinanzhofs liegt eine verdeckte Einlage vor, wenn ein Gesellschafter oder eine ihm nahe stehende Person der Kapitalgesellschaft außerhalb der gesellschaftsrechtlichen Einlagen – ohne eine Gegenleistung – einen vermögenswerten Vorteil zuwendet und diese Zuwendung durch das Gesellschaftsverhältnis veranlasst ist. Vgl. BFH-Urteil vom 14. November 1984, I R 50/80, BStBl II 1985, 229. Zum Begriff der Einlage und ihre Erscheinungsformen vgl. *Böth* (2005), S. 341–344.

[665] Vgl. BFH-Urteil vom 9. Juni 1997, GrS 1/94, BStBl II 1998, 307.

[666] Der entscheidende Senat verweist in seiner Urteilsbegründung auf die einkommensteuerrechtlichen Einlagevorschriften nach § 6 Abs. 1 Nr. 5 EStG, die auf die Verhältnisse der Kapitalgesellschaft anzuwenden sind. Die Bewertung der Einlage hat hiernach mit dem Teilwert zu erfolgen.

[667] Vgl. beispielsweise auch *Eppler* (1991), S. 196; *Weber-Grellet* (1995), S. 246.

[668] *Rautenberg/Schaufenberg* (1995), S. 1348.

Gläubigers, verwiesen. Die Bewertung der Forderung bei der Gläubiger-Gesellschaft ist in diesem Sinne Präjudiz für die Beurteilung der Einlagefähigkeit bei der sanierungsbedürftigen Gesellschaft und maßgebend für die (steuerliche) Gewinnermittlung.

Der Erlass einer Forderung gegenüber einer finanziell und wirtschaftlich angeschlagenen Gesellschaft durch den Gesellschafter begründet nach Auffassung des erkennenden Senats mangels Werthaltigkeit keine einlagefähige Vermögensmehrung, sondern führt zu einer entsprechenden Gewinnerhöhung im Abschluss der begünstigten Gesellschaft.[669] Demgegenüber gelten Sanierungszuschüsse typisierend als werthaltig mit der Folge einer erfolgsneutralen Eigenkapitalerhöhung in Form der Einlage. Der BFH-Entscheidung liegt die Annahme zugrunde, dass Forderungen gegenüber einer sanierungsbedürftigen Gesellschaft generell nicht werthaltig sind. Wenngleich der schlechte wirtschaftliche Gesamtumstand eines Unternehmens Indiz für die mangelnde Werthaltigkeit der Forderung sein kann, ist die pauschale Annahme des Bundesfinanzhofs nicht zwingend. Die Einschätzung hinsichtlich der Werthaltigkeit der einzelnen Forderung kann auf Basis der jeweiligen wirtschaftlichen Umstände unterschiedlich ausfallen.

Die von der Rechtsprechung vorgenommene Differenzierung knüpft die Einlagefähigkeit einer Vermögenszuwendung zunächst zutreffend an die Vermögensgegenstandseigenschaft. Die zur Einlage vorgesehene Leistung soll mithin einen feststellbaren wirtschaftlichen Wert verkörpern.[670] Eine wertlose Forderung (eines Dritten) kann folglich niemals Gegenstand einer Einlage sein und zu einer Eigenkapitalmehrung bei der Gesellschaft führen.[671] Diesen Analogieschluss zieht auch der Große Senat in seiner Urteilsentscheidung: Er deutet den vereinbarten Erlass der Verbindlichkeit gegenüber der sanierungsbedürftigen Gesellschaft in die Einlage einer Forderung um und schließt hieraus die fehlende Werthaltigkeit der Forderung.[672] Die gezogene Parallele vermag vor dem wirtschaftlichen Hintergrund des vorliegenden Untersuchungsgegenstandes nicht zu überzeugen, da zweifelhaft ist, ob die Einlage einer Forderung „dem in Wirklichkeit Gewollten“[673] des Gläubiger-Gesellschafters entspricht. Zweck der von der Gläubiger-Gesellschaft initiierten Sanierungsmaßnahme ist doch vielmehr, die finanziell

669 Vgl. BFH-Urteil vom 9. Juni 1997, GrS 1/94, BStBl II 1998, 307; vgl. auch Urteilsbesprechung bei *Hoffmann* (2004), S. 1456.

670 Vgl. § 27 Abs. 2 AktG. Vgl. BFH-Urteil vom 24. Mai 1984, I R 166/78, BStBl II 1984, 749; BFH-Beschluss vom 26. Oktober 1987, GrS 2/86, BStBl II 1988, 352; vgl. *Böth* (2005), S. 342; *Döllerer* (1990), S. 189-191; *Hommel* (1998), S. 258. *Hommel* bezieht sich dabei auf § 246 Abs. 1 HGB bzw. die aktienrechtlichen Vorschriften über Sacheinlageleistungen § 27 Abs. 2 AktG.

671 Vgl. *Hoffmann* (1998), S. 1985.

672 Die vom Bundesfinanzhof unterstellte „Figur der Einbringung der Gesellschafterforderung als Sacheinlage“ wird insbesondere von *Hoffmann* kritisiert, „weil die Forderung im Augenblick des Einbringungsvorgangs (nicht in einer ‚juristischen‘ Zeiteinheit, die es praktisch nicht geben kann) durch Konfusion untergeht.“ *Hoffmann* (2001), S. 640.

geschwächte Gesellschaft durch einen Erlassvertrag von der Schuld zu befreien und ihre Kapitalstruktur zu verbessern.[674] Auf der Ebene der begünstigten Gesellschaft geht es somit nicht um die Beurteilung der Einlagefähigkeit einer (wertlosen) Forderung, sondern um die Abbildung eines Vermögensvorteils, der sich als Verminderung der Verbindlichkeit konkretisiert. Die Argumentation des Bundesfinanzhofs geht implizit von dem Grundsatz einer korrespondierenden Behandlung in der Bilanz der Gesellschaft und der des Gesellschafters aus (sog. Korrespondenzprinzip), den es aber für steuerrechtliche (und handelsrechtliche) Zwecke nicht gibt. Die schlechte wirtschaftliche Lage der Gesellschaft, die sich in der Wertentwicklung der Forderung des Gesellschafters widerspiegelt, hat grundsätzlich keinen Einfluss auf den Wert der Verbindlichkeit in der Bilanz der begünstigten Gesellschaft.[675] Eine unterschiedliche bilanzielle Erfassung auf Gesellschafter- und Gesellschaftsebene ist vielmehr zwingende Folge des Imparitätsprinzips, welches zu einer unterschiedlichen Bewertung der Forderung und ihrer korrespondierenden Verbindlichkeit führen kann.[676] Die Beurteilung der Behandlung des Forderungsverzichts in der Sphäre der Gesellschaft muss sich somit unabhängig von der Werthaltigkeit der Forderung des Gesellschafters vollziehen.[677] Der Verzicht auf eine möglicherweise bereits (zum Teil) abgeschriebene Forderung der Gesellschafterin führt folglich zu einer Eigenkapitalmehrung in Höhe des vollständigen Verbindlichkeitsbetrags im Abschluss der begünstigten Gesellschaft. Darüber hinaus gilt nachfolgend zu klären, ob der Forderungsverzicht zu einem erfolgsneutralem Einlagenvorgang oder einer Gewinnerhöhung führt.

Die (steuerrechtliche) Un-Gleichbehandlung von Barzuschuss und Forderungsverzicht erweist sich darüber hinaus in Hinblick auf ihren ökonomischen Gehalt problematisch. Sie ergibt sich aus der unterschiedlichen Beurteilung der Werthaltigkeit beider Sanierungsmaßnahmen.[678] Die Annahme, dass der Verzicht auf die Gesellschafterforderung – im Gegensatz zu einem Barzuschuss[679] – nicht mehr werthaltig sei, vermag aus wirtschaftlicher Sicht nicht zu überzeugen.[680] Alternativ ließe sich eine Sanierung formal auch so konstruieren, dass zunächst die Gewährung eines Barzuschusses das Gesellschaftsvermögen erhöht. Hierdurch könnte eine Aufwertung der bestehenden (Darlehens-)Schuld erzeugt werden, so dass die Forderung theoretisch beglichen werden könnte. Die Forderung wäre dann als werthaltig zu klassifizieren.

---

673 *Hoffmann* (1998), S. 1984.
674 Vgl. *Rautenberg/Schaufenberg* (1995), S. 1346.
675 Vgl. *Hoffmann* (1998), S. 1986f.
676 Vgl. *Thiel* (1992), S. 23.
677 Vgl. *Hoffmann* (1998), S. 1985; *Rautenberg/Schaufenberg* (1995), S. 1348; *Thiel* (1992), S. 23.
678 Zur Problematik der Wertermittlung vgl. *Helm/Krinninger* (2005), S. 1993.
679 Bei Bareinlagen wird generell von einer Einlagefähigkeit ausgegangen. Vgl. BFH-Urteil vom 28. April 2004, I R 20/03, BFH/NV 2005, 19; *Döllerer* (1986), S. 1859.
680 Vgl. auch *Helm/Krinninger* (2005), S. 1990.

Beide Sanierungsinstrumente führen im Ergebnis zu einem Vermögenszufluss, der sich lediglich im Zeitversatz unterscheidet: Während der formalrechtliche Verzicht der Forderung ex post zu einer Umqualifizierung von Fremd- in Eigenkapital führt, erhöht der Liquiditätszuschuss ex ante das Gesellschaftsvermögen.[681] Beide Sanierungsmaßnahmen zielen gleichermaßen auf die Vermeidung der (bilanzrechtlichen) Überschuldung und darauf, die Gesellschaft finanziell durch Zuführung von Eigenkapital zu unterstützen. Eine einheitliche Bilanzierung von wirtschaftlich gleichwertigen Sanierungsmaßnahmen ist damit dringend geboten.

1.1.2. Vermeintliches Quasi-Wahlrecht nach § 272 Abs. 2 Nr. 4 HGB

Sowohl Barzuschuss als Forderungsverzicht erhöhen unmittelbar bzw. durch Umwandlung des Gesellschafter-Fremdkapitals das bilanzrechtliche Eigenkapital. Ob die Sanierungsmaßnahmen eine erfolgsneutrale Eigenkapitalmehrung oder eine erfolgswirksame Gewinnerhöhung bewirken, entscheidet nach verbreiteter handelsrechtlicher Auffassung der „Wille des Gesellschafters“[682].
Das vermeintliche „Quasi-Wahlrecht“[683] hat seinen Ursprung in der Gesetzesbegründung zur Regelungsvorschrift des § 272 Abs. 2 Nr. 4 HGB. Die für Kapitalgesellschaften geltende Gesetzesnorm regelt seit dem Bilanzrichtlinien-Gesetz die bilanzrechtliche Qualifikation solcher Zuzahlungen, die von Gesellschaftern[684] in das Eigenkapital geleistet werden. Vor ihrer Kodifikation erfolgte – mangels gesetzlicher Vorschriften – eine erfolgswirksame Erfassung der außerhalb der gesellschaftsrechtlichen Einlagen geleisteten Vermögenszuwendungen.[685] Nach der geltenden Gesetzesvorschrift ist „der Betrag von anderen Zuzahlungen, die Gesellschafter in das Eigenkapital leisten“ nunmehr als Kapitalrücklage auszuweisen.[686] Die Zuzahlung des Gesellschafters „in das Eigenkapital“ müsse – so die Formulierung des Rechtsausschusses – "gewollt sein, so daß verdeckte Einlagen oder auch verlorene Zuschüsse nicht ohne weiteres erfaßt werden"[687]. Hieraus schließt die verbreitete Literaturmeinung, dass „die bilanzielle Behandlung dieser Gesellschafterbeiträge von der Zweckbestimmung des Zuschusses – genauer: von der vom Gesellschafter mit seinem Zuschuß bei der Kapitalgesellschaft beabsichtigten Erfolgswirkung – abhängig“ sei.[688] Zuschüsse, die ausdrücklich zur Abdeckung eines Jahresfehlbetrags oder zum Ausgleich eines Bilanzverlusts gewährt werden (beispielsweise auf-

681 Vgl. *Hoffmann/Lüdenbach* (2005), S. 1672.
682 Vgl. *ADS* (1998c), Rn. 137; *Förschle/Scheffels* (2006), Rn. 67; *Küting/Kessler* (2003), Rn. 108.
683 *Hoffmann/Lüdenbach* (2005), S. 1672.
684 Die Vorschrift beschränkt sich nicht nur auf Zuzahlungen der Gesellschafter, sondern umfasst auch die Leistungen Dritter, sofern bestimmte Voraussetzungen erfüllt sind. Vgl. *ADS* (1998c), Rn. 133.
685 Vgl. *Döllerer* (1990), S. 184; *Groh* (1990), S. 382; *Hommel* (1998), S. 307.
686 § 272 Abs. 2 Nr. 4 HGB.
687 Bericht des Rechtsausschusses, Bundestagsdrucksache, 10/4268, S. 107.
688 *Küting/Kessler* (1989), S. 31; *Döllerer* (1990), S. 188.

grund eines Verlustübernahmevertrages), sollen den handelsrechtlichen Jahresüberschuss erhöhen. Unterbleibt die Festlegung einer Zwecksetzung ist nach herrschender Meinung die erfolgsneutrale Zuzahlung in das Eigenkapital anzunehmen.[689] Das „objektive[n] Merkmal der unmittelbaren Mehrung des Gesellschaftsvermögens" wird mithin flankiert durch das „subjektive Merkmal der Zweckbestimmung als Kapital"[690].

Die Ableitung eines handelsrechtlichen Ausübungswahlrechts aus der Auffassung des Rechtsausschusses, nachdem die erfolgsneutrale Erfassung von Gesellschafter-Zuzahlungen nur zulässig sein soll, wenn die beteiligten Parteien eine Einstellung in die Kapitalrücklage „wollen", lässt sich weder aus dem direkten Gesetzeswortlaut ableiten noch mit dem übergeordneten Bilanzzweck vereinbaren.[691] Die Zweckbestimmung des Gesellschafterzuschusses, die sich letztlich aus dem „Wissen und Wollen des Gesellschafters"[692] ableitet, ist als objektives Bilanzierungskriterium untauglich. Ein Ertragsausweis kann nicht allein mit der Absicht des Gesellschafters gerechtfertigt werden, mit der erbrachten Leistung an die Gesellschaft einen Jahresfehlbetrag auszugleichen. Die rechnerische Beseitigung von Verlusten in der Bilanz des Tochterunternehmens wird in der Regel nicht das hauptsächliche Motiv für die Zuschussgewährung darstellen. Vielmehr ist davon auszugehen, dass mit Hilfe des zugewendeten Vermögensvorteils Unternehmensaktivitäten wieder reaktiviert oder neue Ertragspotentiale erschlossen werden sollen. Eine trennscharfe Abgrenzung der Beweggründe des Gesellschafters für die Vorteilsgewährung ist intersubjektiv kaum nachprüfbar und für eine bilanzzweckorientierte Abbildung der Sanierungszuschüsse deshalb ungeeignet. Die Begründung im Ausschussbericht zu § 272 HGB „ist vielmehr dahingehend zu verstehen, daß der Gesellschafter lediglich den Willen zur Einlage selbst (nicht aber den Willen zu ihrer erfolgsneutralen Behandlung) bekunden muß"[693].

Alternativ wird das von der Bilanzrechtsprechung geprägte Kriterium der „Ursächlichkeit des Gesellschaftsverhältnisses" für die Klassifizierung des Zuschusses als verdeckte Einlage auch für handelsrechtliche Zwecke konsultiert.[694] Danach ist die Zuwendung durch das Gesellschaftsverhältnis veranlasst, wenn ein fremder Dritter bei Anwendung der Sorgfalt eines ordentlichen Kaufmanns diesen Vermögensvorteil nicht gewährt hätte.[695] Entgegen den subjektiven Vorstellungen der Gesellschafter legt das dem Steuerrecht entstammende Merkmal da-

---

[689] Vgl. a.A.: *HFA des IDW* (1996), S. 713.
[690] *Schedlbauer* (1990), S. 999.
[691] Vgl. *Hommel* (1998) , S. 310f.
[692] *Döllerer* (1990), S. 187.
[693] *Hommel* (1998) , S. 311.
[694] Vgl. *Lüdenbach/Freiberg* (2007), S. 1545.
[695] Vgl. BFH-Urteil vom 19. Februar 1970, I R 24/67, BStBl II 1970, 442f.

mit einen objektiveren Maßstab an.[696] Dennoch führt es im zu untersuchenden Fall einer sanierungsbedürftigen Schuldner-Gesellschaft nicht zwingend zu einer eindeutigen Bilanzierungsfolge. Im Einzelfall entscheiden die jeweilige Situation des Dritt-Gläubigers und seine Abhängigkeit von der Schuldner-Gesellschaft über eine Zuschussgewährung. So wird ein Gläubiger-Unternehmen aufgrund seiner Stellung als Haupt-Lieferant der Gesellschaft eher gewillt sein, auf seine Forderungsansprüche zu verzichten oder einen Barzuschuss zu leisten als ein von der Gesellschaft wirtschaftlich unabhängiger Gläubiger, um einen ansonsten drohenden höheren Schaden abzuwenden und die Wahrscheinlichkeit einer späteren Befriedigung der Zahlungsansprüchen möglicherweise zu erhöhen.

Aufgrund der rechtlichen und wirtschaftlichen Verbundenheit der Konzernunternehmen wird die Gesellschafterin im Sanierungsfall – im Gegensatz zu einem Dritt-Gläubiger – aber tendenziell eher geneigt sein, von ihren Forderungsansprüchen gegenüber der Tochter-Gesellschaft zurückzutreten und/oder zusätzliche Finanzmittel bereitzustellen. Die Sanierungsmittel werden in diesem Sinne mit der „besonderen causa societatis“ gewährt, d.h. in Hinblick auf das Gesellschafterverhältnis.[697]

1.1.3. Erfolgsneutrale Erfassung als Ausfluss des Vermögensermittlungsprinzips

Barzuschuss und Forderungsverzicht führen zu einem Vermögenstransfer, der „ceteris paribus das Vermögen der Tochterunternehmung erhöht“[698]. Der Vermögenszuwachs darf aber nicht als Gewinnmehrung im bilanzrechtlichen Sinne verstanden werden. Stellt der bilanzielle Jahresüberschuss auf der Grundlage einer vorsichtigen und umsatzgebundenen Ermittlung einen (stark) objektivierten Indikator dar, der einem Unternehmen entzogen werden kann, ohne die zukünftige Zahlungsfähigkeit zu gefährden, scheidet eine erfolgswirksame Gegenbuchung zum Abgang der Forderung und der Vereinnahmung der Barmittel aus. Die Zuwendung des Gesellschafters ist weder auf eine wirtschaftliche Umsatz-Betätigung zurückzuführen noch resultiert sie aus einer gestiegenen wirtschaftlichen Leistungskraft des begünstigten Tochterunternehmens. Das Vermögensermittlungsprinzip gebietet daher – unabhängig von der vorliegenden Rechtsform – ihre erfolgsneutrale Bilanzierung durch Gegenbuchung im Eigenkapital.[699] Sie sichert eine unverfälschte Darstellung der Gewinngröße, wenn „man im handelsrechtlichen Jahresabschluß ein Instrument zur Ermittlung des objektiven selbsterwirtschafteten Gewinns der Gesellschaft“ sieht.[700] Mit der Einstellung der Sanierungszuwendungen in die gesetzlich normierten Rücklagen erfolgt die gebotene „Trennung zwischen Gewinn und

---

696 Vgl. *Döllerer* (1990), S. 187.
697 *Döllerer* (1986), S. 1858. *Döllerer* bezieht sich dabei auf *Wilhelm* (1978), S. 367
698 *Hoffmann/Lüdenbach* (2005), S. 1671.
699 Vgl. *Hommel* (1998), S. 47f.

Kapital“[701], die den Mitgesellschaftern signalisiert, welcher Gewinn dem Unternehmen substanziell entzogen werden kann. Würden die Sanierungszuschüsse erfolgswirksam erfasst, käme es möglicherweise zu einer sofortigen Gewinnausschüttung, die der eigentlichen Sanierungsabsicht entgegenwirken würde. Denn Barzuschuss und Forderungsverzicht bezwecken nicht nur die Abwendung einer (potentiellen) bilanz- und insolvenzrechtlichen Überschuldung, sondern werden darüber hinaus mit der Absicht gewährt, die Eigenkapitalbasis nachhaltig zu stärken, um infolge einer verbesserten Kreditwürdigkeit Fremdkapitalquellen zu erschließen und die wirtschaftliche Gesundung der Gesellschaft wiederherzustellen.

1.2. Rangrücktrittsvereinbarung

1.2.1. Unmaßgeblichkeit der Überschuldungsbilanz für die Handelsbilanz

Zur Vermeidung der Passivierung einer Verbindlichkeit im Überschuldungsstatus forderte der Bundesgerichtshof in seinem Grundsatzurteil vom 8. Januar 2001 die Erklärung eines sog. „qualifizierten“ Rangrücktritts, der einen Gleichrang der Forderungen mit dem statutarischen Eigenkapital vorsieht. Eine Passivierungspflicht in der Überschuldungsbilanz entfällt demnach, wenn der Gläubiger nicht nur nach Befriedigung der Ansprüche sämtlicher Gesellschaftsgläubiger (sog. „einfacher“ Rangrücktritt), sondern zugleich mit den Einlagerückgewähransprüchen der Mitgesellschafter bedient wird. Hinsichtlich der handels- und steuerrechtlichen Beurteilung des Rangrücktritts bestand (weitestgehend) Konsens, dass die Erklärung einer Rangrücktrittsvereinbarung nicht zu einer gewinnerhöhenden Auflösung der Verbindlichkeit führt.[702] Die zusätzlichen schuldrechtlichen Anforderungen des Bundesgerichtshofs zur Behandlung der Verbindlichkeiten im Überschuldungsstatus gaben jedoch Anlass, das nach herrschender Meinung geltende Auflösungsverbot nachrangiger Verbindlichkeiten erneut auf den Prüfstand zu stellen.

Von LANG wird in Frage gestellt, ob die schuldrechtlichen Auswirkungen infolge des BGH-Urteils auf die Überschuldungsbilanz gleichermaßen Wirkung in der Handels- bzw. Steuerbilanz entfalten und eine Passivierungspflicht dementsprechend nur geboten sei, wenn der Gläubiger durch seine Erklärung hinter die Forderungen aller Gesellschaftsgläubiger tritt, aber im Rang noch vor der Einlagenrückgewähr an die Gesellschafter steht. Da mit der geforderten Gleichstellung des Gesellschafterdarlehens mit den Einlagerück-gewähransprüchen die Verbindlichkeit quasi dem statuierten Kapital gleichstünde, fordert LANG die gewinnwirksa-

700 *Küting/Kessler* (1989), S. 26.
701 Beide vorstehenden Zitate: *Küting/Kessler* (1989), S. 25; vgl. *Döllerer* (1986), S. 1858.
702 Vgl. BFH-Urteil vom 30. März 1993, IV R 57/91, BStBl II 1993, 502; vgl. zum Meinungsstand insbesondere *Böcking* (1994b), S. 65–67; *Fleck* (1985), S. 119f.

me Auflösung der mit „qualifiziertem" Rangrücktritt versehenen Verbindlichkeiten auch in der Handels- und Steuerbilanz.[703]

Die Ansicht von LANG ist Ausfluss einer formalrechtlichen Betrachtungsweise, die ausschließlich auf die vom Bundesgerichtshof erzwungene, formalrechtliche „Erfüllungsmodalität"[704] abstellt. Einem Transfer der zivil- und insolvenzrechtlichen Überlegungen in die Sphäre des Handelsrechts stehen bereits die verschiedenen Zweck- und Zielsetzungen der Rechensysteme entgegen. Während die Erstellung der Überschuldungsbilanz darauf zielt, „die Insolvenzreife der Gesellschaft zu prüfen"[705] und das für die Gläubiger erzielbare Schuldendeckungspotential zu ermitteln[706], besteht der Sinn und Zweck der Handelsbilanz in der Ermittlung einer unter Fortführungsgesichtspunkten ermittelten vorsichtigen Ausschüttungsrichtgröße. Der Ausweis von Verbindlichkeiten mit Rangrücktrittsvereinbarungen in der Handels- und Steuerbilanz muss daher gezwungenermaßen anderen Ansatz- und Bewertungsregeln folgen als in der Überschuldungsbilanz.[707] Vor dem Hintergrund der jeweiligen Zwecksetzung der Überschuldungs- und Handelsbilanz kann die Behandlung der Verbindlichkeit im Überschuldungsstatus allenfalls Indiz für die bilanzrechtliche Behandlung sein.[708] So erklärt auch der IV. Senat, dass sich „die Nichtberücksichtigung der zurückgetretenen Verbindlichkeit im Überschuldungsstatus als eine der besonderen Funktion dieses Rechenwerks entsprechende Besonderheit [erweist], die die Bilanzierung im Jahresabschluss unberührt läßt"[709]. Der Ansatz- bzw. Nichtansatz der Verbindlichkeiten in der Überschuldungsbilanz ist damit ohne Präjudiz für die bilanzielle Behandlung in der Handels- und Steuerbilanz.[710]

1.2.2. Unmaßgeblichkeit der Rückzahlungsklausel: Tilgung aus künftigen Gewinnen, Liquidationsüberschüssen oder sonstigen Vermögensmehrungen

Je nach Ausgestaltung der Rückzahlungsklausel kann die Schuldner-Gesellschaft verpflichtet sein, die Verbindlichkeiten aus Gewinnen, etwaigen Liquidationsüberschüssen oder sonstigen Vermögensmehrungen zu tilgen. Nach (traditioneller) Auffassung und ständiger Rechtsprechung gilt für Verbindlichkeiten, die nur aus künftigen Gewinnen zu begleichen sind, ein

703 Vgl. *Lang* (2003), Rn. 1126.
704 *Uhländer* (2005), S. 73.
705 *Heerma* (2005), S. 542.
706 Vgl. *Crezelius* (2005), S. 790.
707 Vgl. *Heerma* (2005), S. 542. Zu den Ansatz- und Bewertungsannahmen in der Überschuldungsbilanz vgl. insbesondere *Förschle/Hoffmann* (2008), Rn. 90–124; *Nonnenmacher* (1994), S. 1320–1328.
708 Vgl. *Böcking* (1994b), S. 65.
709 BFH-Urteil vom 30. März 1993, IV R 57/91, BStBl II 1993, 503.
710 So auch *Frystatzki* (2006), S. 109; *Heerma* (2005), S. 542; *Schildknecht* (2005), S. 182; *Watermeyer* (2004), S. 373; *Westerburg/Schwenn* (2006), S. 503.

Passivierungsverbot.[711] Die Auffassung findet ihre Entsprechung in der einkommenssteuerrechtlichen Vorschrift des § 5 Abs. 2a EStG, nach der Verpflichtungen, die nur bei Anfallen künftiger Einnahmen oder Gewinne zu erfüllen sind, nicht passiviert werden dürfen.[712] Entgegen anderslautender Meinungen lässt sich die Steuervorschrift nicht auf Gesellschafterdarlehen mit Rangrücktrittserklärung übertragen.[713] Sie regelt „bedingt entstehende Verbindlichkeiten", die am Bilanzstichtag noch nicht wirtschaftlich verursacht sind und damit keine greifbare Vermögensbelastung verkörpern. Gerade dies trifft aber auf Verbindlichkeiten mit vertraglich vereinbartem Rangrücktritt nicht zu, denn mit dem ursprünglichen Verbindlichkeitszugang sind unmittelbar wirtschaftliche Vermögenswerte zugegangen.[714] Das Erfolgsneutralitätsprinzip verbietet daher eine ertragswirksame Auflösung der Rangrücktrittsverbindlichkeit. Ist die Verbindlichkeit nur aus künftigen Gewinnen zu tilgen, kommt dagegen eine erfolgsneutrale Umqualifizierung der Verbindlichkeit in Eigenkapital in Betracht.

Die Finanzverwaltung hat die Steuervorschrift in ihrem Erlass vom 18. August 2004 ebenfalls auf die steuerliche Behandlung von Rangrücktrittsvereinbarungen übertragen und wie folgt ausgelegt: Das Passivierungsverbot gemäß § 5 Abs. 2a EStG führt danach bei Rangrücktrittsvereinbarungen grundsätzlich weder zur Minderung noch zum Erlöschen der Schuld, wenn Schuldner und Gläubiger vereinbaren, „dass eine Rückzahlung der Verbindlichkeit nur dann zu erfolgen habe, wenn der Schuldner dazu aus zukünftigen Gewinnen, aus einem Liquidationsüberschuss oder aus einem anderem – freien – Vermögen künftig in der Lage ist und der Gläubiger mit seiner Forderung im Rang hinter alle anderen Gläubiger zurücktritt"[715]. Einschränkend stellt die Finanzverwaltung heraus, dass Rangrücktrittsvereinbarungen, bei denen die Möglichkeit einer Tilgung aus sonstigen freien Vermögen[716] nicht ausdrücklich vereinbart wurde, zur erfolgswirksamen Ausbuchung der Verbindlichkeit führen.[717]

Der Bundesfinanzhof ist der Auffassung der Finanzverwaltung mit seiner Entscheidung vom 10. November 2005 entgegengetreten. Eine unspezifizierte Rangrücktrittserklärung sei nicht dahin gehend auszulegen, „dass der Gläubiger für den Fall der Besserung auf die Rückzahlung des Darlehens aus einem Liquidationsüberschuss oder aus dem die sonstigen Verbind-

[711] Vgl. zuletzt BFH-Urteil vom 20. Oktober 2004, I R 11/03, BStBl II 2005, 583.
[712] Vgl. zur Entstehungsnorm der Vorschrift *Suchanek/Hagedorn* (2004), S. 455.
[713] Vgl. beispielsweise *Priester* (1977), S. 2434.
[714] Vgl. *Böcking* (1994b), S. 68.
[715] BMF (2004), S. 850.
[716] Unter freiem Vermögen versteht man denjenigen Vermögensteil, der in einem Insolvenzverfahren nicht der Insolvenzverwaltung unterliegt. Hierzu gehören vor allem die nach § 36 InsO unpfändbaren sowie vom Verwalter freigegebenen Gegenstände.
[717] Vgl. BMF (2004), S. 850; *Sinewe* (2006), S. 95.

lichkeiten übersteigenden Vermögen des Schuldners verzichtet"[718]. Eine ertragswirksame Auflösung käme demnach nicht deshalb in Betracht, weil die Rangrücktrittserklärung keine spezifischen Rangrücktrittsklauseln enthalte. Der erkennende Senat legt seiner Entscheidung damit die gebotene wirtschaftliche Betrachtungsweise zugrunde und beendet (zumindest für bilanzrechtliche Zwecke) die formalrechtliche Diskussion um die Ausgestaltung der mit der Rangrücktrittsvereinbarung verbundenen Tilgungsklausel in Hinblick auf die Frage der Gewinnrealisierung. Auf eine weitergehende Auslegung verzichtet der Bundesfinanzhof im vorliegenden Sachverhalt, da auf Grundlage der vorliegenden Akten „der Inhalt der Rangrücktrittsvereinbarungen nicht ersichtlich" wäre.[719]
Für die bilanzielle Beurteilung von Rangrücktrittsdarlehen gelten generell die Grundsätze erfolgsneutraler Passivenzugänge. Eine erfolgswirksame Auflösung der Verbindlichkeit wäre demzufolge – analog zur Behandlung des Druckkostenzuschusses – grundsätzlich erst geboten, wenn eine Rückzahlung des Darlehens mit an Sicherheit grenzender Wahrscheinlichkeit ausgeschlossen werden kann. Die Erbringung des Nachweises einer hinreichenden Ansatz- bzw. Bewertungsobjektivierung dürfte – wie nachfolgend dargelegt – vor dem Hintergrund der angestrebten Unternehmensfortführung im Regelfall schwieriger sein als beispielsweise im Rahmen eines Zuschussprojekts.

1.2.3. Unmaßgeblichkeit einer formalrechtlichen Betrachtungsweise

1.2.3.1. Auflösungsverbot bei Vorliegen einer wirtschaftlichen Vermögenslast

Mit der Erklärung eines Rangrücktritts wird im Gegensatz zu einem echten Forderungsverzicht (lediglich) die Erfüllungsmodalität, d.h. der Inhalt der ansonsten rechtlich fortbestehenden Forderung geändert. Das Fortbestehen der formalrechtlichen Verpflichtung stellt das im Schrifttum dominierende Argument für die Annahme eines Passivierungsgebots dar. Sie ist jedoch weder ein notwendiges noch ein hinreichendes Passivierungskriterium. Für die bilanzrechtliche Auslegung entscheidet (letztlich), ob das Unternehmen mit einer objektivierten Mindestwahrscheinlichkeit mit einer Inanspruchnahme rechnen muss und mithin eine wirtschaftliche Vermögenslast vorliegt.

Je schlechter die Lage des Unternehmens ist, in der ein Rangrücktritt geschlossen wird, desto geringer ist auch die Wahrscheinlichkeit einer Rückzahlung der Verbindlichkeit. Kann mit Sicherheit ausgeschlossen werden, dass mangels fehlender Liquiditätsüberschüsse oder künftiger Gewinne eine Tilgung der Schuld realistischerweise nicht möglich ist, wäre in der Kon-

[718] BFH-Urteil vom 10. November 2005, IV R 13/04, BStBl II 2006, 621. Vgl. zur Urteilswürdigung *Watermeyer* (2006), S. 241f.

sequenz die Verbindlichkeit nicht mehr zu passivieren. Die ertragswirksame Auflösung der Schuld könnte aber wiederum positive Synergieeffekte bewirken, aufgrund dessen die Aussicht auf eine Tilgung der Verbindlichkeit verbessert würde und mithin der Wahrscheinlichkeitsgrad der Inanspruchnahme zunimmt. Diese von BERNDT beschriebene „zirkuläre Argumentation“[720] lässt sich entkräften, wenn man objektivierungsbedingt unterstellt, dass der Rangrücktritt nur mit der Aussicht auf eine künftige Besserung der Unternehmenssituation und eine Befriedigung der Forderung nach Behebung der Finanzkrise gewährt wird.[721] Diese Erwartungshaltung ergibt sich aus dem ökonomischen Kalkül der Gesellschafter: Die Kapitalgeber wägen im Vorfeld ab, ob die Fortführung des Unternehmens günstiger ist als seine Liquidation.[722] Nur wenn die Fortführung und Sanierung des Unternehmens nach objektiven Maßstäben durchführbar ist (Frage der Sanierungsfähigkeit) sowie subjektive Vorteile erwarten lässt (Frage der Sanierungswürdigkeit), wird der Kapitalgeber gewillt sein, Maßnahmen zur finanziellen Sanierung der Gesellschaft zu ergreifen. Von der Beurteilung der Sanierungsfähigkeit und der Sanierungswürdigkeit hängt es ab, ob eine Sanierung oder Liquidation eines Unternehmens geboten ist.[723] Da der „Gläubiger auf seine Forderung nicht verzichtet, sondern in der Erwartung einer Behebung der Krise seines Schuldners mit diesem Vereinbarungen trifft, die eine spätere Geltendmachung der Forderung ermöglichen“, lässt sich die „Prognose, daß die Voraussetzungen für eine spätere Geltendmachung der Forderung mit an Sicherheit grenzender Wahrscheinlichkeit nicht eintreten werden“ in der Regel nicht ableiten.[724] Eine Auflösung der Verbindlichkeit damit zu rechtfertigen, dass der Gläubiger keine ernsthaften Bemühungen zeigt, Sanierungsmaßnahmen umzusetzen, um möglicherweise eine Rückzahlung der Verbindlichkeit zu verhindern oder hinauszuzögern, wird im Einzelfall zudem objektivierungsbedingt kaum nachweisbar sein.

Eine erfolgswirksame Ausbuchung der Verbindlichkeit würde dem Sinn und Zweck einer Rangrücktrittsvereinbarung nicht gerecht, da mit ihr lediglich eine veränderte Rangordnung bei der Befriedigung der Verbindlichkeiten und damit die Fälligkeit der Verbindlichkeit geregelt wird.[725] Bis zu ihrer Tilgung obliegt dem Tochterunternehmen eine wirtschaftliche Vermögenslast, die vorsichtsbedingt weiterhin passivierungspflichtig ist.

Vereinbaren Schuldner und Gläubiger einen „qualifizierten“ Rangrücktritt, ergibt sich hinsichtlich der handelsrechtlichen Gewinnrealisierung grundsätzlich kein Unterschied zu einem „einfachen“ Rangrücktritt.[726] Trotz der geänderten Rangstellung im Verhältnis zu den Mitge-

---

719 BFH-Urteil vom 10. November 2005, IV R 13/04, BStBl II 2006, 621.
720 *Berndt* (2006), S. 2746.
721 Vgl. *Heerma* (2005), S. 543.
722 Vgl. *Nonnenmacher* (1994), S. 1315.
723 Vgl. *Förschle/Heinz* (2008), Rn. 7.
724 BFH-Urteil vom 30. März 1993, IV R 57/91, BStBl II 1993, 503.
725 Vgl. BMF (2004), S. 850.
726 Vgl. auch *Fichtelmann* (2007), S. 518.

sellschaftern bewirken beide Formen des Rangrücktritts, dass der Gläubiger zwar nachrangig gegenüber Dritt-Gläubigern befriedigt wird, aber eine Inanspruchnahme grundsätzlich nicht ausgeschlossen werden kann. [727]

1.2.3.2. Wirtschaftliche Zweckidentität von Rangrücktritt und Forderungsverzicht mit Besserungsschein

Rangrücktritt und Besserungsschein stellen aus Sicht der (älteren) höchstrichterlichen Rechtsprechung und der überwiegenden Bilanzrechtsmeinung zwei voneinander strikt zu trennende Rechtskonstrukte dar, die eine unterschiedliche bilanzielle Abbildung implizieren.[728] Im Falle eines Forderungsverzichts mit Besserungsschein erlischt aus rechtlicher Sicht die Verpflichtung zur Rückzahlung des überlassenen Kapitals bis zum Eintritt des Besserungsfalls, während im Falle des Rangrücktritts lediglich der Inhalt einer als solchen fortbestehenden Verbindlichkeit geändert wird.[729] Unabhängig von der Ausgestaltung des Forderungsverzichts als aufschiebende oder auflösende Bedingung bedient er sich „der zivilrechtlichen Figur des bedingten Erlasses, so daß es zumindest vorübergehend zum Erlöschen der Forderung kommt“[730]. Hieraus wird teilweise geschlussfolgert, dass bis zum Eintritt des Besserungsfalls im Gegensatz zum Rangrücktritt keine passivierungspflichtige Rückzahlungsverpflichtung mehr vorliegt.[731]

Die Argumentation knüpft die Frage der Passivierung an die formalrechtliche Qualifikation des Forderungsverzichts mit Besserungsschein. Sie fingiert zwei zivilrechtlich separate Rechtsgeschäfte und leitet hieraus Bilanzierungsfolgen ab, die den wirtschaftlichen Normzweck negieren. Die Auffassung vermag aus bilanzrechtlicher Sicht nicht zu überzeugen: Der Grundsatz des quasi-sicheren Gewinnanspruchs verbietet eine erfolgserhöhende Auflösung der Verbindlichkeit, sofern mit „an Sicherheit grenzender Wahrscheinlichkeit“ eine Inanspruchnahme nicht ausgeschlossen werden kann.[732] Eine gewinnerhöhende Auflösung der bedingten Verbindlichkeit ist aufgrund der strengen Objektivierungserfordernisse im Sinne des Erfolgsneutralitätsprinzips nur dann zulässig, wenn keineswegs damit zu rechnen ist, dass die Bedingungen der Besserungsabrede erfüllt werden. Gegen die Argumentationskette, die die bisherig Behandlung in Theorie und Praxis zu stützen scheint, äußert der Senat in seinem Urteil vom 30. März 1993 ebenfalls Bedenken, „bei gegebenem gleichem wirtschaftlichen

---

727 Stellvertretend für viele: *Hoyos/Ring* (2006a), Rn. 232. Die Rechtsaufassung wurde nunmehr auch durch das BMF (2006), S. 497 bestätigt.

728 Vgl. beispielsweise BFH-Urteil vom 30. Mai 1990, I R 41/87, BStBl II 1991, 588.

729 Vgl. *Häuselmann* (1993), S. 1553.

730 *Thiel* (1992), S. 26.

731 Vgl. *Hoyos/Ring* (2006a), Rn. 237, hier m.w.N.; *Schmidt* (1987), S. 502, hier m.w.N.

Gehalt [...] eine unterschiedliche bilanzielle Behandlung von Rangrücktritt und Besserungsschein" anzunehmen; es sei „[n]äherliegend [...], die bilanziellen Folgerungen aus dem auflösend bedingten Verzicht mit Besserungsschein denen aus einem Rangrücktritt anzugleichen, wenn das Wiederaufleben der Verbindlichkeit und damit die Pflicht zu ihrer Bedienung von den gleichen Voraussetzungen wie die Bedienung der Verbindlichkeit bei dem im Streitfall vereinbarten Rangrücktritt abhängt"[733].
Trotz der unterschiedlichen zivilrechtlichen Ausgangslage sind Besserungsschein und Rangrücktritt wirtschaftlich gleichwertig und deshalb bilanzrechtlich gleich zu behandeln.[734] Zu fragen ist im Einzelfall, ob die Gesellschaft – unabhängig von der zivilrechtlichen Konstruktion – faktisch einem Leistungszwang unterliegt.[735]

1.2.4. Unmaßgeblichkeit eines formellen Kapitalbegriffs

Es wurde bisher herausgearbeitet, dass der Grundsatz der quasi-sicheren Gewinnrealisierung grundsätzlich ein Auflösungsverbot und damit den Fremdkapitalausweis im Falle eines Rangrücktritts bzw. bei Schulderlass mit Besserungszusage gebietet. Nachrangdarlehen und Besserungsscheine zählen neben Genussrechten, stillen Beteiligungen oder Wandel- und Optionsrechten zu den typischen Ausprägungen von Mezzanine-Kapital, das Elemente des idealtypischen Eigen- und Fremdkapitals vereint.[736] Eine einheitliche Auffassung in Bezug auf die Abbildung von Gesellschafterdarlehen mit Rangrücktrittsklausel hat sich nicht herausgebildet. Ursächlich hierfür ist das „Spannungsverhältnis zwischen gewählter Rechtsform – Darlehen – und der wirtschaftlichen Funktion – Kapitalersatz"[737]. Deshalb gilt nachfolgend zu prüfen, inwieweit eine erfolgsneutrale Umqualifizierung von Fremd- in funktionales Eigenkapital geboten ist. Der von einer Minderheit favorisierte Ausweis eines zwischen Eigenkapital und Fremdkapital liegenden Sonderpostens[738] führt zu einer unzulässigen, nicht gesetzeskonformen Erweiterung des Gliederungsschemas der Bilanz und wird daher von der weiteren Betrachtung ausgeschlossen.

Zur Klärung des Bilanzausweises ist auf die handelsrechtliche Bestimmung des Eigenkapitals abzustellen, welches durch „die Grundsätze ordnungsmäßiger Buchführung (GoB) sowie ob des Residualcharakters des Eigenkapitals durch die ‚speziellen' gesetzlichen Regelungen zur

732 *Böcking* (1994b), S. 79.
733 BFH-Urteil vom 30. März 1993, IV R 57/91, BStBl II 1993, 503.
734 Vgl. auch *Eppler* (1991), S. 195f.; *Schruff* (1976), S. 153–164.
735 Vgl. *Schulze-Osterloh* (1996), S. 103.
736 Vgl. *Dürr* (2007), S. 23, hier m.w.N.
737 *Fleck* (1985), 109.
738 Vgl. *Knobbe-Keuk* (1983), S. 130f; *Schmidt* (1987), S. 503.

Bilanzierung von Vermögensgegenständen, Schulden und Rechnungsabgrenzungsposten vorgezeichnet ist“[739]. Die bilanzielle Abgrenzung von Eigen- und Fremdkapital orientiert sich nicht an der zivilrechtlichen Einkleidung (formeller Kapitalbegriff), sondern maßgeblich an der wirtschaftlichen Funktion des überlassenen Kapitals (materieller Kapitalbegriff).[740] Der materielle Eigenkapitalbegriff wird nach herrschender Ansicht für Zwecke der Kapitalzuordnung – inspiriert durch betriebswirtschaftliche Ansätze[741] und letztlich durch die HFA-Stellungnahme „Zur Behandlung von Genußrechten im Jahresabschluß von Kapitalgesellschaften“[742] – anhand der folgenden kumulativ zu erfüllenden Kriterien definiert. Danach ist eine Eigenkapital-Qualifikation dann geboten, wenn das Kapital einen nachrangigen Rückzahlungsanspruch nach Bedienung aller anderen Gläubiger vorsieht, eine erfolgsabhängige Vergütung gewährt und längerfristig überlassen wird.[743] Für die Qualifikation einer Kapitalzufuhr als bilanzielles Eigen- oder Fremdkapital ist folglich irrelevant, ob durch die Kapitalüberlassung schuldrechtliche Ansprüche des Leistenden gegen das Unternehmen entstehen.[744] Die bilanzrechtliche Auslegung vertraglicher Verpflichtungen muss zum Zwecke der Gläubigerschutzfunktion unter der Prämisse erfolgen, dass die Haftungsfunktion als zentrales Eigenkapitalmerkmal nicht konterkariert wird.[745]

Tritt ein Gesellschafter im Rang hinter sämtliche Gläubiger zurück oder erklärt er einen Forderungsverzicht mit Besserungszusage, weist das von ihm überlassene Kapital unverkennbar Parallelen zu den vorgenannten Eigenkapitalkriterien auf. Es erlangt faktisch Eigenkapitalstatus, da die Gesellschaftsgläubiger für die Dauer der Unternehmenskrise zur Sicherung und Befriedigung der Ansprüche von Drittgläubigern keinen Rückzahlungsanspruch innehaben. Die Nachrangigkeit und Vermögensbindung des überlassenen Kapitals implizieren somit die dem Eigenkapital inhärente Haftungsfunktion.[746] Hinzu tritt das Eigenkapitalmerkmal der erfolgsabhängigen Vergütung, welches bei Nachrangdarlehen oder Besserungsscheinen derart in Erscheinung tritt, als eine Tilgung nur aus künftigen Gewinnen, Liquiditätsüberschüssen oder sonstigen Vermögensmehrungen erfolgt.

---

[739] *Dürr* (2007), S. 144.

[740] Vgl. BGH-Urteil vom 21. März 1988, II ZR 238/87, BGHZ 104, 33; *Lutter/Hommelhoff* (1979), S. 42; *Priester* (1991), S. 1918. Zur Abgrenzung des materiellen und formellen Eigenkapitalbegriffs vgl. *Dürr* (2007), S. 149f.

[741] Vgl. *Priester* (1991), S. 1917.

[742] *HFA des IDW* (1994), S. 419–423; vgl. ausführlich *Baetge/Brüggemann* (2005), S. 2145–2152.

[743] Vgl. *HFA des IDW* (1994), S. 420; *Küting/Kessler* (1994), S. 2105.

[744] Vgl. *Priester* (1991), S. 1918.

[745] Vgl. *Dürr* (2007), S. 155.

[746] Vgl. *Dürr* (2007), S. 152; *Küting/Kessler* (2003), Rn. 194; *Mertens* (1992), S. 425.

Eine Eigenkapital-Klassifizierung scheidet nach herrschender Meinung aus.[747] Da mit einer Rangrücktrittserklärung die Fälligkeit des Rückzahlungsanspruches auf unbestimmte Zeit verschoben wird, unterscheidet sich die Rechtsstellung des Gesellschafters nicht von der eines Fremdgläubigers, „auch wenn er das Darlehen mit Rücksicht auf diese Eigenschaft – causa societas – gegeben hat“[748]. Durch den Gleichrang von Gesellschafterdarlehen und funktionalem Eigenkapital entfällt nur temporär der Schuldencharakter, so dass das Kriterium der nachhaltigen bzw. dauerhaften Mittelüberlassung[749] nicht erfüllt ist.

In Anlehnung an BÖCKING erscheint eine erfolgsneutrale Umqualifizierung in Eigenkapital dann zweckmäßig, wenn die Verbindlichkeit nur aus künftigen Gewinnen zu tilgen ist. Während bei dieser Rückzahlungsklausel der „Anteilseignercharakter“ überwiegt, „verstärken [weitere] Zusatzvereinbarungen den Fremdkapitalcharakter“[750].

1.2.5. Überblick der erforderlichen Anhangangaben

In Hinblick auf die Informationsfunktion des Jahresabschlusses einerseits und einer negativen Außenwirkung andererseits ist ein gesonderter Ausweis der nachrangigen Verbindlichkeiten im Anhang oder Lagebericht umstritten.[751] Gesetzliche Vorgaben ergeben sich explizit nur aus den Vorschriften für Aktiengesellschaften (§ 160 Abs. 1 Nr. 6 AktG), die verpflichtet sind, bestehende Rechte Dritter aus Besserungsscheinen im Anhang offenzulegen.
Da die Erklärung eines Rangrücktritts oder eines Forderungsverzichts mit Besserungszusage der Vermeidung einer insolvenzrechtlichen Überschuldung dient und die Prämisse der Unternehmensfortführung sichert, sind mit Rücksicht auf den Gläubigerschutz Anhangangaben geboten. Sie können sich implizit aus den Erläuterungspflichten des § 285 Nr. 1 und 2 HGB ergeben. Hiernach haben Kapitalgesellschaften den Gesamtbetrag der Verbindlichkeiten mit einer Restlaufzeit von fünf Jahren anzugeben. Zudem ist der Gesamtbetrag, der durch Pfandrechte und ähnliche Rechte gesichert ist, unter Angabe von Art und Form der Sicherheiten anzugeben. Zusätzlich haben große und mittelgroße Kapitalgesellschaften den Betrag nach § 285 Nr. 2 HGB für jeden Posten der Verbindlichkeiten aufzugliedern. Hierdurch wird den Kapitalgebern offen gelegt, mit welcher Intensität das Unternehmensvermögen durch Dritt- oder Gesellschafterrechte belastet bzw. entlastet ist.

---

747 Vgl. *Döllerer* (1992), S. 202; *Fleck* (1989), S. 315; *Hoyos/Ring* (2006a), Rn. 231.
748 *Fleck* (1985), S. 113.
749 Zur Auslegung des Kriteriums vgl. *Dürr* (2007), S. 153–155.
750 *Böcking* (1994b), S. 77.
751 Vgl. *Fleck* (1985), S. 114–117.

2. Bilanzielle Abbildung bei der Gläubiger-Gesellschaft

2.1. Barzuschuss und unbedingter Forderungsverzicht

2.1.1. Ansatz nachträglicher Anschaffungskosten

Ein unbedingter Forderungsverzicht führt wie eine Barauszahlung auf der Ebene der verzichtenden Gläubiger-Gesellschaft zu einem Vermögensabgang. Mit Wirkung des Erlassvertrages erlischt die Forderung, so dass eine weitere Aktivierung ausscheidet.[752] Bezüglich der Frage nach der korrespondierenden Gegenbuchung stehen sich in Rechtsprechung und Schrifttum verschiedene (Rechts-)Auffassungen gegenüber, die nachfolgend erörtert und hinsichtlich ihrer Eignung vor dem bilanzrechtlichen Sinn und Zweck untersucht werden.
Nach der ständigen BFH-Rechtsprechung führen Sanierungszuschüsse in Form verdeckter Einlagen eines Gesellschafters an die wirtschaftlich geschwächte Tochtergesellschaft zu nachträglichen Anschaffungskosten auf die Beteiligung, wobei sich die Höhe nach dem Teilwert des eingelegten Wirtschaftsgutes richtet.[753] Selbst im Falle der Verlustübernahme einer Gesellschafterin im Rahmen eines Organschaftsverhältnisses hat der Bundesfinanzhof eine nachträgliche Aktivierung auf die Beteiligung angenommen.[754] Es besteht in diesem Sinne eine „unreflektierte Quasi-Pflicht der Mutterunternehmung", jedwede werthaltige Vermögenszuwendung – unabhängig von einer damit verbundenen tatsächlichen Wertsteigerung der Beteiligung – als nachträgliche Anschaffungskosten der Beteiligung zu aktivieren.[755]

Die bilanzrechtlichen Auswirkungen der BFH-Rechtsprechung hat NEU an einem Beispiel ad absurdum geführt:[756] Besteht das Gesamtvermögen einer Tochtergesellschaft aus einer durch die Stammeinlage der Muttergesellschaft finanzierten Anleihe im Nominalwert von einer Mio. GE und wird der Schuldner der Gesellschaft insolvent, so ergibt sich für die Gesellschaft ein Verlust in Höhe des Stammkapitals. Gewährt der Gesellschafter einen Zuschuss in Höhe von einer weiteren Mio., würde der Bilanzwert der Beteiligung auf zwei Mio. GE steigen.
Die an die Rechtsprechung geknüpften Rechtsfolgen würden im Beispiel – entgegen dem Imparitätsprinzip – quasi zur Aktivierung eines Verlustes führen, der sich in Form eines zu-

752 Vgl. *Häuselmann* (1993), S. 1554.

753 Vgl. hierzu insbesondere das Grundsatzurteil des BFH vom 29. Mai 1968, I 187/65, BStBl II 1968, 722; bestätigt durch: BFH-Urteil vom 26. November 1993, VI R 3/92, BStBl II 1994, 243; BFH-Urteil vom 24. Juli 1996, I R 41/93, BStBl II 1996, 616; BFH-Urteil vom 27. April 2000, I R 58/99, BStBl II 2001, 168; BFH-Urteil vom 28. April 2004, I R 20/03, BFH/NV 2005, 20. Die Auffassung der höchstrichterlichen Rechtsprechung findet ihre Entsprechung in der durch das Steuerentlastungsgesetz 1999/2000/2002 kodifizierten Gesetzesnorm des § 6 Abs. 2 Satz 2 EStG. Danach erhöhen sich die Anschaffungskosten an der Beteiligung der empfangenen Gesellschaft um den Teilwert der verdeckt eingelegten Darlehensforderung.

754 Vgl. BFH-Urteil vom 16. Mai 1990, I R 96/88, BStBl II 1990, 797.

755 *Hoffmann* (2001), S. 637; vgl. BFH-Urteil vom 18. Dezember 1990, VIII R 158/86, BFH/NV 1992, 15.

756 Das Beispiel wurde in Anlehnung an *Neu* in leicht abgeänderter Form übernommen. Vgl. *Neu* (2000), S. 43.

sätzlichen Mehrwertes der Beteiligung niederschlägt.[757] Die Annahme des Bundesfinanzhofs, dass ein „gedachter Erwerber des ganzen Betriebs [...] im Rahmen des Gesamtkaufpreises den zusätzlichen, auf Rentabilitätsverbesserung angelegten Aufwand für den Anteil an der Kapitalgesellschaft in voller Höhe ansetzen“ würde, vermag nicht überzeugen.[758] Im Beispielfall wäre er doch allenfalls bereit einen Kaufpreis in Höhe von 1 Mio. GE zu bezahlen. Es ist nicht nachvollziehbar, weshalb ein gedachter Erwerber den bereits verloren gegangenen Verlustbetrag vergüten sollte.[759]

Die von der BFH-Rechtsprechung propagierte Wertzuschreibung der Beteiligung in Abhängigkeit von der Werthaltigkeit der geleisteten Einlage an die Tochtergesellschaft erzwingt damit eine korrespondierende Abbildung in der Bilanz des Gesellschafters und der Gesellschaft, die weder aus steuer- noch aus handelsrechtlicher Sicht vorgeschrieben ist.[760] Ausgehend von der typisierten Annahme des Bundesfinanzhofs, dass Barzuschüsse und Forderungsverzichte bezüglich ihrer Wert-Substanz unterschiedlich zu behandeln seien, ergäbe sich spiegelbildlich im Abschluss des Mutterunternehmens eine abweichende Bilanzierung beider Sanierungsinstrumente: Barzuschüsse gelten gemeinhin als werthaltig und führen in Form der Einlage zu einer erfolgsneutralen Eigenkapitalmehrung bei der Gesellschaft sowie spiegelbildlich zu einer nachträglichen Beteiligungsaktivierung bei der Gesellschafterin. Dementgegen müsste der Verzicht auf eine (unter Umständen bereits abgeschriebene) Forderung gegenüber einer sanierungsbedürftigen Gesellschaft mangels Werthaltigkeit das Ergebnis der Gesellschafterin in Höhe des (noch vorhandenen) Forderungswertes entsprechend erfolgswirksam vermindern sowie korrespondierend zu einer Gewinnerhöhung im Abschluss der begünstigten Gesellschaft führen. Hierdurch ergäbe sich wiederum eine bilanzielle Ungleichbehandlung von wirtschaftlich identischen Sanierungsmaßnahmen im Abschluss des leistenden Gesellschafters.

Deshalb hat auch der Bundesfinanzhof in einem vergleichbarem Urteil einschränkend bemerkt, dass eine Aktivierung ausscheidet, wenn schon im Zeitpunkt der Gewährung der Zuwendung feststeht, dass sich der Wert der Beteiligung durch die Zuwendung nicht erhöht.[761] Ein ähnlicher Tenor prägt auch das herrschende handelsrechtliche Meinungsbild: Eine nachträgliche Werterhöhung des Beteiligungsbuchwertes sei nur geboten, wenn die der Gesell-

757 Vgl. *Hoffmann* (2001), S. 637.
758 BFH-Urteil vom 28. April 2004, I R 20/03, BFH/NV 2005, 21.
759 Vgl. *Neu* (2000), S. 43.
760 Vgl. *Hommel* (1998), S. 271.
761 Vgl. BFH-Urteil vom 26. Januar 1977, I R 101/75, BStBl II 1977, 442: „Die sonst gebotene Aktivierung der verdeckten Einlage auf Beteiligungskonto scheitert hier daran, daß der Wert der Beteiligung durch die Verlustübernahme nicht erhöht wird.“; vgl. auch BGH-Urteil vom 31. Oktober 1978, KZR 5/77, BB 1979, 388.

schaft zugewendeten Mittel zu einer nachhaltigen Wertsteigerung der Beteiligung führen und eine über den bisherigen Zustand hinaus wesentliche Verbesserung bewirken.[762] Somit dürften – so RAUPACH – „die handelsrechtlichen Bedenken, die gegen die Aktivierung der verdeckten Einlagen vorgebracht worden sind, entkräftet sein". Dem kann nicht zugestimmt werden, denn der immanente bilanzrechtliche Mangel besteht weiter fort. Er liegt in der impliziten Annahme, dass der eingebrachte Vermögensgegenstand im Sinne eines Tauschgeschäfts zu einem Beteiligungsmehrwert führt.[763] Der Gesellschafter erbringt den Zuschuss aber nicht kausal, um beispielsweise weitere Geschäftsanteile zu erwerben, sondern leistet den Zuschuss unentgeltlich an eine bereits existierende und entgeltlich erworbene Beteiligung, die sich unter Umständen schon über mehrere Jahre im Anteilsbesitz der bilanzierenden Muttergesellschaft befindet.[764] Die (verdeckte) Einlage begründet keinen synallagmatischen Leistungsaustausch. Die nachträgliche Aktivierung der verdeckten Einlage verfehlt damit den „finalen Charakter des Anschaffungskostenbegriffs, der auf das Ziel des Erwerbs eines vorhandenen Vermögensgegenstandes gerichtet ist"[765]. Auch für den Ansatz einer Beteiligung gilt, dass ihr Wertansatz nicht durch die Ausgabe determiniert wird, sondern durch den für sie erlangten Gegenwert.

Dass „den zusätzlichen Anschaffungskosten (zunächst) kein gleichwertiges Betriebsvermögen gegenüberstehe", sei für eine Aktivierung – so die Auffassung des Bundesfinanzhofs – nicht hinderlich; für die Bemessung des Beteiligungswertes seien vielmehr „die Ertragslage und die Ertragsaussichten" maßgeblich.[766] Die Ansicht des Bundesfinanzhofs ist damit grundsätzlich Ausdruck einer wirtschaftlichen Betrachtungsweise und steht in Einklang mit dem Vermögenswertprinzip, welches das Vorliegen eines aktivierungsfähigen Vermögensbestandteils an das Vorhandensein künftiger Ertragswertbeiträge knüpft. Das bilanzrechtliche Vorsichts- und Objektivierungsprinzip erzwingt darüber hinaus aber die Konkretisierung dieses vermögenswerten Vorteils auf intersubjektiv nachprüfbare Art und Weise.[767] Mit der Gewährung des Zuschusses ist (zweifellos) die Erwartungshaltung an die Tochtergesellschaft verbunden, künftige Erträge zu generieren; so beruht die Sanierungsentscheidung doch schließlich auf den kaufmännischen Erwägungen des Gesellschafters, den „Verluste erwirtschaftenden Be-

---

762 Vgl. *ADS* (1998b), Rn. 45; *Ellrott/Brendt* (2006), Rn. 164; *Fichtelmann* (1988), S. 76; *Goerdeler/Müller* (1980), S. 317f.; *Hoffmann* (1988), S. 9; *Kraft/Kraft* (1992), S. 2466.

763 Vgl. *Raupach* (1985), S. 319.

764 Vgl. *Hoffmann* (2001), S. 635; *Hoffmann* (2004), S. 1455: „Wenn dagegen eine Beteiligung schon seit urdenklichen Zeiten im Betriebsvermögen befindlich ist, kann man bei normalem Sprachverständnis nicht mehr von Anschaffungskosten sprechen, sonst würde man dem logischem Phänomen von Anschaffungskosten ohne Anschaffung erliegen."

765 *Hoffmann* (2001), S. 635 (Hervorhebungen im Original); vgl. *Neu* (2000), S. 41.

766 BFH-Urteil vom 28. April 2004, I R 20/03, BFH/NV 2005, 21.

767 Vgl. *Hommel* (1998), S. 86.

trieb in die Rentabilität zu führen"[768]; andernfalls hätte er sich für eine Liquidation der Gesellschaft entschieden. Die Erwartung, künftige Nettoeinnahmen zu erzielen und die vage Vermutung einer Werterhöhung des Gesellschaftsanteils rechtfertigen jedoch nicht ihre Aktivierung als Vermögenswertbestandteil. Leistet ein Gesellschafter einen Sanierungszuschuss, verbietet das Vorsichtsprinzip mangels eines hinreichend konkretisierbarer Gegenwertes seine nachträgliche Aktivierung auf die Beteiligung. Die Interpretation der von der Mutter-Gesellschaft geleisteten Sanierungszuwendung als nachträgliche Anschaffungskosten auf die Beteiligung erweist sich somit sowohl in Hinblick auf die gesetzlich normierte Begriffsbestimmung der Anschaffungskosten als auch in Bezug auf den bilanzrechtlichen Sinn und Zweck des Anschaffungskostenprinzips als nicht haltbar.

2.1.2. Ansatz nachträglicher Herstellungskosten versus Erhaltungsaufwand

Das „unlogische Phänomen des Vorliegens von Anschaffungskosten ohne Anschaffung"[769] entfachte in der Literatur die Diskussion darüber, ob nicht Herstellungskosten anstelle von Anschaffungskosten den richtigen Wertmaßstab für die Bewertung von Beteiligungen darstellen.[770] Als Begründer dieser Auffassung lehnen GOERDELER/MÜLLER die Interpretation von Sanierungsmaßnahmen als nachträgliche Anschaffungskosten ab, denn im Sanierungsfall „geht es [...] nicht darum, ein Wirtschaftsgut von einer fremden in die eigene wirtschaftliche Verfügungsgewalt zu überführen (Anschaffungskosten), sondern darum, ein Wirtschaftsgut in seinem Zustand zu erhalten oder zu verändern"[771]. Ausgehend von dieser Betrachtungsweise können auch Sanierungszuschüsse zu aktivierungspflichtigem Herstellungsaufwand führen, sofern der Beteiligungswert „wesentlich in seiner Substanz vermehrt oder in seinem Wesen verändert oder über seinen bisherigen Zustand hinaus wesentlich verbessert wird". Zuschüsse eines Gesellschafters führen als „vollwertige Vermögenswerte" stets zu „einer Substanzvermehrung der Beteiligungsgesellschaft" und sind daher erfolgsneutral zu aktivieren. Einschränkend bemerken sie: „Dient die Leistung des Gesellschafters der Vermeidung einer sonst notwendigen Beteiligungsabschreibung, wird die Beteiligungsgesellschaft also lediglich in ihrer Substanz erhalten [...], so kann von einer Aktivierung abgesehen werden"[772].

---

768 BFH-Urteil vom 18. Dezember 1990, V III R 158/86, BFH/NV 1992, 16.

769 *Hoffmann/Lüdenbach* (2005), S. 1672 (Hervorhebungen im Original.)

770 Auf eine dezidierte begriffliche Auseinandersetzung von Anschaffungs- bzw. Herstellungskosten soll im Weiteren verzichtet werden. Zur grundsätzlichen Diskussion zum Vorliegen von Anschaffungs- bzw. Herstellungskosten im Falle der Neugründung der Gesellschaft und den damit verbundenen Beteiligungszugang vgl. insbesondere die divergierenden Meinungsstände von *Wichmann* (1992), S. 1241–1243 und demgegenüber *Mellwig* (1990), S. 1163, der sich ausdrücklich gegen die Annahme von Herstellungskosten in Bezug auf Beteiligungen wendet.

771 *Goerdeler/Müller* (1980), S. 319.

772 Alle vorstehenden Zitate: *Goerdeler/Müller* (1980), S. 320.

Sollen die von der BFH-Rechtsprechung entwickelten Abgrenzungskriterien von Herstellungskosten und Erhaltungsaufwand sinngemäß auch für Beteiligungen gelten, sind Sanierungsmaßnahmen einer Gesellschafterin an ein verlustbringendes Tochterunternehmen in diesem Sinne zwingend als Erhaltungsaufwand zu qualifizieren. Denn so wie die Generalüberholung einer maroden Gebäudesubstanz nicht den Ansatz nachträglicher Herstellungskosten rechtfertigt, können auch Sanierungsmaßnahmen zum Ausgleich einer Substanzminderung bei einer Tochtergesellschaft nicht zu aktivierungsfähigen Aufwendungen führen.[773] Barzuschuss und Forderungsverzicht bewirken keine Substanzmehrung über den ursprünglichen Beteiligungswert hinaus, sondern dienen (allenfalls) der Substanzerhaltung. Diese von GOERDELER/MÜLLER als Ausnahmetatbestand formulierte Einschränkung stellt damit eher den Regelfall dar. Die vorgehende Argumentationskette vermag im Ergebnis schlüssig sein; den „Umweg" über die Frage des Vorliegens von Herstellungs- oder Erhaltungsaufwand bedarf es allerdings nicht unbedingt, wenn man der Untersuchung eine bilanzzweckadäquate Auslegung des Anschaffungs- bzw. Herstellungsbegriffs zugrunde legt.

2.1.3. Außerplanmäßige Abschreibung der Beteiligung

Die schlechte Ertrags- und Finanzlage der Tochterunternehmung gibt Anlass zur Prüfung der Notwendigkeit einer außerplanmäßigen Abschreibung auf die Beteiligung. Nach der Rechtsprechung des Bundesfinanzhofs „gilt für solche – als nachträgliche Anschaffungskosten zu behandelnde – Zuschüsse die allgemeine Vermutung, dass der Teilwert im Zeitpunkt der Anschaffung den Anschaffungskosten entspricht"[774]. Gleichzeitig entkräftet der Bundesfinanzhof die Teilwertvermutung und räumt ein, dass „die Aktivierung der in Form verdeckter Einlagen geleisteten zusätzlichen Anschaffungskosten [eine] gleichzeitige Abschreibung[en] auf den niedrigeren Teilwert" nicht ausschließt.[775] Nach den „Gegebenheiten des jeweiligen Einzelfalls" sei nach der Ansicht des Bundesfinanzhofs eine Abschreibung der Beteiligung auf den niedrigeren Wert zu beurteilen. Der Bundesfinanzhof hat eine Teilwertabschreibung versagt, wenn „der Beteiligungsgesellschaft aufgrund kaufmännischer Erwägungen neue Finanzmittel in erster Linie mit dem Ziel einer Sanierung und damit zur Wiederherstellung der Ertragsfähigkeit, nicht jedoch allein zur Abwendung eines Konkurses gewährt werden"[776].
Die vom Bundesfinanzhof vorgeschlagene Abgrenzung der Tatbestände zur Beurteilung einer außerplanmäßigen bzw. einer Teilwert-Abschreibung erweist sich als nicht trennscharf, denn

---

773 Vgl. *Hoffmann* (2001), S. 637.

774 BFH-Urteil vom 28. April 2004, I R 20/03, BFH/NV 2005, 21 mit Bezug auf das BFH-Urteil vom 18. Dezember 1990, VIII R 158/86, BHH/NV 1992, 15; vgl. zu einer ausführlichen Urteilswürdigung *Hoffmann* (2004), S. 1454–1457.

775 BFH-Urteil vom 28. April 2004, I R 20/03, BFH/NV 2005, 21.

776 BFH-Urteil vom 28. April 2004, I R 20/03, BFH/NV 2005, 19.

neben der Vermeidung der insolvenzrechtlichen Überschuldung zielt die Sanierungsmaßnahme gleichermaßen auf die Unternehmenssanierung und -fortführung. Es lässt sich kaum nachweislich begründen, dass die Zuschussgewährung nur erfolgt, um die in der Vergangenheit erwirtschafteten (Substanz-)Verluste der Tochterunternehmung abzudecken, sondern darüber hinaus sollen neue Fremd-Finanzierungsquellen aufgrund der formal gestiegenen Kreditwürdigkeit erschlossen werden, die wiederum die Durchführung von Sanierungs- und Restrukturierungsmaßnahmen ermöglichen. Es besteht grundsätzlich die Absicht der sanierungsbereiten Muttergesellschaft, die künftige Ertrags- und Finanzkraft der sanierungsbedürftigen Tochterunternehmung zu stärken. Die Erwägungen und Beweggründe für die Mittelzuwendung, die sich regelmäßig in den subjektiven Absichtserklärungen des Mutterunternehmens konkretisieren, eignen sich damit kaum als objektiver Maßstab für die bilanzrechtliche Beurteilung einer Beteiligungsabschreibung.

Noch schwerwiegender erscheint die Tatsache, dass der Bundesfinanzhof eine Widerlegung der Teilwertvermutung in den vorliegenden Sachverhaltsfällen in Betracht zieht. Hierdurch ergibt sich ein systematisch unlogischer Zirkelschluss: Akzeptiert der Bundesfinanzhof die nachträgliche Aktivierung der Sanierungszuschüsse, ist kaum einsehbar, wieso am gleichen Bilanzstichtag (eine logische Sekunde später) eine außerplanmäßige Abschreibung zulässig sein soll. Bestehen stichhaltige Gründe für eine (Teilwert)-Abschreibung der Beteiligung, muss die Aktivierung der Sanierungsaufwendungen bereits im Ansatz scheitern. Führt die Sanierungsmaßnahme zunächst zu einem Beteiligungszugang, der dann durch eine außerplanmäßige Abschreibung erfolgswirksam wieder rückgängig gemacht wird, ergibt sich zwar der gleiche Ergebniseffekt wie bei einer direkten Aufwandsverrechnung. Diese Handhabung ist allerdings nicht nur buchungstechnischer Natur; sondern sie erweitert unzulässigerweise das Wertaufholungspotential der Beteiligung.[777]

Erzielt die Tochtergesellschaft dauerhaft nachhaltige Verluste, käme bilanztechnisch zunächst eine außerplanmäßige Abschreibung auf den Beteiligungsansatz in Betracht. Geht der Gewährung des Gesellschafterzuschusses eine entsprechende außerplanmäßige Abschreibung der Beteiligung[778] voraus, wäre eine erfolgsneutrale Zuschreibung zulässig, wenn die Sanierungsmaßnahmen die gewünschte Gesundung der Gesellschaft herbeigeführt hat.

777 Vgl. *Neu* (2000), S. 43.
778 Vgl. ausführlich zur (Folge-)Bewertung von Beteiligungen *Küting* (2005), S. 1121–1126.

2.2. Rangrücktritt und Forderungsverzicht mit Besserungsschein

2.2.1. Auswirkungen auf die Forderung

Die Vereinbarung eines Rangrücktritts lässt die Forderung bei der Gesellschaft grundsätzlich unangetastet. Aufgrund der wirtschaftlichen Zweckidentität von Rangrücktritt und Forderungsverzicht mit Besserungszusage ist die Forderung auch im letzteren Fall nicht deshalb auszubuchen, weil formalrechtlich ein Erlass der Forderung beschlossen wurde. Da beide (Sanierungs-)Instrumente die Befriedigungsmöglichkeiten des Gläubigers verschlechtern und vorrangig im Zeitpunkt einer (drohenden) Krise gewährt werden, ist die Einbringlichkeit der Forderung aber unter Umständen risikobehaftet. Das Imparitätsprinzip gebietet die Wertberichtigung der Forderung, wenn die Einbringlichkeit der Forderung trotz getroffener Sanierungsmaßnahmen gefährdet ist.[779] In Übereinstimmung mit dem strengen Niederstwertprinzip ist die Forderung auf den Wert abzuschreiben, der ihnen am Abschlussstichtag beizulegen ist (§ 253 Abs. 3 Satz 1 HGB).

2.2.2. Auswirkungen auf den Beteiligungsansatz

Verfechter einer ertragswirksamen Auflösung der Verbindlichkeit infolge eines Forderungsverzichts mit Besserungsschein in der Bilanz der Gesellschaft befürworten spiegelbildlich im Abschluss des Gesellschafters eine erfolgsneutrale Umbuchung der Forderung auf das Beteiligungskonto.[780] „[A]us der Entwertung eines Darlehens [können sich] nachträgliche Anschaffungskosten ergeben, wenn der Gesellschafter das Darlehen in einer Risikosituation der Gesellschaft gewährt und den drohenden Aufwand im Interesse seiner Beteiligung in Kauf genommen hat". Dadurch würde „der Wert der Beteiligung positiv, wenn auch nicht in messbarer Höhe beeinflusst"[781]. Die bereits zuvor geäußerten Bedenken hinsichtlich einer nachträglichen Anschaffungskostenaktivierung treten im Falle des Eintritts der Besserungsbedingungen besonders in Erscheinung, da das Korrespondenzprinzip konsequenterweise im Falle des Besserungseintritts zur Rückbuchung des ursprünglich bei der Beteiligung hinzuaktivierten Betrags führen würde.[782] Das Ergebnis vermag aus wirtschaftlicher Sicht und aus den bereits dargelegten Einwänden im Zusammenhang mit einem Forderungsverzicht nicht zu überzeugen.

Für den Beteiligungsansatz ergeben sich durch die Vereinbarung eines Rangrücktritts oder einer Besserungsvereinbarung zunächst keine Auswirkungen. Wird jedoch im Verlauf der

---

779 Vgl. *Groh* (1993), S. 1885.
780 Vgl. *Groh* (1993), S. 1885.
781 *Groh* (1993), S. 1885f.
782 Vgl. *Groh* (1993), S. 1886.

Krise deutlich, dass die Sanierung der Gesellschaft nicht zu dem gewünschten Erfolg führt und die nachhaltige Ertragskraft der Gesellschaft hinter den ursprünglichen Ertragserwartungen dauerhaft zurückbleiben wird, so ist auch in Bezug auf den Beteiligungsansatz eine außerplanmäßige Wertberichtigung gemäß § 253 Abs. 2 HGB geboten.

IV. Bilanzierung von Zuschüssen nach IFRS

A. Grundlagen der Rechnungslegung nach IFRS

1. Rechtsnatur und Ermittlungsverfahren

Die vom International Accounting Standards Board (IASB) verabschiedeten International Financial Reporting Standards (IFRS) sind – soweit sie den Endorsement-Prozess der Europäischen Union[783] erfolgreich durchlaufen haben[784] – für kapitalmarktorientierte Unternehmen mit Sitz in einem EU-Mitgliedstaat in deren Konzernabschluss für Geschäftsjahre ab dem 1. Januar 2005 verpflichtend anzuwenden.[785] Art. 5 der EU-Verordnung erlaubt darüber hinaus den Mitgliedstaaten den Geltungsbereich der IFRS (als Wahlrecht oder Sollvorschrift) auf den Einzelabschluss kapitalmarktorientierter Unternehmen bzw. auf den Einzel- bzw. Konzernabschluss nicht-kapitalmarktorientierter Gesellschaften auszudehnen.[786] Mit der Übernahme der IFRS in das europäische Gemeinschaftsrecht wird den (von dem privatwirtschaftlich organisierten Normsetzer IASB entwickelten) Fachnormen[787] „(Quasi-) Rechtsnormcharakter" verliehen.[788]

In Theorie und Praxis mehren sich Diskussionen über die Einführung der IFRS auch im Jahresabschluss im Zusammenhang mit einer Abkehr von dem bisher im deutschen Handels- und Gesellschaftsrecht verankerten Modell der Kapitalerhaltung. Zu diesem Zweck wird unter anderem vorgeschlagen, den institutionellen Gläubigerschutz mittels bilanzieller Kapitalerhaltung durch die Einführung eines liquiditätsorientierten Solvenztests nach amerikanischem Vorbild zu ersetzen.[789]

Zur Erreichung des selbstgesetzten Anspruchs des IASB, hochwertige, verständliche und weltweit durchsetzbare Rechnungslegungsnormen zu entwickeln, sollen im Rahmen des formellen Standardisierungsprozesses (sog. *due process*) auch die Standpunkte externer an der

---

783 Vgl. hierzu ausführlich *Wüstemann/Bischof/Kierzek* (2007), Rn. 10–12.

784 Nicht anerkannt durch die EU wurden die umstrittene Interpretation zur Bilanzierung von Treibhausgasemissionsrechten (IFRIC 3) sowie zwei geplante Änderungen des IAS 39. Vgl. EU (2004). In Anschluss an die Ablehnung durch die EU-Kommision wurde IFRIC 3 zurückgenommen bzw. IAS 39 (i.V.m. IAS 32) hinsichtlich der Vorschriften zum Hedge-Accounting und der Fair-Value-Option angepasst. Vgl. *Küting/Döge/Pfingsten* (2006), S. 597–612. Vgl. zu den Inhalten des IFRIC 3 *Hommel/Wolf* (2005), S. 315–321.

785 Vgl. EU (2002), Art. 4, S. 3; § 315a Abs. 1 HGB.

786 Vgl. EU (2002), Art. 5, S. 3. Für den deutschen Rechtskreis hat der Gesetzgeber mit § 325 Abs. 2a S. 1 HGB bzw. § 315a Abs. 3 HGB ein Wahlrecht zur Anwendung der IFRS für den Einzel- bzw. Konzernabschluss nicht-kapitalmarktorientierter Unternehmen eingeführt. Überdies können kapitalmarktorientierte Unternehmen ihren Einzelabschluss nach IFRS aufstellen (§ 325 Abs. 2a S. 1 HGB).

787 Zur Abgrenzung der Fachnormen von Rechtsnormen vgl. *Beisse* (1999), S. 2184f.; *Wüstemann* (1999), S. 95.

788 *Wüstemann/Kierzek* (2005a), S. 428. Vgl. hierzu auch *Schön* (2004), S. 763f.; *Schulze-Osterloh* (2004), S. 173; *Zeitler* (2003), S. 1529f.

789 Vgl. zur Diskussion *Arnold* (2007), S. 118–125; *Fuchs/Stibi* (2007), S. 93–98; *Linau* (2008), S. 79–88; *Naumann* (2007), S. 422–441; *Pellens/Crasselt/Sellhorn* (2007), S. 264–283.

Rechnungslegung interessierter Gruppen einbezogen werden.[790] Mit der Einbindung interessierender Gruppen in den Entstehungsprozess der IFRS geht eine „Ausrichtung der Bilanzierungsregeln an den vorherrschenden Bilanzierungsgepflogenheiten“ einher.[791] Damit liegt dem Ermittlungsprozess eine tendenziell induktive Vorgehensweise zugrunde, die auch im IASB-Rahmenkonzept[792] sowie in den Einzelstandards[793] schemenhaft zum Ausdruck kommt.[794] In jüngerer Zeit strebt das IASB eine vollständige Prinzipienorientierung der IFRS an, die übergeordnete Grundsätze erfordern, anhand derer der Normanwender selbst eine geeignete Lösung durch unternehmerisches Ermessen (*professional judgement*)[795] ableitet.[796]

2. Rechnungslegungszwecke der IFRS

2.1. Vermittlung entscheidungsnützlicher Informationen als fundamentaler Regelungszweck nach IFRS

Die theoretische Grundlage innerhalb des IFRS-Normengefüges bildet das vom IASB entwickelte Rahmenkonzept für die Aufstellung und Darstellung von Abschlüssen (*Framework for the Preparation and Presentation of Financial Statements*). Es ist „ein Rechnungslegungszwecke und fundamentale Grundsätze zum Ausdruck bringendes System, dessen vorrangiger Zweck darin besteht, als theoretischer Bezugsrahmen eine Orientierungshilfe für die Erarbeitung konkreter Rechnungslegungsstandards zu bieten“[797]. Hierin formuliert das IASB zunächst die Ziele der externen Rechnungslegung und leitet darauf aufbauend qualitative Anforderungen an die externe Rechnungslegung ab.[798] In Bezug auf die Darstellung der tatsächlichen Vermögens-, Finanz- und Ertragslage enthält das IASB-Rahmenkonzept kein „*overriding principle*“.[799] Es darf also unter dem Gesichtspunkt der Vermittlung eines den tatsächlichen Verhältnissen entsprechenden Bildes nicht von den Einzelstandards abgewichen werden.

Die Rechnungslegung von Unternehmen stellt keinen Selbstzweck dar, sondern sie ist Mittel zur Zweckerreichung.[800] Während die handelsrechtlichen Ansatz- und Bewertungsnormen

790 Vgl. *Pellens/Fülbier/Gassen/Sellhorn* (2008), S. 92–94.
791 *Wüstemann/Bischof/Kierzek* (2007), Rn. 6 (Hervorhebung im Original); vgl. *Ballwieser* (2005), S. 742f.
792 Vgl. zum Beispiel IASB-F.93: „Die Verfahren, die normalerweise in der Praxis für die Erfassung von Erträgen gewählten werden“.
793 Vgl. zum Beispiel IAS 8.12.
794 Vgl. *Schildbach* (2007), S. 11, 13; *Wüstemann/Bischof/Kierzek* (2007), Rn. 6.
795 Vgl. IASB-F.45.
796 Vgl. *Ruhnke/Nerlich* (2004), S. 389.
797 *Hütten/Lorson* (2000), S. 807; IASB-F.1.
798 Zu beachten ist, dass das IASB-Rahmenkonzept nicht im Rahmen des Anerkennungsverfahrens der EU „endorsed“ wurde und ihm keine Rechtsnormqualität beizumessen ist.
799 Vgl. IASB-F.2. Vgl. diesbezüglich *Wüstemann/Bischof/ Kierzek* (2007), Rn. 77.
800 Vgl. *Streim/Bieker/Leippe* (2001), S. 179.

vom Gläubigerschutzgedanken beherrscht werden, hat das IASC (als Vorgängerorganisation des IASB) innerhalb des IASB-Rahmenkonzepts die Entscheidungsnützlichkeit von Rechnungslegungsinformationen (*decision usefulness*) als primären Bilanzzweck klar deklariert.[801] Die normative Festlegung auf die Zwecksetzung der Entscheidungsnützlichkeit erfordert, „Informationen über die Vermögens-, Finanz- und Ertragslage sowie Veränderungen in der Vermögens- und Finanzlage" zu vermitteln, die zur Messung der in der abgelaufenen Periode erbrachten Managementleistung sowie zur Prognose zukünftiger Cash Flows geeignet sind.[802] Dabei können die teilweise konfligierenden Informationsbedürfnisse der verschiedenen Anwender durch die externe Rechnungslegung nicht gleichermaßen erfüllt werden.[803] Das IASB unterstellt, dass mit der Erfüllung der Informationsbedürfnisse von Investoren die Informationsbedürfnisse anderer Nutzer gleichermaßen befriedigt werden.[804] Trotz des weit gezogenen Adressatenkreises innerhalb des IASB-Rahmenkonzepts[805] wird der Informationsvermittlung gegenüber (potenziellen oder auch gegenwärtigen) Eigenkapitalinvestoren damit eine Vorrangstellung eingeräumt.[806]

Daneben sollen Rechnungslegungsinformationen auch eine Beurteilung der Leistung des Managements ermöglichen (sog. Stewardship-Funktion).[807] Die Erfüllung des Rechenschaftszwecks ergibt sich nach der idealisierten Vorstellung des Standardsetters implizit aus der sachgerechten Umsetzung der IFRS.[808]

Der IFRS-Abschluss dient aufgrund der Zurückdrängung von Vorsichts- und Objektivierungsprinzipien sowie der eingeschränkten Reichweite des Realisationsprinzips zugunsten eines von informationellen Zwecken geprägten Assets-Liabilities-Ansatzes nicht dem Regelungszweck der Ausschüttungs- und Steuerbemessung im Sinne eines bilanziellen Gläubigerschutzes.[809]

---

801 Vgl. IASB-F.12.

802 IASB-F.12; IAS 1.9.

803 Vgl. IASB-F.10: „While all of the information needs of these users cannot be met by financial statements, there are needs which are common to all users." Vgl. auch *Schildbach* (1987), S. 4–6.

804 Vgl. IASB-F.10: „As investors are providers of risk capital to the entity, the provision of financial statements that meet their needs will also meet most of the needs of other users that financial statements can satisfy."

805 Vgl. IASB-F.9; IAS 1.9.

806 Vgl. *Ballwieser* (2003), S. 340; *Berndt* (2003), S. 824; *Rüdinger* (2004), S. 16; vgl. a.A. *Coenenberg/Straub* (2008), S. 20. Im Rahmen des Conceptual Framework-Projekt von IASB und FASB ist eine Ausweitung des Adressatenkreises geplant. Vgl. zu den Inhalten des Reformprojekts *Dobler/Hettich* (2007), S. 29–36; *Kampmann/Schwedler* (2006), S. 521–530; *Whittington* (2008), S. 139–168.

807 Vgl. IASB-F.14.

808 Vgl. IASB-F.14; IAS 1.9. Im Rahmen der Überarbeitung des IASB-Rahmenkonzepts ist eine Relativierung der Rechenschaftsfunktion vorgesehen.

809 Zur Diskussion betreffend der Eignung der IFRS für die steuerliche Gewinnermittlung vgl. *Fülbier/Gassen* (1999), S. 1511–1516; *Herzig* (2005), S. 211–235; *Herzig/Gellrich/Jensen-Nissen* (2004), S. 550–577; *Oestreicher/Spengel* (1999), S. 593–600; *Oestreicher/Spengel* (2001), S. 889–902.

2.2. Qualitative Anforderungen an entscheidungsnützliche Informationen

Zur Erfüllung der angestrebten Informationsvermittlung enthält das IASB-Rahmenkonzept qualitative Anforderungen, die Rechnungslegungsinformationen erfüllen müssen, um entscheidungsrelevant zu sein. Bei der Aufstellung des Jahresabschlusses ist grundsätzlich von der Unternehmensfortführung (*going concern principle*) auszugehen und das Prinzip der Periodenabgrenzung (*accrual principle*) zu berücksichtigen.[810] Neben der Vermittlung entscheidungsrelevanter Informationen (*relevance*) zählen die Verständlichkeit (*understandability*), die Verlässlichkeit (*reliability*) und die Vergleichbarkeit (*comparability*) der Rechnungslegungsdaten zu den primären Qualitätsgrundsätzen der IFRS, die auf einer zweiten Ebene durch weitere Einzelgrundsätze konkretisiert werden.[811]

Nach Ansicht des IASB ist eine Information nur dann als (entscheidungs-)relevant zu qualifizieren, wenn sie direkt oder indirekt zu einer Entscheidungsänderung des Adressaten führt, weil sie etwas über die zukünftige Entwicklung des Unternehmens aussagt (*predictive value*) oder indirekt früher getroffene Annahmen über die Unternehmensentwicklung bestätigt oder korrigiert (*feedback value*).[812] Darüber hinaus muss eine der Art nach relevante Information aufgrund ihrer Wesentlichkeit (*significance*) die wirtschaftlichen Entscheidungen der Nutzer beeinflussen[813] und einen gewissen Grad an Verlässlichkeit (*reliability*) aufweisen.[814] Die Verlässlichkeit einer Information bedingt ferner, dass die wirtschaftliche Realität und nicht ausschließlich die rechtlichen Verhältnisse der Information abgebildet werden (*substance over form*)[815], die Informationen unter Beachtung des Grundsatzes der Wesentlichkeit vollständig sind (*completeness*)[816] und die bestehenden Ermessensspielräume vorsichtig ausgeübt werden (*prudence*).[817] Das Vorsichtsprinzip als konkretisierendes Unterprinzip des Verlässlichkeits-Grundsatzes nimmt im Vergleich zu den handelsrechtlichen GoB lediglich eine untergeordnete Rolle ein.[818]

---

810 Vgl. IASB-F.22; IAS 1.23.

811 Vgl. IASB-F.24. Weitere wesentliche Merkmale entscheidungsnützlicher Informationen bestehen in der chronologischen Vergleichbarkeit der Periodenabschlüsse und in der zwischenbetrieblichen Vergleichbarkeit. Vgl. IASB-F.39.

812 Vgl. IASB-F.26: „Information has the quality of relevance when it influences the economic decisions of users by helping them evaluate past, present or future events or confirming, or correcting, their past evaluations."

813 Vgl. IASB-F.30: „Information is material if its omission or misstatement could influence the economic decision of users taken on the basis of the financial statements."

814 Vgl. aus Sicht eines informationsökonomisch orientierten Ansatzes *Ruhnke* (2008), S. 37–40.

815 Vgl. IASB-F.30.

816 Vgl. IASB-F.38.

817 Vgl. IASB-F.37.

818 Vgl. *Hoffmann/Lüdenbach* (2008), Rn. 21; *Pilhofer* (2002), S. 22.

2.3. Zur Eignung des fundamentalen Regelungszwecks als übergeordnete Deduktionsbasis

Die übergeordnete Zielsetzung der Entscheidungsnützlichkeit stellt per se (noch) keine adäquate Deduktionsbasis dar, um geeignete Rechnungslegungsvorschriften zu entwickeln oder bestehende Regelungslücken zu schließen. Es bedarf hierzu einer Konkretisierung des Adressatenkreises sowie dessen Zielvorstellungen, um Gegenstand und Ausgestaltung der benötigten Informationen zu spezifizieren.[819] „Ohne einen wohldefinierten Adressaten ist keine sinnvolle Rechenschaft denkbar"[820]. Erst „wenn man das individuelle Entscheidungsproblem des Entscheiders kennt"[821], lassen sich konzeptionelle Grundlagen ableiten, die für die Deduktion konkreter Rechnungslegungsregeln benötigt werden.

Wenngleich der Adressatenkreis typisierend auf die Eigenkapitalgeber reduziert wird, sind innerhalb dieser Nutzergruppe regelmäßig inhomogene Interessen zu erwarten.[822] Sie verfügen je nach individueller Entscheidungssituation über unterschiedliche Handlungsalternativen und haben damit oftmals auch unterschiedliche Bedürfnisse hinsichtlich Inhalt und Ausgestaltung der entscheidungsrelevanten (Rechnungslegungs-)Informationen. Mangels einer weiteren Konkretisierung muss das IASB implizit identische Informationsinteressen innerhalb der Adressatengruppe unterstellen.

Hinsichtlich des Entscheidungsmodells des typisierten Adressatenkreises geht das IASB davon aus, dass die Entscheidungen der Eigenkapitalgeber darauf zielen, eine (Re-)Allokation ihrer Ressourcen vorzunehmen.[823] Unter der Annahme einer ausschließlich finanziellen Zielsetzung der Rechnungslegungsadressaten sind Informationen bereitzustellen, die etwas über die tatsächliche wirtschaftliche Lage der Unternehmung, d.h. über die Höhe, zeitliche Struktur und Sicherheit ihrer künftigen Ein- und Auszahlungsströme, aussagen.[824] Die Bereitstellung entscheidungsnützlicher Rechnungslegungsinformationen „soll im Idealfall dazu führen, dass der Kapitalmarktteilnehmer eine Trennung in erfolgreiche und weniger erfolgreiche Unternehmen vornehmen kann und die Rechnungslegung somit gesamtwirtschaftlich eine optimale Ressourcenallokation unterstützt"[825]. In diesem Zusammenhang kann nur die „wirkliche Vermögens-, Finanz- und Ertragslage [...] die entscheidungsrelevante sein"[826]. Die Abbildung dieses Nettozahlungsstroms setzt eine zukunftsgerichtete, mehrwertige und entobjektivierte

---

819 Vgl. *Streim* (2000), S. 128.
820 *Moxter* (1976), S. 94
821 *Ballwieser* (2005), S. 733. *Ballwieser* bezieht sich dabei auf *Demski* (1973), S. 723.
822 Vgl. *Dobler/Hettich* (2007), S. 32.
823 Vgl. IASB-F.12.
824 Vgl. *Preißler* (2002), S. 2391; *Streim/Bieker/Leippe* (2001), S. 181.
825 *Preißler* (2002), S. 2391. *Preißler* bezieht sich dabei auf *Kley* (2001), S. 2258.
826 *Moxter* (2000), S. 2146.

Rechenschaftslegung voraus.[827] Aufgrund „seiner weitgehenden Vergangenheitsorientierung und notwendigen Einwertigkeit“[828] ist der traditionelle Jahresabschluss „schon aus der Natur der Sache nicht geeignet, ein absolut wirklichkeitsgetreues Bild der Lage des Unternehmens zu geben“[829], mithin die wirtschaftliche Entwicklung des Unternehmens bezüglich der Vermögens-, Finanz- und Ertragslage zu indizieren.[830] Die notwendige intersubjektive Nachprüfbarkeit von Jahresabschlussinformationen und die damit einhergehenden Objektivierungs- und Vereinfachungserfordernisse schränken die Entscheidungsnützlichkeit von Information weiter ein. Es ist mithin ein „Mythos“, dass das bilanzielle Rechenwerk der „wirkliche[n] Vermögens-, Finanz- und Ertragslage“ entspricht[831]; zu ihrer Darstellung bedarf es außerbilanzieller Rechenwerke wie eines Finanzplans mit mehrwertigen, zukunftsbezogenen Zahlungsstromangaben.[832]

Die Einwände gegen das (weitgehend unbestimmte) Konzept der Entscheidungsnützlichkeit als übergeordnete Deduktionsbasis vermögen auch die im IASB-Rahmenkonzept normierten qualitativen Anforderungen an die Rechnungslegung nicht zu heilen. Sie „sind geradezu universell. Jeder, der Regeln der Rechnungslegung schafft, wird diese Ziele für sich in Anspruch nehmen“[833]. Daneben stehen einige in Widerspruch zueinander oder schließen sich dichotomisch aus.[834] So besteht zwischen dem Merkmal der Entscheidungserheblichkeit (bzw. der Relevanz) und dem Merkmal der Verlässlichkeit tendenziell eine negative Korrelation, wenn eine Information aus der Sicht des Empfängers zwar als besonders relevant, aber beispielsweise wegen ihres Zukunftsbezugs als nur wenig verlässlich eingeschätzt wird.[835] Ob in einer solchen Situation der Relevanz oder der Verlässlichkeit der Vorrang eingeräumt wird, ist mangels einer eindeutigen Gewichtung durch das IASB einzelfallabhängig abzuwägen.[836] Deren Gewichtung und Auslegung verlangt Wertungen, die sich innerhalb des IFRS-Normengefüges nicht erschließen.[837] Je nach Priorisierung des Grundsatzes der Relevanz oder der Verlässlichkeit lassen sich verschiedene Vermögenskonzepte ableiten, die „von einer betont entscheidungsrelevanten, aber wenig überprüfbaren Bilanz zu Zukunftserfolgswerten bis zu einer überprüfbaren, aber wenig entscheidungsrelevanten Bilanz zu reinen Anschaffungs-

827 Vgl. *Moxter* (1962), S. 607–632.
828 *Schildbach* (2003), S. 250.
829 *Beisse* (1988), S. 34.
830 Vgl. *Ballwieser* (2005), S. 733; *Streim* (2000), S. 114f.; *Streim/Bieker/Leippe* (2001), S. 181. *Streim/Bieker/Leippe* beziehen sich dabei auf *Stützel* (1967), S. 338.
831 *Moxter* (2000), S. 2146.
832 Zu den Möglichkeiten einer finanzplanorientierten Rechnungslegung vgl. *Moxter* (2003), S. 251–265.
833 *Schildbach* (2007), S. 13.
834 Vgl. *Schildbach* (2007), S. 13.
835 Vgl. *Streim/Bieker/Leippe* (2001), S. 184.
836 Vgl. *Naumann* (2006), S. 48.
837 Vgl. *Dobler/Hettich* (2007), S. 34.

kosten“ reichen.[838] In Ermangelung einer Rangordnung der qualitativen Anforderungen und eines übergeordneten einheitlichen Rechnungslegungszwecks ist das IASB-Rahmenkonzept als konzeptionelle Grundlage für die Entwicklung neuer Regelungsstandards und als einheitliche Deduktionsgrundlage für die Ableitung von Bilanzierungsfragen damit höchst ungeeignet.

3. Bilanztheoretische Konzeptionen innerhalb des Normengefüges der IFRS

3.1. Periodengerechte Gewinnerermittlung als Ausdruck des Revenue-Expense-Ansatzes

Der IFRS-Abschluss bezweckt neben der Vermittlung von Informationen über die Vermögens- und Finanzlage auch die Bereitstellung von Informationen über die Ertragslage des bilanzierenden Unternehmens.[839] Der Gewinn wird „als Maßstab für die Ertragskraft“ (*performance*) eines Unternehmens deklariert.[840] Gemäß dem übergeordneten Grundsatz der Periodenabgrenzung (*accrual basis*) sind vergangene und zukünftige Zahlungsströme losgelöst von ihren Einzahlungs- und Auszahlungszeitpunkten in Erträge und Aufwendungen zu transformieren.[841] Die durch das „*realization principle*“ vermittelte periodengerechte Abgrenzung der Erträge und die durch das „*matching principle*“[842] favorisierte Periodisierung der Aufwendungen als Ausprägungen des „*accrual principle*“ kulminieren in der periodisierten Gewinngröße als Indikator der Unternehmensperformance. Die Verankerung dieser Prinzipien im IASB-Rahmenkonzept suggeriert eine „traditionell vorrangige Orientierung der IFRS-Rechnungslegung an der dynamischen Leitidee der Ermittlung eines periodengerechten Gewinns“[843]. Dieses Ziel entspricht dem Bilanzzweck der von PATON/LITTLETON[844] maßgeblich geprägten periodenorientierten „*Revenue-Expense-Theory*“[845], die ihre Entsprechung in der ähnlichen dynamischen Bilanztheorie von SCHMALENBACH findet.[846] Der Primärzweck der Rechnungslegung zielt hierbei auf die Ermittlung einer Gewinngröße, die sich aus der Gegen-

---

838 *Schildbach* (2007), S. 13.

839 Vgl. IASB-F.12, IAS 1.9.

840 IASB-F.69.

841 Vgl. IASB-F.22: „Under this basis, the effect of transactions and other events are recognises when they occur (and not as cash or its equivalents is received or paid) and they are recorded in the accounting records and reported in the financial statement of the period to which they relate.“

842 IASB-F.95. Vgl. hierzu *Strobl* (1994), S. 407–432; *Moxter* (1995a), S. 487–504.

843 *Wüstemann/Kierzek* (2006), S. 252.

844 *Paton/Littleton* stellten den „*Revenue-Exepense-Approach*“ erstmalig in der von der AAA herausgegebenen Monographie „An Introduction to Corporate Accounting Standards“ auf ein breites theoretisches Fundament. Vgl. hierzu *Dein* (1958), S. 389; *Previts/Merino* (1979), S. 274f. Weitere Vertreter der „*Revenue-Expense-Theory*“ sind *Dewing* (1941), S. 539–550; *Paterson* (1990), S. 80f.

845 Vgl. *Paton/Littleton* (1965), S. 11, 16 und 98. Die Abbildung eines periodengerechten Gewinnausschnitts aus dem Totalgewinn kommt in dem zu Beginn ihrer Monographie formulierten „*effort and accomplishment*“ Grundsatz erkennbar zum Ausdruck, nachdem sämtlichen Leistungen (*accomplishments*) der Periode, die durch sie verursachten Anstrengungen (*efforts*) gegenüber zu stellen sind. Vgl. *Paton/Littleton* (1965), S. 14–18.

846 Vgl. *Schmalenbach* (1919), S. 1–60, 65–101; *Schmalenbach* (1962), passim.; vgl. diesbezüglich *Wüstemann/Kierzek* (2005a), S. 429.

überstellung der in der abgelaufenen Periode realisierten Erträge und der durch sie verursachten Aufwendungen ergibt.

Die dynamische Prägung der Bilanzierungsansätze zu Beginn des Normsetzungsprozesses der IFRS spiegelt sich auch in den Einzelstandards wieder. So finden sich beispielsweise mit der „*percentage-of-completion*"-Methode für Fertigungsaufträge[847] in IAS 11 oder der zeitlichen Verteilung versicherungsmathematischer Gewinne und Verluste in IAS 19 weitere Merkmale dynamischer Gewinnperiodisierung innerhalb des IFRS-Regelungswerks. Ebenso fügt sich auch die in IAS 20 propagierte Zuordnung von (Zuschuss-)erträgen zu den zu kompensierenden Aufwendungen in das theoretische Konstrukt des periodenorientierten Revenue-Expense-Ansatzes.

3.2. Vermögensermittlung als Ausdruck des Assets-Liablities-Ansatzes

Einer rein dynamischen Interpretation der Ertragsvereinnahmung steht die – ebenfalls im IASB-Rahmenkonzept manifestierte – statisch orientierte Definition des Ertrags als Bilanzvermögenszuwachs „in Form von Zuflüssen oder Erhöhungen von Vermögenswerten oder einer Abnahme von Schulden" entgegen.[848] Der gemäß der dynamischen Bilanztheorie gebotene Ansatz von Verrechnungsposten zum Zweck einer periodengerechten Gewinnermittlung wird durch das IASB-Rahmenkonzept zugunsten einer vermögensorientierten Gewinnermittlung weiter beschränkt: Auszahlungen, denen im Sinne des „*matching principle*" noch kein Aufwand gegenübersteht oder nach dem „*realization principle*" noch keinen Ertrag repräsentierende Einzahlungen sind nur dann als Abgrenzungsposten auszuweisen, wenn sie zusätzlich die Vermögensgegenstands- bzw. Verbindlichkeitskriterien erfüllen.[849]

Aus der Definition von Vermögenswerten und Schulden als Träger wirtschaftlichen Nutzens sind zwar insoweit Ansatzregeln ableitbar; „eine Definition dessen, was gemessen werden soll" gibt das IASB indes nicht vor, d.h. der vorrangig anzuwendende Bewertungsmaßstab bleibt im Unklaren.[850] Das Wertekonglomerat innerhalb des IASB-Rahmenkonzepts enthält mit den historischen Kosten (*historical cost*), den Wiederbeschaffungskosten (*current cost*), dem erzielbareren Wert (*realisable (settlement) value*) sowie dem gegenwärtigen Wert (*present value*) insgesamt vier unterschiedliche Wertmaßstäbe, mit denen sich je nach Bewertungsmaßstab die Ermittlung eines Gläubigerzugriffsvermögens, eines Fortführungs- oder

847 Vgl. IAS 11.22.
848 IASB-F.92 i. V. m. IASB.F.70 (a).
849 Vgl. IASB-F.95.
850 *Ballwieser* (2005), S. 731.

eines Effektivvermögens in Einklang bringen ließen.[851] Die unterschiedlichen Bewertungsmaßstäbe setzen sich in den Einzelstandards fort. Einige Standards schreiben zudem eine (fortgeführte) Bewertung zu Anschaffungs- bzw. Herstellungskosten vor[852]; andere propagieren eine Bewertung zum beizulegenden Zeitwert.[853]

3.3. Uneindeutige Gewinnkonzeption und mangelnder Systemcharakter der IFRS

Aufgrund des Nebeneinanders sich wechselseitig ausschließender Ertragsrealisierungsprinzipien innerhalb der IFRS ist derzeit eine einheitliche Gewinnkonzeption nicht feststellbar.[854] Die Gemengelage von Elementen der statischen und dynamischen Bilanztheorie setzt sich auch in den Einzelstandards fort: Während IAS 11 für langfristige Fertigungsaufträge – einem dynamischen Bilanzverständnis folgend – unter gewissen Voraussetzungen[855] eine anteilige Ertragsvereinnahmung nach Leistungsfortschritt annimmt[856], unterstellt IAS 18 („Umsatzerlöse") für den Verkauf von Gütern, dass der Ertrag als „vermögenserhöhende[r] Wertsprung"[857] im Zeitpunkt der Übertragung der wesentlichen Risiken und Chancen realisiert wird. Der mit zuletzt veröffentlichte Standard IAS 41 zeigt dagegen mit der Realisation von Erträgen aus (Markt-)Wertänderungen von biologischen Vermögenswerten erkennbar eine zeitwertstatische Ausrichtung der Etragskonzeption.

Mit der dualen Zielsetzung der Vermittlung von Informationen über die Ertrags- und Vermögenslage und der Koexistenz von Elementen des dynamisch geprägten Revenue-Expense-Ansatzes und des statisch orientierten Assets-Liabilities-Ansatzes wird der IFRS-Rechnungslegung derzeit ein bestehender „Zweckpluralismus" bescheinigt.[858] Dem Normengefüge der IFRS fehlt ein explizites Gewinn- oder Vermögenskonzept, auf das sich die vom IASB in den Vordergrund gestellte Prinzipienorientierung stützen könnte.[859] Die Unvereinbarkeit von Gewinn- und Vermögensermittlung hat MOXTER in Bezug auf die dynamische Bilanztheorie bereits wie folgt zum Ausdruck gebracht: „Wer den Gewinn richtig ermitteln will, muss das Vermögen falsch ermitteln"[860]. Der Versuch, das „wahre" Vermögen (*financial*

[851] *Ballwieser* (2005), S. 731.
[852] Vgl. zum Beispiel IAS 2.9; IFRS 5.15.
[853] Vgl. zum Beispiel IAS 16.29; IAS 38.72; IAS 40.30.
[854] Vgl. *Schildbach* (2007), S. 15; *Wüstemann/Kierzek* (2005a), S. 430.
[855] Vgl. hierzu IAS 11.22–24.
[856] Vgl. *Moxter* (2004), S. 278; *Wüstemann/Kierzek* (2006), S. 250.
[857] *Woerner* (1988), S. 773.
[858] *Wüstemann/Kierzek* (2007a), S. 364.
[859] Vgl. *Ballwieser* (2005), S. 737.
[860] *Moxter* (1984a), S. 5 (Hervorhebungen im Original).

position) und den „wahren“ Gewinn (*performance*) gleichzeitig zu ermitteln, sei „unwissenschaftlich“[861].

Aufgrund der konfligierenden Zielsetzungen und der kompetitiven qualitativen Grundsätze stellt das IFRS-Regelungswerk im Vergleich zu den handelsrechtlichen GoB kein geschlossenes Normengefüge, sondern ein überwiegend kasuistisch geprägtes „*Case-law*“-System dar.[862] Es fehlt den IFRS an einer „innere[n] Ordnung, die sich durch Widerspruchsfreiheit und Lückenlosigkeit des Normengefüges auszeichnet“[863]. Das Primat der Entscheidungserheblichkeit von Informationen bleibt damit eine „Leerformel, weil sie faktisch nur ex post feststellbar ist“[864]. Sie ist deshalb allenfalls dazu in der Lage, die retrograde Komponente des „*decision usefulness*“-Konzepts zu erfüllen.

3.4. Zunehmende zeitwertstatische Tendenzen

Die Fortentwicklung der IFRS und US-GAAP ist maßgeblich durch die Neuausrichtung an einer zeitwert-statischen Vermögenskonzeption geprägt. In ihrem Mittelpunkt stehen eine am Vermögensermittlungsprinzip orientierte Ertragsvereinnahmung und eine damit einhergehende Zuwendung zur Zeitwertbilanzierung.[865] Mit der „Bilanz als zentralem Informationsinstrument“ und Spiegel einer marktorientierten (Effektiv-)Vermögenslage gilt der statische Grundsatz[866] soll der bestehende Zweckpluralismus zugunsten einer Orientierung am Assets-Liabilities-Ansatz aufgelöst und der auf den periodisierungsgeprägten Gewinnausweis abstellende Revenue-Expense-Ansatz zurückgedrängt werden.[867] Die zeitwert-statische Konzeption soll im Rahmen der Analyse der Regelungsvorschriften de lege ferenda als (mögliche) Deduktionsbasis Berücksichtigung finden.

861 *Schmalenbach* (1962), S. 45.
862 Vgl. *Wollmert/Achleitner* (1997), S. 211.
863 *Wüstemann/Kierzek* (2007a), S. 364f.
864 *Ballwieser* (2005), S. 745.
Vgl. *Hommel* (2007a), S. 323.
866 *Hommel/Schmidt/Wüstemann* (2004), S90.
867 Vgl. *Wüstemann/Kierzek* (2005a), S. 427.

B. Überblick der anzuwendenden Regelungsnormen in Hinblick auf den Untersuchungsgegenstand der Arbeit

1. Regelungsvorschriften de lege lata

1.1. IAS 20 als einschlägige Anwendungsvorschrift für öffentliche Zuschüsse

Die Bilanzierung von öffentlichen Zuwendungen[868] beim Zuwendungsempfänger ist im Normengefüge der IFRS in IAS 20 („Bilanzierung und Darstellung von Zuwendungen der öffentlichen Hand") geregelt. IAS 41 („Landwirtschaft") enthält spezielle Bilanzierungsvorschriften für Zuwendungen der öffentlichen Hand an landwirtschaftliche Betriebe.[869] Ihre Sonderstellung resultiert aus den konzeptionellen Unterschieden der Norminhalte beider Standards: Während der im November 1982 ursprünglich veröffentlichte IAS 20 vom dem Postulat der Periodenabgrenzung und einer periodengerechten Aufwands- und Ertragsermittlung geprägt ist, zeigt der „jüngere" IAS 41 überwiegend eine zeitwert-statische Ausrichtung der Gewinnrealisation.[870] Die Zielsetzung des IAS 20 besteht darin, den Empfängern von Zuwendungen der öffentlichen Hand Vorschriften zur Bilanzierung und Darstellung von Zuwendungen der öffentlichen Hand bereitzustellen, um „den Vergleich mit Abschlüssen früherer Perioden und mit denen anderer Unternehmen" zu erleichtern.[871]

Hinsichtlich der aus einem Zuwendungsverhältnis resultierenden Verpflichtungen verweist IAS 20 auf die Regelungsnormen des IAS 37 („Rückstellungen, Eventualschulden und Eventualforderungen").[872] Die Bilanzierung von öffentlichen Zuwendungen ist somit derzeit unmittelbar sowohl durch IAS 20 als auch durch IAS 37 beeinflusst. Ergänzt werden die Vorschriften des Standards ferner durch die Interpretation SIC-10. Hierin hat das Standing Interpretation Committee klargestellt, dass sich die Vorschriften des IAS 20 auch auf solche Beihilfen der öffentlichen Hand beziehen, die zur Förderung oder Langzeitunterstützung von Geschäftstätigkeiten in bestimmten Regionen oder Branchen gewährt werden, die sich nicht explizit auf die betriebliche Tätigkeit des Unternehmens beziehen.[873]
Der Begriff der öffentlichen Zuwendung ist durch IAS 20 weit gefasst: Er beinhaltet sämtliche Sach- und Geldleistungen[874], die einem Unternehmen übertragen werden und die dem

868 Gemäß IAS 20.6 steht der Zuwendungsbegriff als Synonym für Zuschüsse, Subventionen oder Prämien.
869 Vgl. IAS 20.2 (d) i.V.m. IAS 41.34-38.
870 Der „statische Wandel" zeigt sich auch in IAS 40 und IFRS 3 sowie den Vorschlägen des ED-IAS 37 und des Diskussionspapiers zu IAS 19 mit der Abschaffung der zeitverzögerten Erfassung versicherungsmathematischer Gewinne und Verluste.
871 IAS 20.5.
872 Vgl. IAS 20.11.
873 Vgl. SIC 10.1. Als Beispiel werden Zuwendungen an Unternehmen genannt, die in (kürzlich) privatisierten Branchen tätig sind oder ihre Geschäftstätigkeit in bestimmten Entwicklungsgebieten beginnen oder fortführen.
874 Vgl. IAS 20.7; IAS 20.23.

„Ausgleich für die vergangene oder künftige Erfüllung bestimmter Bedingungen im Zusammenhang mit der betrieblichen Tätigkeit des Unternehmens dienen“[875]. Aus dem Geltungsbereich des IAS 20 explizit ausgeschlossen sind Gesellschafterbeteiligungen der öffentlichen Hand an Unternehmen[876] sowie steuerliche Vergünstigungen. Beispielhaft nennt das IASC Steuerstundungen, Investitionssteuergutschriften, erhöhte Abschreibungssätze oder ermäßigte Einkommenssteuersätze.[877] IAS 20.2(a) sieht ferner vor, dass der in Hochinflationsländern relevante Fall der Bilanzierung zu indizierten Zeitwerten im Zusammenhang mit Zuwendungen der öffentlichen Hand nicht in den Anwendungsbereich des IAS 20 fällt.[878] Weitere Einschränkungen des Regelungsbereichs des IAS 20 betreffen indirekte Vorteilsgewährungen der öffentlichen Hand zur Förderung der allgemeinen Wirtschaftsbedingungen, beispielsweise durch die Bereitstellung von Infrastruktur in Entwicklungsgebieten oder die Auferlegung von Handelsbeschränkungen für Wettbewerber.[879]

1.2. Umgang mit verbleibenden Regelungslücken innerhalb des Normengefüges der IFRS

1.2.1. Private Zuschüsse

Ein spezifischer Standard für private Zuschüsse existiert im IFRS-Gefüge nicht. Ihre bilanzielle Behandlung ist weder in IAS 20 noch in anderen Einzelstandards explizit geregelt.
Bei der Erfassung eines Geschäftsvorfalls, für die die IFRS-Standards keine explizite Bilanzierungsweise vorschreiben, sind gemäß IAS 8.11 auf einer ersten Stufe IFRS-Standards heranzuziehen, die ähnliche und verwandte Fragestellungen wie den zu lösenden behandeln. Ergänzend sind die im IASB-Rahmenkonzept „enthaltenen Definitionen, Erfassungskriterien und Bewertungskonzepte für Vermögenswerte, Schulden, Erträge und Aufwendungen“ als Auslegungshilfe zu berücksichtigen.[880] Über die Verweisungsnorm des IAS 8.12 sind darüber hinaus „sonstige Rechnungslegungs-Verlautbarungen und anerkannte Branchenpraktiken“ sowie Normvorschriften anderer Standardsetzer zu berücksichtigen, wenn diesen ein ähnliches Rahmenkonzept zugrundeliegt und sie nicht im Widerspruch zu bestehenden IFRS-Standards bzw. Interpretationen oder dem Rahmenkonzept stehen.[881]

---

875 IAS 20.3.

876 Vgl. IAS 20.2 (c).

877 Vgl. IAS 20.2 (b).

878 Vgl. *Hoffmann* (2008a), Rn. 3.

879 Vgl. IAS 20.3. Mit der Ende 2006 veröffentlichten Interpretation IFRIC 12 („Service Concession Arrangements“) hat sich das IFRIC der bilanziellen Abbildung sog. Dienstleistungskonzessionen angenommen. Sie bezeichnen eine vertraglich geregelte Kooperation zwischen dem öffentlichen Sektor und der privaten Wirtschaft, bei der sich der Privatunternehmer verpflichtet, eine bestimmte Investition durchzuführen und das Investitionsobjekt über einen festgelegten Zeitraum zu betreiben. Vgl. zur Darstellung der Regelungsinhalte *Hasenburg/Beyhs* (2005), S. 973–985; *Schruff/Paarz* (2008), Rn. 78–92

880 IAS 8.11 (b).

881 IAS 8.12.

Die Gründe des Standardsetters für die Beschränkung des Anwendungsbereichs auf öffentliche Zuschüsse bleiben im Dunkeln. Da ein Zuschussverhältnis zwischen Privatpersonen unter wirtschaftlichen Gesichtspunkten Ansprüche und Verpflichtungen begründet wie ein öffentliches Zuschussverhältnis, besitzt m.E. IAS 20 auch für die Bilanzierung von privaten Zuschüssen unmittelbare Relevanz.

1.2.2. Zuschüsse im Gesellschaftsverhältnis

Die Bilanzierung von Gesellschafterleistungen, die wirtschaftlich nicht im Zusammenhang mit der Begebung von Kapitalanteilen stehen, gehört ebenso nicht zu den Tatbeständen, die explizit in den kasuistisch ausgelegten Einzelstandards innerhalb des IFRS-Normengefüges geregelt sind. Innerhalb der IFRS fehlt es bereits an einer grundlegenden Definition des Einlagenbegriffs. Eine dem Handelsrecht vergleichbare Gesetzesnorm, die eine ergebnisneutrale Einstellung von Gesellschafterzuzahlungen in Form verdeckter Einlagen in die Kapitalrücklagen ermöglicht, lässt sich aus dem IFRS-Regelungswerk nicht explizit entnehmen.

Sämtliche im Rahmen der Arbeit zu untersuchenden Sanierungsinstrumente innerhalb eines Gesellschaftsverhältnisses (abgesehen von der Zuführung eines Barzuschusses) stützen sich auf ein bestehendes Vertragsverhältnis zwischen Gläubiger-Gesellschaft und Schuldner-Gesellschafter. Ausgehend von der vorgegebenen Normenhierarchie des IAS 8 sind die Regelungen des IAS 39 („Finanzinstrumente: Ansatz und Bewertung“) insoweit einschlägig, da sie grundsätzlich den Ansatz und die Bewertung finanzieller Forderungen und Verbindlichkeiten regeln. Hinsichtlich der Definition gelten die Bestimmungen des IAS 32 („Finanzinstrumente: Darstellung“). IFRS 7 („Finanzinstrumente: Angabepflichten“) regelt ferner, wie Finanzinstrumente in der Bilanz zu untergliedern und im Anhang zu kommentieren sind.
Die Vorschriften differenzieren allerdings weder danach, ob die zugrundeliegende Transaktion mit einem Dritten oder im Rahmen eines Gesellschafterverhältnisses stattfindet, noch berücksichtigen sie den zugrundeliegenden (wirtschaftlichen) Anlass für die Veränderung der Vertragsbedingungen.

2. Regelungsvorschriften de lege ferenda

Im Zuge der Wandlung der Zielsetzung der kapitalmarktorientierten Rechnungslegung von der Erfolgs- zur Vermögensermittlung und der zunehmenden Ausrichtung an einem statisch geprägten Bilanzansatzverständnis plant das IASB eine umfassende Überarbeitung der Regelungsvorschriften des IAS 20. Aufgrund der bestehenden Inkonsistenzen zwischen dem in

IAS 20 vorherrschenden dynamisch geprägten Gewinnverständnis und der als Reinvermögenszuwachs verstandenen Ertragsdefinition des IASB-Rahmenkonzepts sowie den konzeptionellen Unterschieden zu den äquivalenten Bilanzierungsvorschriften amerikanischer und australischer Standardsetter strebt das IASB eine konzeptionelle Neuausrichtung des IAS 20 an.[882]

In einem ersten Projektschritt plant das IASB eine grundlegende Orientierung an den statisch ausgelegten Bilanzierungsvorschriften des IAS 41, der die bilanzielle Abbildung von Zuschüssen für biologische Vermögenswerte und landwirtschaftliche Erzeugnisse regelt.[883] Die Überarbeitung des Standards steht mittelbar auch in wechselseitigem Einfluss zum gegenwärtigen *„Revenue Recognition Project"* von IASB und FASB[884] sowie dem *„Liabilities-Project"* mit geplanten Änderungen des bestehenden IAS 37.[885] Das IASB hat angekündigt, vor einer endgültigen Überarbeitung des IAS 20 den Abschluss dieser Projekte abzuwarten. Der aktuelle Bearbeitungsstand des IASB begrenzt sich daher auf Diskussionen des IASB, die im Rahmen der Observer Notes veröffentlicht wurden.

Ebenfalls in Erwägung zog das IASB die Option einer vollständigen Rücknahme des IAS 20. Der IFRS-Anwender sollte stattdessen mit Hilfe der Verweisungsnorm des IAS 8 die bestehende Regelungslücke schließen.[886] Aufgrund des Nebeneinanders sich wechselseitig ausschließender Ertragsrealisierungsprinzipien innerhalb der IFRS wäre nicht unmittelbar feststellbar, welche Konzeption der Zuschussbilanzierung zweckmäßigerweise zugrunde gelegt werden sollte.[887] Aufgrund der Heterogenität der Ertragsvereinnahmungskriterien würde die Entscheidung, welcher Standard bei der Vereinnahmung von Zuschusserträgen maßgeblich ist, unterschiedliche Bilanzierungsfolgen implizieren. Aufgrund der damit verbundenen

882 Vgl. IASB (2006), Rn. 6 (a), (d). Das IASB bezieht sich hierbei auf SFAS 116 „Accounting for Contributions Received and Contributions Made" sowie UIG Abstract 11 „Accounting for Contributions of, or Contributions for the Acquisition of Non-Current Assets".

883 Vgl. IASB (2006), Rn. 7 (e): „The IAS 41 model is considered superior to IAS 20 because it is more consistent with the Framework and other national standards." (Hervorhebung im Original).

884 Vgl. Darstellung zum „Revenue-Recognition-Project" bei *Dobler* (2006), S. 160–170; *Kühne* (2006), S. 1393–1399; *Wüstemann/Kierzek* (2005a), S. 427–434; *Wüstemann/Kierzek* (2005b), S. 2799–2802; *Wüstemann/Kierzek* (2005c), S. 69–106; *Wüstemann/Kierzek* (2006), S. 245–279; *Zülch* (2007), S. 787–807; *Zülch/Fischer/Willms* (2006), S. 2–23.

885 Das IASB veröffentlichte am 30. Juni 2005 einen Exposure Draft, der Ausfluss des „Short-term convergence-Projects" sowie der zweiten Phase des „Business Combinations-Projects" in Zusammenarbeit von IASB und FASB ist. Zu den Neureglungen des ED-IAS 37 vgl. *Fladt/Feige* (2006), S. 274–281; *Hommel* (2007b), S. 197–201; *Hommel/Wich* (2007), S. 509–516; *Kühne/Schween* (2006), S. 171–178.

886 Vgl. IASB (2004a), Rn. 5, 6 und 8.

887 Vgl. *Schildbach* (2007), S. 15; *Wüstemann/Kierzek* (2005a), S. 430.

Rechtsunsicherheit hat das IASB den Vorschlag einer vollständigen Rücknahme später wieder revidiert, um das zurückbleibende Bilanzierungsvakuum zu vermeiden.[888]

Die Überarbeitung des IAS 20 wird flankiert durch die Fachnorm des *International Financial Reporting Interpretations Committee* (IFRIC) zur Bilanzierung von sog. Kundenbeiträgen („*Transfer of Assets from Customers*"), die der Kunde als Abnehmer von Gütern oder Dienstleistungen zum Beispiel einem Versorgungsunternehmen gewährt. Im Gegenzug verpflichtet sich das Versorgungsunternehmen, dem Kunden einen Zugang zu Gütern oder Dienstleistungen zu verschaffen.[889] Die im Januar 2009 veröffentlichte Interpretation adressiert damit den Leistungstransfer privater Zuwendungsgeber; sie ist aber aufgrund ihres restriktiven Anwendungsbereichs nur bedingt dazu geeignet, übergeordnete, prinzipienbasierte Vorschriften zur Bilanzierung von Zuschüssen bereitzustellen.

3. Einschlägige Regelungsvorschriften anderer Standardsetter

Im Rahmen der bisherigen Projektbearbeitung zur Revision des IAS 20 stützt sich das IASB ergänzend auf die Regelungsinhalte der Verlautbarungen anderer Standardsetter. Hierin bestätigt sich die These, dass insbesondere den US-GAAP eine gewisse Vorbildfunktion im Rahmen der Neuentwicklung der IFRS zukommt.[890] Daneben bezieht das IASB die äquivalenten Vorschriften der australischen Standardsetter in seine Überlegungen zur Überarbeitung des IAS 20 ein.[891]

Innerhalb des Normengefüges der US-GAAP ist die bilanzielle Behandlung von Zuschüssen im Wesentlichen in dem im Juni 1993 erlassenen Statement of Financial Accounting Standards 116 „*Accounting for Contributions Received and Contributions Made*" (nachfolgend: SFAS 116) geregelt. Daneben existieren eine Vielzahl von Einzelregelungen[892], die auf einen höheren Detaillierungsgrad der US-GAAP gegenüber den IFRS schließen lassen. Die australischen Rechnungslegungsvorschriften enthalten mit dem im Dezember 1996 verabschiedeten Abstract 11 „*Accounting for Contributions of, or Contributions for the Acquisition of, Non-Current Assets*" der Urgent Issues Group (UIG) eine spezifische Fachnorm zur Bilanzierung von Investitionszuschüssen. Die Gruppe der Rechnungslegungsstandardsetter von Australien, Kanada, Neuseeland und USA sowie der IASC (G4+1 Gruppe) hat ferner 1999 ein Diskussi-

888 Vgl. IASB (2004b), Rn. 2: „[T]he Board decided that this was not a viable proposition because it would leave constituents with insufficient guiance".
889 Vgl. IFRIC 18.1.
890 Vgl. *Wich* (2009), S. 53 und 68, hier m.w.N.
891 Vgl. IASB (2006), Rn. 6 (c).
892 Vgl. umfassende Nachweise in *ADS* (2002b).

onspapier erarbeitet, das sich mit der Rechnungslegung von *„non-reciprocal transfers“* beschäftigt. Es vereint die Regelungsvorschriften der vorgenannten Standardsetter und kann insofern auch als Interpretationshilfe bei der Auslegung bei offenen Bilanzierungsfragen innerhalb des Gefüges der IFRS dienen.

Die Ertragswirksamkeit von Zuschüssen setzt gemäß SFAS 116.5 einen *„unconditional transfer of cash or other assets to an entity or a settlement or cancellation of its liabilities“* voraus. Davon abzugrenzen sind Zuwendungen, die mit einer Bedingung (*condition*) verbunden sind, deren Eintritt oder Nichteintritt die Rückgewährung der zugewendeten Mittel zur Folge hat.[893] Sie sind erst erfolgswirksam zu vereinnahmen, wenn die Bedingungen im Wesentlichen erfüllt sind (*the conditions have been substantially met*).[894] Demgegenüber sind sog. *„donor-imposed restricitions“* für eine Ertragsvereinnahmung nicht hinderlich, da sie lediglich die Art der Mittelverwendung festlegen.[895] Ähnlich lehnt auch die UIG die Passivierung einer Verbindlichkeit ab, denn die *„responsibility to use assets [...] for the purposes intended does not, of itself, give rise to a liabiliy“*[896]. Die Grenzziehung von *„conditions“* und *„donor-imposed restricitions“* ist in praktischer Hinsicht im Rahmen des Untersuchungsgegenstandes der Arbeit eher von untergeordneter Bedeutung, da die Verletzung einer Verwendungsauflage regelmäßig zu einer Rückgewährung des Zuschusses führt. Die vorgenommene Differenzierung ist insofern relevant, als dass SFAS 116 auch explizit Zuwendungen an nicht gewinnorientierte Organisationen (*not-for-profit organization*) behandelt und damit primär der „Spenden-Charakter“ von Zuwendungen herausgestellt wird.

Die Ansatz- und Bewertungsvorschriften des australischen und amerikanischen Standardsetters grenzen sich aufgrund ihrer Ausrichtung an einer vermögensorientierten Gewinnermittlung deutlich von den Normen des IAS 20 ab. Eine Periodisierung von Zuschüssen nach Maßgabe der zu kompensierenden Aufwendungen ist ebenso wenig zulässig wie eine abschreibungsproportionale Ertragsvereinnahmung für Investitionszuschüsse.[897]

Im Rahmen der nachfolgenden Untersuchung erfolgt eine Gegenüberstellung der Regelungen des IAS 20 de lege lata zu den Bestimmungen des IAS 41 sowie den neuen Referenzmodellen zur Ertragsvereinnahmung sowie zur Schuldenpassivierung des IASB und FASB. Die entsprechenden Regelungsvorschriften anderer Standardsetter werden in die Untersuchung ein-

---

893 Vgl. SFAS 116.7: „A donor-imposed condition on a transfer of assets or a promise to give specifies a future and uncertain events whose occurence or failure to occur gives the promisor a right of return of the assets transferred“.

894 SFAS 116.22.

895 Zur Abgrenzung vgl. SFAS 116.57-71.

896 UIG Abstract 11.17.

bezogen, sofern sie wesentlich von den geltenden Vorschriften abweichen oder innerhalb der lege ferenda-Überlegungen geeignet sind, Regelungsunschärfen zu beseitigen.

C. Bilanzierung von verlorenen Zuschüssen

1. Regelungsvorschriften de lege lata

1.1. Kriterien zur erfolgswirksamen Erfassung von Zuschüssen

1.1.1. Erfassungskriterien

Eine öffentliche Zuwendung darf gemäß IAS 20.7 erst dann erfasst werden, wenn mit angemessener Sicherheit (*reasonable assurance*) gewährleistet ist, dass

- einerseits der Zuwendungsempfänger die damit verbundenen Bedingungen erfüllen (*the entity will comply with the conditions attaching to them*; IAS 20.7(a)) und

- andererseits die Zuwendung auch tatsächlich gewährt wird (*the grants will be received*; IAS 20.7(b)).

Die Erfassung eines Zuschusses setzt die kumulative Erfüllung beider Kriterien voraus. In IAS 20.8 wird betont, dass der Zufluss eines Zuschusses „für sich allein keinen schlüssigen substanziellen Hinweis dafür [liefert], dass die mit der Zuwendung verbundenen Bedingungen erfüllt worden sind oder werden"[898].

1.1.1.1. Vermeintliche Doppelbedeutung der Erfassungskriterien

Die in IAS 20.7 i.V.m. IAS 20.8 normierten Kriterien zur Erfassung eines Zuschusses sind ihrem Wortlaut folgend auslegungsbedürftig:

Hinsichtlich der Art und des Umfangs der zu erfüllenden Zuwendungsbedingungen bestehen erhebliche Unsicherheiten. Während ein Teil der bilanzrechtlichen (Kommentar-)Meinung die Erfüllung der Voraussetzungen, um überhaupt einen Anspruch auf die Gewährung des Zuschusses zu erlangen, als hinreichendes Aktivierungskriterium erachtet[899], schließen andere aus dem Wortlaut des IAS 20.8 (*that the conditions attaching to the grant have been or will be fulfilled),* dass der Empfänger darüber hinaus die mit der Zuschussgewährung verbundenen

[897] Vgl. SFAS 116.8; UIG Abstract 11.8.
[898] IAS 20.8.
[899] Vgl. zum Beispiel *Pfitzer/Wirth/Staß* (2008), Rn. 20.

Verwendungsauflagen und Bindungsfristen mit angemessener Sicherheit einhält.[900] Sofern am Bilanzstichtag noch nicht mit angemessener Sicherheit feststeht, dass die betreffenden Bedingungen – wie etwa der Erhalt einer bestimmten Anzahl von Arbeitsplätzen – erfüllt werden, wäre der erhaltene Zuschuss vorläufig als Schuld zu passivieren.[901]
Die Auslegungen implizieren grundlegend verschiedene Bilanzierungsfolgen: Im ersten Fall steht die erstmalige *bilanzielle* Erfassung des Zuschusses im Vordergrund. Der Anspruch auf eine Zuteilung des Zuschusses wäre regelmäßig dann zu aktivieren, wenn ein rechtlich durchsetzbarer Anspruch auf die Gewährung des Zuschusses besteht bzw. eine hinreichende Sicherheit besteht, dass der Zuschuss tatsächlich gewährt wird. So sichert zum Beispiel das Investitionszulagengesetz denjenigen Steuerpflichtigen, die in einem bestimmten Fördergebiet begünstigte Investitionen vornehmen, einen rechtlichen Anspruch auf die Gewährung einer Investitionszulage.[902] Sofern der Bilanzierende die sachlichen Voraussetzungen für die Gewährung der Zuwendung erfüllt, fällt der Aktivierungszeitpunkt regelmäßig mit dem Zeitpunkt der Antragstellung zusammen.[903] Die gesetzliche Anspruchsberechtigung führt mit einer angemessenen Sicherheit zu einem künftigen Mittelzufluss. Demgegenüber sind solche Zuwendungen ohne Rechtsanspruch zu unterscheiden, deren Zuteilung von der Ermessensentscheidung einer Behörde oder einer sonstigen Vergabestelle abhängt.[904] Bei Zuwendungen ohne gesetzlichen Anspruch besteht regelmäßig erst mit Erteilung des Bewilligungsbescheids oder mit der Verwaltungsentscheidung eine angemessene Sicherheit, ob und in welcher Höhe eine Zuwendung gewährt wird.[905] Bei privaten Zuschüssen ergibt sich die Anspruchsgrundlage aufgrund der zugrundeliegenden zivilrechtlichen Verträge.

Der Wortlaut des IAS 20.7 provoziert demgegenüber auch eine Interpretation der Ansatzkriterien als Ertragsvereinnahmungskriterien. Hiernach würde die *erfolgswirksame* Erfassung des Zuschusses an die Voraussetzung knüpfen, dass der Zuschussempfänger die mit der Zuwendungsgewährung verbundenen Verwendungsauflagen und Bindungsfristen künftig einhält und eine Rückzahlung des Zuschusses mit angemessener Sicherheit ausgeschlossen ist. „Sofern die Absicht besteht, die an die Zuwendung geknüpften Bedingungen zukünftig einzuhalten, und keine wesentlichen sachlichen Argumente existieren, die dem entgegenstehen, ist regelmäßig von einer angemessenen sicheren Erfüllung der Zuwendungsbedingungen auszugehen“[906]. Liegen bereits im Zeitpunkt der erstmaligen Erfassung des Zuschusses stichhaltige

900 Vgl. *ADS* (2002a), Rn. 15: „Bedingungen können zB Verwendungsart, -ort oder -dauer der gewährten oder zu beschaffenden Vermögenswerte (*assets*) festlegen“; ähnlich *Küting/Koch* (2006b), S. 570.
901 Vgl. *Küting/Koch* (2006b), S. 570; im Ergebnis wohl auch: *Scheinpflug* (2006), Rn. 68.
902 Vgl. § 1 Abs. 1 InvZulG.
903 Vgl. *Hoffmann* (2008a), Rn. 11.
904 Vgl. *Pfitzer/Wirth/Staß* (2008), Rn. 22.
905 Vgl. *Pfitzer/Wirth/Staß* (2008), Rn. 22.
906 *Küting/Koch* (2006b), S. 570.

Gründe vor, die auf eine Nichterfüllung der mit den Zuwendungen verbundenen Bedingungen durch den Zuschussempfänger deuten, wären die künftigen Aufwendungen infolge der Rückzahlung des Zuschusses durch den Ansatz eines Schuldpostens zu antizipieren. Es dürfte allerdings in diesem Fall generell zweifelhaft sein, ob der Bilanzierende unter diesen Umständen überhaupt einen Anspruch auf die Gewährung des Zuschusses erlangt, wenn gleichzeitig feststeht, dass die Zuwendungsbedingungen mit angemessener Sicherheit nicht erfüllt werden. Der Zuschussempfänger hätte den intersubjektiv kaum überprüfbaren Nachweis zu erbringen, dass die Einhaltung der Zuwendungsbedingungen mit ausreichender Sicherheit in den zukünftigen Perioden gewährleistet ist. Im Falle mehrperiodiger Bindungsfristen wird er hierzu kaum in der Lage sein, so dass hinsichtlich der Frage der Ertragsrealisation letztlich allein auf eine bloße und mithin höchst ungewisse Absichtserklärung des Zuschussempfängers abzustellen wäre.

Ob das IASC eine derartige Interpretation der Erfassungskriterien beabsichtigt hat, ist in Hinblick auf die dynamisch geprägte Gewinnkonzeption des IAS 20 fragwürdig. Sie propagiert eine Periodisierung der Zuschusserträge nach Maßgabe der dazugehörigen, zu alimentierenden Aufwendungen. Vor diesem Hintergrund wären die Kriterien generell als Ansatzkriterien – unabhängig von der (Nicht-)Erfüllung künftiger Zuwendungsbedingungen – für die erstmalige Erfassung des Anspruchs auf Zuteilung des Zuschusses zu interpretieren. Andernfalls stünden sich innerhalb des Standards mit einer aufwandsproportionalen Zuschussrealisation unterschiedliche Ertragsvereinnahmungskonzepte gegenüber, zwischen denen der Bilanzierende beliebig wählen könnte.
Eine aufwandsorientierte Zuschussvereinnahmung steht nur dann in Einklang mit der zweiten Interpretation, wenn die Erfüllung der an die Zuschussgewährung geknüpften Bedingungen unmittelbar mit den dazugehörigen Aufwendungen korreliert. Dies ist regelmäßig bei Zuschüssen der Fall, die im Rahmen einer Anteilsfinanzierung vergeben werden. Auf der Grundlage einer Kostenkalkulation des Antragstellers bemisst sich hierbei die Höhe des Zuschusses als Prozentsatz der förderungsfähigen Kosten. In diesen Fällen liegt es nahe, den Zuschuss anteilig mit der Durchführung der einzelnen kosteninduzierenden Maßnahmen zu vereinnahmen. Mit der Realisierung der einzelnen Investitionsmaßnahmen innerhalb eines vorgegebenen Zeitrahmens und ggf. mit der Erbringung eines entsprechenden Verwendungsnachweises gegenüber dem Zuschussgeber hat der Zuschussempfänger sämtliche mit der Zuschussgewährung verbundenen Verpflichtungen erfüllt, so dass eine Rückerstattung des Zuschusses quasisicher ausgeschlossen werden kann.

1.1.1.2. Unbestimmtheit des Wahrscheinlichkeitsmaßstabs „reasonable assurance"

Hinsichtlich des in IAS 20.7 erforderlichen Sicherheitsgrades herrschen im Schrifttum unterschiedliche Auslegungen. Unklar ist insbesondere, welche Anforderungen der Erfüllung des Tatbestandsmerkmals der angemessenen Sicherheit (*reasonable assurance*) genügen. Einmütigkeit besteht zwar insoweit, dass das Merkmal der ‚angemessenen Sicherheit' zur Ermittlung des Ansatzzeitpunktes im Kern eine Auslegung des Wahrscheinlichkeitsbegriffs impliziert. Bezüglich der erforderlichen Wahrscheinlichkeitsschwelle herrscht eine ausgeprägte Meinungsvielfalt, die im Ergebnis die gesamte Palette der innerhalb des IFRS-Regelungswerks gebräuchlichen Wahrscheinlichkeitsmaße widerspiegelt:

Ein Teil der Autoren bezieht sich auf die konkreten Ansatzkriterien (*recognition criteria*) des IASB-Rahmenkonzepts. Danach ist der Ansatz eines Vermögensgegenstandes an die Bedingung geknüpft, dass der Zufluss eines künftigen wirtschaftlichen Nutzens wahrscheinlich ist (*probable*).[907] KÜTING/KOCH schließen hieraus, dass mit dem in IAS 20 gebrauchten Wahrscheinlichkeitsbegriff „*reasonable assurance*" eine höhere Mindestwahrscheinlichkeit verbunden ist als mit dem Ausdruck „*probable*".[908] Von ‚angemessener Sicherheit' ist auszugehen, „wenn auf Grundlage der faktischen Verhältnisse bei Aufstellung des Jahresabschlusses mit hoher Wahrscheinlichkeit vom Eintritt eines zukünftigen Ereignisses ausgegangen werden kann"[909].

Demgegenüber sei nach Auffassung von SCHEINPFLUG an das Wahrscheinlichkeitsmaß des IAS 20 im Verhältnis zu den Vermögensgegenstandskriterien weniger strenge Anforderungen zu stellen.[910] ADLER/DÜRING/SCHMALTZ ordnen den Begriff der ‚angemessenen Sicherheit' indes zwischen die Begriffspaare „*probable*"[911] und „*virtually certain*"[912] und quantifizieren das Merkmal der ‚angemessenen Sicherheit' mit einer Wahrscheinlichkeit von etwa 80%.[913] „Reasonable assurance iSd. IAS 20.7 (ref. 1994) liegt danach vor, wenn die wesentlichen Tatsachen bekannt sind und unter den gegebenen Umständen zu erwarten ist, daß die künftigen Ereignisse mit hoher Wahrscheinlichkeit eintreten werden"[914].

Die Diskussion um den erforderlichen Sicherheitsgrad reicht somit von (vagen) verbalen Umschreibungen, die letztlich in ihrer Auslegung tautologisch sind, bis hin zur quantitativen Festlegung einer prozentualen Richtgröße, die sich weder aus dem geltenden Regelwerk ableiten

---

907 IASB-F.83.
908 Vgl. *Küting/Koch* (2006b), S. 570.
909 *Küting/Koch* (2006b), S. 570.
910 Vgl. *Scheinpflug* (2006), Rn. 62.
911 Vgl. IAS 12.34; IAS 18.14 (d).
912 Vgl. IAS 37.22; IAS 37.33.
913 Vgl. *ADS* (2002a), Rn. 20; *Fülbier/Gassen/Küting/Weller* (2008), S. 476.
914 *ADS* (2002a), Rn. 20.

lässt noch im Sinne einer objektivierten Rechnungslegung operational anwendbar ist.[915] Die Unbestimmtheit des Wahrscheinlichkeitskriteriums birgt die Gefahr, dass der Anspruch auf Zuteilung eines Zuschuss unter Umständen unter der Annahme eines im Verhältnis zu „*probable*“ niedrigeren Wahrscheinlichkeitsmaßstabs bereits vor dem Zeitpunkt der Erteilung des Bewilligungsbescheids oder der Erlangung eines Rechtsanspruchs aktiviert wird, weil der Bilanzierende aufgrund seiner (unvermeidlich subjektiven) Wahrscheinlichkeitseinschätzung mit ‚angemessener Sicherheit' von einer Anspruchsberechtigung ausgeht. In diesen Fällen dürften aber regelmäßig noch erhebliche Unsicherheiten hinsichtlich einer Anspruchsgrundlage bestehen, so dass es ggf. zu einer vorzeitigen Aktivierung (und Ertragsvereinnahmung) käme.

1.1.2. Aufwandsorientierte Ertragsperiodisierung als Umkehrung des Matching Principle

Im Zuge der Entwicklung des IAS 20 standen sich hinsichtlich der erfolgsmäßigen Erfassung von öffentlichen Zuschüssen zwei konträre Meinungsstände gegenüber. Befürworter des „*capital approach*“ plädierten für eine unmittelbare Erfassung von Zuschüssen im Eigenkapital. Sie stützten sich hierbei im Wesentlichen auf zwei Argumente: Zum einen handele es sich bei öffentlichen Zuschüssen um erwartungsgemäß nicht rückzahlbare Finanzierungshilfen. Zudem spreche gegen eine erfolgswirksame Erfassung von Zuwendungen, dass diese nicht „verdient“ worden seien, sondern lediglich von öffentlicher Seite gewährte Anreize darstellen, ohne dass ein korrelierender Aufwand entstünde.[916]

Mitglieder des IASC, die für eine direkte Eigenkapitalerfassung stimmten, konnten sich nicht durchsetzen. Der Standard verlangt indes, dass finanzielle Zuwendungen der öffentlichen Hand stets erfolgswirksam zu vereinnahmen sind.[917] Die Verfechter des „*income approach*“ betonen (zutreffend) das Merkmal der Entgeltlichkeit von öffentlichen Zuschüssen: Danach müsse sich das Unternehmen den Zuschuss durch „Beachtung der Bedingungen und mit der Erfüllung der vorgesehenen Verpflichtungen“ erst verdienen.[918] Die im Zusammenhang mit der Erfüllung der Bedingungen anfallenden Aufwendungen bilden deshalb eine sachgerechte Verteilungsbasis für die ertragswirksame Vereinnahmung des Zuschusses.[919] Obgleich das IASC den Verpflichtungscharakter von Zuschüssen an dieser Stelle explizit herausstellt, sind diese nicht mit der Erfüllung der (risikobehafteten) Gegenleistungsverpflichtung, sondern gemäß des Prinzips der periodengerechten Gewinnermittlung (*accrual principle*[920]) korres-

---

915 Vgl. *Hoffmann* (2008a), Rn. 10.
916 Vgl. IAS 20.14 (a), (b).
917 Vgl. IAS 20.12; SIC 10.3.
918 IAS 20.15 (b).
919 Vgl. IAS 20.15 (b).
920 Vgl. IASB-F.22.

pondierend zu den Aufwendungen, die durch den Mittelzufluss kompensiert werden sollen, als Ertrag zu vereinnahmen (*the grants are intended to compensate*).[921]
Geht der staatliche Zuschuss den zu kompensierenden Aufwendungen zeitlich voran, ist ein passiver Abgrenzungsposten (*deferred income*) zu bilden, der in den Folgeperioden ertragswirksam aufzulösen ist.[922] Das dem „*accrual principle*" folgende „*matching principle*"[923], wonach den Erträgen perioden- und sachgerecht die korrespondierenden Aufwendungen zugeordnet werden[924], fungiert mithin in seiner Umkehrung als maßgebliche Verteilungsnorm der zu realisierenden Zuschüsse.[925] Der Grundsatz „*Let the expense follow the revenues*"[926] kommt spiegelbildlich zur Anwendung; gleichzeitig wird – wie nachfolgend dargestellt – die Wirkung des „*realisation principle*"[927] ausgehebelt.

1.1.2.1. Unklare Aufwandsperiodisierung bei mehreren Zuschusszweckbindungen

Nach IAS 20.12 sind Zuschüsse "planmäßig im Gewinn oder Verlust zu erfassen und zwar im Verlauf der Perioden, in denen das Unternehmen die entsprechenden Aufwendungen, die die Zuwendungen der öffentlichen Hand kompensieren sollen, als Aufwendungen ansetzt"[928]. Eine sachgerechte Periodisierung setzt somit eine eindeutige Kompensationsbeziehung zwischen Zuschuss und den dazugehörigen in der Vergangenheit angefallenen oder zukünftig anfallenden Aufwendungen voraus. Knüpft die Zuschussgewährung an mehrere Bedingungen, deren Erfüllung jeweils bestimmte Aufwendungen verursachen, wird der Bilanzierende mit der Frage nach der „richtigen" Verteilungsgrundlage konfrontiert. Die Förderbedingungen können zum Beispiel vorsehen, dass der Zuschussempfänger neben der Anschaffung oder Herstellung eines Vermögensgegenstandes darüber hinaus verpflichtet ist, bestimmte Verwendungsauflagen einzuhalten, wie die Besetzung einer Maschine mit einem Auszubildenden über einen bestimmten Zeitraum.[929] In solchen Fällen sind gemäß IAS 20.19 die „Bedingungen, die die Aufwendungen der Perioden verursachen, in denen die Zuwendung vereinnahmt wird, sorgfältig [festzustellen]". Gemäß IAS 20.19 kann es angemessen sein, den Zuschuss

---

921 IAS 20.12.
922 Vgl. IAS 20.16.
923 IASB-F.95; IAS 1.27; IAS 2.34; IAS 18.19.
924 Zur Stellung des „*matching principle*" innerhalb des deutschen Handelsrechts vgl. insbesondere *Moxter* (1995a), S. 487–504.
925 Vgl. *Pfitzer/Wirth/Staß* (2008), Rn. 33.
926 *Kieso/Weygandt/Warfield* (2004), S. 40.
927 Das „*realisation principle*" erfährt seine Konkretisierung nicht durch Normen innerhalb des IASB-Rahmenkonzepts (hier heißt es lediglich:"*revenues should be earned and realized*" (IASB-F.93)), sondern erst durch die Regelungsvorschriften einzelner Standards. Vgl. *Zülch/Fischer/Willms* (2006), S. 9.
928 IAS 20.12.
929 Vgl. Ausgangsbeispiel in Abschnitt III.C.1.4.1.2.

auf der Basis verschiedener Verteilungsgrundlagen ertragswirksam zu realisieren (*It may be appropriate to allocate part of a grant on one basis and part on another.*)[930]
Die Vorgabe des Standardsetters ist interpretationsbedürftig[931]: Im Beispielfall käme neben einer abschreibungsproportionalen Ertragsrealisation[932] auch eine Zuschussperiodisierung entsprechend den angefallenen Personalkosten im Zusammenhang mit dem Beschäftigungsverhältnis in Betracht. Vereinbar mit der (auslegungsoffenen) Vorgabe des Standards wäre allerdings auch eine Aufteilung des Zuschussbetrages in einen Investitionszuschuss, der entsprechend dem Abschreibungsverlauf ertragswirksam zu vereinnahmen ist, und in einen (verbleibenden) Personalkostenzuschuss, der über den Zeitraum der Beschäftigungsdauer periodisiert wird bzw. vice verca. Das in IAS 20 propagierte Aufwandsverteilungsparadigma erlaubt mithin jede betriebswirtschaftlich sinnvoll erscheinende Zurechnung und stellt die Ertragsrealisation damit mehr oder weniger in das Belieben des bilanzierenden Unternehmens.

1.1.2.2. Unklare Aufwandsperiodisierung bei Ertragszuschüssen

Bei einer engen Auslegung des Wortlauts des IAS 20.12, demzufolge Zuwendungen entsprechend den dazugehörigen Aufwendungen zu realisieren sind, liegt es nahe, Ertragszuschüsse sofort erfolgswirksam zu erfassen. Eine aufwandsproportionale Ertragsrealisation impliziert streng genommen eine sofortige Vereinnahmung von Zuschüssen, wenn eine Periodisierung mangels künftig anfallender Aufwendungen ausscheidet. Da bei Zuschüssen zur Kompensation künftiger Ertragsausfälle keine entsprechenden Aufwendungen anfallen, denen sie zugerechnet werden könnten, wären sie bereits zum Zeitpunkt der Gewährung in voller Höhe ergebniswirksam zu erfassen. Eine aufwandsorientierte Periodisierung würde beispielsweise bei Zuschüssen zur Stilllegung eines Mühlenbetriebs oder zur Duldung bestimmter öffentlicher Baumaßnahmen ausscheiden, da sie faktisch (nur) dem Ausgleich künftiger Ertragsausfälle und nicht der Kompensation von Aufwendungen dienen. Vor diesem Hintergrund offenbart sich eine weitere Regelungsunschärfe hinsichtlich der bilanziellen Behandlung von Ertragszuschüssen.

Ob das IASC eine bilanzielle Ungleichbehandlung von Ertrags- und Aufwandszuschüssen beabsichtigt, ist fraglich, wenngleich eine sofortige Ertragsvereinnahmung von Ertragszuschüssen von Teilen des Schrifttums nicht ausgeschlossen wird.[933] Dagegen könnte implizit die Ausnahmeregelung in IAS 20.22 sprechen, die eine sofortige Ertragsvereinnahmung zu-

---

930 IAS 20.19.
931 Vgl. *Hoffmann* (2008a), Rn. 36.
932 Vgl. *Schruff/Paarz* (2008), Rn. 28.

lässt, wenn Zuschüsse bereits angefallenen Aufwendungen oder Verlusten zurechenbar sind. Schließlich ist es in Hinblick auf die erforderliche Kompensationsbeziehung unter wirtschaftlichen Gesichtspunkten unerheblich, ob ein Zuschuss zum Ausgleich von Mehraufwendungen oder Mindererträgen (in Form eines Verlusts) gewährt wird. Die Bemessung der künftigen Ertragsausfälle als Periodisierungsgrundlage der Zuschussvereinnahmung dürfte indes aufgrund von Synergieeffekten und der Unsicherheit der Zukunftsentwicklung mit (noch) größeren Schätzunsicherheiten verbunden sein.

1.1.2.3. Spannungsverhältnis zwischen der tendenziell statischen Passivierungskonzeption des IAS 37 und der dynamischen Erfolgskonzeption des IAS 20

Wenngleich öffentliche Zuschüsse der Begriffsdefinition des IAS 20.3 folgend dem „Ausgleich für die vergangene oder künftige Erfüllung bestimmter Bedingungen" dienen, erfolgt ihre ertragswirksame Vereinnahmung unabhängig vom Bestehen einer in den Zuschussbedingungen zum Ausdruck kommenden Gegenleistungsverpflichtung des Zuschussempfängers. Für den Ansatz eines passiven Abgrenzungspostens kommt es – im Gegensatz zu den handelsrechtlichen GoB[934] – nicht darauf an, dass der Bilanzierende zum Bilanzstichtag zu einer risikobehafteten, schuldrechtlichen Leistungshandlung verpflichtet ist.

Die in IAS 20 propagierte Zurechnung von Zuschusserträgen zu den dazugehörigen Aufwendungen fügt sich damit in das theoretische Konstrukt der *„Revenue-Expense-Theory"*. Wegen der Dominanz der auf die Gewinnentwicklung im Zeitablauf abstellenden Unternehmensperformance wird die Vermögensermittlung zugunsten einer von Stetigkeits- und Vergleichbarkeitsüberlegungen geprägten Gewinnermittlungsfunktion in starkem Maße zurück gedrängt. Die bilanziell ausgewiesenen Bilanzposten tragen den Charakter reiner Verrechnungsposten, die unter Umständen zu keinem wirtschaftlichen Ressourcenabfluss führen.[935] Sie verkörpern vielmehr eine dynamische Hilfskonstruktion und damit einen Fremdkörper innerhalb der zunehmend fortführungsstatisch geprägten IFRS, in deren Mittelpunkt die Darstellung einer zutreffenden Vermögenslage steht.

Der Ausweis des Abgrenzungspostens verfehlt immer dann die Objektivierungsanforderungen, die das IASB-Rahmenkonzept und IAS 37 an das Vorliegen einer Verbindlichkeit stellen, wenn die Zuschüsse mit keiner Gegenleistungsverpflichtung verbunden sind. So erkennt

---

[933] Vgl. *ADS* (2002a), Rn. 2; vgl. a.A.: *Hoffmann* (2008a), Rn. 21; *Küting/Koch* (2006b), S. 571; *Pfitzer/Wirth/Staß* (2008), Rn. 36.

[934] Vgl. hierzu *Strobl* (1994), S. 421f.

[935] Vgl. allgemein *Jäger/Himmel* (2003), S. 419f.

auch das IASB an, dass die passive Rechnungsabgrenzung mit der allgemeinen Schuldendefinition des IASB-Rahmenkonzepts konterkariert.[936] Aufgrund seiner fehlenden Verbindlichkeitseigenschaft ist der passive Rechnungsabgrenzungsposten einer Neubewertung ebenso wenig zugänglich wie einer außerplanmäßigen Abschreibung. Er muss vielmehr – seinem Verteilungscharakter folgend – nach „systematischen" und „rationalen" Gesichtspunkten und nach Maßgabe der zu kompensierenden Aufwendungen gewinnwirksam aufgelöst werden.[937] Die damit verbundenen Regelungsunschärfen wurden bereits aufgedeckt.

Im Falle des Zuschusses zur Stilllegung eines Mühlenbetriebs[938] käme es somit zu einer (verzögerten) Verteilung des Zuschussertrages über den Verpflichtungszeitraum, obwohl der Anspruch auf den Zuschuss bereits quasi-sicher entstanden ist, weil die Zuschussgewährung mit keiner risikobehafteten Gegenleistungsverpflichtung des Zuschussempfängers (mehr) verbunden ist. Dagegen führt der periodische Gleichklang von Ertrag und Aufwand im Sinne des IAS 20 zum Ausweis unrealisierter Gewinne, wenn der Zuschuss bei Nichterfüllung der Zuschusszweckbindung vollständig zurückzuzahlen wäre, aber der Zuschussertrag bereits vor Erfüllung der Zweckbindung anteilig nach Maßgabe der zugehörigen Aufwendungen realisiert wurde. Die aufwandsorientierte Ertragsvereinnahmung drängt zugunsten einer periodengerechten Gewinnermittlung Objektivierungs- und Vorsichtsprinzipien zurück und erfolgt damit – wiederum erkennbar im Gegensatz zu den handelsrechtlichen GoB – völlig losgelöst vom *„realisation principle"*.

1.2. Kriterien zur Erfassung von investitionsbezogenen Zuschüssen

1.2.1. Abschreibungsproportionale Periodisierung bei abnutzbaren Zuschüssen

Investitionsbezogene Zuschüsse liegen definitionsgemäß im Sinne des IAS 20 vor, wenn die Gewährung des Zuschusses an die "Hauptbedingung" knüpft, langfristige Vermögenswerte zu erwerben oder herzustellen.[939] An die Klassifizierung eines Zuschusses als Investitionszuschuss knüpft IAS 20.17 konkrete Bilanzierungsfolgen: Er ist über die Nutzungsdauer des begünstigten Vermögensgegenstandes im Verhältnis zu den realisierten Abschreibungen zu vereinnahmen.

---

936 Vgl. IASB (2003), Rn. 8: „The Board is conscious that IAS 20 is badly out of date and is inconsistent with the Framework." (Hervorhebung im Original); IASB (2006), Rn. 6 (a); *Forker/Green* (2000), S. 385f.

937 Vgl. IAS 20.16: „on a systematic and rational basis over the periods necessary to match them with the related costs".

938 Vgl. diesbezüglich Ausführungen in Abschnitt III.C.1.4.3.3.a.

939 IAS 20.3.

Die Einordnung als Investitionszuschuss schließt gemäß IAS 20.3 nicht aus, dass die Zuschussgewährung neben der „Hauptbedingung" der Anschaffung oder Herstellung eines Vermögensgegenstandes durch weitere zu erfüllende „Nebenbedingungen" hinsichtlich „der Art oder den Standort der Vermögenswerte" flankiert wird.[940] Hierunter fallen typischerweise die in den Zuwendungsbedingungen verankerten Verwendungsauflagen oder Bindungsfristen. Sie sind weder hinderlich für eine abschreibungsproportionale Zuschussvereinnahmung noch beeinflussen sie den zugrundeliegenden Periodisierungszeitraum entsprechend der beizulegenden Nutzungsdauer des begünstigten Vermögensgegenstandes.

Die abschreibungsorientierte Zuschussrealisation steht damit weitestgehend konzeptionell in Einklang mit der angestrebten Verursachungskonzeption des IAS 20 und resultiert – im Gegensatz zu dem handelsrechtlichen Grundsatz der imparitätischen Verlustantizipation – aus dem Postulat der periodengerechten Abbildung von Erträgen und Aufwendungen.

Die ertragswirksame Vereinnahmung des Zuschusses nach Maßgabe des Abschreibungsverlaufs ist allerdings nicht zwingend. Mit Rücksicht auf eine periodengerechte Gewinnermittlung ließe sich theoretisch auch ein Bruttoausweis mit entsprechender Erfassung eines (außerordentlichen) Zuschussertrags begründen. Mit dem Ansatz der vollen Anschaffungs- bzw. Herstellungskosten des bezuschussten Vermögensgegenstandes erfolgt eine Gegenüberstellung der künftigen Aufwendungen infolge der Abnutzung zu den erwarteten Nutzenzuflüssen des Investitionsobjekts. In den Jahren der Nutzung des betreffenden Vermögensgegenstandes werden den zurechenbaren Erträgen somit die vollen Aufwendungen periodengerecht zugeordnet. Insofern ließe sich theoretisch auch ein Bruttoausweis mit dem Primat einer periodengerechten Gewinnermittlung vereinbaren.[941]

Während die nach den handelsrechtlichen GoB gebotene Anschaffungs- bzw. Herstellungskostenminderung eine Überbewertung des bezuschussten Vermögensgegenstandes verhindern soll, folgt die abschreibungsproportionale Zuschussrealisierung im Sinne des IAS 20 bloßen Aufwandsverteilungsüberlegungen zum Zwecke der Vergleichbarkeit der Periodengewinne. Die konzeptionellen Unterschiede werden bei der praktischen Durchführung des Abzugs des Zuschusses von den Anschaffungs- bzw. Herstellungskosten nivelliert. Dennoch können sich praktische Unterschiede in Hinblick auf das Erfordernis einer außerplanmäßigen Abschreibung ergeben. Während IAS 20 nicht auf das Erfordernis einer außerplanmäßigen Abschrei-

[940] IAS 20.3.
[941] Vgl. diesbezüglich auch Ausführungen zur dynamischen Vermögenskonzeption in Abschnitt III.C.2.1.2.

bung hinweist[942], ist nach den handelrechtlichen GoB die Prüfung einer Wertminderung bezuschusster Vermögensgegenstände (neben der Zuschussminderung) zwingend geboten. Darüber hinaus schließt die (hier vertretene) handelsrechtliche Lösung – anders als nach IAS 20.3 – eine Anschaffungs- bzw. Herstellungskostenminderung aus, wenn die Zuschussgewährung mit Bedingungen verknüpft ist, deren Nichterfüllung zu einer Rückzahlung des Zuschusses führt. In diesem Fall gebietet das Realisationsprinzip den Ansatz einer Verbindlichkeit, bis das Risiko einer Rückzahlungsverpflichtung quasi-sicher ausgeschlossen werden kann. Das nach IAS 20 verkörperte Verteilungsparadigma drängt indes das bilanzielle Risiko des Ausweises unrealisierter Gewinne zurück, wenn die nicht zweckmäßige Verwendung des Zuschusses eine Rückzahlung des Zuschusses auslöst.

Die Periodisierungsvorschrift konfligiert ferner mit der Vorschrift des IAS 20.23 zur Bilanzierung nicht-monetärer Zuwendungen. Danach eröffnet sich dem Bilanzierenden das Wahlrecht, den Fair Value[943] oder den Nominalwert[944] einer Erstbewertung zugrunde zu legen.[945] Eine Fair-Value- oder Nominalwertbewertung steht im Widerspruch zu der abschreibungsproportionalen Ertragsrealisation, so dass sich hierdurch tendenziell eine Ungleichbehandlung von monetären und nicht-monetären Zuwendungen ergibt. Vor diesem Hintergrund erwägt das IASB im Rahmen der Neufassung des IAS 20, eine Abschaffung des Bewertungswahlrechts und eine einheitliche Bewertung monetärer und nicht- monetärer Zuwendungen zum Fair Value.

1.2.2. Abgrenzung von Investitions- und Erfolgszuschüssen

1.2.2.1. Regelungsunscharfe Abgrenzungsmerkmale des IAS 20

In der Terminologie des IAS 20.3 zur Abgrenzung von Investitions- und Erfolgszuschüssen sind erstere dadurch charakterisiert, dass ihre Gewährung an die Hauptbedingung der Anschaffung oder Herstellung langfristiger Vermögenswerte knüpft. Erfolgsbezogene Zuschüsse erfahren ihre Definition durch eine Negativabgrenzung zu den vermögenswerten Zuschüssen. Die Abgrenzung ist nicht nur rein akademischer Natur, sondern sie impliziert auch unterschiedliche Periodisierungsgrundlagen zur ertragswirksamen Vereinnahmung von Zuschüssen.

---

942 Nur im Falle der Rückzahlung des Zuschusses erwägt das IASB eine Buchwertminderung des betreffenden Vermögensgegenstandes (IAS 20.33).

943 Die Definition gemäß IAS 38.8 beschreibt den beizulegenden Wert als den Betrag, zu dem dieser Vermögenswert zwischen sachverständigen, vertragswilligen und voneinander unabhängigen Geschäftspartnern getauscht werden könnte.

944 Der Nominalwert entspricht hierbei einem Merkposten bzw. einem symbolischen Gegenwert. Vgl. 20.23.

945 Vgl. IAS 38.44; IAS 20.23.

Den Abgrenzungsmerkmalen fehlt allerdings die notwendige Trennschärfe, wenn die Zuschussgewährung neben der Anschaffung oder Herstellung eines Vermögensgegenstandes an die Erfüllung weiterer (Haupt-)Bedingungen knüpft. Fraglich erscheint eine Differenzierung insbesondere dann, wenn die Investition als Mittel zum Zweck fungiert, um beispielsweise bestimmte Verpflichtungen zu erfüllen oder Dienstleistungen bereitzustellen. Im Unklaren bleibt die Klassifizierung als Investitions- oder Erfolgszuschuss typischerweise bei den umstrittenen „Grenzfällen" wie den Zuschüssen zur Förderung von Wohnraum für Studenten mit einer Mietpreisbindung oder den Baukostenzuschüssen an Versorgungsunternehmen.[946] Ob die Anschaffung oder Herstellung eines Vermögensgegenstandes eine „Hauptbedingung" der Zuschussgewährung darstellt oder lediglich eine Nebenbedingung zur Erfüllung einer weitergehenden Bedingung verkörpert, obliegt letztlich mangels eines übergeordneten Referenzmaßstabs dem Ermessen des Zuschussempfängers.

1.2.2.2. Bilanzrechtliche Implikationen aus der Interpretationen IFRIC 18 mit Ausstrahlungswirkung auf das Bilanzierungsproblem

Die Interpretation IFRIC 18 („Übertragungen von Vermögenswerten durch einen Kunden") gelangt zur Anwendung, wenn ein Unternehmen von seinen Kunden ein Sachanlagegut (oder die Finanzmittel für die Herstellung oder Anschaffung eines Sachanlageguts) erhält, um den Kunden Zugang zu einem Leitungsnetz und/oder dauerhaften Zugang zur Versorgung mit Gütern oder Dienstleistungen zu verschaffen. Im Gegenzug verpflichtet sich das Unternehmen, den Kunden an ein Leitungsnetz anzuschließen und/oder dem Kunden dauerhaften Zugang zur Versorgung mit Gütern oder Dienstleistungen zu verschaffen.[947] Im Mittelpunkt der Interpretation steht die bilanzielle Abbildung beim empfangenen Unternehmen. Der Anwendungsbereich ist auf solche Leistungen des Kunden beschränkt, bei denen es sich um Sachanlagen bzw. um Finanzmittel für die Anschaffung oder Herstellung einer Sachanlage handelt, mit deren Hilfe der Anschluss an ein Versorgungsnetz erfolgt und/oder ein dauerhafter Zugang zur Versorgung mit Gütern oder Dienstleistungen eingeräumt wird.[948] Ob der Kunde statt einer Sachanlage Finanzmittel gewährt, die das empfangene Unternehmen für die Anschaffung oder Herstellung einer Anlage verwendet, beschreibt wirtschaftlich den gleichen Tatbestand.[949] Hierunter subsumiert das IASB typischerweise auch Baukostenzuschüsse im Energiesektor, die von Kunden an ein Versorgungsunternehmen gezahlt werden.[950]

[946] Vgl. hierzu Ausführungen in Abschnitt III.C.1.4.3.4.c,d.
[947] Vgl. IFRIC 18.5.
[948] Vgl. IFRIC 18.6.
[949] Vgl. IFRIC 18.BC24.
[950] Vgl. IFRIC 18.1.

In seinem Interpretationsentwurf unterstellte das IFRIC zunächst eine Austauschbeziehung derart, dass der Kunde gegen die Gewährung eines Beitrags einen Anspruch auf den Zugang zu Gütern oder Dienstleistungen erlangt (*ability to access a supply of goods or services*).[951] Hieraus resultierte nach ursprünglicher Ansicht des IFRIC eine andauernde Verpflichtung des empfangenen Unternehmens, dem Kunden einen Zugang zu Gütern oder Dienstleistungen zu gewähren (*continuing obligation to use the asset to provide customers with access to a supply of goods or services*)[952], die in Höhe des beizulegenden Zeitwertes des Kundenbeitrags zu passivieren und über den vertraglichen Zeitraum der Bereitstellung des Zugangs zum Versorgungsnetz erfolgserhöhend aufzulösen war.[953] Die Anschaffung bzw. Herstellung der Sachanlage, mit deren Hilfe der Zugang gewährt wird, repräsentierte nach früherer Ansicht des IFRIC keine umsatzgenerierende Dienstleistung an den Kunden, da sie lediglich die notwendige Voraussetzung für den permanenten Zugang zur Versorgung mit Gütern oder Dienstleistung schafft.[954] Der Kundenbeitrag verkörpert in diesem Sinne eine Vorauszahlung an das empfangene Unternehmen für die künftige Bereitstellung des Zugangs zu einem Versorgungsnetz.[955] Der Interpretationsentwurf unterstellte damit regelmäßig, dass die Gewährung des Zugangs zu Gütern oder Dienstleistungen eine „*obligation*“ darstellt.

Fraglich war vor diesem Hintergrund die bilanzrechtliche Behandlung von solchen Baukostenzuschüssen, die kein Entgelt für eine fortwährende Bereitstellung des Versorgungszugangs darstellen und ein (Mindest-)Vertragszeitraum nicht vorliegt.[956] Ob derartige, in der Praxis durchaus übliche Vertragskonstruktionen generell den Anwendungsbereich der Interpretation verfehlen, erschien unklar.

Die Bedenken gegen die im Interpretationsentwurf vorgeschlagene Bilanzierung hat das IFRIC im Rahmen der endgültigen Interpretation nach Auswertung der Kommentierungen beseitigt: Auf Grundlage des vorliegenden Vertrages ist im Einzelfall zu prüfen, inwieweit separierbare Leistungsverpflichtungen gemäß IAS 18.13 vorliegen, denen eigenständige Ertragsbestandteile zuzurechnen sind.[957] Wird ein Bündel von Leistungen im Rahmen eines Vertragsverhältnisses vergütet, soll der gesamte Transaktionspreis auf die einzelnen vertraglichen Leistungsverpflichtungen im Verhältnis zu ihren Fair Values aufgeteilt werden.[958] Zur Identifizierung einer selbständigen Vertragsleistung definiert das IFRIC verschiedene Indika-

[951] Vgl. IFRIC D24.BC16.
[952] Vgl. IFRIC D24.BC18.
[953] Vgl. IFRIC D24.11, 16.
[954] Vgl. IFRIC D24.BC24 (a), 27.
[955] Vgl. IFRIC D24.BC24 (a).
[956] Dies wurde auch in einer Reihe von Comment Letters zum IFRIC D24 bemängelt.
[957] Vgl. IFRIC 18.14, 18.
[958] Vgl. IFRIC 18.19.

toren: Die Bereitstellung des Zugangs zu einem Netzwerk kann hiernach eine separierbare Leistung darstellen, wenn der Zugang einen eigenständigen Nutzen für den Kunden stiftet (*stand-alone value*)[959] und der Fair Value dieser Leistung verlässlich geschätzt werden kann.[960] Erhält der Kunde im Gegenzug zur Erbringung der Anschlusszahlung einen vergünstigten Anspruch auf den Zugang zu einem Versorgungsnetz das IFRIC typisierend, dass die künftige dauerhafte Bereitstellung des Versorgungsnetzes eine eigenständige Leistungskomponente darstellt.[961]

Die vorgeschlagene Bilanzierung steht in Einklang mit der normierten Bilanzierungsvorgabe für sog. Up-Front Fees (zum Beispiel Aufnahme-, Einlass- oder Mitgliedschaftsentgelten), die innerhalb des IFRS-Gefüges in IAS 18.A.17 geregelt werden. Vorabentgelte, die für die Gewährung eines Zugangs zum Erwerb bestimmter Produkte oder dem Empfang von Dienstleistungen gezahlt werden, sind demnach zum Zeitpunkt der Zugangsgewährung als Ertrag zu vereinnahmen, sofern sie keine anteilige oder vollständige Vorauszahlung auf die Folgeleistung darstellen, der Bilanzierende mithin keine über die Zugangsgewährung hinaus bestehende Leistungsverpflichtung eingeht. Ein Indiz für den vollständigen Abbau der Leistungsverpflichtung ist die separate marktübliche Vergütung der Folgeleistungen.[962] Berechtigt hingegen die Zahlung einer Vorabgebühr zum Bezug vergünstigter Leistungen, erfolgt die Ertragsrealisation in Übereinstimmung mit den US-amerikanischen Vorschriften[963] nach Maßgabe des zeitlichen Anfalls, der Art und Weise und des Werts der eingeräumten Vorteile.[964] Wird gegen die Zahlung von Aufnahmegebühren in Sportvereinen beispielsweise ein Mitgliedschaftsrecht gewährt und für die Nutzung des Vereinsangebots ein separater Mitgliedschaftsbeitrag erhoben, so ist der Ertrag zum Zeitpunkt der Erteilung der Mitgliedschaft zu vereinnahmen (IAS 18.A17). Zutreffend wird im Schrifttum moniert, dass die Kriterien zur Segmentierung von Teilleistungen oftmals auslegungsoffen sind, „da über die Vertragslaufzeit eingeräumte Vorteile oder Leistungen regelmäßig schwierig und keinesfalls ermessensunbehaftet zu quantifizieren sind“[965]. Diese Schwäche vermag auch der IFRIC 18 nicht zu beseitigen.

Im Falle der umstrittenen Baukostenzuschüsse vermag das Kriterium der marktüblichen Vergütung der Folgeleistung eine eindeutige Bilanzierungslösung hervorbringen. Die Versorgungsunternehmen sind zwar generell verpflichtet, den Baukostenzuschuss abschlägig bei der

---

959 Vgl. IFRIC 18.15 (a).
960 Vgl. IFRIC 18.15 (b).
961 Vgl. IFRIC 18.16.
962 Vgl. *Wüstemann/Kierzek* (2006), S. 124.
963 Vgl. hierzu ausführlich *Pilhofer* (2002), S. 255–260.
964 Vgl. IAS 18.A17.

Kalkulation der Netzentgelte zu berücksichtigen. Die Preisbindung gilt allerdings umfassend für sämtliche Netznutzer und nicht individuell für einen einzelnen Kunden in Abhängigkeit von der Höhe des entrichteten Baukostenzuschusses. Die Anwendung der Vorschriften des IAS 18 i.V.m. IFRIC 18 würde – bei Vorliegen der vorgenannten Bedingungen – demzufolge eine sofortige Ertragsvereinnahmung des Baukostenzuschusses implizieren.

1.2.3. Wahlrecht zur Brutto- oder Nettodarstellung

Hinsichtlich der bilanziellen Darstellung des Investitionszuschusses offeriert IAS 20.24 ein Ausweiswahlrecht. Der Zuwendungsbetrag ist entweder als passiver Rechnungsabgrenzungsposten – bei unverändertem Buchwertansatz – auszuweisen (Bruttoausweis) oder bei der Ermittlung der Anschaffungs- bzw. Herstellungskosten in Abzug zu bringen (Nettoausweis).[966] Eine bevorzugte Behandlung (*benchmark treatment*) gibt der Standard nicht vor.[967] Beide Ausweisalternativen stehen sich vielmehr gleichwertig gegenüber (*are regarded as acceptable alternatives*).[968]

Im Fall der passivischen Abgrenzung wird gemäß IAS 20.26 die Vorgabe eines an der Abschreibung orientierten Verteilungsmaßstabs gemäß IAS 20.17 scheinbar relativiert. Danach knüpft die Ertragsvereinnahmung grundsätzlich zwar an die Nutzungsdauer des Vermögenswertes, gefordert wird jedoch lediglich die Verteilung des Zuwendungsbetrages auf einer planmäßigen und vernünftigen Grundlage (*systematic and rational basis over the useful life of the asset*). Die Vorschrift eröffnet bei Ansatz eines passiven Rechnungsabgrenzungspostens offenbar den Spielraum für eine Ertragsvereinnahmung, die sich nicht zwingend am Abschreibungsverlauf des Vermögenswertes orientiert, wenngleich mit der Forderung nach einer „planmäßigen" und „vernünftigen" Verteilung des Zuschusses wenig Bilanzierungsklarheit gewonnen wird. Dem Wortlaut folgend könnten sich je nach Wahlrechtsausübung bei Vorliegen eines identischen Sachverhalts unterschiedliche Ergebnisauswirkungen im Zeitablauf ergeben.

Der Wortlaut des IAS 20.26 ist missverständlich und birgt bilanzpolitischen Spielraum. Vor dem Hintergrund des Vergleichbarkeitsgrundsatzes[969] und der klar formulierten Vorschrift des IAS 20.17 ist nicht anzunehmen, dass das IASC an die Wahl der buchungstechnischen Darstellung verschiedene Ertragsvereinnahmungsregeln knüpft. Mutmaßlich zielt der Passus

965 *Sessar* (2007), S. 281.
966 Vgl. IAS 20.24.
967 Vgl. *Pfitzer/Wirth/Staß* (2008), Rn. 54.
968 IAS 20.25.

des IAS 20.26 insbesondere auf nicht abnutzbare Vermögensgegenstände, da bei diesen eine abschreibungsproportionale Verteilung ausscheidet.[970]

1.2.4. Auslegungsoffene Periodisierung der Zuschüsse bei nicht abnutzbaren Vermögensgegenständen

Bei Zuschüssen der öffentlichen Hand, die im Zusammenhang mit nicht abnutzbaren Vermögensgegenständen gewährt werden, entfallen planmäßige Abschreibungen, denen die Zuschüsse nach dem Grundsatz der aufwandsproportionalen Ertragsrealisierung zugerechnet werden könnten. Im Umkehrschluss wäre der Zuschuss grundsätzlich erst im Zeitpunkt des Abgangs des betreffenden Vermögenswertes erfolgswirksam zu erfassen.

IAS 20.18 sieht dagegen unter der Voraussetzung, dass die Gewährung der Zuwendung an bestimmte Bedingungen knüpfen, eine Verteilung des Zuschusses korrespondierend zu den mit der Erfüllung der Bedingungen verursachten Aufwendungen vor. Während bei abnutzbaren Vermögensgegenständen die Ertragsperiodisierung nach Maßgabe des Abschreibungsverlaufs erfolgt, erlaubt das IASC bei nicht abnutzbaren Vermögensgegenständen (hilfsweise) einen Rückgriff auf andere Periodisierungsgrundlagen.[971] Hierin kommt wiederum das bloße Verteilungsbestreben mit Rücksicht einer Vergleichbarkeit der Periodengewinne des IAS 20 zum Ausdruck.

1.3. Kriterien zur Passivierung der Verpflichtung zur Rückzahlung des Zuschusses

1.3.1. Konkretisierung der abzubildenden Verpflichtung gemäß IAS 37

Ist ein Zuschuss im Jahresabschluss erfasst, so bestimmt IAS 20.11, dass jede damit verbundene Erfolgsunsicherheit als (Eventual-)Schuld in Einklang mit den Regelungsvorschriften des IAS 37 zu behandeln ist.[972] IAS 20 beschränkt sich hierbei auf einen Verweis zur Anwendung der Normen des IAS 37 und lässt offen, welches Risiko mit der Erfassung einer (Eventual-)Verpflichtung abgebildet werden soll. Die Verweisungsnorm wird in Bezug auf die Vereinnahmung von Zuschüssen im Schrifttum mehrheitlich vor dem Hintergrund der Fragestellung ausgelegt, „ob, wann und in welchem Umfang Rückzahlungsverpflichtungen zu passi-

---

969 Vgl. IASB-F.93.

970 Vgl. *Pfitzer/Wirth/Staß* (2008), Rn. 57.

971 Vgl. IAS 20.18: „Grants related to non-depriciable assets may also require the fulfilment of certain obligations and would then be recognised in profit or loss over the periods that bear the cost of meeting the obligations."

972 Vgl. IAS 20.11: „Once a government grant is recognised, any related contingent liability or contingent asset is treated in accordance with IAS 37."

vieren sind“[973]. Das bilanzrechtliche Schrifttum bezieht sich damit auf die (mögliche) Verpflichtung des Zuschussempfängers, den (verlorenen) Zuschuss zurückzahlen zu müssen, wenn der Zuschuss nicht gemäß seiner Zweckbestimmung eingesetzt wird. Ebenso sind bedingt rückzahlbare Zuschüsse definitionsgemäß rückzahlbar, wenn bestimmte Bedingungen eintreten (beispielsweise im Falle des Erfolgs oder bei Erzielung künftiger Gewinne).[974]
Im Falle der Rückzahlung des Zuschusses sind die vereinnahmten Zuschusserträge gemäß den Vorschriften des IAS 8 als Berichtigung einer Schätzung zu korrigieren. Schätzungsänderungen beziehen sich dabei nach IFRS nicht auf frühere Perioden und stellen keine Fehlerkorrektur dar.[975] Eine retrospektive Anpassung für in Vorperioden ergebniswirksam vereinnahmte Zuwendungen über das Eigenkapital ist nicht zulässig.[976] Für die Korrektur erfolgsbezogener Zuschüsse bestimmt IAS 20.23 ein zweistufiges Verfahren: In einem ersten Schritt ist der noch nicht amortisierte passive Rechnungsabgrenzungsposten (Bruttomethode) mit dem Rückzahlungsbetrag zu verrechnen. Der übersteigende Betrag ist aufwandswirksam zu erfassen. Bei Anwendung der Nettomethode ist zunächst der Buchwert des bezuschussten Vermögenswertes anzupassen. Außerdem sind die Abschreibungen in Höhe der Differenz zwischen den kumulierten Abschreibungen bis zum Zeitpunkt des Entstehens der Rückzahlungsverpflichtung auf Basis der Anschaffungs- bzw. Herstellungskosten und denjenigen auf der Grundlage der um die Zuwendung reduzierten Netto-Anschaffungs- bzw. Herstellungskosten erfolgswirksam zu korrigieren.

1.3.2. Vermeintliche Relevanz des Kriteriums der Wahrscheinlichkeit der Inanspruchnahme

In Ermangelung eines geschlossenen prinzipienorientierten Systems der IFRS wird der Rechtsanwender vor die Herausforderung gestellt, die überwiegend kasuistisch geprägten Einzelnormen des IAS 37 auf den nicht explizit geregelten Sachverhalt der Rückzahlungsverpflichtung von Zuschüssen zu übertragen. In der Folge können sich hinsichtlich der Bestimmung des Passivierungszeitpunkts der Rückzahlungsverpflichtung verschiedene Auslegungen ergeben.

Nach überwiegender Meinung ist eine Rückzahlungsverpflichtung zu passivieren, wenn am Abschlussstichtag mit hinreichender Wahrscheinlichkeit feststeht, dass der erhaltene Zuschuss wegen der Verletzung von Zuwendungsbedingungen ganz oder teilweise zurückzuzah-

---

973 *Pfitzer/Wirth/Staß* (2008), Rn. 27 (Hervorhebung im Original).
974 Vgl. diesbezüglich Ausführungen in Abschnitt IV.D.
975 Vgl. IAS 8.34.
976 Vgl. IAS 8.36.

len ist.[977] Wenn aufgrund der am Abschlussstichtag vorliegenden Umstände mehr für einen Verstoß gegen die zu erfüllenden Zuwendungsbedingungen spricht als dagegen, ist die Verpflichtung zur Rückzahlung der Zuwendung als wahrscheinlich einzustufen.[978] Dies entspricht dem Passivierungskriterium einer hinreichenden Wahrscheinlichkeit im Sinne des IAS 37[979], nachdem die Passivierung einer Schuld voraussetzt, dass eine überwiegende Wahrscheinlichkeit einer gegenwärtigen Verpflichtung besteht und der Abfluss wirtschaftlicher Ressourcen hinreichend wahrscheinlich ist.[980]

1.3.3. Konkurrierende Bedeutung des Unentziehbarkeitskriteriums

Gegen eine Passivierung nach Maßgabe des vorliegenden Wahrscheinlichkeitsgrades könnte im Fall der Zuschussgewährung das Unentziehbarkeitskriterium sprechen. Übereinstimmend mit dem IASB-Rahmenkonzept[981] knüpft IAS 37.14 (a) die Voraussetzung zur Passivierung einer Verbindlichkeit (*liability*) an das Erfordernis eines vergangenen Ereignisses (*past event*), das zu einer gegenwärtigen Verpflichtung (*present obligation*) führt. Wesentliches Merkmal ist das Vorliegen einer rechtlichen oder faktischen (*legal or constructive*) Verpflichtung, die eine zukünftige wirtschaftliche Vermögensbelastung für das Unternehmen darstellt.[982] Das verpflichtende Ereignis (*obligating event*) in der Vergangenheit[983] determiniert maßgeblich die Verursachungskonzeption des IAS 37 und fixiert mithin den Zeitpunkt der Passivierung.[984] Seine inhaltliche Konkretisierung erfährt das „verpflichtende Ereignis" durch das sog. Unentziehbarkeitskriterium.[985] Das Merkmal der Unentziehbarkeit ist erfüllt, wenn „das Unternehmen keine realistische Alternative zur Erfüllung der [faktischen oder rechtlichen] Verpflichtung hat"[986]. Die durch ein verpflichtendes Ereignis begründete Unentziehbarkeit nach IAS 37 verlangt hiernach die rechtliche Durchsetzbarkeit des Verpflichtungsanspruchs.[987]

977 Vgl. *ADS* (2002a), Rn. 32.
978 Vgl. *Küting/Koch* (2006b), S. 574.
979 Vgl. IAS 37.14 (b).
980 Vgl. IAS 37.10.
981 Vgl. IASB-F.49(b): „present obligation of the entity arising from past events, the settlement of which is expected to result in an outflow from the entity of resources embodying economic benefits." Im Rahmen des Gemeinschaftsprojekts „Conceptual Framework for Financial Reporting" des FASB und IASB erfolgt derzeit eine Überarbeitung des Rahmenkonzepts. Hinsichtlich einer neuen Schuldendefinition ist noch keine abschließende Einigung erzielt.
982 Vgl. IAS 37.14 (a), (b): „outflow of resources embodying economic benefits".
983 Vgl. IAS 37.17. i.V.m. IAS 37.14 (a), 17-22.
984 Vgl. *Wich* (2009), S. 77f.
985 Vgl. *Hommel* (2002b), Rn. 524; *Rüdinger* (2004), S. 89–91.
986 Vgl. IAS 37.10. Die Vorraussetzung der Unentziehbarkeit stellt äquivalent zum Greifbarkeitsprinzip nach HGB ein zentrales Objektivierungsmerkmal dar. Vgl. *Hommel* (2003), S. 747; *Wüstemann/Bischof* (2006), S. 92.
987 Neben dem Kriterium der Unentziehbarkeit stellt die selbständige Bewertbarkeit der künftigen Vermögenslast ein weiteres Objektivierungsmerkmal einer bilanzrechtlichen Verbindlichkeit dar. Hierbei genügt es,

Eine anspruchsbegründende Handlung würde demnach regelmäßig erst dann vorliegen, wenn der Zuschussempfänger gegen die Zuwendungsbedingungen verstößt und die Rückzahlungsverpflichtung tatsächlich auslöst. Bis dahin scheidet eine Passivierung aus, da es in der Kontrolle des betreffenden Unternehmens liegt, sich durch künftige Handlungen (hier: durch die zweckmäßige Zuschussverwendung) der Rückzahlungsverpflichtung zu entziehen.[988] Erst der Verstoß gegen die Verwendungsauflagen bedingt das Entstehen einer gegenwärtigen Verpflichtung, der sich das bilanzierende Unternehmen nicht mehr entziehen kann. Das Unentziehbarkeitskriterium lässt in Ermangelung eines verpflichtungsbegründenden Ereignisses im vorliegenden Sachverhalt faktisch keinen Raum für die Anwendung des Wahrscheinlichkeitskriteriums. Die unklare Gewichtung der konkurrierenden Passivierungsgrundsätze mit der Wahrscheinlichkeit einer gegenwärtigen Verpflichtung auf der einen Seite und dem Unentziehbarkeitskriterium auf der anderen Seite gewährt dem Bilanzierenden damit Interpretationsspielräume bei der Bestimmung des Passivierungszeitpunkts.

1.3.4. Verpflichtung zur Erfüllung der Zweckbindung als bilanzrechtsrelevante Verpflichtung gemäß IAS 37?

Mit dem Verweis auf die Bilanzierungsvorschriften von IAS 37 treffen in bilanztheoretischer Sicht zwei konträre Konzeptionen aufeinander: Während sich der Zeitpunkt der Rückstellungspassivierung nach IAS 37 an einer tendenziell formalrechtlich-statisch ausgerichteten Vermögenskonzeption orientiert, weist die Verursachungskonzeption zur Ertrags- und Aufwandsperiodisierung des IAS 20 dynamische (am „*matching principle*" orientierte) Züge auf. Das Abstellen auf das (formal-)rechtlich konkretisierte Unentziehbarkeitstheorem steht grundlegend in Einklang mit der statischen Vermögenskonzeption der IFRS. Dem Assets-Liabilities-Ansatz folgend sind in einem IFRS-Abschluss alle Vermögensgegenstände und Schulden, die zum Bilanzstichtag existieren, gegenüberzustellen.[989] Sind die rechtlichen (einklagbaren) und faktischen (und in diesem Sinne unentziehbaren) Ansprüche zum Stichtag hinreichend konkretisiert, gebietet die vom IASB propagierte Verursachungskonzeption un-

wenn sich der Wert durch Schätzung ermitteln lässt, da Rückstellungen naturgemäß mit einem Unsicherheitsfaktor behaftet sind. Vgl. IAS 37.25.

988 So verbietet IAS 37 beispielsweise den Ansatz einer Rückstellung für die rechtliche Verpflichtung zur Überholung von Fluggeräten, da sich das betreffende Unternehmen durch künftige Handlungen der Verpflichtung entziehen kann. Vgl. IAS 37, App. C, Example 11 (b). Stattdessen sind die Aufwendungen als Erhaltungsaufwendungen zu erfassen oder als planmäßige Abschreibungen im Rahmen des sog. Komponentenansatzes nach IAS 16 zu berücksichtigen. Vgl. hierzu *ADS* (2003), Rn. 37. Die Nichtpassivierung künftiger Aufwendungen folgt nach geltendem Handelsrecht einer anderen Begründung: dem Realisationsprinzip, nach dem künftig durch zuordenbare Erträge kompensierte Aufwendungen späteren Perioden und nicht dem Geschäftsjahr der rechtlichen Vollentstehung zuzurechnen sind. Vgl. Urteilsentscheidung des Bundesfinanzhofs zur Passivierung einer öffentlich-rechtlichen Verpflichtung der Hubschrauberüberholung: BFH-Urteil vom 19. Mai 1987, VIII R 327/83, BStBl II 1987, 848.

989 Vgl. *Hommel* (2003), S. 749.

abhängig von der Kompensation der künftigen Aufwendungen durch zurechenbare Erträge den Ausweis einer Stichtagsverbindlichkeit. Die wirtschaftliche Betrachtungsweise relativiert die statische Grundausrichtung der Verursachungskonzeption des IAS 37 insoweit, als dass noch nicht eingetretene Rechtsverpflichtungen bereits dann als gegenwärtig zu erachten sind, wenn sie quasi-sicher in der bestehenden Form umgesetzt werden. Auf eine periodengerechte Aufwandsverteilung im Sinne des Realisationsprinzips (bzw. in seiner Auslegung als „*matching principle*") kommt es nicht an.[990]

In Übereinstimmung mit den Vorschriften des IAS 37 kommt die mit der Zuschussgewährung verbundene wirtschaftliche Zweckbestimmung als bilanzrechtliche Gegenleistungsverpflichtung des Zuschussempfängers in Frage. Zwar stellen insbesondere öffentliche Zuschüsse kein äquivalentes Entgelt zur Erbringung einer Sachleistung im Sinne gegenseitiger Verträge dar. Passivierbar wäre mithin nicht die zu erbringende Sachleistungsverpflichtung. Dies schließt jedoch keinesfalls aus, dass an Stelle einer marktwirtschaftlichen Gegenleistung indes bestimmte Verhaltensweisen des Zuschussempfängers gefordert werden. Die mit der Zuschussgewährung verbundene Zweckbindung begründet vielmehr eine Verpflichtung, der sich der Zuschussempfänger nicht sanktionslos entziehen kann. Bei Verstoß der Verwendungsauflagen oder Bindungsfristen besteht die Sanktionierung regelmäßig darin, den Zuschuss (anteilig oder vollständig) zurückzuzahlen. Der Zuschuss könnte in dieser Betrachtung auch als Teil-Entgelt fungieren, welches der Zuschussempfänger zur Erfüllung der Zweckbindung erhält. Es liegt mithin eine Verpflichtung vor, die regelmäßig auf einer vertraglichen oder öffentlich-rechtlichen Grundlage basiert und den Ansatz einer Stichtagsverbindlichkeit begründet.[991] Somit käme es theoretisch – bei gleichzeitiger Passivierung eines erfolgsneutralisierenden Rechnungsabgrenzungspostens im Sinne des IAS 20 – zur Passivierung einer Rückstellung, so dass der Bilanzierende im Zuteilungszeitpunkt einen (wirtschaftlich widersinnigen) Mehraufwand realisieren würde. Zur Veranschaulichung der bilanzrechtlichen Implikationen sei angenommen, dass der Kaufmann beispielsweise einen Ausbildungszuschuss in Höhe von 100 GE erhält, der zweckgebunden für die Beschäftigung eines Auszubildenden über einen Zeitraum von drei Jahren zu verwenden ist. Gemäß IAS 20.24 ist der vereinnahmte Zuschuss passivisch abzugrenzen und über die Beschäftigungsdauer von drei Jahren zu gleichen Teilen erfolgserhöhend aufzulösen. Im Zuteilungszeitpunkt neutralisiert der passive Abgrenzungsposten die Zuschusseinnahme. Bei isolierter Anwendung der Regelungsvorschriften des IAS 37 käme es zusätzlich zur Passivierung einer Rückstellung für die Verpflichtung zur Einhaltung der Zweckbindung und damit zu einem (Mehr-)Aufwand in Höhe von 100 GE.

---

990 Vgl. *Förschle/Kroner/Heddäus* (1999), S. 47; *Hommel* (2002b), Rn. 545–547; *Hommel/Wich* (2004), S. 22.

991 Vgl. IAS 37.10.

Der Verweis in IAS 20 auf die Regelungsvorschriften des IAS 37 führt in diesem Sinne zu einem Spannungsverhältnis zwischen dem Prinzip der periodengerechten Gewinnermittlung und dem Vollständigkeitsprinzip, welches in dem Kriterium des gegenwärtigen Verpflichtungsüberschusses implizit zum Ausdruck kommt, wenn man in der Erfüllung der Zweckbindung eine bilanzrechtsrelevante Verpflichtung sieht. Diese Betrachtungsweise hat der Standardsetter innerhalb des IAS 20 aufgrund der Dominanz der periodengerechten Gewinnermittlung im Sinne des *„matching principle“* zurückgedrängt. Der Verweis auf die Regelungsvorschriften des IAS 37 zur Erfassung einer Eventualverbindlichkeit oder passivierungspflichtigen Verpflichtung in Hinblick auf die Erfassung des Risikos zur *Rückzahlung des Zuschusses* steht insoweit konzeptionell in Einklang mit der angestrebten Bilanzierungslösung des IAS 20: Die Vereinnahmung des Zuschusses wird durch den Ansatz eines passiven Abgrenzungspostens neutralisiert, der in den Folgeperioden nach Maßgabe der entstandenen Aufwendungen aufzulösen ist. Ist die periodengerechte Ertrags- und Aufwandsperiodisierung insoweit sichergestellt, ergibt sich nachgelagert erst die Frage, inwieweit der ertragswirksamen Vereinnahmung des Zuschusses Rückzahlungsrisiken gegenüberstehen.

2. Regelungsvorschriften de lege ferenda

2.1. Kriterien zur erfolgswirksamen Erfassung von Zuschüssen

2.1.1. Angestrebte Neuregelung auf der Basis eines Assets-Liabilities-Ansatzes in Anlehnung an IAS 41

Im Rahmen des Konvergenzprojekts des IASB und des FASB ist eine umfängliche Revision des IAS 20 geplant. Die konzeptionelle Neuausrichtung soll sich grundlegend an den Vorschriften des IAS 41 orientieren. Der im Februar 2001 verabschiedete Standard markiert einen weiteren Paradigmenwechsel aufgrund seiner Abkehr vom Anschaffungskostenprinzip hinzu einem „Full Fair Value“-Ansatz.[992] Die Bewertung biologischer Vermögenswerte[993] und landwirtschaftlicher Erzeugnisse[994] erfolgt im Zugangs- bzw. Erntezeitpunkt zum regelmäßig als verlässlich bestimmbar eingeschätzten beizulegenden Zeitwert abzüglich der geschätzten Verkaufskosten.[995] Änderungen des beizulegenden Zeitwertes[996] aus der fortschreitenden biologisch bedingten Transformation von biologischen Vermögenswerten (zum Beispiel Ernteerfolge) oder aus Marktpreisänderungen (zum Beispiel aufgrund von Nachfrageänderungen

---

992 Vgl. *Kümpel* (2006), S. 550.

993 Als biologische Vermögenswerte bezeichnet IAS 41 lebende Tiere oder Pflanzen.

994 Landwirtschaftliche Erzeugnisse verkörpern die Frucht der biologischen Vermögenswerte (zum Beispiel Milch, Wolle, Getreide etc.)

995 Vgl. IAS 41.30 i.V.m. IAS 41.12, 13. Vgl. hierzu *Kümpel* (2006), S. 550.

996 Die ursprünglich intendierte Differenzierung des IASC, bewertungsinduzierte Änderungen erfolgsneutral und leistungs- bzw. transaktionsinduzierte Änderungen erfolgswirksam zu erfassen, wurde im Rahmen der Umsetzung des endgültigen Standards verworfen. Vgl. diesbezüglich *Ballwieser/Dobler* (2008), Rn. 47.

(abzüglich der geschätzten Verkaufskosten) sind in der Periode ihres Anfallens erfolgswirksam zu erfassen.[997] Nur wenn der beizulegende Zeitwert nicht verlässlich ermittelbar ist, sind biologische Vermögenswerte zu Anschaffungs- bzw. Herstellungskosten zu bewerten.[998]

Mit der bilanztheoretischen Abkehr von einem (fortgeführten) Anschaffungs- bzw. Herstellungskostenansatz und der Zuwendung zu einer „[f]air value oriented gain recognition" strebt das IASB eine Approximation des Effektivvermögens an.[999] Gleichwohl soll die Orientierung an beizulegenden Zeitwerten die Leistungs- und Ertragslage biologischer Transformationsprozesse, insbesondere solcher mit langen Produktionsprozessen, in der Land- und Forstwirtschaft zeitnah abbilden.[1000] Damit entspricht die Ertragsvereinnahmung nach IAS 41 tendenziell der Ertragsvereinnahmung nach Maßgabe des betrieblichen Leistungsfortschritts im Zusammenhang mit langfristigen Fertigungsaufträgen Sinne des IAS 11 (bzw. IAS 18.20ff.), da die unternehmerische Leistung entsprechend ihrem zeitlichen Anfallen dargestellt wird.[1001] Während die Ertragsvereinnahmungskonzepte von IAS 18 und IAS 11 jedoch auf einem Rechtsgeschäft gründendem synallagmatischen Austauschverhältnis beruhen, ist das Vorliegen eines vertraglichen Schuldverhältnisses für die ertragswirksame Vereinnahmung der „gains" nach IAS 41 gänzlich irrelevant.[1002] Erträge im Sinne des IAS 41 ergeben sich unabhängig von der Existenz (vertraglicher) Rechte und Verpflichtungen aus Veränderungen des beizulegenden Zeitwertes eines Vermögenswertes innerhalb des landwirtschaftlichen Transformations- und Wachstumsprozesses.

Die Vermischung aus Elementen des Revenue-Expense-Ansatzes und des Assets-Liabilities-Ansatzes innerhalb des Normengefüges des IAS 41[1003] setzt sich mit den Regelungen zur bilanziellen Behandlung von Zuwendungen der öffentlichen Hand fort, die im Zusammenhang mit biologischen Vermögenswerten gewährt werden.[1004] Während eine durch Zeitbewertung induzierte Ertragsvereinnahmung im Zusammenhang mit biologischen Vermögenswerten unvereinbar mit dem (handelsrechtlichen) Realisationsprinzip und dem damit erforderlichen

997 Vgl. IAS 41.12, 26; vgl. ausführlich zu den Ansatz- und Bewertungsvorschriften *Haller/Egger* (2006), S. 281–290; *Janze* (2007), S. 130–142; *Kümpel* (2006), S. 550–558.

998 Vgl. IAS 41.30. Diese Annahme gilt nicht für landwirtschaftliche Erzeugnisse. Hier geht das IASB davon aus, dass der beizulegende Zeitwert jederzeit verlässlich ermittelbar ist. Gegenüber IAS 16 oder IAS 40 stellt die Anschaffungs- bzw. Herstellungskostenmethode keine alternative Bewertungsmethode dar. Vgl. insbesondere zur Bewertungsproblematik biologischer Vermögenswerte *Janze* (2007), S. 132–142.

999 *Wüstemann/Kierzek* (2005c), S. 83f. (Hervorhebungen im Original).

1000 Vgl. *Haller/Egger* (2006), S. 289.

1001 Vgl. *Ballwieser/Dobler* (2007), Rn. 35; *Haller/Egger* (2006), S. 288f; *Wüstemann/Kierzek* (2005c), S. 84.

1002 Vgl. *Sessar* (2007), S. 329f.

1003 *Sessar* (2007), S. 331.

1004 Voraussetzung ist die Bewertung zum beizulegenden Zeitwert. Erfolgt eine Bewertung der biologischen Vermögenswerte zu Anschaffungs- bzw. Herstellungskosten, verweist IAS 41 auf die Regelungen des IAS 20. Vgl. IAS 41.37.

Abbau der Leistungsrisiken ist, knüpft die erfolgswirksame Vereinnahmung von Zuschüssen an das Vorliegen von rechtlich durchsetzbaren Rechten und Verpflichtungen. Diesbezüglich erfolgt eine Differenzierung zwischen unbedingten (*unconditional*) und bedingten (*conditional*) Zuwendungen der öffentlichen Hand: Eine unbedingte Zuwendung der öffentlichen Hand ist ertragswirksam zu vereinnahmen, wenn sie rechtlich einforderbar ist (*the government grant becomes receivable*; IAS 41.34). Für bedingte Zuwendungen ist dagegen eine erfolgserhöhende Erfassung erst dann zulässig, wenn die an den öffentlichen Zuschuss geknüpften Bedingungen erfüllt sind (*the conditions attaching to the government grant are met*; IAS 41.35). Der Verpflichtung zur Erfüllung der mit der Zuschussgewährung verbundenen Bedingungen ist durch Ansatz einer Verbindlichkeit Rechnung zu tragen.[1005] Die Ertragsvereinnahmung führt damit im Sinne des Realisationsprinzips im Vergleich zu einer marktwertorientierten Ertragsvereinnahmung zu deutlich restriktiveren Anforderungen an einen Gewinnausweis.

2.1.2. Verbleibende Regelungsunschärfen bei Anwendung der Regelungsvorschriften des IAS 41

Die Abgrenzung zwischen bedingten und unbedingten Zuschüssen ist zu allgemein, um den Zeitpunkt der Ertragsrealisierung eindeutig zu determinieren.[1006] Der begriffliche Inhalt einer Bedingung im Zusammenhang mit der Gewährung einer Zuwendung kann auslegungsbedingt verschiedenartig interpretiert werden. So lässt sich streng genommen jeder Zuschuss als „bedingt" klassifizieren, da er – im Gegensatz zu einer Schenkung – nicht grundlos gewährt wird, sondern regelmäßig an die Erfüllung bestimmter Zweckbindungen knüpft. Begreift man diese allgemeine Zweckbindung als eine zu erfüllende Bedingung im Sinne des IAS 41, wäre eine Ertragsrealisierung im Zeitpunkt der Zuteilung des Zuschusses generell ausgeschlossen, da im weiteren Sinne jeder Zuschuss „bedingt" ist.[1007]

Welche konkreten Anforderungen dem Tatbestandsmerkmal der Erfüllung bestimmter Bedingungen genügen, lässt sich allenfalls aus dem in IAS 41 skizzierten Beispiel ableiten. Exemplarisch nennt das IASB die mit einer Zuwendung verbundene Bedingung, eine landwirtschaftliche Fläche über einen bestimmten Zeitraum zu bewirtschaften. Da der gesamte Zuschussbetrag bei einer kürzeren Bewirtschaftung vollständig zurückzuzahlen ist, darf der Ertrag erst nach Ablauf des Zeitraumes in voller Höhe realisiert werden.[1008] Wäre der Zuschuss dagegen

1005 Vgl. IAS 41.BC72; IASB (2006), Rn. 13.
1006 Vgl. IASB (2004b), Rn. 3(b), 9.
1007 So auch *Hoffmann* (2008a), Rn. 18.
1008 Vgl. IAS 41.36.

anteilig entsprechend der Dauer der erbrachten Leistung zurückzugewähren, darf der Zuschuss zeitproportional realisiert werden.[1009]

Im Rahmen der Neufassung des IAS 20 plant das IASB eine Konkretisierung der begrifflichen Abgrenzung von bedingten und unbedingten Zuwendungen in Anlehnung an die verwendeten Definitionen anderer Standardsetter.[1010] Eine Bedingung soll danach generell eine vertragliche Regelung darstellen, die den Zuwendungsgeber dazu berechtigt, die gewährten Mittel zurückzufordern, falls ein bestimmtes Ereignis eintritt oder nicht eintritt.[1011] Die Rückzahlbarkeit des Zuschusses im Falle des (Nicht-)Eintritts bestimmter Ereignisse konstituiert mithin das ausschlaggebende Abgrenzungsmerkmal von bedingten und unbedingten Verpflichtungen.

2.1.3. Integration der angestrebten Neuregelung in den neuen Referenzrahmen von IASB und FASB zur Ertragsvereinnahmung

2.1.3.1. Vertragliche Ansprüche und vertragliche Verpflichtungen

Die Übernahme der Regelungsvorschriften des IAS 41 für die Bilanzierung öffentlicher Zuschüsse impliziert eine Abkehr von der strengen dynamischen Umsatz- und Gewinnperiodisierung im Sinne des IAS 20 und zeigt eine stärkere Ausrichtung am Konzept des Assets-Liabilities-Ansatzes, den das IASB in jüngerer Zeit verfolgt.[1012] Der bisher entwickelte Ansatz zur Überarbeitung des IAS 20 sieht eine Ertragsrealisation auf Basis der Veränderung von Vermögenswerten und Schulden vor und steht damit grundlegend in Einklang mit der Ertragsdefinition des IASB-Rahmenkonzepts[1013] und den gegenwärtigen Bestrebungen des IASB und FASB im Rahmen des „*Revenue Recognition Project*" zur Reformierung und Vereinheitlichung der Ertragsrealisation.
Der IASB hat gemeinsam mit dem FASB am 19. Dezember 2008 ein Diskussionspapier „*Preliminary Views on Revenue Recognition in Contracts with Customers*" veröffentlicht. Die Standardsetter haben sich zum Ziel gesetzt, bestehende Inkonsistenzen der Regelungsvorschriften innerhalb der IFRS und US-GAAP zu beseitigen[1014] und einen einheitlichen, prinzi-

---

1009 Vgl. IAS 41.36.
1010 Vgl. SFAS 116.7: „A donor-imposed condition on a transfer of assets or a promise to give specifies a future and uncertain event whose occurrence or failure to occur gives the promisor a right of return of the assets transferred or releases the promisor from its obligation to transfer assets promised."
1011 Vgl. IASB (2004b), Rn. 12: „A condition is a stipulation that entitles government to the return of the granted resources if a specified future event that is not presently regarded as remote either occurs or does not occur."
1012 Vgl. *Kümpel* (2006), S. 550.
1013 Vgl. IASB-F.70(a), 92.
1014 Vgl. IASB (2008b), Rn. 1.3–1.16.

pienorientierten Standard zur Ertragsrealisierung zu entwickeln.[1015] Das Modell zur Ertragsrealisierung interpretiert den Ertrag als positive Veränderung des Netto-Vermögens eines Unternehmens und steht damit grundlegend in Einklang mit den Ertragsdefinitionen der Rahmenkonzepte von IASB und FASB.[1016] Eine als (Rein-)Vermögensänderung definierte Ertragsgröße wird determiniert von der Definition und Bewertung der zugrundeliegenden Vermögenswerte respektive Schulden.[1017] Der Zeitpunkt der Ertragsrealisierung soll nach den Vorschlägen der Standardsetter auf der Grundlage durchsetzbarer Verträge abgeleitet werden, die auf der Verkäuferseite einerseits einen vertraglichen Vergütungsanspruch und andererseits eine vertragliche Leistungsverpflichtung begründen.[1018] Aus der Gesamtheit der vertraglichen Rechte und Pflichten aus einem durchsetzbaren Vertrag mit einem Kunden resultiert ein zu bilanzierendes Vertragsaktivum (*contract asset*) oder -passivum (*contract liability*).[1019] Ertrag entsteht formal aus der Zunahme eines Vertragsaktivums oder der Abnahme eines Vertragspassivums, d.h. aus der Erfüllung einzelner vertraglicher Leistungsverpflichtungen durch das Unternehmen.[1020] Nach der vorläufigen Definition stellt eine Leistungsverpflichtung eine selbständig einklagbare (*enforceable*) Zusage (*promise*) zur Übertragung von Vermögenswerten Versprechen in einem Vertrag dar, einem Kunden wirtschaftliche Ressourcen (wie Güter oder Dienstleistungen) zu übertragen.[1021] Der Ertragsvereinnahmungszeitpunkt soll einheitlich durch das übergeordnete Kriterium der Übertragung der Kontrolle überwiegend formalrechtlich präzisiert werden. Nach den derzeitigen Vorschlägen kommt es zu einer Übertragung von Gütern, wenn das Unternehmen seine durchsetzbaren Rechte an dem Gut überträgt und der Kunde Kontrolle über die übertragene Ressource erlangt.[1022] Dies entspricht regelmäßig dem Zeitpunkt, in dem der Kunde die Verfügungsmacht über den betreffenden Vermögenswert erhält. Bei Dienstleistungen käme es zur Übertragung, wenn der Kunde die Dienstleistung erhält. Das vorgeschlagene Ertragsvereinnahmungskonzept impliziert damit, dass die Entstehung von Ertrag an den aus dem Verpflichtungsabbau resultierenden Zugang des Gegenleistungsanspruchs knüpft.[1023]

[1015] Vgl. IASB (2008b), Rn. 1.20.
[1016] Vgl. *Hommel/Schmitz/Wüstemann* (2009), S. 374.
[1017] Vgl. IASB (2008b), Rn. 2.1.
[1018] Vgl. IASB (2008b), Rn. 2.8, 2.11.
[1019] Vgl. IASB (2008b), Rn. 2.33.
[1020] Vgl. IASB (2008b), Rn. 2.31.
[1021] Vgl. IASB (2008b), Rn. 3.2.
[1022] Vgl. IASB (2008b), Rn. 4.5.
[1023] Vgl. *Hommel/Schmitz/Wüstemann* (2009), S. 375. Eine andere vom IASB und FASB diskutierte Sichtweise fußt auf dem „broad performance view“: Danach resultiert Ertrag – unabhängig von der Existenz rechtlich durchsetzbarer Ansprüche – aus dem Zufluss oder der Zunahme von Vermögenswerten oder dem Abbau von Schulden als Resultat von (Produktions-) Aktivitäten der Unternehmung im Zusammenhang mit der (eigenen) Leistungserbringung gegenüber Kunden. Nach dieser Auffassung resultieren Erträge auch aus Wertsteigerungen bestehender Vermögenswerte, die aus Tätigkeiten des Unternehmens hervorgehen. Vgl. diesbezüglich *Kühne* (2006), S. 1398; *Wüstemann/Kierzek* (2006), S. 262f.

Bei entsprechender Auslegung der vorgeschlagenen Prinzipien zur Ertragsrealisierung ergäben sich zum Beispiel Auswirkungen auf die Gewinnrealisierung bei Fertigungsaufträgen gemäß IAS 11. Eine Teilgewinnrealisierung wäre nach den derzeitigen Vorschlägen der Boards nur zulässig, wenn der Kunde Kontrolle über die laufend erbrachte Teilleistung erlangt.

Leistungsverpflichtungen sollen bei Vertragsbeginn mit dem vereinbarten Transaktionspreis, d.h. mit der vereinbarten Vergütung durch den Kunden, bewertet werden.[1024] Wird ein Bündel von Leistungen im Rahmen eines Vertragsverhältnisses vergütet, entschied der Board vorläufig, dass die Allokation des gesamten Transaktionspreises auf einzelne vertragliche Leistungsverpflichtungen im Verhältnis zu den beobachtbaren bzw. geschätzten Verkaufspreisen zu erfolgen hat, die für die der Leistungsverpflichtung zugrundeliegenden Güter und/oder Dienstleistungen als eigenständige Leistung erzielt werden könnten.[1025] Liegt ein rechtlich nicht durchsetzbares Vertragsverhältnis vor, würde damit auch für die Bilanzierung nach IFRS (bzw. US-GAAP) der Grundsatz der Nichtbilanzierung schwebender Verträge gelten.[1026] Zahlt der Vertragspartner indes im Voraus, so wird die vertragliche Verpflichtung passivierungspflichtig. Erst mit der rechtlichen Erfüllung der eigenen Leistungsverpflichtung (und der Abnahme der bilanziellen Verbindlichkeit) erlangt der Bilanzierende einen rechtlich durchsetzbaren Anspruch auf Gegenleistung.

Die Vorschläge des IASB zur Bilanzierung von Zuschüssen fügen sich in den vorgeschlagenen Referenzrahmen zur Ertragsrealisierung: Im Einzelnen schlägt das IASB eine Ertragsrealisierung von unbedingten Zuwendungen (*unconditional grants)* vor, wenn der Zuwendungsempfänger (a) einen rechtlich durchsetzbaren Anspruch auf Zuteilung des Anspruchs erlangt (*the entity having an enforceable right to receive a grant*) oder (b) die Zuwendung tatsächlich erhalten hat (*the entity receiving a grant*).[1027] Der zuerst eintretende Zeitpunkt bestimmt den Gewinnrealisierungszeitpunkt. Ist die Zuschussgewährung mit einer Bedingung verknüpft, die im Falle des (Nicht-)Eintritts bestimmter Ereignisse eine Rückzahlung des Zuschusses vorsieht (*conditional grant*), bestimmt das IASB den Ansatz einer Verbindlichkeit in Höhe der empfangenen Zuwendung „*until the conditions [are] satisfied*“[1028].

1024 Vgl. IASB (2008b), Rn. 5.25–5.27. Eine Neubewertung soll nur dann erfolgen, wenn der Vertrag belastend wird, d.h. die Kosten zur Erfüllung der vertraglichen Verpflichtungen höher sind als deren Buchwert. In diesem Fall ist die vertragliche Verpflichtung in Höhe der erwarteten Erfüllungskosten zu bewerten und ein entsprechender Verlust zu erfassen. Vgl. IASB (2008b), Rn. 5.58–5.90.

1025 Vgl. IASB (2008b), Rn. 5.46

1026 Vgl. IASB (2008b), Rn. 2.26.

1027 IASB (2003), Rn. 9.

1028 IASB (2004b), Rn. 6; vgl. IAS 41.B72.

Die geplante Abgrenzung von bedingten und unbedingten Zuschüssen weist erkennbar Parallelen zu den übergeordneten Reformansätzen von IASB und FASB auf, denn die ertragswirksame Vereinnahmung des Zuschusses ist wie bei gewöhnlichen Schuldverhältnissen an die rechtliche Durchsetzbarkeit von Forderungen und Verbindlichkeiten gebunden. Die mit der Zuschussvergabe verbundene Leistungsverpflichtung hindert im Zuflusszeitpunkt die ertragswirksame Erfassung, wenn es im Falle der Nichterfüllung zu einer Rückzahlungsverpflichtung kommt. Demgemäß sind bedingte Zuschüsse erst dann erfolgswirksam zu erfassen (und mithin rechtlich durchsetzbar), wenn der Empfänger die an die Zuschussvergabe geknüpften Bedingungen vollständig erfüllt hat und sich damit der Verpflichtung zur Rückzahlung des Zuschusses entzieht. Damit erkennt das IASB zutreffend die Erfüllung der Zweckbindung als zu erfüllende Gegenleistungsverpflichtung an.

2.1.3.2. Objektivierende Wirkung des (formalrechtlich) statischen Realisationsprinzips

Die vom IASB vorgeschlagene statische Interpretation der Ertragsvereinnahmung knüpft die Vereinnahmung eines (Teil-)ertrags an den Zugang eines Gegenleistungsanspruchs, der gegenüber dem Vertragspartner durchsetzbar ist. Der präferierte Ansatz ist im Sinne einer einheitlichen Rechnungslegung zu begrüßen, da er versucht, die derzeit bestehenden Widersprüche in der Gewinnrealisierung innerhalb des IFRS-Regelwerks zu beseitigen. Mit der geplanten Übernahme der Vorschriften des IAS 41 und der Abschaffung einer aufwandsorientierten Zuschussvereinnahmung ist das IASB der Zielsetzung, die Bilanz als Instrument eines vermögensorientierten Ansatzes der Ertragsvereinnahmung auszugestalten, einen weiteren Schritt entgegengekommen. Mit der Hinwendung zu einem Assets-Liabilities-Ansatz ist der Ansatz von rein dynamisch motivierten Verrechnungsposten, die auch nach deutschem Recht nichtbilanzierbare Nonvaleur darstellen, prinzipiell ausgeschlossen. Die Erfolgsrealisierung knüpft vielmehr an konkrete rechtliche Tatbestände und vollzieht sich unabhängig von einem (konturenlosen) aufwandsorientierten Verteilungsmaßstab.[1029] Das Schätzermessen, das dem Bilanzierenden in IAS 20 bei der Erfassung der Zuwendungen Hinblick auf die zu wählende Verteilungsgrundlage oder durch den unbestimmten Rechtsbegriff der ‚angemessenen Sicherheit' zuzugestehen ist, wird durch die Regelungen des IAS 41 vollständig beseitigt.

Mit der Anknüpfung der Ertragsvereinnahmung an rechtlich durchsetzbare Forderungen folgt das IASB im Rahmen der geplanten Revision des IAS 20 dem statischen Realisationsprin-

[1029] Vgl. *Küting/Koch* (2006a), S. 743.

zip.[1030] Die Ertragsrealisation knüpft hierbei an das Erlöschen einer Leistungsverpflichtung, die durch das Unternehmen selbst oder mittelbar durch Beauftragung eines Dritten erfüllt wird. Die Einbettung der Zuschussvereinnahmung in das System rechtlich durchsetzbarer Ansprüche und Verpflichtungen verhindert damit den Ausweis nicht realisierter Zuschusserträge.[1031]

2.1.4. Modifikation des statischen Realisationsprinzips durch das Risk-and-Reward-Kriterium

Trotz der objektivierenden Wirkung rechtlicher Kriterien sind rechtliche Durchsetzungserfordernisse nur bedingt dazu geeignet, den wirtschaftlichen Gehalt und die immanente Risikolage des zugrundeliegenden Geschäftsvorfalls zutreffend abzubilden. Im Zuge der Ablösung des Kriteriums der Wahrscheinlichkeit eines wirtschaftlichen Nutzenzuflusses durch das Bestehen eines rechtlich durchsetzbaren Anspruchs entfällt faktisch die Beurteilung des mit der Verpflichtungserfüllung einhergehenden (Rest-)Risikos.[1032] So kann in bestimmten Einzelfällen der Zugang des Gegenleistungsanspruchs bzw. des Zahlungsmittelzuflusses bereits vor der rechtlichen Verpflichtungserfüllung hinreichend wahrscheinlich sein, so dass es zu einer unangemessenen Hinauszögerung der Ertragsvereinnahmung kommt.[1033]
Die Orientierung der Ertragsvereinnahmung von Zuschüssen auf Basis der Veränderung von rechtlich begründeten Ansprüchen und Verpflichtungen erlaubt beispielsweise bei der Verpflichtung zur Stilllegung des Mühlenbetriebs einen Ertragsausweis erst nach der geforderten Stilllegungszeit von 30 Jahren. Wenn der Mühlenbetreiber seinen Betrieb stilllegt und bauliche Restrukturierungsmaßnahmen eine Wiederaufnahme des Betriebs faktisch ausschließen, kann mit an Sicherheit grenzender Wahrscheinlichkeit davon ausgegangen werden, dass der Unternehmer der Stilllegungsverpflichtung nachkommen wird. Obwohl der Zugang des Gegenleistungsanspruchs so gut wie sicher ist, verhindert die formal-rechtlich fortbestehende Verpflichtung eine Vereinnahmung des Zuschusses.

Eine formalrechtliche Auslegung des Gegenleistungsbegriffs würde folglich bei immerwährenden Duldungs- oder Unterlassungsverpflichtungen einen Ertragsausweis verhindern, solange diese Verpflichtungen fortbestehen. Mit der Einräumung einer immerwährenden Grunddienstbarkeit gegen die Zahlung einer Entschädigungsleistung obliegt dem Eigentümer

---

1030 Vgl. zur Vereinbarkeit dieses Prinzip mit dem ausschüttungsstatischen Realisationsprinzip *Wüstemann/ Kierzek* (2007b), S. 892f. Nicht vereinbar mit dem Realisationsprinzip ist die Realisierung von Erträgen bei Wertsteigerungen landwirtschaftlicher Erzeugnisse.
1031 Vgl. *Küting/Koch* (2006a), S. 742; vgl. IAS 41.BC69.
1032 Vgl. *Wüstemann/Kierzek* (2006), S. 271.

aus dem zur Entschädigung führenden Vertrag eine (zivil-)rechtliche Verpflichtung zum Dulden oder Unterlassen bestimmter Handlungen.[1034] Mit der Beschränkung der Ertragsrealisierung auf die Erfüllung von sich unmittelbar aus dem Vertrag ergebenden Verpflichtungen wird damit eine (zu) strenge Objektivierung gefordert.

Die Definition des Ertrags als messbare Änderung von Vermögenswerten und Schulden zur Abbildung eines Stichtagsvermögens schließt nicht aus, den Zeitpunkt der Ertragsrealisierung an den hinreichenden Abbau der mit der Transaktion verbundenen Risiken zu knüpfen (sog. „*[T]ransaction-orientied Revenue Recognition*“[1035]).[1036] Das Erfordernis der Übertragung der maßgeblichen Risiken und Chancen ist mit dem handelsrechtlichen Kriterium des quasisicheren Anspruchs weitestgehend kompatibel und entspricht den derzeit geltenden Ertragsvereinnahmungsrregeln des IAS 18.14(a).[1037] Der Standard bestimmt den Zeitpunkt der Gewinnrealisierung bei Veräußerungsgeschäften unter Rückgriff auf die Zivilrechtsstruktur und unterstellt für den Verkauf von Gütern, dass der Ertrag im Zeitpunkt der Übertragung der wesentlichen Risiken und Chancen realisiert wird. Die Übertragung der wesentlichen Risiken und Chancen auf den Erwerber führt aus statischer Sicht zur wirtschaftlichen Erfüllung der Vertragsschuld und somit zum Zugang des Anspruchs auf Gegenleistung.[1038]
Inwieweit das IASB im Rahmen der Überlegungen zur Überarbeitung des IAS 20 eine derartige Umsetzung der Ertragsvereinnahmungskriterien anstrebt, ist derzeit nicht absehbar. Die Aussage des Standardsetters, dass es sich im Falle bedingter Zuschüsse um Bedingungen mit wirtschaftlichem Gehalt (*commercial substance*) handeln sollte[1039], könnte auf eine weniger restriktive Auslegung der formalrechtlich orientierten Ertragsvereinnahmungskriterien des IAS 41 hinweisen. Anders als nach IAS 41 wäre ein Zuschuss bereits dann erfolgswirksam zu vereinnahmen, wenn der Anspruch auf Behalt des Zuschuss unter Berücksichtigung der wirtschaftlichen Umstände bereits quasi-sicher enstanden ist.
Die Bedeutung des Risk-and-Reward-Kriteriums im Rahmen der Ertragsvereinnahmung von Zuschüssen kommt auch in den korrespondieren Vorschriften des amerikanischen Standardsetters schemenhaft zum Ausdruck. Bei der Unterscheidung zwischen bedingten und unbe-

1033 Vgl. IAS 18.17; vgl. zur Inadäquanz des Zeitpunkts der rechtlichen Erfüllung im Rahmen der handelsrechtlichen GoB: *Euler* (1989), S. 71–79; *Hommel* (1992), S. 95–100; *Lüders* (1987), S. 75f.
1034 Vgl. *Berndt* (1998), S. 135.
1035 *Wüstemann/Kierzek* (2005c), S. 81f.
1036 Vgl. *Wüstemann/Kierzek* (2005c), S. 77: The „realisation principle [...] be relevant in determining when changes in assets and liabilities resulting from transactions should be recognised“.
1037 Vgl. *Wüstemann/Kierzek* (2006), S. 271.
1038 Die Ertragskonzeption des IAS 18 ist mit der Verankerung des Risk-and-Rewards-Kriteriums weitgehend statisch geprägt. Mit der Regelung in IAS 18.13 i.V.m. IAS 18.A11 wird die statische Ertragskonzeption durchbrochen. Danach gilt eine veräußerte Ware von noch zu erbringenden Dienstleistungen als separierbar, selbst wenn die ausstehende Leistung wesentlich ist und der Kunde bei mangelhafter Erbringung der Leistung zur Rückabwicklung des gesamten Vertrags berechtigt ist.
1039 Vgl. IASB (2008a), Rn. 9.

dingten Zuschüssen als Vorfrage der Ertragsvereinnahmung wird gemäß SFAS 116.22 implizit auf ein Wahrscheinlichkeitskriterium abgestellt: „*A conditional promise to give is considered unconditional if the possibility that the condition will not be met is remote*"[1040]. Eine Ertragsvereinnahmung ist ferner erst geboten, „*until the conditions have been substantially met*"[1041]. Der Absolutheitsanspruch von rechtlich durchsetzbaren Ansprüchen und Verpflichtungen wird durch die Ergänzung des Wahrscheinlichkeitskriteriums im Sinne einer „wesentlichen" Vertragserfüllung deutlich relativiert.

2.2. Kriterien zur Erfassung von investitionsbezogenen Zuschüssen

2.2.1. Angestrebte Bruttokonzeption im Sinne eines Full-Fair-Value-Ansatzes

Bei Zuschüssen zu Vermögenswerten der landwirtschaftlichen Tier- und Pflanzenproduktion, die zu Zeitwerten bilanziert werden (IAS 41.30), schließt das IASB einen um den Zuschuss geminderten Wertansatz der bezuschussten Vermögensgegenstände aus.[1042] Gegen einen Nettoausweis spricht der in IAS 41 verfolgte Full-Fair-Value-Ansatz.[1043]

Im Rahmen der Überarbeitung des IAS 20 schlägt das IASB eine Übernahme der in IAS 41 verfolgten Bruttokonzeption vor. Darüber hinaus erwägt das IASB bei der erstmaligen Erfassung des bezuschussten Vermögenswertes die Durchführung eines Wertminderungstests gemäß den Vorschriften des IAS 36 („Wertminderung von Vermögenswerten").[1044] Verpflichtungen im Zusammenhang mit der Aktivierung bedingter vermögenswertbezogener Zuwendungen sollen ferner im Rahmen des Wertminderungstests nach IAS 36 der zahlungsmittelgenerierenden Einheit zugeordnet werden, in der der betreffende Vermögenswert erfasst ist.

2.2.2. Fraglicher Informationswert bei Anwendung der Bruttokonzeption

Das IASB verfolgt eine Gesamtkonzeption, die zunehmend zeitwertstatische Züge aufweist. In Ihrem Mittelpunkt steht der Fair Value, der „aus Investorensicht [die] entscheidungsnützlichste Wertkategorie" darstellt.[1045] Als werthaltig gelten in dieser Sichtweise „nur solche Ertragswertkomponenten, die auf einem aktiven Markt als werthaltige Einzelheit gehandelt werden"[1046]. Die Vermögensgegenstandseigenschaft nach IFRS setzt den Zufluss künftiger

1040 SFAS 116.22.
1041 SFAS 116.22.
1042 Vgl. IAS 41.BC66.
1043 Vgl.IAS 41.BC66.
1044 Vgl. IASB (2004b), Rn. 23–25.
1045 *Hitz/Kuhner* (2002), S. 279f.
1046 *Hommel* (2007a), S. 323.

wirtschaftlicher Ressourcen voraus.[1047] Das Vermögenswertprinzip stellt – in Übereinstimmung mit den handelsrechtlichen Vorschriften – auf das dem Vermögenswert innewohnende (Wert-)Potential ab, „direkt oder indirekt zum Zufluss von Zahlungsmitteln und Zahlungsmitteläquivalenten zum Unternehmen beizutragen"[1048]. Es zielt auf die Erfassung von (diskontierten) Mindesteinzahlungserwartungen, denn nicht die Ausgabe an sich, sondern der Gegenwert, den das Unternehmen für die Ausgabe erlangt hat wird aktiviert.

Überträgt man das Vermögenswertprinzip auf Vermögenswerte, für dessen Anschaffung oder Herstellung ein Zuschuss gewährt wird, stellt sich die Frage, inwieweit sich die Werthaltigkeit der Investition auch tatsächlich in den getätigten Anschaffungs- bzw. Herstellungskosten niederschlägt. Im Rahmen der Diskussion zur Überarbeitung des IAS 20 nimmt das IASB hierzu wie folgt Stellung: „*In many cases, grants are provided to encourage entities to locate in a place that would otherwise be uneconomical or when the products or services produced by using the assets do not generate a satisfactory risk-adjusted return*"[1049]. Die Vermutung einer „Vollamortisation" von bezuschussten Investitionen wurde bereits im Rahmen der Arbeit widerlegt, da der Anschaffungswert regelmäßig nicht bzw. nur teilweise das aus der Investition resultierende Nettoeinnahmepotential widerspiegelt. Die Zuwendung eines Zuschusses erfolgt in der Regel nur dann, wenn die Investition risikobehaftet und unrentabel ist und der Zuschussempfänger ansonsten keinen Anreiz hätte, die Investition durchzuführen. Der Fair Value entspricht damit im Zugangszeitpunkt in der Regel nicht dem Wert, den das Unternehmen selbst dem Gegenstand beimessen würde, also dem künftigen Nutzenpotential.[1050] Die verauslagten Anschaffungs- bzw. Herstellungskosten des betreffenden Vermögensgegenstandes verkörpern damit regelmäßig nicht den (unternehmensspezifischen) Nutzwert („*value in use*"), der das Investitionskalkül des Bilanzierenden im Sinne eines erwarteten Mindesteinzahlungspotential widerspiegelt.[1051] Vor diesem Hintergrund suggeriert der Bruttoausweis ein „überhöhtes" Wertpotential des betreffenden Vermögensgegenstandes und führt zu Falschinformationen hinsichtlich der Vermögenslage.

1047 Vgl. IASB-F.49 (a); IAS 16.7 (a).
1048 Vgl. IASB-F.53.
1049 IASB (2004b), Rn. 23.
1050 Vgl. *Wagenhofer* (2006), S. 35.
1051 Die Annahmen von *Barth/Landsman* (1995), S.101, dass „at the time of acquisition, value-in-use will be no less than entry value for it to be rational to buy the asset", findet auf bezuschusste Vermögensgegenstände in der Regel keine Anwendung.

2.2.3. *Wertminderungsvorschriften als inadäquate Anwendungsvorschrift im Rahmen der Zugangsbewertung von bezuschussten Vermögensgegenständen*

Aufgrund der zweifelhaften Werthaltigkeit der bezuschussten Vermögensgegenstände verweist das IASB auf die Vorschriften des IAS 36 zur Durchführung eines Wertminderungstests im Ersterfassungszeitpunkt des betreffenden Vermögensgegenstandes. IAS 36.60 schreibt im Einzelnen eine Abwertung des Sachanlagegegenstandes vor, sofern dessen (Rest-)Buchwert den erzielbaren Betrag der Anlage überschreitet (IAS 36.60).[1052] Dieser ergibt sich dabei als *höherer Wert* aus einem Vergleich des Nettoveräußerungserlöses (*fair value less costs to sell)* mit dem Nutzungswert (*value in use*).[1053] Der Nettoveräußerungspreis ist streng veräußerungsorientiert aus Preisen von bindenden Kaufverträgen abzuleiten (IAS 36.25).[1054] Als spezifischer Marktwert ist der Fair Value zu unterscheiden vom Nutzungswert, der als unternehmensspezifische Wertkonzeption den „Nutzen [darstellt], den ein Objekt für einen individuellen Entscheidungsträger zu stiften vermag“[1055]. Der Nutzungswert der Anlage entspricht dem Barwert der mit ihr verbundenen künftigen Zahlungsüberschüsse.[1056]

Gemäß der Konzeption des IAS 36 zur Wertminderung von Sachanlagen scheidet eine Wertminderung im Ersterfassungszeitpunkt aus, da der Nettoverkaufspreis eines Vermögensgegenstandes (unter der Annahme fehlender Transaktionskosten) zu diesem Zeitpunkt regelmäßig dem Anschaffungspreis gleichzusetzen ist. Gegen eine Minderung des Anschaffungswertes im Rahmen der Zugangsbewertung spricht auch der explizit auf den Kaufpreis abstellende Wortlaut des IAS 16.15. Danach wäre auch dann keine Korrektur im Rahmen der Ermittlung der Anschaffungskosten vorzunehmen, wenn diese über dem Zeitwert der erworbenen Sachanlage liegen.[1057]

In der Logik der angestrebten Neukonzeption des IASB käme es im Falle unbedingter Investitionszuschüsse, die nicht an eine Gegenleistungsverpflichtung knüpfen, zu einem sofortigen Ertragsausweis. Sofern sich an nachfolgenden Bilanzstichtagen Anzeichen für Wertminderungen des Vermögenswertes abzeichnen, würde strenggenommen erst dann in Übereinstim-

---

1052 Falls die betreffende Sachanlage bislang nach der Neubewertungsmethode des IAS 16 bilanziert wurde, ist der Wertverfallsverlust zunächst erfolgsneutral mit einer evtl. bestehenden Neubewertungsrücklage zu verrechnen. Ein verbleibender Wertminderungsbedarf ist erfolgswirksam zu erfassen.

1053 Vgl. IAS 36.6.

1054 Im Rahmen der angestrebten Konvergenz von Definition und Ermittlung des Fair Values an SFAS 157 „Fair Value Measurement“ diskutiert das IASB in ausgewählten Einzelnormen eine beschaffungsmarktorientierte Zeitwertkonzeption. Vgl. zu den Inhalten des im Dezember 2006 veröffentlichten Diskussionspapiers *Hitz* (2007), S. 361–367; *Löw/Antonakopoulos/Weiland* (2007), S. 730–740.

1055 *Zülch/Gebhardt* (2007), S. 147.

1056 Vgl. IAS 36.30ff.

1057 Vgl. *ADS* (2002b), Rn. 21.

mung mit den Regelungsvorschriften des IAS 36 eine außerplanmäßige Abschreibung auf den erzielbaren Betrag erfolgen.
Der Verweis auf die Regelungsvorschriften des IAS 36 ist mithin nicht geeignet, um die angestrebte Konzeption des IASB zweckmäßig umzusetzen. Wenn das IASB ein gemindertes Wertpotential des bezuschussten Vermögensgegenstandes unterstellt, sollte es typisierend eine Absetzung des Zuschusses von den Anschaffungs- bzw. Herstellungskosten im Zugangszeitpunkt fordern. Wenn der Bilanzierende anhand stichhaltiger Nachweise das Gegenteil belegen kann, wäre ein Bruttoausweis und im Umkehrschluss in Einklang mit dem vorgeschlagenen Modell zur Ertragsrealisierung eine sofortige Ertragsvereinnahmung des Zuschusses im Zugangszeitpunkt zulässig.

2.2.4. Aufhebung der kasuistischen Trennung von investitions- und erfolgsbezogenen Zuschüssen durch die angestrebte Neuregelung

Die Ertragsrealisierung knüpft generell an die Erfüllung der mit dem Zuschuss verbundenen Zweckbindung, ohne zunächst zwischen Investitions- oder Erfolgszuschüssen zu differenzieren. Im Falle bezuschusster Vermögensgegenstände sieht das IASB zusätzlich eine Wertminderungsprüfung vor. Die mit dem derzeit gültigen IAS 20 verbundene Kasuistik hinsichtlich der Abgrenzung von investitions- und erfolgsbezogenen Zuschüssen wird durch die angestrebte Bilanzierungslösung mit der Unterscheidung zwischen bedingten und unbedingten Zuwendungen des IASB aufgehoben.

Nach den angestrebten Regelungsvorschlägen des IASB zur Zuschussbilanzierung wäre Ertrag wäre auf künftige Leistungen zu transferieren, wenn deren Nichterfüllung zu einer Rückgewähr des betreffenden Vorabentgelts führt. Übertragen auf den Sachverhalt der Baukostenzuschüsse erwirbt der Zuschussempfänger regelmäßig keinen individuellen Anspruch auf Vergünstigungen im Zusammenhang mit dem Empfang der Versorgungsleistung. Der Baukostenzuschuss qualifiziert sich als „unbedingter" Zuschuss, da der Zuschussempfänger neben der Herstellung der Anschlussleitung und der Bereitstellung des Netzzugangs keine weiteren Verpflichtungen eingegangen ist, deren Nichterfüllung eine Rückzahlungsverpflichtung auslösen würde. Der Zuschuss wäre folglich – in Übereinstimmung mit der Bilanzierungslösung gemäß IFRIC 18 – mit der Erstellung des Netzanschlusses als Ertrag zu vereinnahmen.[1058]
Die vorgeschlagene Trennung in bedingte und unbedingte Zuschüsse auf Grundlage der formalisierten Kriterien der durchsetzbaren Ansprüche und Verpflichtung führt zu einer eindeutigen Bilanzierungslösung hinsichtlich der Separierung von vertraglichen Leistungsverpflich-

[1058] Vgl. diesbezüglich bereits Ausführungen in Abschnitt III.C.1.4.3.4.d.(2).

tungen und mithin zur Abgrenzung von investitions- und erfolgsbezogenen Zuschüssen. Die in IFRIC 18 genannten (auslegungsbedürftigen) Indikatoren, wie die individuelle Nutzenstiftung oder die vergünstigte Bereitstellung von (Folge-)Leistungen, zur Identifizierung einzelner Leistungsbestandteile wären dann obsolet.

D. Bilanzierung von bedingt rückzahlbaren Zuschüssen

1. Regelungsvorschriften de lege lata

1.1. Vermeintliche Bedeutung des Kriteriums der Mindestwahrscheinlichkeit der Inanspruchnahme

Die Passivierung bedingt rückzahlbarer Zuschüsse fällt aufgrund der Verweisungsnorm in IAS 20.11 in den Regelungsbereich des IAS 37. Rechtsverpflichtungen, die das Unternehmen wirtschaftlich nicht belasten, sind auch nach IAS 37 weder notwendig noch hinreichend, um eine Passivierungspflicht auszulösen.[1059]
Das in IAS 37 verankerte, doppelte Wahrscheinlichkeitskriterium drängt die formal-rechtliche Entstehung einer Verpflichtung zugunsten des „substance over form"-Gebots zurück. Das Erfordernis der Mindestwahrscheinlichkeit eines verpflichtungsbegründenden Ereignisses bewirkt, dass das im Rahmenkonzept[1060] manifestierte „Ansatzkriterium der (unmittelbaren) Gegenwärtigkeit" (insbesondere bei bedingten Verpflichtungen) zugunsten der Beurteilung der Höhe der Eintrittswahrscheinlichkeit zurücktritt.[1061] Die (formal-rechtliche) Existenz der Verpflichtung zum Bilanzstichtag ist damit kein notwendiges Passivierungsmerkmal; für die Passivierung einer Verbindlichkeit genügt die überwiegende Wahrscheinlichkeit des Vorliegens einer gegenwärtigen Verpflichtung. Zusätzlich muss auch „mehr dafür als dagegen" sprechen, dass die auf diese Weise nachgewiesene Stichtagsverbindlichkeit zukünftig zu einem Abfluss finanzieller Ressourcen führt.[1062]

Das Kriterium der wahrscheinlichen Existenz einer gegenwärtigen Verpflichtung und eines wirtschaftlichen Ressourcenabflusses determiniert im verbreiteten Schrifttum den Passivierungszeitpunkt der Verpflichtung zur Rückzahlung des Zuschusses. Eine Passivierung wäre in dieser Sichtweise bereits dann geboten, wenn der Bilanzierende mit hinreichender Wahrscheinlichkeit anhand konkreter Tatbestände mit einer Rückzahlungsverpflichtung rechnet. Ist der Eintritt der verpflichtenden Bedingungen zwar wahrscheinlich, aber der Nichteintritt nicht völlig unwahrscheinlich (*remote*), wäre der Vermerk einer Eventualverpflichtung im Anhang

[1059] Vgl. *Hommel* (2002b), Rn. 521.
[1060] Vgl. IASB-F.49.
[1061] *Kühne/Schween* (2006), S. 173. Die Verfasser weisen auf die bestehende Inkonsistenz zwischen der im Rahmenkonzept enthaltenen Schuldendefinition und den Ansatzkriterien des IAS 37 hin.

geboten.[1063] Solange überhaupt keine Hinweise vorliegen, die auf den möglichen Bedingungseintritt hinweisen, ergäbe sich weder die Pflicht zur Passivierung einer Rückzahlungsverpflichtung noch zur Angabe einer Eventualschuld.

Die Bilanzierungsvorgabe in Abhängigkeit von der Wahrscheinlichkeit des künftigen Bedingungseintritts gewährt dem Zuschussempfänger weitreichende Bilanzierungsfreiheit: Von einer Mindestwahrscheinlichkeit ist auszugehen, wenn „die Wahrscheinlichkeit, dass das Ereignis eintritt, größer ist als die Wahrscheinlichkeit, dass es nicht eintritt“ (*if the event is more likely than not to occur*).[1064] Der Wortlaut impliziert ein quantitatives Wahrscheinlichkeitsmaß, nachdem nur solche Vermögenslasten zu passivieren sind, bei denen die Eintrittswahrscheinlichkeit die Schwelle von 50% überschreitet. Die quantitative Grenzziehung im Sinne einer „50%-Regel“ räumt dem Bilanzierenden regelmäßig ein faktisches Passivierungswahlrecht ein, wenn es darum geht, eine Wahrscheinlichkeit auf 49 % oder 51 % zu bemessen und somit über Passivierung oder Nichtpassivierung einer künftigen Vermögenslast zu entscheiden. Es liegt damit in seinem Ermessen, den Eintritt der an die Rückzahlung des Zuschusses gebundenen Bedingungen als überwiegend positiv oder überwiegend negativ zu beurteilen. Zwar könnte man unterstellen, dass Zuschussgeber und -nehmer nur bereit sind, an dem Investitionsvorhaben zu partizipieren, wenn mehr für eine erfolgreiche Umsetzung des Projekts spricht als dagegen. Die Annahme ist jedoch keineswegs zwingend, denn je nach Risikoaversion der Beteiligten kann die Erfolgswahrscheinlichkeit auf 40% oder 60% geschätzt werden. Die mit dem Projektvorhaben verbundenen singulären Risiken, die – neben unternehmerischen Fähigkeiten und betriebsbedingten Voraussetzungen – auch von externen, nicht kalkulierbaren Wettbewerbs- oder Marktfaktoren beeinflusst werden, erschweren darüber hinaus eine eindeutige Wahrscheinlichkeitsquantifizierung. Die Einschätzung der Wahrscheinlichkeit eines künftigen Bedingungseintritts ist damit mehr oder weniger Ausfluss einer subjektiven Ermessensentscheidung.

Das Kriterium der geforderten Mindestwahrscheinlichkeit eines Verpflichtungsüberschusses konkurriert im Fall der bedingten Verpflichtung zur Rückzahlung des Zuschusses mit dem Unentziehbarkeitskriterium. Während das Entstehen einer Rechtsverpflichtung im Falle des noch ausstehenden Richterspruchs regelmäßig unabhängig vom dem künftigen Handeln des Unternehmens ist, stellt sich die Frage inwieweit sich der Bilanzierende (wenn auch nur theoretisch) der Verpflichtung zur Rückzahlung des Zuschusses entziehen kann.

1062 IAS 37.23.

1063 Vgl. *Hoffmann* (2008a), Rn. 14.

1064 IAS 37.23.

1.2. Konkurrierende Bedeutung des Unentziehbarkeitskriteriums

Ein verpflichtendes Ereignis (*obligating event*) liegt nach IAS 37.15 vor, wenn das Unternehmen nach dem Bilanzstichtag zur Erfüllung der Verpflichtung keine realistische Alternative mehr hat. Mit dem Eintritt der an die Rückzahlung geknüpften Bedingungen besteht (zweifellos) eine gegenwärtige Verpflichtung, die einen rechtlich durchsetzbaren Anspruch des Zuschussgebers auf Rückerstattung des Zuschusses auslöst. Der Zuschussempfänger hat dann neben der Erfüllung keine realistische Alternative, sich der Rückzahlungsverpflichtung zu entziehen. Die Zuteilung des Zuschusses stellt nach dem Wortlaut des IAS 37 das „*past event*" dar, welches jedoch nicht unmittelbar den Ansatz einer „*present obligation*" begründet. Erst mit dem Eintritt der Rückzahlungsbedingungen konkretisiert sich das anspruchsbegründende „*obligating event*" zum Bilanzstichtag. Hierin drückt sich der wirtschaftliche Zukunftsbezug aus, der eine Passivierung im Zuteilungszeitpunkt verbietet. Im Fall der erfolgs- oder gewinnabhängigen Rückzahlungsverpflichtungen weist die Aufwandsperiodisierung eine gewisse Nähe zu der am „*matching principle*" ausgerichteten Verursachungskonzeption des IAS 20 auf.[1065] Sehen die Förderbedingungen eine Rückzahlung aus künftigen Gewinnen vor, würde die Verpflichtung zur Rückzahlung des Zuschusses sukzessive mit der Realisierung der zugehörigen Erträge anwachsen.

Ähnlich orientiert sich auch der Passivierungszeitpunkt einer Rekultivierungsverpflichtung zur Wiederherstellung eines Geländes zum Braunkohleabbau an der rechtlichen Entstehung, die sich regelmäßig erst mit dem Abbau des zu rekultivierenden Bodens vollzieht. Das Unentziehbarkeitskriterium verbietet eine Passivierung im Zeitpunkt des Vertragsabschlusses (*past event*), „da mit der verpflichtenden Klausel innerhalb der Betriebsgenehmigung noch nicht verbunden ist, dass es auch tatsächlich zu einer Abbautätigkeit kommt"[1066]. Rechtliche Entstehung und wirtschaftliche Verursachung fallen zusammen, mit der Folge, dass die Verpflichtung rechtlich ratierlich erst mit dem Abbau des Bodens entsteht.

Einschränkend soll gemäß IAS 37.15 die Prüfung einer „*present obligation*" im Einzelfall davon abhängen, ob das Vermeidungsverhalten des Bilanzierenden als realistisch oder unrealistisch einzuschätzen ist.[1067] Im Falle der Forschungs- und Entwicklungszuschüsse liegt es einerseits nahe, davon auszugehen, dass der Zuschussempfänger realistischerweise danach strebt, das Investitionsprojekt erfolgreich umzusetzen und künftige Gewinne zu erzielen. Die Passivierung einer Rückzahlungsverpflichtung wäre demnach bereits vor Bedingungseintritt geboten, wenn man unterstellt, dass sich der Zuschussempfänger erfolgsmaximierend verhält

[1065] Vgl. *Hoffmann* (2008a), Rn. 15; *Pfitzer/Wirth/Staß* (2008), Rn. 29.
[1066] *Wich* (2009), S. 90.
[1067] Vgl. IAS 37.15. Vgl hierzu auch *Rüdinger* (2004), S. 87.

und damit faktisch bereits ein unentziehbarer Verpflichtungsdruck vorliegt. Dem steht andererseits das am Abschlussstichtag noch ausstehende verpflichtende Ereignis entgegen. In Ermangelung eines verpflichtungsbegründenden Ereignisses scheidet eine Passivierung aus, da noch keine rechtlich durchsetzbare Anspruchsgrundlage vorliegt oder ein faktischer Erfüllungsdruck entstanden ist. Die unklare Gewichtung der konkurrierenden Passivierungsregeln gewährt dem Bilanzierenden damit Interpretationsspielräume bei der Beurteilung der „*present obligation*".[1068] Tendenziell richtungsweisend wäre das in IAS 37 propagierte Rückstellungsverbot für die öffentlich-rechtliche Verpflichtung zur Wartung eines Fluggeräts nach Erreichen einer bestimmten Anzahl von Flugstunden. Da die Aufwendungen nur deshalb anfallen, weil das Unternehmen das Fluggerät zukünftig weiter betreiben möchte und sich das Unternehmen durch Verkauf des Fluggeräts der Verpflichtung entziehen könnte, lehnt das IASB die Passivierung einer Rückstellung ab. Dies würde mutmaßlich auch dann gelten, wenn der Verkaufswert des Fluggeräts seinen Gebrauchswert unterschreitet und der Verkauf damit faktisch keine realistische Alternative darstellt. Sofern dem Beispiel allgemeine Geltungskraft zukommt, würde bereits die theoretische Möglichkeit zur Abwendung künftiger Aufwendungen gegen eine Passivierung sprechen.[1069]

1.3. Wirtschaftliche Zweckidentität von aufschiebend und auflösend bedingten Rückzahlungsverpflichtungen

Auch bei der Gegenüberstellung von aufschiebend und auflösend bedingten Rückzahlungsverpflichtungen im Zusammenhang mit der Gewährung eines Zuschusses offenbart sich das inhärente Spannungsverhältnis zwischem dem Kriterium der geforderten Mindestwahrscheinlichkeit und dem Unentziehbarkeitskriterium. Das Abstellen auf das (formal-)rechtlich konkretisierte Kriterium der Unentziehbarkeit und somit auf das rechtliche Entstehen einer Verpflichtung in IAS 37 würde zu unterschiedlichen Passivierungszeitpunkten von aufschiebend und auflösend bedingten Verpflichtungen führen. Während bei einer auflösend bedingten Verpflichtung bereits im Zeitpunkt des Vertragsabschlusses ein verpflichtendes Ereignis vorliegt und somit eine gegenwärtige Verpflichtung existiert, tritt das anspruchsbegründende Ereignis bei aufschiebend bedingten Zahlungsverpflichtungen regelmäßig erst später ein. Es käme in der Folge zu verschiedenen Passivierungszeitpunkten.

Einer bilanziellen Ungleichbehandlung von auflösend und aufschiebend bedingten Rückzahlungsverpflichtungen steht das Ansatzkriterium der Mindestwahrscheinlichkeit einer gegenwärtigen Verpflichtung und eines wirtschaftlichen Ressourcenabflusses entgegen. Es eliminiert den formal-rechtlichen Unterschied zwischen einer aufschiebend und auflösend beding-

---

[1068] Vgl. auch *Rüdinger* (2004), S. 86–88.

ten Rückzahlungsverpflichtung, denn unter wirtschaftlichen Gesichtspunkten lässt sich eine aufschiebende Bedingung in eine auflösende Bedingung umformulieren, ohne dass sich Auswirkungen auf die Beurteilung der Wahrscheinlichkeit eines Rückzahlungsrisikos und eines künftigen Nettoauszahlungspotentials ergeben. Das Wahrscheinlichkeitskriterium bewirkt mithin, dass eine auflösend bedingte Verpflichtung erst passivierbar wäre, wenn mehr Gründe für den Eintritt der rückzahlungsauslösenden Bedingung spricht als dagegen.

2. Regelungsvorschriften de lege ferenda

2.1. Angestrebte Neuregelung der Schuldenpassivierung auf der Basis eines Assets-Liabilities-Ansatzes

Die Überarbeitungsvorschläge des IASB zur Revision des IAS 20 sehen allgemein den Ansatz einer Verbindlichkeit vor, wenn die Zuschussgewährung mit einer Bedingung verknüpft ist, die im Falle des (Nicht-)Eintritts bestimmter Ereignisse eine Rückzahlung des Zuschusses bestimmt (*conditional grants*).[1070] Nach den derzeitigen Vorschlägen wäre entsprechend im Zeitpunkt des Zugangs des Zuschusses eine Verbindlichkeit zu passivieren. Da das IASB die Überarbeitung des IAS 20 unter anderem an die Ergebnisse des „*Liability-Project*" knüpft, wird nachfolgend untersucht, welche bilanziellen Implikationen sich aus den Regelungsvorschriften des ED-IAS 37 in Hinblick auf die Bilanzierung bedingter Rückzahlungsverpflichtungen ergeben.

2.2. Integration der Neuregelung in den neuen Referenzrahmen von IASB und FASB zur Schuldenpassivierung

2.2.1. Abschaffung des Ansatzkriteriums der Mindestwahrscheinlichkeit durch ED-IAS 37

Die zentrale Neuerung des ED-IAS 37 repräsentiert die Verlagerung des Kriteriums der Wahrscheinlichkeit von der Ansatzebene in die Sphäre der Bewertung, da die Ungewissheit über die Höhe und den Zeitpunkt einer Auszahlungsverpflichtung keinen Rückschluss darüber gibt, ob eine Verpflichtung zum Bilanzstichtag dem Grunde nach besteht oder nicht, sondern allenfalls Anhaltspunkte für ihre Bewertung liefert. Die Ansatzlogik des ED-IAS 37 sieht stattdessen vor, sämtliche gegenwärtige (und mithin) unentziehbare Verpflichtungen am Bilanzstichtag zu passivieren.[1071]

1069 Vgl. *Hommel* (2002b), Rn. 550f.
1070 IASB (2004b), Rn. 6; vgl. IAS 41.BC72; IASB (2006), Rn. 14.
1071 Vgl. ED-IAS 37.14; *Herzig/Gellrich* (2006), S. 506.

Die Vernachlässigung des Wahrscheinlichkeitskriteriums basiert auf der Annahme, dass eine gegenwärtige Verpflichtung, die sich aus den rechtlichen und faktischen Gegebenheiten ergibt, stets unbedingter Natur und damit passivierbar ist. In der aufgezeigten Logik des IASB erübrigt sich ein ansatzrelevantes Wahrscheinlichkeitskriterium, da bereits die „Unbedingtheit" der Verpflichtung die sichere Inanspruchnahme des Unternehmens impliziert.[1072] Somit erlangen nur unbedingte Verpflichtungen unter der Annahme selbständiger Bewertbarkeit die Qualität einer passivierungsfähigen Verbindlichkeit. Die Wahrscheinlichkeit eines zukünftigen Ressourcenabflusses ist nicht länger auf der Ebene des Bilanzansatzes zu berücksichtigen, sondern schlägt sich erst bei der Bewertung der Stichtagsverbindlichkeit nieder. Demgegenüber stellen sog. bedingte und mithin nicht passivierbare Verpflichtungen Leistungs- oder Auszahlungspotentiale dar, bei dem das verpflichtungs- oder zahlungsbegründende Ereignis noch nicht eingetreten ist.[1073]

Das IASB führt aus, dass bedingte Verpflichtungen im Zusammenhang mit einer unbedingten Verpflichtung auftreten können. Während der bedingte Teil vom Eintritt bzw. Nichteintritt eines unsicheren Ereignisses in der Zukunft abhängt, zeichnet sich der unbedingte Teil dadurch aus, dass er einzig hinsichtlich des Zeitpunktes der Leistungspflicht unsicherheitsbehaftet ist.[1074] Kann im Falle einer bedingten Verpflichtung eine korrespondierende unbedingte, d.h. gegenwärtig bestehende Verpflichtung identifiziert werden, besteht eine gegenwärtige Stichtagsverbindlichkeit. Aufgrund des unbedingten Teilelements der Verpflichtung hat das Unternehmen jederzeit bereitzustehen („*to stand-ready*"), die bedingte Verpflichtung zu erfüllen.

2.2.2. Bilanzrechtliche Auswirkungen des ED-IAS 37 auf bedingte Rückzahlungsverpflichtungen

2.2.2.1. Bedingte Rückzahlungsverpflichtung als „stand-ready"-Verpflichtung

Nach den Vorschlägen des IASB ist zu prüfen, ob eine bedingte Verpflichtung „in irgendeiner Weise mit einer wie auch immer gearteten unbedingten Verpflichtung (d.h. einem Leistungs- oder Auszahlungspotential mit Verpflichtungscharakter) verknüpft ist"[1075]. Vor dem Hintergrund der geplanten Neuregelungen des IAS 37 könnte die Verpflichtung zur Rückzahlung des Zuschusses in Abhängigkeit von der künftigen Gewinn- oder Erfolgssituation als unbedingte Verpflichtung interpretiert werden. Ihre Existenz ergäbe sich aus dem zugrundeliegenden Vertrag oder den entsprechenden Förderbedingungen, anhand derer die Verpflichtung des

1072 Vgl. *Herzig/Gellrich* (2006), S. 506; *Kühne/Nerlich* (2005), S. 1840.
1073 ED-IAS 37.BC11; vgl. *Kühne/Schween* (2006), S. 172.
1074 ED-IAS 37.BC11.
1075 *Kühne/Schween* (2006), S. 174 (Hervorhebung im Original).

Unternehmens dem Grunde nach objektiviert feststellbar und nachvollzogen werden kann. Die Verpflichtung wäre in gewisser Hinsicht unentziehbar, da die in den Zuschussbedingungen manifestierte Rückzahlungsklausel das Unternehmen faktisch verpflichtet, im Falle des Eintritts bestimmter Bedingungen zur Rückzahlung bereitzustehen. Die Passivierung bedingter Rückzahlungsverpflichtungen stünde ebenso in Einklang mit der Passivierung von „*contingent liabilities*" im Rahmen eines Unternehmenszusammenschlusses (IFRS 3.BC96) sowie der Neuregelung zur Bewertung bedingter Kaufpreisverbindlichkeiten. Während bedingte Kaufpreisverbindlichkeiten, deren Höhe typischerweise von der Entwicklung bestimmter Erfolgsgrößen abhängt (sog. Earn-out-Klauseln)[1076], bisher nach IFRS 3.32 (a.F.) erst dann zu bilanzieren waren, wenn die Kaufpreisanpassung wahrscheinlich und verlässlich bewertbar ist, sieht die Neuregelung vor, dass bedingte Anschaffungskosten unabhängig von der Wahrscheinlichkeit ihres Eintritts bereits im Erwerbszeitpunkt mit ihrem beizulegenden Zeitwert zu berücksichtigen sind.[1077]

Doch nur scheinbar liegt eine unbedingte Leistungsverpflichtung vor, die sich in einer „*stand-ready*"-Verpflichtung konkretisiert. Mit der Suspendierung des Wahrscheinlichkeitsmerkmals als Ansatzkriterium folgt aus der Neuinterpretation des ED-IAS 37, dass die Verpflichtung zur Rückzahlung des Zuschusses im Zeitpunkt der Gewährung eine bedingte Verpflichtung darstellt, da ihre Existenz zum Bilanzstichtag noch vom Eintritt bzw. Nichteintritts eines unsicheren Ereignisses in der Zukunft abhängt und ihre Passivierung damit am Greifbarkeitskriterium scheitert. Erst mit Eintritt der rückzahlungsbegründenden Bedingungen (d.h. beispielsweise im Falle der Gewinn- oder Erfolgssituation) liegt eine unbedingte Stichtagsverbindlichkeit zum Bilanzstichtag zweifelsfrei vor. Da die Prüfung des Wahrscheinlichkeitskriteriums bei bedingten Verpflichtungen entfällt, werden die Ermessensspielräume hinsichtlich der Einschätzung des Eintritts der Rückzahlungsverpflichtung auf der Ansatzebene eliminiert.

In Bezug auf die Bilanzierung bedingter Kaufpreisverpflichtungen ergäbe sich dennoch eine Inkonsistenz. Während IFRS 3 darauf abstellt, dass auch ein Dritter die bedingte Zahlungsverpflichtung in Abhängigkeit der Erfolgssituation im Rahmen der Kaufpreisbemessung abschlägig berücksichtigen würde, werden gemäß ED-IAS 37 einschränkend nur solche Verpflichtungen am Bilanzstichtag berücksichtigt, die eine gegenwärtige (und mithin unentziehbare) Stichtagsverpflichtung darstellen.

1076 Vgl. diesbezüglich *Freiberg* (2008), S. 31–33.

1077 Vgl. IFRS 3.39. Die Änderungen des Fair Values in den Folgeperioden sind ergebniswirksam zu erfassen, es sei denn die Anpassung erfolgt binnen zwölf Monaten nach dem Erwerbszeitpunkt. Sie führen zu einer Anpassung der Anschaffungskosten und damit des Goodwill. Vgl. IFRS 3.B353ff.

2.2.2.2. Bilanzielle (Un-)Gleichbehandlung von auflösend und aufschiebend bedingten Rückzahlungsverpflichtungen

Das Konstrukt einer *„stand-ready“*-Verpflichtung setzt die Existenz einer zum Bilanzstichtag bestehenden rechtlich unbedingten Verpflichtung voraus. Die Anknüpfung an formalrechtliche Tatbestände könnte zu einer bilanziellen Ungleichbehandlung von aufschiebend und auflösend formulierten Rückzahlungsverpflichtungen führen. Während aufschiebend bedingte Rückzahlungsverpflichtungen rechtlich erst mit dem Eintritt der Bedingungen erstarken, liegt eine auflösend bedingte Rückzahlungsverpflichtung bereits rechtswirksam im Zeitpunkt des Vertragsabschlusses vor. Die unterschiedliche Bilanzierung beider Rechtskonstrukte konfligiert mit dem im IASB-Rahmenkonzept verankerten Grundsatz einer wirtschaftlichen Betrachtungsweise. Im Ergebnis käme es zu einem Passivierungsverbot einer aufschiebend bedingten Rückzahlungsverpflichtung und mithin zu einem Ertragsausweis des Zuschusses, obwohl dieser unter Umständen mit einer hohen Wahrscheinlichkeit rückzahlbar ist.

2.3. Alternative Bilanzierungsvorschläge

2.3.1. Integration bedingt rückzahlbarer Zuschüsse in den Regelungsstandard IAS 39

Aufgrund des finanziellen Charakters der Verpflichtung zur Rückzahlung des Zuschusses erscheint ein Rückgriff auf die Regelungsvorschriften des IAS 32 i.V.m. IAS 39 de le ferenda denkbar. Die Definition eines Finanzinstruments basiert auf einem Vertrag, der bei der einen Partei einen finanziellen Anspruch begründet (*financial asset*) und gleichzeitig bei der Gegenpartei zu einer finanziellen Verbindlichkeit oder einem Eigenkapitalinstrument (*equity instrument*) führt.[1078] Ein Finanzinstrument setzt definitionsgemäß eine Vertragsgrundlage voraus. Ergeben sich Vermögenswerte oder Schulden aufgrund gesetzlicher Vorschriften (wie zum Beispiel Einkommensteueransprüche oder -verpflichtungen), liegen keine Finanzinstrumente vor.[1079] Da Zahlungsverpflichtungen im Zusammenhang mit öffentlichen Zuwendungen „nicht auf rechtsgeschäftlicher Basis, sondern durch hoheitliches Handeln begründet werden“, würden sie derzeit die Definitionskriterien eines Finanzinstruments mutmaßlich verfehlen.[1080] Im Umkehrschluss würden dann allerdings Ansprüche und Verpflichtungen aus privat-rechtlichen Zuschussverhältnissen in den Anwendungsbereich des IAS 39 fallen. Ungeachtet der formalrechtlichen Abgrenzungen ist für die Klassifizierung als Finanzinstrument entscheidend, dass die vertragliche Vereinbarung unmittelbar auf den Austausch von Zahlungsmitteln gerichtet ist. Hiernach erscheint es unter wirtschaftlichen Gesichtspunkten –

1078 Vgl. IAS 39.8.
1079 Vgl. IAS 32.AG12.
1080 *Bellavite-Hövermann/Menn/Viethen* (2003), Rn. 15

ungeachtet des derzeit geregelten Anwendungsbereiches des IAS 32 – geboten, Verpflichtungen im Zusammenhang mit öffentlichen oder privaten Zuschüssen gleich zu behandeln.

Gemäß IAS 32.25 setzt die Passivierung bedingter Erfüllungsverpflichtungen, deren Erfüllung vom (Nicht-)Eintritt unsicherer zukünftiger Ereignisse (beispielsweise die Entwicklung des Periodenergebnisses) abhängt, voraus, dass der Emittent nicht über das uneingeschränkte Recht (*unconditional right*) verfügt, sich der Verpflichtung zu entziehen und die Erfüllung der bedingten Verpflichtung außerhalb der Kontrolle des Emittenten (sowie der anderen Vertragspartei) liegt. Die Bildung einer Verbindlichkeit gemäß IAS 32.25 ist nicht möglich, wenn der Bilanzierende sich der Rückzahlungsverpflichtung (theoretisch) noch entziehen kann, in dem er bspw. einen Geschäftsbereich einstellt. Sehen die betreffenden Vorschriften in diesen Fällen keine Erfüllungspflichten seitens des Zuschussempfängers vor, liegt mangels eines verpflichtenden Ereignisses – in Analogie zu IAS 37 – keine gegenwärtige Verpflichtung vor, die eine Passivierung begründen würde.

Die wirtschaftlichen Merkmale eines bedingten Zuschusses, der unter bestimmten Bedingungen rückzahlbar ist, weisen indes tendenziell Ähnlichkeiten zu den zusammengesetzten Finanzinstrumenten auf.[1081] Die Bedingung, den Zuschuss im Falle des Eintritts bestimmter Umweltzustände zurückzuzahlen, bezeichnet das eingebettete Derivat, welches unter bestimmten Voraussetzungen getrennt vom Basisvertrag zum beizulegenden Zeitwert zu bilanzieren ist. Sofern das eingebettete Derivat ein derivatives Finanzinstrument im Sinne von IAS 39.9 darstellt und seine wirtschaftlichen Merkmale nicht eng mit den wirtschaftlichen Merkmalen des Basisvertrags (hier der Verbindlichkeit) verbunden sind, wäre im Ergebnis eine Rückzahlungsverbindlichkeit zum Ertragswert zu passivieren. Hierdurch würde dem zeitwertstatischen Gebot Rechnung getragen, sämtliche Auszahlungspotentiale eines Unternehmens bilanziell abzubilden, die auch ein potentieller Erwerber kaufpreismindernd berücksichtigen würde.

2.3.2. Integration bedingt rückzahlbarer Zuschüsse in den Regelungsstandard IAS 18

Die vorstehenden Lösungsansätze für die Bilanzierung bedingt rückzahlbarer Zuschüsse beschränkten sich auf die Untersuchung, ob die bedingte Verpflichtung zur Rückzahlung des Zuschusses den Ansatz einer Rückstellung im Sinne des IAS 37 bzw. die Passivierung einer finanziellen Verbindlichkeit im Sinne des IAS 39 begründet. Die bisherige Untersuchung folgt damit streng genommen einer engen Auslegung des Einzelbewertungsprinzips, nachdem

[1081] Vgl. IAS 39.11.

die Rückzahlungsverpflichtung unabhängig vom Tatbestand des Zuschusses betrachtet wird. Die Fragestellung missachtet damit den mit der Verpflichtung einhergehenden Vermögenszugang in Form des Zuschusses. Seine bilanzielle Abbildung rekurriert auf die Ertragsrealisierungsgrundsätze.

Im derzeitigen Gefüge der IFRS scheidet eine Subsumtion von Zuschüssen unter den Anwendungsbereich von IAS 18 aufgrund des bestehenden Geltungsbereichs des IAS 20 aus. De lege ferenda erscheint ein Rückgriff auf die Ertragsvereinnahmungsgrundsätze des IAS 18 dennoch zweckmäßig, da der Standard wirtschaftlich vergleichbare Geschäftsvorfälle kasuistisch regelt. Hierbei handelt es sich insbesondere um solche Vertragsgestaltungen, die dem Käufer das Recht einräumen, den Rückkauf von Gütern vom Verkäufer zu einem späteren Zeitpunkt zu verlangen[1082] oder die dem Käufer ein Rückgabe- oder Rücktrittsrechts[1083] gewähren. Die Gewinnrealisierung hängt im Einzelfall vom Rückabwicklungsrisiko der betreffenden Transaktion ab. Bei solchen Konstellationen wird das Risk-and-Reward-Kriterium trotz erfolgter Besitz- und auch zivilrechtlicher Eigentumsübertragung nicht erfüllt sein, wenn das Rückgaberisiko nicht verlässlich quantifizierbar ist.[1084] Erst wenn die Rücktritts- bzw. Rückgabewahrscheinlichkeit auf der Grundlage gesicherter Vergangenheits- oder Erfahrungswerte zuverlässig bestimmt werden kann (IAS 18.17) (und ggf. eine korrespondierende Verbindlichkeit in Höhe der erfahrungsgemäß eintretenden Zahlung passiviert wurde), sind leistungsunabhängige Risiken zum Zeitpunkt der Warenübergabe nicht hinderlich für die Ertragsvereinnahmung. Kann der Bilanzierende die Wahrscheinlichkeit des Rücktritts nicht verlässlich einschätzen, ist der Ertrag erst bei Ablauf der Rücktrittsfrist zu vereinnahmen (IAS 18.16 (d), IAS 18.A2 (b)).
Ein vergleichbarer Kausalzusammenhang liegt auch einem bedingten Zuschussverhältnis zugrunde: Der Zuschussgeber gewährt den betroffenen Unternehmen Zuschüsse, die in Abhängigkeit von bestimmten leistungsunabhängigen Risiken zurückzuzahlen sind. Solange der Zuschussempfänger nicht stichhaltig nachweisen kann, dass er mit einer Rückzahlung des Zuschusses in einer bestimmten Höhe oder gar nicht rechnet, wäre der Ansatz einer erfolgsneutralisierenden Verbindlichkeit geboten.

[1082] Vgl. IAS 18.A5.
[1083] Vgl. IAS 18.16 (d); IAS 18.A2 (b).
[1084] Vgl. IAS 18.A5; IAS 18.16 (d); *Sessar* (2007), S. 246; *Wüstemann/Wüstemann/Neumann* (2008), Rn. 34.

E. Bilanzierung von Zuschüssen im Gesellschaftsverhältnis

1. Bilanzielle Abbildung bei der Schuldner-Gesellschaft

1.1. Barzuschuss und unbedingter Forderungsverzicht

1.1.1. Abgang finanzieller Verpflichtungen und Zugang finanzieller Vermögenswerte nach IAS 39

Ausgangsbasis eines Forderungsverzichts stellt das zwischen Gläubiger-Gesellschaft und Schuldner-Gesellschaft zugrundeliegende Vertragsverhältnis dar, welches zur Begründung einer finanziellen Forderung einerseits und einer finanziellen Verbindlichkeit andererseits geführt hat. Die Gesellschafterforderungen und -verbindlichkeiten sind – unabhängig von ihrer Einordnung als Darlehensverbindlichkeit oder Verbindlichkeit aus Lieferung und Leistung – als finanzielle Vermögenswerte bzw. finanzielle Verbindlichkeiten als Bestandteil eines originären Finanzinstruments gemäß IAS 39 zu klassifizieren.[1085]
Die Definitionskriterien einer finanziellen Verbindlichkeit knüpfen an das Vorliegen einer vertraglichen Verpflichtung zur Abgabe bzw. zum potenziell nachteiligen Tausch von Zahlungsmitteln oder anderen finanziellen Vermögenswerten.[1086] Da der Ansatz einer finanziellen Verbindlichkeit auf eine vertragliche Verpflichtung abstellt, ist auch die Ausbuchung der finanziellen Verbindlichkeit spiegelbildlich an die vertraglichen Bedingungen gebunden (*legal approach*).[1087] Eine finanzielle Verbindlichkeit ist demgemäß auszubuchen, wenn diese getilgt ist, d.h. wenn die im Vertrag fixierten Verpflichtungen eingelöst, aufgehoben oder abgelaufen sind.[1088] Die Tilgung der finanziellen Verbindlichkeit kann entweder durch Zahlung an den Gläubiger oder durch gesetzliche bzw. vertragliche Entbindung von der Begleichung erfolgen.[1089] Nicht die Zahlung an sich ist das maßgebliche Ausbuchungskriterium, sondern der Gläubiger muss den Schuldner rechtlich aus der Verpflichtung entlassen.[1090]
Die mit dem Forderungsverzicht verbundenen Rechtsfolgen führen folglich zu einem Erlass der Verbindlichkeit: Mit der rechtlichen Entbindung erlischt die Verbindlichkeit und sie ist analog zu den handelsrechtlichen Vorschriften im Abschluss der Gesellschaft auszubuchen. Die Vereinnahmung des Barzuschusses durch die begünstigte Gesellschaft erhöht zweifellos das Reinvermögen der Gesellschaft und ist deshalb eigenkapitalerhöhend zu berücksichtigen.

1085 Vgl. IAS 39.8 i.V.m. IAS 32.11, AG15; *Schulze Osthoff* (2006), Rn. 6, 14.
1086 Vgl. IAS 39.8 i.V.m. 32.11.
1087 *Schulze Osthoff* (2006), Rn. 35.
1088 Vgl. IAS 39.39.
1089 Vgl. IAS 39.AG57.
1090 Vgl. IAS 39.AG59.

1.1.2. Erfolgsmäßige Behandlung von Barzuschuss und Forderungsverzicht

Ist die Ausbuchung der erlassenen Forderung gemäß IAS 39 insoweit unstrittig, stellt sich die Frage, ob der aus dem Forderungsverzicht resultierende Vermögenszuwachs bzw. der vermögenserhöhende Barzuschuss zu einer erfolgsneutralen oder erfolgswirksamen Eigenkapitalmehrung im Abschluss der Gesellschaft führt. Eine konsequente Umsetzung der Ansatz- und Bewertungskonzeption des IAS 39 hätte im Ergebnis eine erfolgswirksame Gegenbuchung zur Folge. Sie ergibt sich aus den Vorschriften zur Ausbuchung von Finanzinstrumenten im Fall einer wesentlichen Veränderung der Vertragsbedingungen gemäß IAS 39.40 i.V.m. IAS 39.41 (*substantial modification of the terms).* Bei einer wesentlichen Änderung der Konditionen eines Schuldverhältnisses, ist die bestehende Schuld auszubuchen und das neue Schuldinstrument zu erfassen. Eine wesentliche Vertragsänderung liegt nach IAS 39.AG62 vor, wenn sich der Barwert der finanziellen Verbindlichkeit aufgrund der Anpassung der Vertragsbedingungen um mindestens 10% gegenüber dem ursprünglichen Barwert der Verbindlichkeit verändert.[1091] Die Differenz zwischen dem originären Buchwert und dem Barwert der neuen Verpflichtung ist ergebniswirksam im Abschluss der Gläubiger-Gesellschaft zu erfassen.[1092]

Der Forderungsverzicht bewirkt in diesem Sinne eine wesentliche Vertragsänderung, die nach IAS 39.40 wie die Tilgung der ursprünglichen finanziellen Verbindlichkeit und der Ansatz einer neuen Verbindlichkeit zu behandeln ist.[1093] Die quantitative Vorgabe der Wesentlichkeitsgrenze ist letztendlich eine willkürlich gesetzte Grenze, die die dabei zu erwartenden Spielräume erahnen lässt, wenngleich die Sachlage bei der Erklärung eines Forderungsverzichts insoweit eindeutig bestimmbar ist: Er führt zu einer Reduzierung des Barwertes um 100% mit der Folge der erfolgswirksamen Ausbuchung der originären Verpflichtung. Verzichtet der Gesellschafter-Gläubiger nur beispielsweise auf 50% seiner Forderungsansprüche wäre gemäß IAS 39.40 das Kriterium einer substanziellen Vertragsänderung erfüllt. In der Konsequenz wäre die gesamte Verbindlichkeit zunächst gewinnerhöhend aufzulösen und in einem weiteren Schritt zur Hälfte wiederum aufwandswirksam anzusetzen. Damit werden zwei voneinander unterschiedliche Geschäftsvorfälle fingiert, die für den Bilanzadressaten keinerlei Informationsmehrwerte schaffen.

Für eine erfolgswirksame Erfassung der Gesellschafterzuwendungen sprechen (auch) die jüngeren Reformbestrebungen von IASB und FASB, die sich primär durch eine erfolgswirksame

1091 Vgl. IAS 39.AG62.
1092 Vgl. IAS 39.41.
1093 Vgl. *Hoffmann/Lüdenbach* (2005), S. 1674.

Ausprägung des zeitwertstatischen Ansatzes auszeichnen.[1094] Dementsprechend erfährt die Definition der Gewinngröße ihre Konkretisierung als Überschussgröße einer Rechnungslegungsperiode, die aus der Veränderung von vertraglich begründeten Rechten und Verpflichtungen resultiert.[1095] Die zunehmende Bilanzorientierung der Standardsetter, die zu einer Fokussierung auf Bilanzdaten führt und die Gewinn- und Verlustrechnung als Wertänderungsrechnung der Bilanz begreift[1096], spricht somit tendenziell für eine erfolgswirksame Erfassung der Gesellschafterbeiträge: Barzuschuss und Forderungsverzicht führen zu einer Vermögensänderung, denen keine vertraglichen Verpflichtungen des Empfängers gegenüberstehen. Hieraus resultiert definitionsgemäß – übereinkommend mit dem neuen Referenzrahmen zur Ertragsrealisation – ein bilanzrechtlicher Ertrag.

1.1.3. Wirtschaftliche Veranlassung der Gesellschafterleistung als Ausweiskriterium

Ist der Bilanzadressat an der zukünftigen Ertragslage des Unternehmens interessiert, stellt eine erfolgswirksame Erfassung der Sanierungsmaßnahmen für ihn keine entscheidungserhebliche Information dar. Sie suggeriert in Hinblick auf die Entscheidungsnützlichkeit des Jahresabschlusses fälschlicherweise eine erstarkende Unternehmens-Performance. Im Falle von Sanierungszuschüssen ist der Ertragszuwachs jedoch nicht auf eine verbesserte Leistungsfähigkeit des Unternehmens zurückzuführen. Ist das Informationsbedürfnis des Eigenkapitalgebers eher auf die Finanzlage gerichtet, so interessiert ihn das wahrscheinliche Ausschüttungs- bzw. Entnahmepotential.[1097] Vor diesem Hintergrund wäre eine erfolgswirksame Verbuchung der Sanierungszuschüsse geboten, wenn man den Gewinn als (stark vereinfachte) Cashflow-Größe anerkennt. Mit den „plakativen Thesen" von einem umfassenden Einblick in die Ertrags-, Finanz- und Vermögenslage fehlt eine Wertungsentscheidung des Normsetzers. In Ermangelung einschlägiger Bilanzierungsvorschriften und eines übergeordneten Referenzmaßstabes verbleibt implizit ein (faktisches) Wahlrecht hinsichtlich der Ergebnisneutralität- bzw. Ergebniswirksamkeit der betreffenden Kapitalmaßnahme, welches freilich wenig zur Rechtssicherheit beiträgt.

[1094] Vgl. IAS 39.46, 47 (a) (in Bezug auf Finanzinstrumente der Kategorien „financial assets at fair value through profit and loss" bzw. „financial liabilities at fair value through profit and loss"); IAS 40.35; IAS 41.12. Eine erfolgswirksame zeitwertstatische Konzeption findet sich insb. in den Standards IAS 39, IAS 40, IAS 41, IFRS 2, IFRS 3, IFRS 4, sowie IFRS 5. Eine erfolgsneutrale zeitwertstatische Konzeption findet sich in IAS 16.31-35 (Revaluation Model), IAS 38.75-87 (Revaluation Model) und IAS 39 (bei Cash-Flow-Hedges und zur Veräußerung verfügbar eingestuften Vermögenswerten). Daneben werden auch gewisse Währungsumrechnungsdifferenzen (IAS 21), versicherungsmathematische Gewinne und Verluste fakultativ (IAS 19) und Auswirkungen aus der Equity-Methode (IAS 28 bzw. IAS 31) erfolgsneutral behandelt. Vgl. hierzu die Aufzählung bei *Küting* (2006), S. 1447.

[1095] Vgl. *Zülch/Fischer/Willms* (2006), S. 2.

[1096] Vgl. *Zülch/Fischer/Willms* (2006), S. 5.

[1097] Vgl. *Streim* (2000), S. 120.

Gestützt wird eine erfolgsneutrale Behandlung der Gesellschafterleistung durch die (derzeit gültige) Ertragsdefinition des IASB-Rahmenkonzepts. Sie formuliert im Sinne einer Negativabgrenzung, dass die geleisteten Beiträge von Anteilseignern explizit vom Begriffsinhalt ausgeschlossen werden (*other than those relating to contributions from equity participants*).[1098] Eine erfolgswirksame Erfassung stünde zudem im Widerspruch zu der Vorschrift des IAS 20.15 (a), die eine direkte Erfassung von (öffentlichen) Zuschüssen im Eigenkapital ausschließt, wenn sie nicht von den Anteilseignern zugeführt wurden.

Sachgerecht erscheint eine indiziengestützte Vorgehensweise, die auf die wirtschaftliche Veranlassung des Vermögenstransfers des Gesellschafters an die (sanierungsbedürftige) Gesellschaft abstellt. Es ist hierbei zu hinterfragen, inwieweit die Kapitalmaßnahme im Gesellschaftsverhältnis begründet ist. Dies wäre der Fall, wenn ein Nicht-Gesellschafter der Gesellschaft ceteris paribus keinen Vermögensvorteil zugewendet hätte. Bei einer finanziell geschwächten Gesellschaft ist tendenziell davon auszugehen, dass die Erklärung eines Forderungsverzichts bzw. die Zuführung von Barmitteln durch die Gesellschafter in Hinblick auf das Gesellschaftsverhältnis erfolgt.[1099]

1.2. Rangrücktritt und Forderungsverzicht mit Besserungsschein

1.2.1. Ansatzkonkretisierung von bedingten Verpflichtungen innerhalb des IAS 39

Das Vorliegen einer vertraglichen Verpflichtung zur Abgabe bzw. zum potenziell nachteiligen Tausch von Zahlungsmitteln oder anderen finanziellen Vermögenswerten (IAS 32.11) bildet das konstitutive Ansatzelement einer finanziellen Verbindlichkeit. Dieser Tatbestand stellt jeweils die Ausgangslage für die Erklärung eines Rangrücktritts oder eines Forderungsverzichts mit Besserungszusage dar.

Aus schuldrechtlicher Sicht bewirkt die Vereinbarung eines Rangrücktritts, dass der Gesellschafter auf seine Befriedigungsmöglichkeiten zugunsten anderer Gläubiger verzichtet.[1100] Die vertragliche Verpflichtung zur Abgabe von Zahlungsmitteln bleibt hierdurch unangetastet, so dass die im Rang zurückgetretene Verbindlichkeit weiterhin passiviert werden muss.

Der Forderungsverzicht des Gesellschafter-Gläubigers mit Besserungsschein stellt zivilrechtlich einen auflösend bedingten Erlassvertrag dar. Erklärt ein Gesellschafter den Verzicht auf eine Darlehensforderung gegenüber seiner Gesellschaft, kann er vom Zeitpunkt des Verzichts

---

1098 IASB-F.92 i. V. m. IASB-F.70 (a); vgl. auch IAS 18.7.

1099 Vgl. diesbezüglich Ausführungen in Abschnitt III.E.1.1.2.

an bis zum Eintritt der Bedingung keine Rückzahlung des Darlehens verlangen. Mit der Erklärung eines Forderungsverzichts mit Besserungszusage wird die Schuldner-Gesellschaft von der ursprünglichen Verpflichtung rechtswirksam entbunden. Während die Verbindlichkeit der Gesellschaft infolge des Verzichts mit Besserungsschein (zumindest vorübergehend) erlischt, bleibt sie beim Rangrücktritt formalrechtlich unangetastet.

Der Forderungsverzicht mit Besserungszusage führt regelmäßig zu einer substanziellen Änderung der Vertragsbedingungen: Die Verpflichtung gilt infolge des schuldrechtlichen Erlasses als getilgt und erloschen und führt zur Ausbuchung der originären Verbindlichkeit.[1101] Gleichzeitig ist der Ansatz einer „neuen“ finanziellen Verpflichtung geboten. Da die Gesellschaft trotz Forderungsverzicht mit Besserungszusage Vertragspartei bleibt und ihr folglich eine vertragliche Verpflichtung obliegt, hat sie unabhängig von der Eintrittswahrscheinlichkeit, mit der ein künftiger Nutzenabfluss erwartet wird, zunächst eine Schuld zu passivieren.[1102] Innerhalb der Ansatzkonzeption des IAS 39 ist unerheblich, dass die Höhe des aus dieser Verbindlichkeit resultierenden Ressourcenabflusses vom Eintritt oder Nicht-Eintritt bestimmter Bedingungen abhängig und damit unsicherheitsbehaftet ist.[1103] Aufgrund ihres vertraglich bestimmten Zahlungsstroms liegt nach IAS 39 die typisierende Betrachtung zugrunde, dass Finanzinstrumente stets einen hinreichend und verlässlich bewertbaren Nutzenabfluss verkörpern.[1104]

Bedingte Verpflichtungen (wie Finanzgarantien oder Verpflichtungen aus Optionskontrakten)[1105], deren Inanspruchnahme außerhalb der Kontrolle beider Vertragsparteien liegt, unterliegen gemäß IAS 32.25 explizit einer Passivierungspflicht. Hierunter subsumiert der Standard Vereinbarungen zur Abgabe von flüssigen Mitteln oder anderen finanziellen Vermögenswerten, deren Erfüllung vom (Nicht-)Eintritt unsicherer zukünftiger Ereignisse abhängt, wie zum Beispiel Änderungen des Aktienindex’, Zinssätzen, künftige Erträgen oder des Periodenergebnisses. Bei diesen obliegt es nicht uneingeschränkt dem Entscheidungsbereich des Emittenten, sich der Abgabe zu entziehen. Von einer Passivierung sind solche bedingte Verpflichtungen ausgenommen, deren Eintritt äußerst selten, ungewöhnlich und unwahrscheinlich einzustufen ist[1106] oder solche Abreden, denen zufolge der Emittent lediglich im Liquida-

---

1100 Vgl. *Häger/Elkemann-Reusch* (2007), Rn. 580.
1101 Vgl. IAS IAS 39.40 i.V.m. IAS 39.AG62.
1102 Vgl. *Schulze Osthoff* (2006), Rn. 31.
1103 Vgl. implizit IAS 39.14.
1104 Vgl. *Wüstemann* (2007), S. 172.
1105 Vgl. IAS 39.14 i.V.m. IAS 39.2 (e), IAS 39.9 („financial guarantee contracts“); IAS 39.14 i.V.m. IAS 39.9 ("derivates"). Ebenfalls IASB-F.64: „provisions for payments to be made under existing warranties and provisions to cover pension obligations“.
1106 Vgl. IAS 32.AG28; IAS 32.25 (a)

tionsfall zur Erfüllung gezwungen werden kann.[1107] Besserungszusagen dürften diese Ausnahmetatbestände regelmäßig nicht genügen, da der Gesellschafter seine finanzielle Unterstützung kaum fortsetzen würde, wenn er im Vorhinein erwarten würde, dass die Sanierungsbemühungen nicht greifen.[1108]

1.2.2. Vermeintliche Bewertungsunterschiede bei Verpflichtungen mit Rangrücktritt und Besserungszusage

Erklärt der Gesellschafter gegenüber seiner Gesellschaft einen Rangrücktritt, bleibt die finanzielle Verbindlichkeit dem Grunde nach bestehen. Sie ist im Rahmen der Folgebewertung mit den fortgeführten Anschaffungskosten abzüglich bereits erfolgter Tilgungen oder außerordentlicher Wertminderungen unter Anwendung der Effektivzinsmethode zu bewerten (IAS 39.47).[1109]

Demgegenüber werden im Falle des Forderungsverzichts mit Besserungszusage zwei unterschiedliche Geschäftsvorfälle fingiert: Der formalrechtliche Erlass führt zunächst zu einer Ausbuchung der Verbindlichkeit. In einem weiteren Schritt ist eine neue Verbindlichkeit zu erfassen. Die Zugangsbewertung der neuen Verpflichtung erfolgt grundsätzlich zu ihrem beizulegenden Zeitwert.[1110] Die Neuberechnung des Buchwertes setzt gemäß IAS 39.AG8 die Ermittlung des „Barwert(s) der geschätzten künftigen Cashflows mit dem ursprünglichen Effektivzinssatz des Finanzinstruments“ voraus. Die Zugangsbewertung erfolgt unter Berücksichtigung der Wahrscheinlichkeit eines künftigen Bedingungseintritts und ergibt sich damit faktisch als Ertragswertgröße.

Damit käme es ceteris paribus – je nach vereinbarter Erfüllungsmodalität – unter Umständen zu einer unterschiedlichen Bewertung der Verpflichtungen: Eine mit Rangrücktritt verbundene Verbindlichkeit wäre – in Übereinkunft mit der handelsrechtlichen Bilanzierungslösung – aufgrund des fortgeführten Anschaffungswertansatzes in der Folgezeit nur abzuwerten, wenn eine Rückzahlung mit hoher Sicherheit ausgeschlossen werden kann. Demgegenüber ist die Objektivierungshürde hinsichtlich des Wertansatzes im Falle der bedingten Erfüllungsverpflichtung aufgrund der Besserungszusage deutlich niedriger. Liegt die Wahrscheinlichkeit des spezifizierten Besserungsfalls bei 40%, etwa weil die Sanierungsmaßnahmen (noch) nicht zu der erhofften Gesundung der Gesellschaft geführt haben, wäre ein entsprechend niedrigerer

---

1107 Vgl. IAS 32.25 (a), (b); IAS 32.AG28.

1108 Vgl. *Dürr* (2007), S. 278.

1109 Vgl. IAS 39.9. Dies gilt nicht für als erfolgswirksam zum Fair Value bewertete kategorisierte Instrumente, deren Wertänderungen auch den Periodenerfolg beeinflussen.

1110 Vgl. IAS 39.43.

Wertansatz der Schuld geboten. Aufgrund der erfolgswirksamen Anpassung der Bewertungsänderungen käme es bei einer fortgeführten Bewertung der Rangrücktrittsverbindlichkeit grundsätzlich zu unterschiedlichen Ergebnisauswirkungen. Im vorliegenden Untersuchungsfall wäre mit Bezug auf das bestehende Gesellschafterverhältnis die Differenz zwischen dem Fair Value der neuen Verbindlichkeit und dem Buchwert der bisherigen Verbindlichkeit eine erfolgsneutralen Behandlung in Form der Einlage geboten.

Eine unterschiedliche bilanzielle Behandlung der Finanzierungsinstrumente ließe sich vermeiden, wenn man die mit einem Rangrücktritt versehene Verbindlichkeit als zusammengesetztes Finanzinstrument mit einem eingebetteten Derivat deklariert.[1111] Die Vertragsklausel, nach der die Verbindlichkeit nachrangig aus Gewinnen o.ä. zu bedienen ist, bezeichnet hierbei das eingebettete Derivat. Dieses ist gemäß IAS 39.11 vom Basisvertrag (hier: die zugrundeliegende Verbindlichkeit) zu trennen und als derivatives Finanzinstrument zum beizulegenden Zeitwert zu bilanzieren, wenn die wirtschaftlichen Merkmale und Risiken des eingebetteten Derivats und des Basisvertrags nicht eng miteinander verbunden sind. Darüber hinaus setzt die Trennung voraus, dass das kombinierte derivative Finanzinstrument auch eigenständig als derivativ zu klassifizieren ist und das strukturierte Produkt nicht mit dem beizulegenden Zeitwert bilanziert wird.[1112] Wann die Voraussetzungen zur Trennung des eingebetteten Derivats vom Basisvertrag vorliegen, wird innerhalb des IAS 39 nur durch eine kasuistische Aufzählung von Beispielen beantwortet. Zu dieser Kategorie zählen beispielsweise aktienindizierte Zins- oder Kapitalzahlungen, bei denen die Höhe der Zinsen oder des Rückzahlungsbetrags vom Wert der Aktien abhängig ist,[1113] oder auch Wandel- oder Optionsanleihen.[1114] Ein Darlehen, welches zu irgendeinem Zeitpunkt vor dem Fälligkeitstermin der Wandelanleihe auf Verlangen des Halters in Aktien des ausgebenden Unternehmens umgewandelt wird, weist wirtschaftlich Parallelen zu einer Rangrücktritts- oder Besserungsvereinbarung auf. Somit ergäbe sich durch Analogieschluss im Ergebnis eine erfolgswirksame Folgebewertung (bzw. erfolgsneutral in der Available-for-Sale-Kategorie) zum beizulegenden Zeitwert der betroffenen Verbindlichkeiten, für die der Gesellschafter den Rangrücktritt oder einen Schulderlass mit Besserungszusage erklärt hat.

Diese Bilanzierungsvariante stünde in Einklang mit der propagierten Fortentwicklung des IASB und FASB in Richtung einer zeitwert-statischen Konzeption unter Betonung eines Ertragswertansatzes. Auch ein potentieller Erwerber des Unternehmens würde schließlich bei

1111 Vgl. IAS 39.11.
1112 Vgl. IAS 39.11 (a)–(c).
1113 Vgl. IAS 39.AG30 (d).
1114 Vgl. IAS 32.AG31.

der Ermittlung seines Kaufpreisangebots sämtliche mögliche Umweltzustände berücksichtigen, die zu einem Abfluss wirtschaftlicher Ressourcen führen könnten.

Denkbar wäre aber auch die Klassifizierung als zusammengesetztes Finanzinstrument abzulehnen – etwa aufgrund einer engen Auslegung der Anwendungsvoraussetzungen, insbesondere infolge einer mangelnden Verknüpfung von wirtschaftlichen Merkmalen und Risiken. Die formale Einkleidung des Sanierungsinstruments innerhalb des IAS 39 würde dann zu verschiedenen Gestaltungsmöglichkeiten und Ergebnisauswirkungen führen. Die bilanzpolitischen Spielräume verstärken sich darüber hinaus aufgrund der mit einer Ertragswertberechnung verbundenen Ermessensspielräume.

1.2.3. Abgrenzung der Sanierungsmaßnahmen zum Eigenkapital

Bei einer fortdauernden Passivierung der Rangrücktrittserklärung stellt sich die Frage der Kapitalzugehörigkeit innerhalb der Bilanz. In einem weiteren Schritt gilt deshalb zu klären, ob die Vereinbarung eine Rangrücktritts oder eines Schulderlasses mit Besserungszusage eine Umqualifizierung von Fremd- in Eigenkapital bewirkt. Die Frage der Zuordnung zu Eigen- und Fremdkapital wirkt sich nicht nur formal auf die Strukturierung der Passivseite der Bilanz aus; sondern spielt bei der Ermittlung quantitativer Größen im Rahmen der Bilanzanalyse und des Ratings eine entscheidende Rolle.[1115] Insbesondere für sanierungsbedürftige Unternehmen ist die Abgrenzung von erheblicher Bedeutung, da sich eine verbesserte Eigenkapitalstruktur positiv auf die Bonität im Rating-Prozess auswirkt und damit ggf. zu einer Kostensenkung der Eigenkapitalbeschaffung beiträgt.[1116]

Ausgehend von der allgemeinen Definition des Rahmenkonzepts ist Eigenkapital das nach Abzug aller Schulden verbleibende Residuum an Vermögenswerten eines Unternehmens.[1117] Die Definition ist zirkulär, da es zur Ermittlung des Residuums „Eigenkapital" einer Bestimmung des Schuldenbegriffs und seiner Abgrenzung zum Begriff des Eigenkapitals bedarf.[1118]

IAS 32.18 postuliert grundsätzlich eine am wirtschaftlichen Gehalt orientierte Kapitalabgrenzung, die die Risiko-Chancen-Position des betreffenden Eigen- oder Fremdkapitalinstruments zutreffend abbildet: Ob die Emission eines Finanzinstruments als Eigen- oder Fremdkapital der Unternehmung klassifiziert, hängt danach zentral von der wirtschaftlichen Substanz der

---

1115 Vgl. *Dürr* (2007), S. 193.
1116 Vgl. *Brüggemann/Lühn/Siegel* (2004), S. 342; *Küting/Dürr* (2005), S. 1533.
1117 Vgl. IASB-F.49 i.V.m. IASB-F.65-68; IAS 32.11.
1118 Vgl. *Dürr* (2007), S. 140f.; *Isert/Schaber* (2005), S. 300.

vertraglichen Vereinbarungen ab; denn nicht allein ihre rechtliche Ausgestaltung bzw. formalrechtliche Qualifizierung bestimmt die Klassifizierung in der Bilanz des Unternehmens.[1119]

Eine Konkretisierung zur Einstufung eines Eigenkapitalinstruments schafft der Kriterienkatalog des IAS 32.16. Danach zeichnet sich Eigenkapital durch das zentrale Hauptcharakteristikum einer fehlenden vertraglichen Verpflichtung zur Abgabe von flüssigen Mitteln oder anderen finanziellen Vermögenswerten oder zur Erbringung einer bestimmten Leistung unter zumindest potenziell nachteiligen Bedingungen aus.[1120] Verpflichtungen gegenüber den Kapitalgebern sind für den Eigenkapitalausweis nur dann unschädlich, wenn sich das Unternehmen den Ansprüchen uneingeschränkt entziehen kann (IAS 32.19). Der *„substance over form“*-Gedanke ist zwar in IAS 32.18 programmatisch beschrieben, er wird allerdings in den Einzelregelungen, die auf eine formalrechtliche Erfüllungsmodalität abstellen, weitestgehend zurückgedrängt.

Für die Klassifizierung eines Finanzinstruments als Eigen- oder Fremdkapital ist somit grundsätzlich entscheidend, ob eine vertragliche Rückzahlungsverpflichtung vorliegt, der sich der Gesellschafter-Gläubiger nicht uneingeschränkt entziehen kann. Da Rangrücktritt und Besserungszusage nicht zum Erlöschen des schuldrechtlichen Vertrags führen, sondern lediglich eine modifizierte, aber im Ergebnis (rechtlich) fortbestehende Verpflichtung begründen, ist der Gläubiger grundsätzlich zur Kapitalrückzahlung verpflichtet.[1121] Die Rangstelle, in der ein Gläubiger im Konkursfall befriedigt wird, hat keinen Einfluss auf die Einordnung einer Verbindlichkeit als Fremdkapital. Dementsprechend sind alle Finanzinstrumente, die eine Rückzahlungsanspruch gegen das Unternehmen begründen, auch wenn möglicherweise die Fälligkeit weit hinausgeschoben ist, Verbindlichkeiten und können nicht Eigenkapital sein.

Trotz der wirtschaftlichen Eigenkapitalmerkmale und der Haftungsfunktion sind die untersuchten Sanierungsinstrumente damit als Fremdkapital zu bilanzieren. Sie unterscheiden sich damit deutlich von den herkömmlichen Verbindlichkeiten des Unternehmens, da sie erst nach Befriedigung der Gläubigeransprüche geltend gemacht werden. Aus Sicht der Dritt-Gläubiger stellt sich die Situation eines Nachrangdarlehens respektive eines Schulderlasses mit Besserungszusage so dar, „als habe der Gesellschafter in Höhe des Darlehens seinerzeit eine zusätzliche Einlage erbracht und dadurch ihre jetzige Befriedigungsquote erhöht“[1122]. Das IASB

[1119] Vgl. IAS 32.18; *Löw/Lorenz* (2005), S. 494.

[1120] Vgl. IAS 32.16 (a) und IAS 32.17. Des Weiteren dürfen keine Ansprüche auf Gegenleistung im Austausch gegen zurückgegebene Eigenkapitaltitel auf Wunsch des Kapitalgebers bestehen. (IAS 32.12. i.V.m. IAS 32.16).

[1121] Vgl. *Häger/Elkemann-Reusch* (2007), Rn. 581.

[1122] *Groh* (1993), S. 1888.

vernachlässigt die Dritt-Perspektive und beurteilt die bilanzielle Behandlung aus Sicht der Gesellschaft, für die sich lediglich die rechtliche Rangordnung der Verbindlichkeit geändert hat.

1.2.4. Überblick der erforderlichen Anhangangaben

In der Regel dürften Eigenkapitalgeber an Informationen interessiert sein, die Hinweise darüber geben, ob ihre Ansprüche durch die künftige Unternehmensentwicklung gesichert oder durch eine drohende Insolvenz gefährdet sind. Ebenso sind potentielle Kapitalgeber nur dazu bereit, ihre Mittel einem Unternehmen als Fremdkapital zur Verfügung zu stellen, wenn eine solide Eigenkapitalausstattung vorhanden ist. Trotz der Informationsrelevanz enthalten die IFRS keine expliziten Regelungen zu Anhangangaben von Besserungsscheinen oder finanziellen Verbindlichkeiten, für die ein Rangrücktritt erklärt wurde. Dies birgt die Gefahr, dass die Gesellschaft im Zweifel auf eine besondere Bezeichnung der Verbindlichkeit verzichtet, weil sie durch den Ausweis eines derartigen Postens ggf. ihre Kreditunwürdigkeit plakatieren würde.[1123]

Aus den Vorschriften des IFRS 7.31-42 könnten sich entsprechende Angabepflichten ableiten. Hierzu gehören Informationen über die Sicherheit und Höhe zukünftiger Zahlungsströme. Hierunter zählen beispielsweise Liquiditätsrisiken, d.h. die Gefahr, dass das bilanzierende Unternehmen die Liquidität nicht aufbringen kann, um künftigen Zahlungsverpflichtungen nachzukommen. Ferner fordert IFRS 7.18 dezidierte Angaben hinsichtlich des Ausfallrisikos von Darlehensverbindlichkeiten, insbesondere die Angabe der Tatsache, ob der Ausfall behoben wurde oder ob die Bedingungen für die Darlehensverbindlichkeiten neu ausgehandelt wurden.

2. Bilanzielle Abbildung bei der Gläubiger-Gesellschafterin

2.1. Auswirkungen auf den Forderungsansatz

Für den Ansatz eines Finanzinstruments ist bei der Beurteilung der Ansatzfähigkeit grundsätzlich eine korrespondierende Betrachtung über die Bilanzierungsfolgen beim Vertragspartner vorzunehmen. Aus der Interaktion zwischen Ansatz und Ausbuchung bzw. Abgang eines Finanzinstruments folgt, dass ein Ansatz beim Erwerber (oder Vertragspartner) nur dann sachgerecht ist, wenn die Vertragsbedingungen bei dem anderen Vertragspartner zum Ausbu-

---

[1123] Vgl. *Groh* (1993), S. 1888.

chen bzw. Abgang des Finanzinstruments berechtigen (IAS 39.AG50).[1124] Aus den vorstehenden Grundsätzen folgt im Falle des unbedingten Forderungsverzichts die Ausbuchung der Forderung korrespondierend zu dem Abgang der Verbindlichkeit bei der begünstigten Gesellschaft. Die Erklärung eines Rangrücktritts oder einer Besserungszusage haben keinen Einfluss auf die Existenz der Gesellschafterforderung dem Grunde nach.

Soweit die Forderung der Kategorie „*Loans and Receivables*" zugeordnet wird, erfolgt eine Bewertung zu ihren fortgeführten Anschaffungskosten.[1125] Zusätzlich ist das Erfordernis einer außerplanmäßigen Abschreibung der Forderung bei Wertminderung oder Uneinbringlichkeit finanzieller Vermögenswerte zu überprüfen.[1126] Voraussetzung für eine Wertminderung ist das Vorliegen objektiv nachprüfbarer Hinweise, die beispielhaft in IAS 39.59 aufgelistet sind. Zu den Indikatoren einer Wertminderung zählen beispielsweise erhebliche finanzielle Schwierigkeiten des Schuldners, eine erhöhte Wahrscheinlichkeit einer Insolvenz des Kreditnehmers oder volkswirtschaftliche oder regionale wirtschaftliche Bedingungen, die auf eine Verringerung der erwarteten Cash Flows hinweisen. Die darin genannten Beispiele offenbaren freilich das sehr weite Verständnis der Objektivität[1127], denn objektive Insolvenzwahrscheinlichkeiten sind beispielsweise regelmäßig nicht feststellbar.[1128] Gleichwohl kann im vorliegenden Fall der Tatbestand des Forderungsverzichts mit Besserungszusage Indiz eine Wertminderung der Forderung sein.

2.2. Auswirkungen auf den Beteiligungsansatz

Anteile an Tochterunternehmen, Gemeinschaftsunternehmen sowie assoziierten Unternehmen erfüllen grundsätzlich die Definition eines finanziellen Vermögenswertes gemäß IAS 32. Nach IAS 39.2 werden sie im separaten Einzelabschluss nicht vom Anwendungsbereich des IAS 39 ausgeschlossen. Ihre Bewertung kann – je nach Wahlrechtsausübung – zu fortgeführten Anschaffungskosten oder in Übereinstimmung mit IAS 39 zum beizulegenden Zeitwert erfolgen.[1129] Danach richtet sich die Folgebewertung nach den Bilanzierungsvorschriften des IAS 36 bzw. des IAS 39.58ff. Bei der Bewertung der Beteiligung *at cost* ist zu jedem Bilanzstichtag durch Vergleich des Beteiligungsbuchwertes mit dessen erzielbarem Ertrag ein möglicher Wertminderungsbedarf zu prüfen.[1130] Zu jedem Bilanzstichtag ist festzustellen, „ob objektive Hinweise darauf schließen lassen, dass eine Wertminderung vorliegt" (IAS 39.58).

[1124] Vgl. *Wawrzinek* (2006), Rn. 47.
[1125] Vgl. IAS 39.46.
[1126] Vgl. IAS 39.58 i.V.m. IAS 36.63.
[1127] Vgl. IAS 39.IG E.4.1.
[1128] Vgl. *Wüstemann/Bischof* (2006), S. 99.
[1129] Vgl. IAS 27.37; IAS 28.35; IAS 31.46.
[1130] Vgl. IAS 36.59.

Anzeichen für eine Wertminderung sind beispielsweise „finanzielle Schwierigkeiten des Emittenten oder des Schuldners“ oder eine „erhöhte Wahrscheinlichkeit, dass der Kreditnehmer in Insolvenz oder ein sonstiges Sanierungsverfahren geht“[1131]. Eine Abwertung erfolgt ertragswirksam in der GuV.[1132] Bei Anwendung der Fair-Value-Option führt die Sanierungsmaßnahme voraussichtlich zu einer erfolgsneutralen Zuschreibung des Beteiligungsbuchwertes, da die zu erwartenden Netto-Einzahlungspotentiale durch die Mittelzuwendung gestiegen sind.

1131 IAS 39.59.
1132 Vgl. IAS 39.63.

V. Thesenförmige Zusammenfassung

(1) Unterschiedliche theoretisch-konzeptionelle und praktisch-anwendungsorientierte Ansätze sowie steuerrechtlich-motivierte Einflüsse haben ein umfangreiches Spektrum an abweichenden Bilanzierungslösungen in der handels- und steuerrechtlichen Bilanzierungstheorie und -praxis sowie der Bilanzrechtsprechung hervorgebracht. Die derzeit bestehenden widerstreitenden Auffassungen zur Bilanzierung von Zuschüssen spiegeln eine uneinheitliche, an unterschiedlichen Normzwecken orientierte Auslegung der Rechnungslegungsregeln wider. Eine einheitliche Bilanzierungslösung zur Erfassung von Zuschüssen setzt eine Interessenwertung voraus, die den Zweck der handelsrechtlichen Rechnungslegung eindeutig determiniert. Der Gesetzgeber hat mit Verweis auf die GoB eine Wertungsentscheidung zugunsten einer gläubigerschutzorientierten Gewinnermittlung festgelegt. Die Funktion der Bilanz im Rechtssinne dient der Ermittlung einer vorsichtig bemessenen und verteilbaren, d.h. dem Unternehmen entziehbaren Gewinngröße. Die von MOXTER geprägte „Abkopplungsthese" verlagert die Informationsvermittlung in den Anhang und stellt die Ausschüttungsbemessungsfunktion als Primäraufgabe der Bilanz heraus.

(2) Aufgrund der Vorrangigkeit der wirtschaftlichen Betrachtungsweise gegenüber einer formaljuristischen Sichtweise im deutschen und internationalen Bilanzrecht tritt an die Stelle des zivilrechtlichen Synallagmas ein bilanzrechtliches Synallagma, welches das wirtschaftliche Austauschverhältnis zwischen Zuschussempfänger und Zuschussgeber in den Mittelpunkt stellt. Es qualifiziert die mit öffentlichen Zuschüssen verbundene Zweckbindung und die hieraus folgenden Verhaltensweisen als Gegenleistungsverpflichtung des Zuschussempfängers und nivelliert für bilanzrechtliche Zwecke die postulierten Unterschiede zwischen öffentlichen und privaten Zuschussverhältnissen.

(3) Das realisationsprinzipkonforme Prinzip des quasi-sicheren Anspruchs konkretisiert den Gewinnrealisierungszeitpunkt von *Erfolgszuschüssen* auf der Grundlage des spezifischen Risikoverlaufs des zugrundeliegenden Zuschussverhältnisses. Es antizipiert die Unsicherheit, dass der Zuschussempfänger das von ihm verlangte Verhalten entsprechend der Zuschussbedingungen nicht einhalten kann und der Zuschuss rückzahlbar wird. Das mit dem allgemeinen Rückgewährsvorbehalt verbundene Risiko schließt eine Ertragsvereinnahmung von Erfolgszuschüssen aus und erzwingt ihre gewinnneutrale Bilanzierung im Zuteilungszeitpunkt. Erfolgszuschüsse sind demgemäß mit der Erfüllung der risikobehafteten Leistungsverpflichtung zu realisieren. Bei *Investitionszuschüssen*, deren Zweckbindung sich in der Durchführung einer Investition erschöpft, gebietet der Grundsatz der imparitätischen Verlustantizipation

eine sukzessive Ertragsrealisierung durch einen um den Zuschuss geminderten Wertansatz des betreffenden Vermögensgegenstandes. In Einklang mit dem Imparitätsprinzip als Folgeprinzip des Vorsichtsprinzips ist nur das durch den Vermögensgegenstand verkörperte verringerte Umsatzalimentierungspotential zu aktivieren. Es drängt das Anschaffungswertprinzip im Zugangszeitpunkt zugunsten eines um den Zuschuss geminderten Wertansatzes zurück und berücksichtigt das Risiko, dass sich die (nicht um den Zuschuss verminderten) Ausgaben für den Vermögensgegenstand nicht amortisieren. Bei *bedingt rückzahlbaren Zuschüssen* ist mit Rücksicht auf das dem Realisationsprinzip folgende Erfolgsneutralitätsprinzip die gegengleiche Passivierung einer Verbindlichkeit für die künftige Verpflichtung zur Rückzahlung des Zuschusses geboten.

(4) Die Bilanzierung eines Barzuschusses oder eines Forderungsverzichts im Abschluss des Tochterunternehmens führt im HGB-Abschluss zu einer erfolgsneutralen Eigenkapitalmehrung im Abschluss der begünstigten Gesellschaft, da die Sanierungszuschüsse durch das Gesellschaftsverhältnis veranlasst sind. Das Vermögensermittlungsprinzip verbietet in diesem Fall als lex generalis die ertragswirksame Vereinnahmung der Gesellschafterzuwendungen. Auf Seiten des Gesellschafters führt der Forderungsverzicht zur Ausbuchung der korrespondierenden Forderung.
Rangrücktritt und Forderungsverzicht mit Besserungszusage sind als wirtschaftlich gleichwerte Rechtskonstrukte zu behandeln. Die Vorherigkeit der wirtschaftlichen Betrachtungsweise und das Prinzip des quasi-sicheren Anspruchs verbieten eine erfolgserhöhende Auflösung der Verbindlichkeit, wenn eine Inanspruchnahme nicht mit an Sicherheit grenzender Wahrscheinlichkeit ausgeschlossen werden kann. Im Abschluss der Gläubiger-Gesellschaft gebietet das Imparitätsprinzip in Übereinstimmung mit den handelsrechtlichen Bewertungsvorschriften eine außerplanmäßige Abschreibung der Forderung und der Beteiligung auf den niedrigeren beizulegenden Wert.

(5) Die Bereitstellung entscheidungsnützlicher Rechnungslegungsinformationen stellt den Fundamentalzweck der Rechnungslegung nach IFRS dar. Er impliziert die idealisierte Vorstellung, einem typisierten Adressatenkreis entscheidungsnützliche Informationen über die Effektivvermögens-, Effektivfinanz- und Ertragslage zu vermitteln. Aufgrund ihres einwertigen, überwiegend vergangenheitsorientierten Charakters sind Rechnungslegungsinformation nur eingeschränkt geeignet, die Höhe, zeitliche Struktur und Sicherheit der künftigen Ein- und Auszahlungsströme des Unternehmens zu reflektieren. Das Konzept der Entscheidungsnützlich ist weitestgehend regelungsunscharf und als übergeordnete Deduktionsbasis zur Rechtsfindung und -auslegung untauglich. Mit der Orientierung am Revenue-Expense-Ansatz und

dem Assets-Liabilities-Ansatz enthält das Gefüge der IFRS derzeit dynamische und statische Ertragskonzeptionen, die sich dichotomisch ausschließen. Mit der zunehmenden zeitwertstatischen Ausrichtung der Regelungsstandards strebt das IASB nach einer Auflösung des bestehenden Zweckpluralismus zugunsten des Assets-Liabilities-Ansatzes.

(6) Nach den derzeit geltenden Regelungen des IAS 20 determiniert das Prinzip der periodengerechten Gewinnermittlung die ertragswirksame Erfassung von öffentlichen Zuschüssen. Danach sind *Erfolgszuschüsse* entsprechend der dazugehörigen, zu kompensierenden Aufwendungen zu realisieren. Für *Investitionszuschüsse* ergibt sich eine abschreibungsproportionale Ertragsvereinnahmung. Für bedingt rückzahlbare Zuschüsse ist in Übereinstimmung mit IAS 37 der Ansatz einer Rückstellung geboten. Mit der strikten Orientierung der Ertragsvereinnahmung am Aufwandsverlauf drohen Entobjektivierungen. Sie resultieren insbesondere aus der Schätzungsunsicherheit bezüglich der Höhe der künftigen Aufwendungen sowie den regelmäßig subjektiven, betriebindividuellen Aufwandsverläufen. Die Synchronisation von Zuschussertrag und den korrelierenden Aufwendungen folgt ferner einem bloßen Verteilungsbedürfnis, welches zugunsten des Verteilungsparadigmas den Ansatz bloßer Abgrenzungsposten erfordert, wenngleich diese mit der Schulddefinition des IASB-Rahmenkonzepts konterkarieren.
Die konzeptionelle Ausrichtung der Ertragsvereinnahmung am dynamisch geprägten Revenue-Expense-Ansatz steht im Spannungsverhältnis zu der statisch geprägten Ertragsdefinition des IASB-Rahmenkonzepts sowie der tendenziell statischen Passivierungskonzeption des IAS 37. Im Zuge der zeitwert-statischen Neuausrichtung der internationalen Standardsetter ist deshalb eine grundlegende Revision des IAS 20 dringend geboten. Die angestrebte Neuregelung steht mit der Loslösung der Ertragsvereinnahmung von der Aufwandsrealisation und der Orientierung an rechtlichen Durchsetzungshindernissen in Einklang mit dem neuen statischen Referenzrahmen des IASB und FASB zur Ertragsvereinnahmung. Mit Rücksicht auf den wirtschaftlichen Normzweck wäre eine Angleichung der Regelungsvorschläge an das geltende Risk-and-Reward-Kriterium zur Ertragsvereinnahmung aus dem Verkauf von Gütern zweckmäßig. Es knüpft die Ertragsrealisierung von Zuschüssen an den hinreichenden Abbau der mit der Erfüllung der Zweckbindung verbundenen Risiken.

(7) Hinsichtlich der Bilanzierung von Gesellschafterzuwendungen besteht innerhalb des IFRS-Gefüges eine Regelungslücke. In Ermangelung eines übergeordneten Referenzmaßstabs ergibt sich faktisch ein Wahlrecht zur erfolgswirksamen oder erfolgsneutralen Erfassung von Barzuschuss und Forderungsverzicht im Abschluss der begünstigten Gesellschaft. Die Erklärung eines Rangrücktritts oder eines Forderungsverzichts mit Besserungszusage führt im Er-

gebnis zur Passivierung der zugrundeliegenden Verbindlichkeit bei der Schuldner-Gesellschaft. Trotz der wirtschaftlichen Zweckidentität beider Sanierungskonstrukte können sich Unterschiede in der Folgebewertung ergeben. Im Abschluss der Gläubiger-Gesellschaft ist unabhängig von der Bewertung zu fortgeführten Anschaffungskosten oder zum beizulegenden Zeitwert eine Wertminderung der Forderung sowie der Beteiligung zu prüfen.

Verzeichnis der zitierten Schriften

Adelberger, Otto L. (1993): Formen der Innenfinanzierung, in: Gebhardt, Günther/Gerke, Wolfgang/Steiner, Manfred (Hrsg.), Handbuch des Finanzmanagements – Instrumente und Märkte der Unternehmensfinanzierung, München 1993.

Adler/Düring/Schmaltz (1998a): Kommentierung zu § 246 HGB, in: Rechnungslegung und Prüfung der Unternehmen, Kommentar zum HGB, AktG, GmbHG, PublG nach den Vorschriften des Bilanzrichtlinien-Gesetzes, Teilband 6, 6. Aufl., Stuttgart 1998.

Adler/Düring/Schmaltz (1998b): Kommentierung zu § 253 HGB, in: Rechnungslegung und Prüfung der Unternehmen, Kommentar zum HGB, AktG, GmbHG, PublG nach den Vorschriften des Bilanzrichtlinien-Gesetzes, Teilband 6, 6. Aufl., Stuttgart 1998.

Adler/Düring/Schmaltz (1998c): Kommentierung zu § 272 HGB, in: Rechnungslegung und Prüfung der Unternehmen, Kommentar zum HGB, AktG, GmbHG, PublG nach den Vorschriften des Bilanzrichtlinien-Gesetzes, Teilband 6, 6. Aufl., Stuttgart 1998.

Adler/Düring/Schmaltz International (2002a): Kommentierung zu Sachanlagevermögen (Property, Plant and Equipment), in: Rechnungslegung nach internationalen Standards, Stuttgart, Abschnitt 9, Stand: 15. Juni 2002 (Loseblatt).

Adler/Düring/Schmaltz International (2002b): Kommentierung zu Zuwendungen der öffentlichen Hand (Accounting for Government Grants and Disclosure of Government Assistance), in: Rechnungslegung nach internationalen Standards, Stuttgart, Abschnitt 11, Stand: 01. Mai 2002 (Loseblatt).

Adler/Düring/Schmaltz International (2003): Kommentierung zu Rückstellungen, Eventualschulden und Eventualvermögenswerten (Provisions, Contingent Liabilities and Contigent Assets), in: Rechnungslegung nach internationalen Standards, Stuttgart, Abschnitt 18, Stand: 30. September 2003 (Loseblatt).

Alewell, Karl (1965): Subventionen als betriebswirtschaftliche Frage, Köln/Opladen 1965.

Andel, Norbert (1970): Subventionen als Instrument des finanzwirtschaftlichen Interventionismus, Tübingen 1970.

Arnold, Arnd (2007): Zur ökonomischen Theorie des Solvenztests, in: DK, 6. Jg. (2007), S. 118–125.

Backhaus, Klaus (1980): Die Gewinnrealisation bei mehrperiodigen Lieferungen und Leistungen in der Aktienbilanz, in: ZfbF, 32. Jg. (1980), S. 347–360.

Baetge, Jörg/Brüggemann, Benedikt (2005): Ausweis von Genussrechten auf der Passivseite der Bilanz des Emittenten, in: BB, 58. Jg. (2005), S. 2145–2152.

Ballwieser, Wolfgang (1987): Grundsätze ordnungsmäßiger Buchführung und neues Bilanzrecht, in: Albach, Horst/Forster, Karl-Heinz (Hrsg.), Bilanzrichtlinien-Gesetz, ZfB, 57. Jg. (1987), Ergänzungsheft 1/87, S. 3–24.

Ballwieser, Wolfgang (1992): Das Anschaffungs- und Höchstwertprinzip für Schulden, in: Moxter, Adolf u.a. (Hrsg.), Rechnungslegung – Entwicklungen bei der Bilanzierung und Prüfung von Kapitalgesellschaften, FS Karl-Heinz Forster, Düsseldorf 1992, S. 45–62.

Ballwieser, Wolfgang (1996): Zum Nutzen handelsrechtlicher Rechnungslegung, in: Ballwieser, Wolfgang/Moxter, Adolf/Nonnenmacher, Rolf (Hrsg.), Rechnungslegung – warum und wie, FS Hermann Clemm, München 1996, S. 1–25.

Ballwieser, Wolfgang (2003): Rahmenkonzepte der Rechnungslegung: Funktionen, Vergleich, Bedeutung, in: DK, 1. Jg. (2003), S. 337–348.

Ballwieser, Wolfgang (2005): Die Konzeptionslosigkeit des International Accounting Standards Board (IASB), in: Crezelius, Georg/Hirte, Heribert/Vieweg, Klaus (Hrsg.), Gesellschaftsrecht – Rechnungslegung – Sportrecht, FS Volker Röhricht, Köln 2005, S. 727–745.

Ballwieser, Wolfgang/Dobler, Michael (2008): Branchenspezifische Rechnungslegungsvorschriften, in: Ballwieser, Wolfgang u.a. (Hrsg.), Wiley-Kommentar zur internationalen Rechnungslegung nach IFRS 2008, 4. Aufl., Weinheim 2008, S. 1077–1129.

Bardy, Roland (1994): Bilanzierung von Zuwendungen für Umweltschutzmaßnahmen, in: DB, 47. Jg. (1994), S. 1989–1995.

Barth, Mary E./Landsman, Wayne R.. (1995): Fundamental Issues Related to Using Fair Value Accounting for Financial Reporting, in: AH, Vol. 9 (1995), S. 97–107.

Bauer, Jörg (1985): Zuschüsse und passive Rechnungsabgrenzung, in: BB, 40. Jg. (1985), S. 161–163.

Beisse, Heinrich (1977): Wirtschaftliche Betrachtungsweise im Steuerrecht nach Wegfall des § 1 StanpG, in: INF, 31. Jg. (1977), S. 433–437.

Beisse, Heinrich (1981): Die wirtschaftliche Betrachtungsweise bei der Auslegung der Steuergesetze in der neueren deutschen Rechtsprechung, in: StuW, 58. Jg. (1981), S. 1–14.

Beisse, Heinrich (1984): Zum Verhältnis von Bilanzrecht und Betriebswirtschaftslehre, in: StuW, 61. Jg. (1984), S. 1–14.

Beisse, Heinrich (1988): Die Generalnorm des deutschen Bilanzrechts, in: Knobbe-Keuk, Brigitte/Klein, Franz/Moxter, Adolf (Hrsg.), Handelsrecht und Steuerrecht, FS Georg Döllerer, Düsseldorf 1988, S. 25–44.

Beisse, Heinrich (1990): Rechtsfragen der Gewinnung von GoB, in: BFuP, 42. Jg. (1990), S. 499–513.

Beisse, Heinrich (1993): Gläubigerschutz – Grundprinzip des deutschen Bilanzrechts, in: Beisse, Heinrich/Lutter, Marcus/Närger, Heribald (Hrsg.), FS Karl Beusch, Berlin, New York 1993, S. 77–97.

Beisse, Heinrich (1994): Zum neuen Bild des Bilanzrechtssystems, in: Ballwieser, Wolfgang u.a. (Hrsg.), Bilanzrecht und Kapitalmarkt, FS Adolf Moxter, Düsseldorf 1994, S. 3–31.

Beisse, Heinrich (1997): Wandlungen der Grundsätze ordnungsmäßiger Bilanzierung – Hundert Jahre „GoB", in: Schön, Wolfgang (Hrsg.), GS Brigitte Knobbe-Keuk, Köln 1997, S. 385–409.

Beisse, Heinrich (1999): Normqualität und Normstruktur von Bilanzvorschriften und Standards – Adolf Moxter zum 70. Geburtstag, in: BB, 54. Jg. (1999), S. 2180–2186.

Bellavite-Hövermann, Yvette/Menn, Bernd-Joachim/Viethen, Heinz-Werner (2003): Kommentierung zu IAS 32 – Finanzinstrumente: Angaben und Darstellung (Financial Instruments: Disclosure and Presentation), in: Baetge, Jörg u.a. (Hrsg.), Rechnungslegung nach IFRS – Kommentar auf der Grundlage des deutschen Bilanzrechts, 2. Aufl., Stuttgart, Stand: 2003 (Loseblatt).

Berg, Wilfried (1999): Subventionsverfahren und Subventionsvergabe zwischen Effizienz und Formalismus, in: Stober, Rolf/Vogel, Hanspeter (Hrsg.), Subventionsrecht und Subventionspolitik auf dem Prüfstand, Studien zum öffentlichen Wirtschaftsrecht, Bd. 42, Köln u.a. 1999, S. 97–125.

Berndt, Thomas (1998): Grundsätze ordnungsmäßiger passiver Rechnungsabgrenzungsposten, Wiesbaden 1998, zugl.: Frankfurt (Main), Univ., Diss., 1997

Berndt, Thomas (2003): Informationelle Rechnungslegung – Zur Ausweitung des Informationsumfangs am Beispiel von Intellectual Property Statements, in: DK, 1. Jg. (2003), S. 823–834.

Berndt, Thomas (2005): Kein passiver RAP bei Aufhebung eines für eine bestimmte Laufzeit begründeten Schuldverhältnisses gegen Entschädigung, in: BB, 60. Jg. (2005), S. 1496–1497.

Berndt, Thomas (2006): Bilanzielle Behandlung von Rangrücktrittsvereinbarungen, in: BB, 61. Jg. (2006), S. 2744–2746.

Bundesministerium für Wirtschaft und Technologie (2006): Richtlinie zur Förderung von Forschung und Entwicklung bei Wachstumsträgern in benachteiligten Regionen (Innovative Wachstumsträger - INNOWATT), veröffentlicht in: BAnzNr. 105/2006 vom 7. Juni 2006, S. 4208f.

Böcking, Hans-Joachim (1988): Bilanzrechtstheorie und Verzinslichkeit, Wiesbaden 1988.

Böcking, Hans-Joachim (1989): Der Grundsatz umsatzbezogener Gewinnrealisierung beim Finanzierungsleasing, in: ZfbF, 41. Jg. (1989), S. 491–515.

Böcking, Hans-Joachim (1994a): Anpassungsverpflichtungen und Rückstellungsbildung, in: Herzig, Norbert (Hrsg.), Bilanzierung von Umweltlasten und Umweltschutzverpflichtungen, Köln 1994, S. 124–146.

Böcking, Hans-Joachim (1994b): Verbindlichkeitsbilanzierung – Wirtschaftliche versus formalrechtliche Betrachtungsweise, Wiesbaden 1994.

Böcking, Hans-Joachim (1997): Betriebswirtschaftslehre und wirtschaftliche Betrachtungsweise im Bilanzrecht, in: Budde, Wolfgang Dieter/Moxter, Adolf/Offerhaus, Klaus (Hrsg.), Handelsbilanzen und Steuerbilanzen, FS Heinrich Beisse, Düsseldorf 1997, S. 85–103.

Boss, Alfred/Rosenschon, Astrid (2000): Subventionen in Deutschland: Eine Aktualisierung, Kieler Diskussionsbeiträge, Diskussionspapier Nr. 365, Kiel 2000.

Böth, Heinrich (2005): Die verdeckte Einlage – eine häufig unterschätzte Feststellung (Teil I), in: StBp, 45. Jg. (2005), S. 341–355.

Breidert, Ulrike (1994): Grundsätze ordnungsmäßiger Abschreibungen auf abnutzbare Anlagegegenstände, Düsseldorf 1994.

Breidert, Ulrike (2001): Keine Teilwertabschreibung bei sogenannten Verlustprodukten?, in: BB, 56. Jg. (2001), S. 979–984.

Breitwieser, Otto (1982): Zuschüsse bei der Teilwertermittlung, in: StBp, 22. Jg. (1982), S. 157–161.

Brüggemann, Benedikt/Lühn, Michael/Siegel, Mikosch (2004): Bilanzierung hybrider Finanzinstrumente nach HGB, IFRS und US-GAAP im Vergleich (Teil I), in: KoR, 4. Jg. (2004), S. 340–352.

Buhleier, Claus (1997): Harmonisierung der Rechnungslegung bei langfristiger Auftragsfertigung: Perspektiven für die Bilanzierung in Deutschland und Österreich, Wien 1997, zugl.: Wien, Univ., Diss., 1996.

Coenenberg, Adolf G./Straub, Barbara (2008): Rechenschaft versus Entscheidungsunterstützung: Harmonie oder Disharmonie der Rechnungszwecke?, in: KoR, 8. Jg. (2008), S. 17–26.

Costede, Jürgen (1986): Grundfragen der Absetzungsbefugnis wegen Abnutzung – betrachtet am Beispiel von Nutzungsrechten an Grundbesitz, in: StuW, 63. Jg. (1986), S. 44–52.

Crezelius, Georg (1988): Das sogenannte schwebende Geschäft in Handels-, Gesellschafts- und Steuerrecht, in: Knobbe-Keuk, Brigitte/Klein, Franz/Moxter, Adolf (Hrsg.), Handelsrecht und Steuerrecht, FS Georg Döllerer, Düsseldorf 1988, S. 81–95.

Crezelius, Georg (2005): Überschuldung und Bilanzierung, in: Crezelius, Georg/Hirte, Heribert/Vieweg, Klaus (Hrsg.), Gesellschaftsrecht – Rechnungslegung – Sportrecht, FS Volker Röhricht, Köln 2005, S. 787–808.

Dahl, Johann (1959): Die Aktivierung der Sachanlagegüter in Handels- und Steuerbilanz, Köln/Opladen 1959.

Daske, Holger/Hail, Luzi/Leuz, Christian/Verdi, Rodrigo (2007): Adopting a Label: Heterogeneity in the Economic Consequences of IFRS Adoptions, Working Paper, April 2007, einzusehen unter: http://papers.ssrn.com/sol3/papers.cfm?abstract_id= 979650 (Abruf am: 17. Januar 2009).

Dein, Raymond C. (1958): The Future Development of Accounting Theory, in: AR, Vol. 33 (1958), S. 389–400.

Demski, Joel S. (1973): The General Impossibility of Normative Accounting Standards, in: AR, Vol. 48 (1973), S. 718–723.

Depping, Bernd (1992): Öffentliche Zuschüsse und passive Rechnungsabgrenzung – Ergänzungen zum Urteil des FG Baden-Württemberg vom 3.5.1991, in: FR, 74. Jg. (1992), S. 94–97.

Dewing, Arthur Stone (1941): The Financial Policy of Corporations, Vol. I, 4. Aufl., New York (U. S. A.) 1941.

Dobler, Michael (2006): Ertragsvereinnahmung bei Fertigungsaufträge nach IAS 11 und den Vorschlägen des Projekts Revenue Recognition – Vergleich und kritische Würdigung, in: KoR, 6. Jg. (2006), S. 160–170.

Dobler, Michael/Hettich, Silvia (2007): Geplante Änderungen der Rahmenkonzepte von IASB und FASB – Konzeption, Vergleich, Würdigung, in: IRZ, 2. Jg. (2007), S. 29–36.

Döllerer, Georg (1959): Grundsätze ordnungsmäßiger Buchführung, deren Entstehung und Ermittlung, in: BB, 14. Jg. (1959), S. 1217–1221.

Döllerer, Georg (1966): Anschaffungskosten und Herstellungskosten nach neuem Aktienrecht unter Berücksichtigung des Steuerrechts, in: BB, 21. Jg. (1966), S. 1405–1409.

Döllerer, Georg (1969): Die Maßgeblichkeit der Handelsbilanz für die Steuerbilanz, in: BB, 24. Jg. (1969), S. 501–507.

Döllerer, Georg (1974): Zur Bilanzierung des schwebenden Vertrags, in: BB, 29. Jg. (1974), S. 1541–1548.

Döllerer, Georg (1976/77): Zur Problematik der Anschaffungs- und Herstellungskosten, in: JbFfSt 1976/77, S. 196–212.

Döllerer, Georg (1980): Droht eine neue Aktivierungswelle?, in: BB, 35. Jg. (1980), S. 1333–1337.

Döllerer, Georg (1986): Einlagen bei Kapitalgesellschaften nach Handelsrecht und Steuerrecht, in: BB, 41. Jg. (1986), S. 1857–1863.

Döllerer, Georg (1990): Verdeckte Gewinnausschüttungen und verdeckte Einlagen bei Kapitalgesellschaften, 2. Aufl., Heidelberg 1990.

Döllerer, Georg (1992): Bilanzrechtliche Fragen des kapitalersetzenden Darlehens und der kapitalersetzenden Miete, in: Moxter, Adolf u.a. (Hrsg.), Rechnungslegung – Entwicklungen bei der Bilanzierung und Prüfung von Kapitalgesellschaften, FS Karl-Heinz Forster, Düsseldorf 1992, S. 199–213.

Dürr, Ulrike L. (2007): Mezzanine-Kapital in der HGB- und IFRS-Rechnungslegung, Berlin 2007.

Ehlers, Dirk (1999): Rechtsprobleme der Rückforderung von Subventionen, in: Stober, Rolf/Vogel, Hanspeter (Hrsg.), Subventionsrecht und Subventionspolitik auf dem Prüfstand, Studien zum öffentlichen Wirtschaftsrecht, Bd. 42, Köln u.a. 1999, S. 127–169.

Eibelshäuser, Manfred (1987): Rückstellungsbildung nach neuem Handelsrecht – Ein Beitrag zur Auslegung von § 249 Abs. 1 Satz 1 HGB –, in: BB, 42. Jg. (1987), S. 860–866.

Eibelshäuser, Manfred (1997): Abschreibungen und Realisationsprinzip, in: Budde, Wolfgang Dieter/Moxter, Adolf/Offerhaus, Klaus (Hrsg.), Handelsbilanzen und Steuerbilanzen, FS Heinrich Beisse, Düsseldorf 1997, S. 153–169.

Eisolt, Dirk (2004): Behandlung von Baukostenzuschüssen bei Versorgungsunternehmen, in: BB, 59. Jg. (2004), S. 1079–1083.

Ellrott, Helmut/Brendt, Peter (2006): Kommentierung zu § 255 HGB, in: Ellrott, Helmut u. a. (Hrsg.), Beck' scher Bilanz-Kommentar – Handels- und Steuerbilanz, 6. Aufl., München 2006.

Elschen, Rainer (1993): Eigen- und Fremdfinanzierung – Steuerliche Vorteilhaftigkeit und betriebliche Risikopolitik, in: Gebhardt, Günther/Gerke, Wolfgang/Steiner, Manfred (Hrsg.), Handbuch des Finanzmanagements – Instrumente und Märkte der Unternehmensfinanzierung, München 1993.

Emmerich, Volker (2007): Kommentierung zu § 311 BGB, in: Säcker, Jürgen/Rixecker, Roland (Hrsg.), Münchner Kommentar zum BGB, Bd. 2, Schuldrecht Allgemeiner Teil, 5. Aufl., München 2007.

Eppe, Franz (1966): Subventionen und staatliche Geschenke, in: Günnicker, Franz (Hrsg.), Verwaltung und Wirtschaft, Heft 34, Stuttgart u.a. 1966.

Eppler, Gerold (1991): Das Quasi-Eigenkapital bei der GmbH als steuerrechtliches Problem, in: DB, 44. Jg. (1991), S. 195 –198.

Euler, Roland (1989): Grundsätze ordnungsmäßiger Gewinnrealisierung, Düsseldorf 1989.

Euler, Roland (1991): Zur Verlustantizipation mittels des niedrigeren beizulegenden Wertes und des Teilwertes, in: ZfbF, 43. Jg. (1991), S. 191–212.

Euler, Roland (1996): Das System der Grundsätze ordnungsmäßiger Bilanzierung, Stuttgart 1996.

Ewertowski, Thomas (1984): Die Behandlung von erhaltenen Investitionszuschüssen in Handels- und Steuerbilanz, in: BB, 39. Jg. (1984), S. 1015–1024.

Ewringmann, Dieter/Hansmeyer, Karl Heinrich (1975): Zur Beurteilung von Subventionen, Forschungsberichte des Landes Nordrhein-Westfalen Nr. 2468, Opladen 1975.

Fasselt, Martin/Brinkmann, Jürgen (2004): Immaterielle Vermögensgegenstände, in: Castan, Edgar u. a. (Hrsg.), Beck'sches HdR, München, Stand: Juli 2004, (Loseblatt), Abschnitt B 211

Fichtelmann, Helmar (1988): Bürgschaften des Gesellschafters einer Kapitalgesellschaft als verdeckte Einlagen?, in: GmbHR, 79. Jg. (1988), S. 72–79.

Fichtelmann, Helmar (2007): Der qualifizierte Rangrücktritt – ein Irrtum der Rechtsprechung?, in: GmbHR, 98. Jg. (2007), S. 518–522.

Fladt, Guido/Feige, Peter (2006): Die Änderungsvorschläge des IASB zu IAS 37 und IAS 19 – Analyse und kritische Würdigung –, in: WPg, 59. Jg. (2006), S. 274–281.

Fladung, Hans-Dieter (2000): Das Vorsichts- und Objektivierungsprinzip im deutschen Bilanzrecht, Wiesbaden 2000, zugl.: Dortmund, Univ., Diss., 2000.

Fleck, Hans-Joachim (1985): Die Bilanzierung kapitalersetzender Gesellschafterdarlehen in der GmbH, in: Klein, Franz/Vogel, Klaus (Hrsg.), Der Bundesfinanzhof und seine Rechtsprechung. Grundfragen. Grundlagen, FS Hugo von Wallis, Bonn 1985, S. 109–131.

Fleck, Hans-Joachim (1989): Das kapitalersetzende Gesellschafterdarlehen in der GmbH-Bilanz – Verbindlichkeit oder Eigenkapital?, in: GmbHR, 80. Jg. (1989), S. 313–323.

Forker, John/Green, Sue (2000): Corporate Governance and Accounting Models of the Reporting Entity, in: British Accouting Review, Vol. 32, S. 375–396.

Förschle, Gerhart/Heinz, Stephan (2008): Sanierungsmaßnahmen und ihre Bilanzierung, in: Budde, Wolfgang Dieter/Förschle, Gerhart/Winkeljohann, Norbert (Hrsg.), Sonderbilanzen: Von der Gründungsbilanz bis zur Liquidationsbilanz, 4. Aufl., München 2008.

Förschle, Gerhart/Hoffmann, Karl (2008): Verlustanzeigebilanz und Überschuldungsstatus, in: Budde, Wolfgang Dieter/Förschle, Gerhart/Winkeljohann, Norbert (Hrsg.), Sonderbilanzen: Von der Gründungsbilanz bis zur Liquidationsbilanz, 4. Aufl., München 2008.

Förschle, Gerhart/Kroner, Matthias/Heddäus, Birgit (1999): Ungewisse Verpflichtungen nach IAS 37 im Vergleich zum HGB, in: WPg, 52. Jg. (1999), S. 41–54.

Förschle, Gerhardt/Scheffels, Rolf (1993): Die Bilanzierung von Zuschüssen, insbesondere für Werkzeugkosten, in: DB, 46. Jg. (1993), S. 2393–2399.

Förschle, Gerhardt/Scheffels, Rolf (2006): Kommentierung zu § 272 HGB, in: Ellrott, Helmut u. a. (Hrsg.), Beck' scher Bilanz-Kommentar – Handels- und Steuerbilanz, 6. Aufl., München 2006.

Freericks, Wolfgang (1976): Bilanzierungsfähigkeit und Bilanzierungspflicht in Handels- und Steuerbilanz, Köln u.a. 1976.

Freiberg, Jens (2008), Earn out-Klauseln beim Unternehmenserwerb, in: PiR, 4. Jg. (2008), S. 31–33.

Frystatzki, Christian (2006): Rangrücktrittserklärung zur Vermeidung der Überschuldung – Zielkonflikte zwischen Steuerrecht und Gesellschafts- bzw. Insolvenzrecht?, in: EStB, 8. Jg. (2006), S. 109–111.

Fuchs, Markus/Stibi, Bernd (2007): Reform des Gläubigerschutzes durch Kapitalerhaltung? Problembereiche eines Systemwandels der Ausschüttungsbemessung, in: BB, 62. Jg. (2007), S. 93–98.

Fuchs, Michael (1987): Die transitorischen Rechnungsabgrenzungsposten, Bergisch Gladbach 1987.

Fülbier, Rolf Uwe/Gassen, Joachim (1999): Wider die Maßgeblichkeit der International Accounting Standards für die steuerliche Gewinnermittlung, in: DB, 52. Jg. (1999), S. 1511–1516.

Fülbier, Rolf Uwe/Gassen, Joachim/Küting, Ulrich/Weller, Manuel (2008): Öffentliche Zuwendungen und Bilanzpolitik: Eine beispielgestützte Analyse von IAS 20, in: KoR, 8. Jg. (2008), S. 474–484.

Gelhausen, Hans Friedrich (1985): Das Realisationsprinzip im Handels- und im Steuerbilanzrecht, Franfurt (Main) u. a. 1985.

Gläßner, Günter/Leineweber, Bernhard (1985): Zweifelsfragen zur steuerlichen Behandlung von kundengebundenen Werkzeugen, in: StBp, 25. Jg. (1985), S. 97–100.

Goerdeler, Reinhard/Müller, Welf (1980): Die Behandlung von nichtigen oder schwebend unwirksamen Anschaffungsgeschäften, von Forderungsverzichten und Sanierungszuschüssen im Jahresabschluß, in: WPg, 33. Jg. (1980), S. 313–322.

Gröbner, Bruno F. (1983): Subventionen: Eine kritische Analyse, in: Recktenwald, Horst Claus (Hrsg.), Abhandlungen zu den Wirtschaftlichen Staatswissenschaften, Göttingen 1983.

Groh, Manfred (1973): Öffentliche Zuschüsse in der Handels- und Steuerbilanz, in: WPg, 26. Jg. (1973), S. 742–746.

Groh, Manfred (1988a): Bilanzierung öffentlicher Zuschüsse – Anmerkungen zum BFH-Urteil vom 14.7.1988 IV R 78/85, DB 1988 S. 2436, in: DB, 41. Jg. (1988), S. 2417–2421.

Groh, Manfred (1988b): Verbindlichkeitsrückstellung und Verlustrückstellung: Gemeinsamkeiten und Unterschiede, in: BB, 43. Jg. (1988), S. 27–33.

Groh, Manfred (1990): Verdeckte Einlagen unter dem Bilanzrichtlinien-Gesetz, in: BB, 45. Jg. (1990), S. 379–382.

Groh, Manfred (1993): Eigenkapitalersatz in der Bilanz, in: BB, 48. Jg. (1993), S. 1882–1892.

Groh, Manfred (1994): Rechtsprechung zum Bilanzsteuerrecht, in: StuW, 71. Jg. (1994), S. 90–96.

Grüneberg, Christian (2009a): Kommentierung zu § 320 BGB, in: Palandt, Otto (Hrsg.), Beck'sche Kurz-Kommentare, BGB, Bd. 7, 68. Aufl., München 2009.

Grüneberg, Christian (2009b): Kommentierung zu § 397 BGB, in: Palandt, Otto (Hrsg.), Beck'sche Kurz-Kommentare, BGB, Bd. 7, 68. Aufl., München 2009.

Haarmann, Wilhelm (2005): Der Rangrücktritt, in: Crezelius, Georg (Hrsg.), Gesellschaftsrecht – Rechnungslegung – Sportrecht, FS Röhricht, Köln (2005), S. 137–153.

Häger, Michael/Elkemann-Reusch, Manfred (2007): Mezzanine Finanzierungsinstrumente, 2. Auflage, Berlin 2007.

Haller, Axel/Egger, Florian (2006): Bilanzierung landwirtschaftlicher Tätigkeiten nach IFRS, in: WPg, 59. Jg. (2006), S. 281–290.

Hansmeyer, Karl-Heinrich (1963): Subventionen in der Bundesrepublik Deutschland, in: Schmölder, G. (Hrsg.), Materialien zu einem wirtschaftspolitischem Problem, Finanzwissenschaftliche Forschungsarbeiten, Berlin 1963.

Harris, Trevor S./Lang, Mark/Möller, Hans–Peter (1995): Zur Relevanz der Jahresabschlußgrößen Erfolg und Eigenkapital für die Aktienbewertung in Deutschland und USA, in: ZfbF, 47. Jg. (1995), S. 996–1028.

Hartung, Werner (1994): Rechnungsabgrenzungsposten und richtlinienkonforme Auslegung, in: Ballwieser, Wolfgang/Böcking, Hans-Joachim/Drukarczyk, Reinhard H. (Hrsg.), Bilanzrecht und Kapitalmarkt, FS Adolf Moxter, Düsseldorf 1994, S. 213–225.

Hasenburg, Christof/Beyhs, Oliver (2005): Die Bilanzierung von Dienstleistungslizenzen nach den Entwürfen IFRIC D12 bis IFRIC D14, in: WPg, 58. Jg. (2005), S. 973–985.

Hast, Karl (1934): Grundsätze ordnungsmässiger Bilanzierung für Anlagegegenstände, Leipzig 1934.

Häuselmann, Holger (1993): Rangrücktritt versus Forderungsverzicht mit Besserungabrede, in: BB, 48. Jg. (1993), S. 1552–1558.

Heddäus, Birgit (1997): Handelsrechtliche Grundsätze ordnungsmäßiger Bilanzierung für Drohverlustrückstellungen, Düsseldorf 1997, zugl.: Frankfurt (Main), Univ., Diss., 1997.

Heerma, Dirk (2005): Passivierung bei Rangrücktritt: widersprüchliche Anforderungen an Überschuldungsbilanz und Steuerbilanz?, in: BB, 60. Jg. (2005), S. 537–544.

Heinrichs, Helmut (2009): Kommentierung zu § 158 BGB, in: Palandt, Otto (Hrsg.), Beck'sche Kurz-Kommentare, BGB, Bd. 7, 68. Aufl., München 2009.

Helm, Markus T./Krinninger, Markus (2005): Steuerrechtliche Folgen des Gesellschafterverzichts auf Forderungen gegenüber einer Kapitalgesellschaft, in: DB, 58. Jg. (2005), S. 1989–1994.

Henke, Wilhelm (1979): Das Recht der Wirtschaftssubventionen als öffentliches Vertragsrecht, Tübingen 1979.

Herzig, Norbert (1988): Bilanzrechtliche Ganzheitsbetrachtung und Rückstellung bei Dauerrechtsverhältnissen, in: ZfB, 58. Jg. (1988), S. 212–225.

Herzig, Norbert (1990): Rückstellungen wegen öffentlich-rechtlicher Verpflichtungen, insbesondere Umweltschutz, in: DB, 43. Jg. (1990), S. 1341–1354.

Herzig, Norbert (1993): Die rückstellungsbegrenzende Wirkung des Realisationsprinzips), in: Raupach, Arndt/Uelner, Adalbert (Hrsg.), Ertragsbesteuerung, FS Ludwig Schmidt, München 1993, S. 209–226.

Herzig, Norbert (2005): IAS/IFRS und steuerliche Gewinnermittlung, in: WPg, 58. Jg. (2005), S. 211–235.

Herzig, Norbert (2008): Modernisierung des Bilanzrechts und Besteuerung, in: DB, 61. Jg. (2008), S. 1–10.

Herzig, Norbert/Gellrich, Kai M. (2006): Geplante Änderungen von IAS 37 zur Passivierung ungewisser Verbindlichkeiten – Ausstrahlung auf die steuerliche Gewinnermittlung –, in: WPg, 59. Jg. (2006), S. 505–515.

Herzig, Norbert/Gellrich, Kai M./Jensen-Nissen, Lars (2004): IAS/IFRS und steuerliche Gewinnermittlung, in: BFuP, 56. Jg. (2004), S. 550–577.

Herzig, Norbert/Söffing, Andreas (1993): Rechnungsabgrenzungsposten und die Lehre vom Mindestzeitraum, in: BB, 48. Jg. (1993), S. 465–470.

HFA des IDW (1984): Bilanzierungsfragen bei Zuwendungen, dargestellt am Beispiel finanzieller Zuwendungen der öffentlichen Hand, in: WPg, 37. Jg. (1984), S. 612–615.

HFA des IDW (1994): Stellungnahme 1/1994: Zur Behandlung von Genußrechten im Jahresabschluß von Kapitalgesellschaften, in: WPg, 47. Jg. (1994), S. 419–423.

HFA des IDW (1996): Stellungnahme 2/1996: Zur Bilanzierung privater Zuschüsse, in: WPg, 49. Jg. (1996), S. 709–713.

Hitz, Jörg-Markus (2007): Das Diskussionspapier „Fair Value Measurements" des IASB – Inhalt und Bedeutung, in: WPg, 60. Jg. (2007), S. 361–367.

Hitz, Jörg-Markus/Kuhner, Christoph (2002): Die Neuregelung zur Bilanzierung des derivativen Goodwill nach SFAS 141 und 142 auf dem Prüfstand, in: WPg, 55. Jg. (2002), S. 273–287.

Hofbauer, Max A. (1976): Die Bilanzierung von Zulagen und Zuschüssen, in: BB, 31. Jg. (1976), S. 653–661.

Hoffmann, Wolf-Dieter (1988): Die Bilanzierung von Beteiligungen an Personenhandelsgesellschaften – Ein Vorschlag zur Neufassung der IdW-Stellungnahme HFA 3/1976, in: BB, 43. Jg. (1988), Beilage 2, S. 1–24.

Hoffmann, Wolf-Dieter (1998): Kritische Anmerkungen zum sog. Einlagebeschluß des Großen BFH-Senats, in: DB, 51. Jg. (1998), S. 1983–1988.

Hoffmann, Wolf-Dieter (2001): Die Beteiligung an Kapitalgesellschaften als Wirtschaftsgut sui generis, in: Gesellschaftsrecht – Rechnungslegung – Steuerrecht, FS Welf Müller, München 2001, S. 631–647.

Hoffmann, Wolf-Dieter (2004): Der Sanierungszuschuß in der Steuerbilanz des Gesellschafters – Anmerkungen zum Urteil des BFH vom 28.4.2004 – I R 20/03, in: GmbHR, 95. Jg. (2004). S. 1454–1457.

Hoffmann, Wolf-Dieter (2008a): Kommentierung zu § 12 Öffentliche Zuwendungen, in: Lüdenbach, Norbert/Hoffmann, Wolf-Dieter (Hrsg.), Haufe IFRS–Kommentar, 6. Aufl., Freiburg u. a. (2008).

Hoffmann, Wolf-Dieter (2008b): Kommentierung zu § 13 Immaterielle Vermögenswerte, in: Lüdenbach, Norbert/Hoffmann, Wolf-Dieter (Hrsg.), Haufe IFRS-Kommentar, 6. Aufl., Freiburg u. a. (2008).

Hoffman, Wolf-Dieter/Lüdenbach, Norbert (2005): Bilanzielle Sanierungsmaßnahmen im IFRS-Abschluss im Vergleich zum deutschen Handelsbilanz- und Steuerbilanzrecht, in: BB, 60. Jg. (2005), S. 1671–1675.

Hoffmann, Wolf-Dieter/Lüdenbach, Norbert (2008): Kommentierung zu § 1 Rahmenkonzept (Framework), in: Lüdenbach, Norbert/Hoffmann, Wolf-Dieter (Hrsg.), Haufe IFRS-Kommentar, 6. Aufl., Freiburg u. a. (2008).

Hommel, Michael (1992): Grundsätze ordnungsmäßiger Bilanzierung für Dauerschuldverhältnisse, Wiesbaden, 1992, zugl.: Frankfurt (Main), Univ., Diss., 1991.

Hommel, Michael (1997): Internationale Bilanzrechtskonzeptionen und immaterielle Vermögensgegenstände, in: ZfbF, 49. Jg. (1997), S. 345–369.

Hommel, Michael (1998): Bilanzierung immaterieller Anlagewerte, Stuttgart 1998.

Hommel, Michael (2001): Werkzeugzuschuss: Neutralisierung der gewinnerhöhenden Erfassung durch anteilig aufzulösende Rückstellung für ungewisse Verbindlichkeiten, Urteilsbesprechung, in: BB, 56. Jg. (2001), S. 773–774.

Hommel, Michael (2002a): „Anschaffungskosten", Kommentierung, in: Ballwieser, Wolfgang/Coenenberg, Adolf G./von Wysocki, Klaus (Hrsg.), HWRP, 3. Aufl., Stuttgart 2002, Sp. 77–87.

Hommel, Michael (2002b): Kommentierung des § 249 HGB, in: Baetge, Jörg/Kirsch, Hans-Jürgen/Thiele, Stefan (Hrsg.), Bilanzrecht, Handelsrecht mit Steuerrecht und den Regelungen des IASB, Bonn, Stand: Oktober 2005 (Loseblatt).

Hommel, Michael (2003): Rückstellung für Abbruchkosten nach HGB, IAS/IFRS und US-GAAP (2003), in: DK, 2. Jg. (2003), S. 746–755.

Hommel, Michael (2007a): Rückstellungsbewertung im Spannungsverhältnis von Management-Approach und Fair-Value-Approach, in: PiR, 3. Jg. (2007), S. 322–329.

Hommel, Michael (2007b): Rückstellungsbilanzierung und Objektivierung nach HGB und IFRS, in: Wehrheim, Michael/Heurung, Rainer (Hrsg.), Steuerbelastung – Steuerwirkung – Steuergestaltung, FS Winfried Mellwig, Wiesbaden 2007, S. 179–207.

Hommel, Michael/Schmidt, Reinhard H./Wüstemann, Jens (2004): Adolf Moxter und die Grundsätze ordnungsmäßiger Rechnungslegung – Kontinuität und Zukunft eines Forschungsleitbildes –, in: IDW e. V. (Hrsg.), Wirtschaftsprüfung und Zeitgeist – Prof. Dr. Dr. h. c. mult. Adolf Moxter zum 75. Geburtstag, hrsg. vom Institut der Wirtschaftsprüfer, WPg, 57. Jg. (Sonderheft 2004), S. S84–S98.

Hommel, Michael/Schmitz, Stefanie/Wüstemann, Sonja (2009): Discussion Paper „Revenue Recognition" – Misstrauensvotum gegen den Fair Value?, in: BB, 62. Jg. (2009), S. 374–378.

Hommel, Michael/Wich, Stefan (2004): Die Bilanzierung von Entfernungsverpflichtungen gemäß HGB und SFAS 143 in der kritischen Betrachtung, in: KoR, 4. Jg. (2004), S. 16–28.

Hommel, Michael/Wich, Stefan (2007): Neues zur Entwicklung der Rückstellungsbilanzierung nach IFRS, in: WPg, 60. Jg. (2007), S. 509–516.

Hommel, Michael/Wolf, Sandra (2005): IFRIC 3: Bilanzierung von Emissionsrechten nach IFRS – mehr Schadstoffe im Jahresabschluss, in: BB, 60. Jg. (2005), S. 315–321.

Hötzel, Gotthold (1986): Die Ermittlung des Teilwertabschlages für die Investitionszulage nach § 4 InvZulG in der Vermögensaufstellung, in: BB, 41. Jg. (1986), S. 1272–1274.

Hoyos, Martin/Ring, Maximilian (2006a): Kommentierung zu § 247 HGB, in: Ellrott, Helmut u. a. (Hrsg.), Beck'scher Bilanz-Kommentar – Handelsbilanz, Steuerbilanz, 6. Aufl., München 2006.

Hoyos, Martin/Ring, Maximilian (2006b): Kommentierung zu § 249 HGB, in: Ellrott, Helmut u. a. (Hrsg.), Beck'scher Bilanz-Kommentar – Handelsbilanz, Steuerbilanz, 6. Aufl., München 2006.

Husemann, Karl-Heinz (1976): Grundsätze ordnungsmäßiger Bilanzierung für Anlagegegenstände, 2. Aufl., Düsseldorf 1976.

Hüttemann, Ulrich (1976): Grundsätze ordnungsmäßiger Bilanzierung für Verbindlichkeiten, 2. Aufl., Düsseldorf 1976.

Hütten, Christoph/Lorson, Peter (2000): Internationale Rechnungslegung in Deutschland (Teil 3), in: BuW, 54. Jg. (2000), S. 801–811.

Isert, Dietmar/Schaber, Mathias (2005): Zur Abgrenzung von Eigenkapital und Fremdkapital nach IAS 32 (rev. 2003), in: KoR, 5. Jg. (2005), S. 299–357.

Jäger, Rainer (1996): Grundsätze ordnungsmäßiger Aufwandsperiodisierung, Wiesbaden 1996, zugl.: Frankfurt (Main), Univ., Diss., 1995.

Jäger, Rainer/Himmel, Holger (2003): Die Fair Value-Bewertung immaterieller Vermögenswerte vor dem Hintergrund der Umsetzung internationaler Rechnungslegungsstandards, in: BFuP, 55. Jg. (2003), S. 417–440.

Jakob, Wolfgang/Wittmann, Rolf (1988): Von Zweck und Wesen steuerlicher AfA, in: FR, 70. Jg. (1988), S. 540–553.

Jansen, Manfred (1998): Die Bilanzierung von Zuwendungen an Industrieunternehmen im handelsrechtlichen Jahresabschluß, München 1998, zugl.: München, Univ., Diss., 1987.

Janze, Christian (2007): Umsetzungsempfehlungen des IAS 41 für einzelne Gruppen biologischer Vermögenswerte, in: KoR, 7. Jg. (2007), S. 130–142.

Kammeter, Roland/Geißelmeier, Werner (2007): Der Rangrücktritt – Bestandsaufnahme und Auswirkungen des MoMiG im Handelsbilanz- und Steuerrecht, in: NZI, 10. Jg. (2007), S. 214–220.

Kampmann, Helga/Schwedler, Kristina (2006): Zum Entwurf eines gemeinsamen Rahmenkonzepts von FASB und IASB, in: KoR, 6. Jg. (2006), S. 521–530.

Karsten, Johann-Friedrich (1967): Die Deformierung der handelsrechtlichen Rechnungslegung durch steuerliche Maßnahmen der Wirtschaftsförderung, in: BB, 22. Jg. (1967), S. 425–428.

Kieso, Donald E./Weygandt, Jerry J./Warfield, Terry D. (2004): Intermediate Accounting, 11. ed, New York 2004.

Kley, Karl-Ludwig (2001): Die Fair Value-Bilanzierung in der Rechnungslegung nach den International Accounting Standards (IAS), in: DB, 54. Jg. (2001), S. 2257–2262.

Knobbe-Keuk, Brigitte (1978): Die Bilanzierung unentgeltlich erworbener Vermögensgegenstände in Handels- und Steuerbilanz, in: StuW, 55. Jg. (1978), S. 226–231.

Knobbe-Keuk, Brigitte (1983): Stille Beteiligung und Verbindlichkeiten mit Rangrücktrittsvereinbarung im Überschuldungsstatus und in der Handelsbilanz des Geschäftsinhabers, in: ZIP, 4. Jg. (1983), S. 127–258.

Knobbe-Keuk, Brigitte (1991): Rangrücktrittsvereinbarung und Forderungserlaß mit oder ohne Besserungsschein, in: StuW, 68. Jg. (1991), S. 306–310.

Knobbe-Keuk, Brigitte (1993): Bilanz- und Unternehmenssteuerrecht, 9. Aufl., Köln 1993.

Koch, Helmut (1960): Zur Problematik des Teilwerts, in: ZfhF, 12. Jg. (1960), S. 319–353.

Kormann, Berthold (1965): Rechnungstechnische Behandlung von Formkosten bei Auftragsgeber und Auftragsnehmer, in: DB, 18. Jg. (1965), S. 792–795.

Körner, Werner (1974): Die Leistung als Kriterium der Bilanzierungsfähigkeit, in: WPg, 27. Jg. (1974), S. 509–517.

Kraft, Cornelia/Kraft, Gerhard (1992): Steuerliche Konsequenzen aus der Verlustausgleichsverpflichtung des beherrschenden GmbH-Gesellschafters, in: BB, 47. Jg. (1992), S. 2465–2470.

Krink, Klaus/Maertins, Jan (1998): Gesellschafterdarlehen im Handels- und Steuerrecht, in: DB, 51. Jg. (1998), S. 833–838.

Krüger, Wolfgang (2007): Kommentierung zu § 271 BGB, in: Säcker, Jürgen/Rixecker, Roland (Hrsg.), Münchner Kommentar zum BGB, Bd. 2, Schuldrecht Allgemeiner Teil, 5. Aufl., München 2007.

Kücken, N. (1975): Überlegungen zur Bilanzierung öffentlicher Zuschüsse/Zulagen (I), in: DB, 28. Jg. (1975), S. 1949–1573.

Kühne, Mareike (2006): Ertragsvereinnahmung in der Diskussion des IASB: Hoffnung für das Realisationsprinzip – Aktuelle Entwicklungen des IASB-Projekts „Revenue Recognition“, in: WPg, 59. Jg. (2006), S. 1393–1399.

Kühne, Mareike/Nerlich, Christoph (2005): Vorschläge für eine geänderte Rückstellungsbilanzierung nach IAS 37: Darstellung und kritische Würdigung, in: BB, 60. Jg. (2005), S. 1839–1844.

Kühne, Mareike/Schween, Carsten (2006): Konzeptionelle Basis der Rückstellungsbilanzierung: Verbesserung durch Bilanzierung von „Stand ready“-Verpflichtungen?, in: KoR, 6. Jg. (2006), S. 171–178.

Kümpel, Thomas (2006): IAS 41 als spezielle Bewertungsvorschrift für die Landwirtschaft, in: KoR, 6. Jg. (2006), S. 550–558.

Künnemann, Martin/Beine, Frank (2002): Zuwendungen/Zuschüsse, in: Ballwieser, Wolfgang/Coenenberg, Alfred/von Wysocki, Klaus (Hrsg.), HWRP, 3. Aufl., Stuttgart 2002, Sp. 2731 – 2743.

Kupsch, Peter (1979): Die Behandlung steuerfreier Investitionszulagen im Jahresabschluss, in: DB, 32. Jg. (1979), S. 365–372.

Kupsch, Peter (1984): Bilanzierung öffentlicher Zuwendungen – Stellungnahme zum Verlautbarungsentwurf des HFA zur Bilanzierung von Zuschüssen, in: WPg, 37. Jg. (1984), S. 369–377.

Küting, Karlheinz (1996a): Die Erfassung von erhaltenen und gewährten Zuwendungen im handelsrechtlichen Jahresabschluß (Teil I) – ein Grundlagenbeitrag ergänzt um eine empirische Analyse, in: DStR, 34. Jg. (1996), S. 276–280.

Küting, Karlheinz (1996b): Die Erfassung von erhaltenen und gewährten Zuwendungen im handelsrechtlichen Jahresabschluß (Teil II), in: DStR, 34. Jg. (1996), S. 313–316.

Küting, Karlheinz (2005): Die Abgrenzung von vorübergehenden und dauernden Wertminderungen im nicht-abnutzbaren Anlagevermögen (§ 253 Abs. 2 Satz 3 HGB), in: DB, 58. Jg. (2005), S. 1121–1128.

Küting, Karlheinz (2006): Auf der Suche nach dem richtigen Gewinn – Die Gewinnkonzeption von HGB und IFRS im Vergleich, in: DB, 59. Jg. (2006), S. 1441–1450.

Küting, Karlheinz/Dürr Ulrike L. (2005): Mezzanine-Kapital – Finanzierungsentscheidung im Sog der Rechnungslegung, in: DB, 58. Jg. (2005), S. 1529–1534.

Küting, Karlheinz/Kessler, Harald (1989): Die Problematik der „anderen Zuzahlungen“ gem. § 272 Abs. 2 Nr. 4 HGB, in: BB, 44. Jg. (1989), S. 25–37.

Küting, Karlheinz/Kessler, Harald (1994): Eigenkapitalähnliche Mittel in der Handelsbilanz und im Überschuldungsstatus, in: BB, 49. Jg. (1994), S. 2103–2114.

Küting, Karlheinz/Kessler, Harald (2003): Kommentierung zu § 272 HGB, in: Küting, Karlheinz/Weber, Claus-Peter (Hrsg.), HdR Einzelabschluss, 5. Aufl., Stuttgart, Stand: Juli 2003 (Loseblatt).

Küting, Karlheinz/Koch, Christian (2006a): Neukonzeption der Bilanzierung von Zuwendungen der öffentlichen Hand – Die Vorschläge des IASB, in: DB, 59. Jg. (2006), S. 742–743.

Küting, Karlheinz/Koch, Christian (2006b): Öffentliche Zuwendungen im Jahresabschluss nach IFRS, in: DB, 59. Jg. (2006), S. 569–575.

Küting, Peter/Döge, Burkhardt/Pfingsten, Andreas (2006): Neukonzeption der Fair Value-Option nach IAS 39, in: KoR, 6. Jg. (2006), S. 597–612.

Laicher, Armin (1993): Zur bilanziellen Behandlung von Investitionszuschüssen und Investitionszulagen in Steuer- und Handelsbilanz, in: DStR, 31. Jg. (1993), S. 292–297.

Lang, Joachim (1986): Grundsätze ordnungsmäßiger Buchführung I und II, in: Leffson, Ulrich/Rückle, Dieter/Großfeld, Bernhard (Hrsg.), Handwörterbuch unbestimmter Rechtsbegriffe im Bilanzrecht des HGB, Köln 1986, S. 221–246.

Lang, Friedbert (2003): Kommentierung zu § 8 Abs. 3 KStG, in: Dötsch, Ewald (u.a.), Die Körperschaftsteuer, Kommentar zum KStG, UmwStG und zu den einkommensteuerrechtlichen Vorschriften der Anteilseignerbesteuerung, Stuttgart, Stand: Juni 2003 (Loseblatt).

Leffson, Ulrich (1987): Die Grundsätze ordnungsgemäßer Buchführung, 7. Aufl., Düsseldorf 1987.

Linau, Achim (2008): Gläubigerschutz durch Solvency Tests auf der Basis eines IFRS-Abschlusses, in: KoR, 8. Jg. (2008), S. 79–88.

Lorenz, Karsten (2002): Wirtschaftliche Zugehörigkeit im Bilanzrecht, Düsseldorf 2002, zugl.: Frankfurt (Main), Univ., Diss., 2001.

Löw, Edgar/Antonakopoulos, Nadine/Weiland, Thomas (2007): SFAS 157 und das IASB Discussion Paper „Fair Value Measurements", in: WPg, 60. Jg. (2007), S. 730–740.

Löw, Edgar/Lorenz, Karsten (2005): Ansatz und Bewertung von Finanzinstrumenten, in: Löw, Edgar (Hrsg.), Rechnungslegung für Banken nach IFRS, 2. Aufl., Wiesbaden 2005, S. 415–604.

Lüdenbach, Norbert/Freiberg, Jens (2007): Verdeckte Einlagen im Einzelabschluss nach IFRS, in: BB, 62. Jg. (2007), S. 1545–1550.

Lüders, Jürgen (1987): Der Zeitpunkt der Gewinnrealisierung im Handels- und Steuerbilanzrecht, Köln 1987.

Lutter, Marcus/Hommelhoff, Peter (1979): Nachrangiges Haftkapital und Unterkapitalisierung in der GmbH, in: ZGR, 8. Jg. (1979), S. 31–66.

Lutter, Marcus/Hommelhoff, Peter/Timm, Wolfram (1980): Finanzierungsmaßnahmen zur Krisenabwehr in der Aktiengesellschaft, in: BB, 35. Jg. (1980), S. 737–750.

Mathiak, Walter (1986): Rechtsprechung zum Bilanzsteuerrecht, in: StuW, 63. Jg. (1986), S. 170–179.

Mathiak, Walter (1989): Rechtsprechung zum Bilanzsteuerrecht, in: DStR, 27. Jg (1989), S. 232–237.

Mathiak, Walter (1992): Rechtsprechung zum Bilanzsteuerrecht, in: DStR, 30. Jg. (1992), S. 1601–1610.

Mayr, Gunter (2002): Anpassungsverpflichtungen: Handels- und Steuerbilanz auf Distanz, in: BB, 57. Jg. (2002), S. 2323–2329.

Meißner, Cornelius (2003): Bilanzierung von Baukostenzuschüssen bei Versorgungsunternehmen, in: DB, 56. Jg. 2003, S. 2080–2084.

Mellwig, Winfried (1983): Bilanzrechtsprechung und Betriebswirtschaftslehre, in: BB, 38. Jg. 1983, S. 1613–1620.

Mellwig, Winfried (1990): Beteiligungen an Personengesellschaften in der Handelsbilanz, in: BB, 45. Jg. (1990), S. 1162–1172.

Mellwig, Winfried (1994): Für ein bilanzzweckadäquates Teilwertverständnis, in: Ballwieser, Wolfgang/Böcking, Hans-Joachim/Drukarczyk, Reinhard H. (Hrsg.), Bilanzrecht und Kapitalmarkt, FS Adolf Moxter, Düsseldorf 1994, S. 1070–1088.

Mellwig, Winfried/Sabel, Elmar (2005): Der Grundsatz der Nichtbilanzierung schwebender Geschäfte unter den IAS/IFRS, in: DK, 4. Jg. (2005), S. 357–370.

Merkert, Hubert (1979): Der Teilwert staatlich subventionierter Wirtschaftsgüter, in: DB, 32. Jg. (1979), S. 1056–1057.

Mertens, Hans-Joachim (1992): Kapitalverlust und Überschuldung bei eigenkapitalersetzenden Darlehen, in: Moxter, Adolf u.a. (Hrsg.), Rechnungslegung – Entwicklungen bei der Bilanzierung und Prüfung von Kapitalgesellschaften, FS Karl-Heinz Forster, Düsseldorf 1992, S. 415–426.

Meyer, Dirk (1986): Drittaufwand und Leistungsfähigkeitsprinzip, in: BB, 41. Jg. (1986), S. 986–989.

Moxter, Adolf (1962): Bilanzierung und unsichere Erwartungen, in: ZfhF, 14. Jg. (1962), S. 607–632.

Moxter, Adolf (1976): Fundamentalgrundsätze ordnungsmäßiger Rechenschaft, in: Baetge, Jörg/Moxter, Adolf/Schneider, Dieter (Hrsg.), Bilanzfragen, FS Ulrich Leffson, Düsseldorf 1976, S. 87–100.

Moxter, Adolf (1977): Bilanztheorien, in: Albers, Willi u.a. (Hrsg.): HdWW, Bd. 1, Stuttgart u.a., S. 670–686.

Moxter, Adolf (1978): Über dynamische Abschreibungen, in: WPg, 31. Jg. (1978), S. 478–482.

Moxter, Adolf (1983): Wirtschaftliche Gewinnermittlung und Bilanzsteuerrecht, in: StuW, 60. Jg. (1983), S. 300–307.

Moxter, Adolf (1984a): Bilanzlehre Bd. I: Einführung in die Bilanztheorie, 3. Aufl., Wiesbaden 1984.

Moxter, Adolf (1984b): Das Realisationsprinzip – 1984 und heute, in: BB, 39. Jg. (1984), S. 1780–1786.

Moxter, Adolf (1985): Das System der handelsrechtlichen Grundsätze ordnungsmäßiger Bilanzierung, in: Gross, Gerhard (Hrsg.), Der Wirtschaftsprüfer im Schnittpunkt nationaler und internationaler Entwicklungen, FS Klaus von Wysocki, Düsseldorf 1985, S. 17–28.

Moxter, Adolf (1986): Bilanzlehre, Bd. II: Einführung in das neue Bilanzrecht, 3. Aufl., Wiesbaden 1986.

Moxter, Adolf (1987): Zum Sinn und Zweck des handelsrechtlichen Jahresabschlusses nach neuem Recht, in: Havermann, Hans (Hrsg.), in: Bilanz- und Konzernrecht, FS Reinhard Goerdeler, Düsseldorf 1987, S. 361–374.

Moxter, Adolf (1988): Periodengerechte Gewinnermittlung und Bilanz im Rechtssinne, in: Knobbe-Keuk, Brigitte/Klein, Franz/Moxter, Adolf (Hrsg.), Handelsrecht und Steuerrecht, FS Georg Döllerer, Düsseldorf 1988, S. 447–458.

Moxter, Adolf (1989a): Rückstellungen für ungewisse Verbindlichkeiten und Höchstwertprinzip, in: BB, 44. Jg. (1989), S. 945–949.

Moxter, Adolf (1989b): Zur wirtschaftlichen Betrachtungsweise im Bilanzrecht, in: StuW, 66. Jg. (1989), S. 232–241.

Moxter, Adolf (1991): Funktionales Teilwertverständnis, in: Rückle, Dieter (Hrsg.), Aktuelle Fragen der Finanzwirtschaft und der Unternehmensbesteuerung, FS Erich Loitlsberger, Wien 1991, S. 473–481.

Moxter, Adolf (1992): Zum Passivierungszeitpunkt von Umweltschutzrückstellungen, in: Moxter, Adolf u.a. (Hrsg.), Rechnungslegung – Entwicklungen bei der Bilanzierung und Prüfung von Kapitalgesellschaften, FS Karl-Heinz Forster, Düsseldorf 1992, S. 427–437.

Moxter, Adolf (1993a): Bilanzauffassungen, in: Wittmann, Waldemar u.a. (Hrsg.), HdB, Bd. 1, 5. Aufl., Stuttgart 1993, Sp. 500–510.

Moxter, Adolf (1993b): Bilanzrechtsprechung, 3. Aufl., Tübingen 1993.

Moxter, Adolf (1993c): Grundsätze ordnungsmäßiger Buchführung – ein handelsrechtliches Faktum, von der Steuerrechtsprechung festgestellt, in: Festschrift 75 Jahre Reichsfinanzhof – Bundesfinanzhof, hrsg. vom Präsidenten des Bundesfinanzhofs, Bonn 1993, S. 533–544.

Moxter, Adolf (1993d): Statische Bilanz, in: Chmielewicz, Klaus/Schweitzer, Marcell (Hrsg.), HdR, 3. Aufl., Stuttgart 1993, Sp. 1852–1859.

Moxter, Adolf (1994a): Die Helmrich-Konzeption des Bilanzrichtlinien-Gesetzes – Bedeutung und Bedrohung, in: Letzgus, Klaus u.a. (Hrsg.), Für Recht und Staat, FS Herbert Helmrich, München 1994, S. 709–719.

Moxter, Adolf (1994b): Georg Döllerers bilanzrechtliches Vermächtnis, in: StuW, 71. Jg. (1994), S. 97–102.

Moxter, Adolf (1994c): Zur Klärung der Teilwertkonzeption, in: Kirchhof, Paul/Offerhaus, Klaus/Schöberle, Horst (Hrsg.), Sonderdruck Steuerrecht, Verfassungsrecht, Finanzpolitik, FS Franz Klein, Köln 1994, S. 827–839.

Moxter, Adolf (1995a): Das „matching principle“: Zur Integration eines internationalen Rechnungslegungs-Grundsatzes in das deutsche Recht, in: Lanfermann, Josef (Hrsg.), Internationale Wirtschaftsprüfung, FS Hans Havermann, Düsseldorf 1995, S. 487–504.

Moxter, Adolf (1995b): Rückstellungskriterien im Streit, in: ZfbF, 47. Jg. (1995), S. 311–326.

Moxter, Adolf (1995c): Standort Deutschland: Zur Überlegenheit des deutschen Rechnungslegungsrechts, in: Peemöller, Volker H./Uecker, Peter (Hrsg.), Standort Deutschland. Grundsatzfragen und aktuelle Perspektiven für die Besteuerung, die Prüfung und das Controlling, FS Anton Heigl, Berlin 1995, S. 31–41.

Moxter, Adolf (1995d): Zum Verhältnis von handelsrechtlichen Grundsätzen ordnungsmäßiger Bilanzierung und True-and-fair-view-Gebot bei Kapitalgesellschaften, in: Förschle, Gerhart/Kaiser, Klaus/Moxter, Adolf (Hrsg.), Rechenschaftslegung im Wandel, FS Wolfgang Dieter Budde, München 1995, S. 419–429.

Moxter, Adolf (1997): Grundwertungen in Bilanzrechtsordnungen – ein Vergleich von überkommenem deutschen Bilanzrecht und Jahresabschlußrichtlinie, in: Budde, Wolfgang Dieter/Moxter, Adolf/ Offerhaus, Klaus (Hrsg.), Handelsbilanzen und Steuerbilanzen, FS Heinrich Beisse, Düsseldorf 1997, S. 347–361.

Moxter, Adolf (1998): Die BFH-Rechtsprechung zu Wahrscheinlichkeitsschwellen bei Schulden, in: BB, 53. Jg. (1998), S. 2464–2467.

Moxter, Adolf (2000): Rechnungslegungsmythen, in: BB, 55. Jg. (2000), S. 2143–2149.

Moxter, Adolf (2003): Grundsätze ordnungsgemäßer Rechnungslegung, Düsseldorf 2003.

Moxter, Adolf (2004): Gewinnrealisierung nach den IAS/IFRS: Erosion des HGB-Realisationsprinzips, in: ZVglRWiss, 103. Jg. (2004), S. 268–280.

Moxter, Adolf (2005): Zur Funktionsinadäquanz von Bilanzen, in: Crezelius, Georg/Hirte, Heribert/Vieweg, Klaus (Hrsg.), Gesellschaftsrecht – Rechnungslegung – Sportrecht, FS Volker Röhricht, Köln (2005), S. 1007–1014.

Moxter, Adolf (2007): Bilanzrechtsprechung, 6. Aufl., Tübingen 2007.

Moxter, Adolf /Wesner, Peter (2001): Gewinnrealisierungsprobleme in der höchstrichterlichen Rechtsprechung, in: Hommelhoff, Peter (Hrsg.), Gesellschaftsrecht – Rechnungslegung – Steuerrecht, FS Welf Müller, München 2001, S. 649–662.

Naumann, Klaus-Peter (2006): Das Spannungsverhältnis zwischen Relevanz und Verlässlichkeit in der Rechnungslegung – Ein Beitrag zur Fortentwicklung von HGB und IFRS, in: ZfB, 76. Jg. (2006), S. 25–42.

Naumann, Klaus-Peter (2007): Fortentwicklung der handelsrechtlichen Rechnungslegung und Konsequenzen für die Kapitalerhaltung, in: DK, 6. Jg. (2007), S. 422–441.

Neu, Norbert (2000): Sanierungszuschuß und Forderungsverzicht in der Bilanz des Gesellschafters, in: GmbH-StB, 89. Jg. (2000), S. 41–46.

Nieland, Hubert (1986a): Zuschüsse im Einkommensteuerrecht – Teil I: DStZ, 74. Jg. (1986), S. 183–187.

Nieland, Hubert (1986b): Zuschüsse im Einkommensteuerrecht – Teil II: DStZ, 74. Jg. (1986), S. 216–221.

Nonnenmacher, Rolf (1994): Sanierung, Insolvenz und Bilanz, in: Ballwieser, Wolfgang u. a. (Hrsg.), Bilanzrecht und Kapitalmarkt, FS Adolf Moxter, Düsseldorf 1994, S. 1313–1332.

Oestreicher, Andreas/Spengel, Christoph (1999): International Accounting Standards, Maßgeblichkeitsprinzip und Besteuerung, in: DB, 52. Jg. (1999), S. 593–600.

Oestreicher, Andreas/Spengel, Christoph (2001): Anwendung der IAS in der EU – Zukunft des Maßgeblichkeitsprinzips und Steuerbelastung, in: RiW, 47. Jg. (2001), S. 889–902.

Ordelheide, Dieter (1988): Kaufmännischer Periodengewinn als ökonomischer Gewinn – Zur Unsicherheitsrepräsentation bei der Konzeption von Erfolgsgrößen, in: Domsch, Michael u.a. (Hrsg.), Unternehmenserfolg, FS Walther Busse von Colbe, Wiesbaden 1988, S. 275–302.

Paterson, Ron (1990): Primacy for the P & L account: Have the IASC and David Solomons placed undue emphasis on the balance sheet to the detriment of the profit and loss account?, in: Accountancy, Vol. 106 (1990), August 1990, S. 80–82.

Paton, William A./Littleton, Ananias C. (1965): An Introduction to Corporate Accounting Standards, 12. Auflage, Columbus (U.S.A.) 1965.

Pellens, Bernhard/Crasselt, Nils/Sellhorn, Thorsten (2007): Solvenztest zur Ausschüttungsbemessung – Berücksichtigung unsicherer Zukunftserwartungen, in: ZfbF, 59. Jg. (2007), S. 264–283.

Pellens, Bernhard/Fülbier, Rolf Uwe/Gassen, Joachim/Sellhorn, Thorsten (2008): Internationale Rechnungslegung, 7. Aufl., Stuttgart 2008.

Perridon, Louis/Steiner, Manfred (2002): Finanzwirtschaft der Unternehmung, 11. Aufl., München 2002.

Pfitzer, Norbert/Wirth, Michael/Staß, Alexander (2008): Kommentierung zu IAS 20 – Bilanzierung und Darstellung von Zuwendungen der öffentlichen Hand (Accounting for Government Grants and Disclosure of Government Assistance), in: Baetge, Jörg u.a. (Hrsg.), Rechnungslegung nach International Accounting Standards (IAS) – Kommentar auf der Grundlage des deutschen Bilanzrechts, 2. Aufl., Stuttgart, Stand: Dezember 2008 (Loseblatt).

Pilhofer, Jochen (2002): Umsatz- und Gewinnrealisierung im internationalen Vergleich – Bilanzpolitische Gestaltungsmöglichkeiten nach HGB, US-GAAP und IFRS, Herne/Berlin 2002.

Piltz, Detlev J. Piltz (1999/2000): Verbindlichkeit versus Drohverlust – welche Rückstellungen sind noch erlaubt?, in: JbFfSt 1999/2000, S. 221–248.

Pitschas, Rainer (1999): Grundlagen und Entwicklungen des deutschen Subventionsrechts – eine kritische Zwischenbilanz, in: Stober, Rolf/Vogel Hanspeter (Hrsg.) Subventionsrecht und Subventionspolitik auf dem Prüfstand, Studien zum öffentlichen Wirtschaftsrecht, Bd. 42, Köln u.a. 1999, S. 17–40.

Preißler, Gerald (2002): „Prinzipienbasierung" der IAS?, in: DB, 55. Jg. (2002), S. 2389–2395.

Previts, Gary J./Merino, Barbara D. (1979): A History of Accountancy in America: An Historical Interpretation of the Cultural Significance of Accounting, New York u.a. 1979.

Priester, Hans-Joachim (1977): Gläubigerrücktritt zur Vermeidung der Überschuldung, in: DB, 30. Jg. (1977), S. 2429–2434.

Priester, Hans-Joachim (1991): Sind eigenkapitalersetzende Gesellschafterdarlehen Eigenkapital?, in: DB, 44. Jg. (1991), S. 1917–1924.

Radisch, Hans-Joachim (1980): Die Berücksichtigung staatlicher Zuschüsse bei der vermögensteuerlichen Bewertung von Wirtschaftsgütern, insbesondere von Seeschiffen, in: DB, 33. Jg. (1980), S. 32–37.

Raupach, Arndt (1985): Die verdeckte Nutzungseinlage in Kapitalgsellschaften, ein unbewältigtes Problem bei der Besteuerung nationaler und internationaler Konzerne?, in: Klein, Franz/Vogel, Klaus (Hrsg.), Der Bundesfinanzhof und seine Rechtsprechung – Grundfragen – Grundlagen, FS Hugo von Wallis, Bonn 1978, S. 309–326.

Rautenberg, Hans Günter/Schaufenberg, Stefan (1995): Die steuerliche Behandlung des Darlehenserlasses mit Besserungsvereinbarung, in: DB, 48. Jg. (1995), S. 1345–1353.

Rose, Gerd (1983/84): Die Rechnungsabgrenzungsposten im Lichte der neueren Rechtsprechung des Bundesfinanzhofs, in: StbJB, 35. Jg. (1983/84), S. 141–168.

Rose, Gerd (1984): Zur ertragssteuerlichen Behandlung der Fördermittel nach dem Krankenhausfinanzierungsgesetz bei privaten Krankenhausträgern, in: DB, 37. Jg. (1984), S. 2317–2321.

Rüdinger, Andreas (2004): Regelungsschärfe bei Rückstellungen, Wiesbaden 2004, zugl. Univ. Magdeburg 2004.

Ruhnke, Klaus (2008): Rechnungslegung nach IFRS und HGB: Lehrbuch zur Theorie und Praxis der Unternehmenspublizität mit Beispielen und Übungen, 2. Aufl., Stuttgart 2008.

Ruhnke, Klaus/Nerlich, Christoph (2004): Behandlung von Regelungslücken innerhalb der IFRS, in: DB, 57. Jg. (2004), S. 389–395.

Schedlbauer, Hans (1990): Kapitalanlage oder Periodenaufwand? – Die Auswirkungen ökonomischer Prinzipien und neuer Kompetenzvorgaben durch das HGB bei verdeckten Einlagen –, in: DB, 43. Jg. (1990), S. 997–1001.

Scheinpflug, Patrick (2006): Kommentierung zu § 10 Forderungen aus Lieferungen und Leistungen, in: Bohl, Werner/Riese, Joachim/Schlüter, Jörg (Hrsg.), Beck`sches IFRS-Handbuch, 2. Aufl., München u.a. 2006, S. 129–191.

Schildbach, Thomas (1987): Die neue Generalklausel für den Jahresabschluß von Kapitalgesellschaften – zur Interpretation des Paragraphen 264 Abs. 2 HGB, in: BFuP, 39. Jg. (1987), S. 1–15.

Schildbach, Thomas (1989): Maßgeblichkeit – Rechtslage und Perspektive, in: BB, 44. Jg. (1989), S. 1443–1453.

Schildbach, Thomas (2003): Prinzipienorientierung – wirksamer Schutz gegen Enronitis?, in: BFuP, 45. Jg. (2003), S. 247–266.

Schildbach, Thomas (2007): IFRS – Irre Führendes Rechnungslegungs-System – Teil 1, in: IRZ, 2. Jg. (2007), S. 9–16.

Schildknecht, Urs (2005): Passivierungsverbote nach Rangrücktrittsvereinbarungen, in: DStR, 43, Jg. (2005), S. 181–184.

Schlüter, Martin (2007): Kommentierung zu § 397 BGB, in: Säcker, Jürgen/Rixecker, Roland (Hrsg.), Münchner Kommentar zum BGB, Bd. 2, Schuldrecht Allgemeiner Teil, 5. Aufl., München 2007.

Schmalenbach, Eugen (1908/09): Die Abschreibung, in: ZfhF, 3. Jg. (1908/09), S. 81–88.

Schmalenbach, Eugen (1919): Grundlagen dynamischer Bilanzlehre, in: ZfhF, 13. Jg. (1919), S. 1–101.

Schmalenbach, Eugen (1962): Dynamische Bilanz, 13. Aufl., Köln/Opladen 1962.

Schmidt, Karsten (1987): Quasi-Eigenkapital als haftungsrechtliches und als bilanzrechtliches Problem, in: Havermann, Hans (Hrsg.), Bilanz- und Konzernrecht, FS Reinhard Goerdeler, Düsseldorf 1987, S. 487–509.

Schmidt, Karsten (1999): Eigenkapital und Überschuldungsfeststellung – Ein Diskussionsbeitrag gegen Fehlschlüsse aus der Insolvenzordnung, in: GmbHR, 90. Jg. (1999), S. 9–15.

Schmidt, Karsten (2008): Entbehrlicher Rangrücktritt im Recht der Gesellschafterdarlehen? – Kritik an § 19 Abs. 2 E-InsO im MoMiG-Entwurf, in: BB, 61. Jg. (2008), S. 461–463.

Schmidt, Wilfried/Meyer, Volker (1975): Bilanzausweis der Leistungen bei langfristiger Fertigung, in: DB, 28. Jg. (1975), S. 68–71.

Schön, Wolfgang (1994): Der Bundesfinanzhof und die Rückstellungen, in: BB, 49. Jg. (1994), Beilage 9.

Schön, Wolfgang (2004): Kompetenzen der Gerichte zur Auslegung von IAS/IFRS, in: BB, 59. Jg. (2004), S. 763–768.

Schreiber, Jochem (2007): Kommentierung zu § 5 EStG, in: Heuermann, Bernd (Hrsg.), Blümich, ESt, KSt, GewSt, Kommentar, Bd. 1, München, Stand: April 2007 (Loseblatt).

Schruff, Lothar (1976): Zur Bilanzierung latenter Verpflichtungen aus Besserungsscheinen, in: Baetge, Jörg/Moxter, Adolf/Schneider, Dieter (Hrsg.), Bilanzfragen, FS Ulrich Leffson, Düsseldorf 1976, S. 151–164.

Schruff, Lothar/Paarz, Roland (2008), Zuwendungen der öffentlichen Hand, in: Ballwieser, Wolfgang/Beine, Frank/Hayn, Sven/Peemöller, Volker H./Schruff, Lothar/Weber, Claus-Peter (Hrsg.), Wiley-Kommentar zur internationalen Rechnungslegung nach IFRS 2008, 4. Aufl., Weinheim 2008, S. 1159–1178.

Schulte-Groß, Horst (1971): Zur Behandlung erhaltener Investitionszuschüsse im Jahresabschluß, in: WPg, 24. Jg. (1971), S. 155–159.

Schulze-Osterloh, Joachim (1996): Rangrücktritt, Besserungsschein, eigenkapitalersetzende Darlehen, in: WPg, 49. Jg., S. 97–106.

Schulze-Osterloh, Joachim (2004): Internationalisierung der Rechnungslegung und ihre Auswirkungen auf die Grundprinzipien des deutschen Rechts, in: DK, 2. Jg. (2004), S. 173–177.

Schulze Osthoff, Hermann-J. (2006): Kommentierung zu § 14 Übrige Schulden, in: Bohl, Werner/Riese, Joachim/Schlüter, Jörg (Hrsg.), Beck'sches IFRS-Handbuch, 2. Aufl., München u.a. 2006.

Selchert, Friedrich W. (1990): Das Realisationsprinzip – Teilgewinnrealisierung bei langfristiger Fertigung, in: DB, 43. Jg. (1990), S. 797–805.

Selchert, Friedrich W. (2002): Kommentierung des § 252, in: Küting, Karlheinz/Weber, Claus-Peter (Hrsg.), HdR Einzelabschluss, 5. Aufl., Stuttgart, Stand: November 2002 (Loseblatt).

Sessar, Christopher (2007): Grundsätze ordnungsmäßiger Gewinnrealisierung im deutschen Bilanzrecht, Düsseldorf 2007.

Siegel, Theodor (1992): Metamorphosen des Realisationsprinzips?, in: Moxter, Adolf u. a. (Hrsg.), Rechnungslegung – Entwicklungen bei der Bilanzierung und Prüfung von Kapitalgesellschaften, FS Karl-Heinz Forster, Düsseldorf 1992, S. 585–605.

Siegel, Theodor (1994): Das Realisationsprinzip als allgemeines Periodisierungsprinzip?, in: BFuP, 46. Jg. (1994), S. 1–24.

Siepe, Günter (1992): Darf ein ertragsteuerlicher Teilwertansatz den handelsrechtlich gebotenen Wertansatz überschreiten?, in: Moxter, Adolf u.a (Hrsg.), Rechnungslegung – Entwicklungen bei der Bilanzierung und Prüfung von Kapitalgesellschaften, FS Karl-Heinz Forster, Düsseldorf 1992, S. 608–624.

Simon, Herman Veit (1886): Die Bilanzen der Aktiengesellschaften und der Kommanditgesellschaften auf Aktien, Berlin 1886.

Simon, Herman Veit (1899): Die Bilanzen der Aktiengesellschaften und der Kommanditgesellschaften auf Aktien, 3. Aufl., Berlin 1899.

Sinewe, Patrick (2006): Neue Entwicklungen zur steuerlichen Behandlung von qualifizierten Rangrücktrittsvereinbarungen, in: StB, Jg. (2006), S. 94–95.

Stober, Rolf (1996): Rechtliche Rahmenbedingungen der Wirtschaftsförderung, in: BB, 51. Jg. (1996), S. 1845–1854.

Stober, Rolf (1998): Besonderes Wirtschaftsverwaltungsrecht, 11. Aufl., Stuttgart u.a. 1998.

Stober, Rolf (1999): Wege aus dem Subventionschaos, in: Stober, Rolf/Vogel Hanspeter (Hrsg.), Subventionsrecht und Subventionspolitik auf dem Prüfstand, Studien zum öffentlichen Wirtschaftsrecht, Bd. 42, Köln u.a. 1999, S. 5–16.

Streim, Hannes (2000): Die Vermittlung von entscheidungsnützlichen Informationen durch Bilanz und GuV – Ein nicht einlösbares Versprechen der internationalen Standardsetter, in: BFuP, 59. Jg. (2002), S. 111–131.

Streim, Hannes/Bieker, Marcus/Leippe, Britta (2001): Anmerkungen zur theoretischen Fundierung der Rechnungslegung nach International Accounting Standards, in: Schmidt, Hartmut/Ketzel, Eberhart/Prigge, Stefan (Hrgs.),Wolfgang Stützel. Moderne Konzepte für Finanzmärkte, Beschäftigung und Wirtschaftsverfassung, Tübingen 2001, S. 177–206.

Strobl, Elisabeth (1994): Matching Principle und deutsches Bilanzrecht, in: Ballwieser, Wolfgang u. a. (Hrsg.), Bilanzrecht und Kapitalmarkt, FS Adolf Moxter, Düsseldorf 1994, S. 407–432.

Stützel, Wolfgang (1967): Bemerkungen zur Bilanztheorie, in: ZfB, 37. Jg. (1967), S. 314–340.

Suchanek, Markus/Hagedorn, Sonja (2004): Passivierung von Rangrücktrittsverbindlichkeiten, in: FR, 59. Jg. (2004), S. 451–457.

Tertel, Hans-Joachim (1990): Zur Behandlung öffentlicher Investitionszuschüsse und Investitionszulagen im Jahresabschluss einer Kapitalgesellschaft – IdW-Stellungnahme HFA 1/1984 richtungsweisend? (Teil I), in: DStR, 28. Jg. (1990), S. 17–25.

Teschke, Manuel (2006): Der Begriff der voraussichtlich dauernden Wertminderung bei der Teilwertabschreibung, in: DStZ, 94. Jg. (2006), S. 661–665.

Thiel, Jochen (1992): Im Grenzbereich zwischen Eigen- und Fremdkapital – Ein Streifzug durch die ertragsteuerrechtlichen Probleme der Gesellschafter-Fremdfinanzierung, in: GmbHR, 83. Jg. (1992), S. 20–29.

Thoms-Meyer, Dirk (2007): Gesellschafterdarlehen in der Krise der GmbH, in: Kirsch, Hans-Jürgen/Thiele, Stefan (Hrsg.), Rechnungslegung und Wirtschaftsprüfung, FS Jörg Baetge, Düsseldorf 2007, S. 644–678.

Tiedchen, Susanne (2006): Posten der aktiven und passiven Rechnungsabgrenzung, in: von Wysocki, Klaus u. a. (Hrsg.), HdJ, Abt. III/11, Köln, Stand: Februar 2006 (Loseblatt).

Tipke, Klaus/Lang, Joachim (2008): Steuerrecht, 19. Aufl., Köln 2008.

Tjaden, Wilhelm (1985): Bilanzierungsfragen bei Zuwendungen der öffentlichen Hand – Zur Einführung der Stellungnahme HFA 1/1984, in: WPg, 38. Jg. (1985), S. 33–44.

Tubbessing, Günter (1967): Zur Bilanzierung erhaltener Zuschüsse zu Investitionen, in: WPg, 20. Jg. (1967), S. 203–210.

Uhländer, Christoph (2005): Eigenkapitalersetzende Darlehen im Steuer- und Gesellschaftsrecht – ein systematischer Überblick, in: BB, 60. Jg. (2005), S. 70–76.

Uhlig, Annegret (1989): Grundsätze ordnungsmäßiger Bilanzierung für Zuschüsse: Zur Konkretisierung von Grundsätzen ordnungsmäßiger Buchführung für Zuschüsse, Zulagen, Prämien und Beihilfen des Bundes und der Länder, Düsseldorf 1989.

Unverdorben, Reinhild (1987): Die ertragsteuerliche und bewertungsrechtliche Behandlung öffentlicher Zuschüsse, Bonn 1987.

von Zwehl, Wolfgang (1970): Zuschüsse im Jahresabschluss, in: WPg, 23. Jg. (1970), S. 4–13.

Wagenhofer, Alfred (2006): Fair Value-Bewertung im IFRS-Abschluss und Bilanzanalyse, in: IRZ, 1. Jg. (2006), S. 31–37.

Wassermeyer, Franz (1983): Der Nießbrauch im Einkommensteuerrecht, in: FR, 65. Jg. (1983), S. 157–164.

Watermeyer, H. J. (2004): Aktuelle Entwicklungen zum Rangrücktritt – Neue Fragen aus dem BMF-Schreiben vom 18.8.2004, in: GmbHStB, 93. Jg. (2004), S. 369–374.

Watermeyer, H. J. (2006): BFH entscheidet zum qualifizierten Rangrücktritt, in: GmbHR, 97. Jg. (2006), S. 240–243.

Wawrzinek, Wolfgang (2006): Kommentierung zu § 3 Ansatz von Finanzinstrumenten, in: Bohl, Werner/Riese, Joachim/Schlüter, Jörg (Hrsg.), Beck`sches IFRS–Handbuch, 2. Aufl., München u.a. 2006, S. 739–774.

Weber-Grellet, Heinrich (1994): Handelsrechtliche Bewertungswahlrechte in der Steuerbilanz, in: DB, 47. Jg. (1994), S. 2405–2410.

Weber-Grellet, Heinrich (1995): Verzicht und Einlage – Anmerkungen zu dem BFH-Beschluß vom 27. Juli 1994, in: BB, 50. Jg. (1995), S. 243–246.

Weber-Grellet, Heinrich (1996): Realisationsprinzip und Rückstellungen unter Berücksichtigung der neueren Rechtsprechung, in: DStR, 34. Jg. (1996), S. 896–908.

Wellisch, Dietmar (2002): Besteuerung von Erträgen, München 2002.

Werndl, Josef (1988): Kommentierung zu § 7 EStG, in: Kirchhof, Paul/Söhn, Hartmut/Mellinghoff, Rudolf (Hrsg.), EStG, Kommentar, Bd. 7, Heidelberg, Stand: Mai 1988 (Loseblatt).

Werndl, Josef (2006): Kommentierung zu § 6 EStG, in: Kirchhof, Paul/Söhn, Hartmut/Mellinghoff, Rudolf (Hrsg.), EStG, Kommentar, Bd. 6, Heidelberg, Stand: März 2006 (Loseblatt)

Westerburg, Justus/Schween, Dirk (2006): Rangrücktrittsvereinbarungen für Gesellschafterdarlehen bei der GmbH – Entwicklung zu mehr Rechtssicherheit, in: BB, 61. Jg. (2006), S. 501–506.

Whittington, Geoffrey (2008): Fair Value and the IASB/FASB Conceptual Framework Project: An alternativ view, in: ABACUS, Vol. 44 (2008), S. 139–168.

Wich, Stefam (2009): Entfernungsverpflichtungen in der kapitalmarktorientierten Rechnungslegung der IFRS, Wiesbaden 2009, zugl.: Frankfurt (Main), Univ., Diss., 2009.

Wichmann, Gerd (1992): Herstellung von Beteiligungen, in: BB, 47. Jg. (1992), S. 1241–1243.

Wilhelm, Jan (1978): Die Vermögensbindung bei der Aktiengesellschaft und der GmbH und das Problem der Unterkapitalisierung, in: Jakobs, Horst Heinrich u.a. (Hrsg.), FS Werner Flume, Bd. II, Köln 1978, S. 337–397.

Winnefeld, Robert (2006): Bilanzhandbuch, 4. Auflage, München 2006.

Wittig, Arne (2003): Sanierungsbeiträge der Kreditinstitute, in: Uhlenbruck, Wilhelm/Schmidt, Karsten (Hrsg.), Die GmbH in Krise, Sanierung und Insolvenz, 3. Aufl., Köln 2003.

Woerner, Lothar (1976): Das Verhältnis von Handels- und Steuerbilanz bei Inanspruchnahme subventioneller Steuervergünstigungen, in: BB, 31. Jg. (1976), S. 1569–1573.

Woerner, Lothar (1984): Grundsatzfragen zur Bilanzierung schwebender Geschäfte, in: FR, 66. Jg. (1984), S. 489–496.

Woerner, Lothar (1988): Die Gewinnrealisierung bei schwebenden Geschäften, in: BB, 43. Jg. (1988), S. 769–777.

Woerner, Lothar (1989): Der schwebende Vertrag im Gefüge der Grundsätze ordnungsmäßiger Bilanzierung – Vollständigkeitsgebot, Vorsichtsprinzip, Realisationsprinzip, in: Mellwig, Winfried/Moxter, Adolf/Ordelheide, Dieter (Hrsg.), Handelsbilanz und Steuerbilanz, Beiträge zum neuen Bilanzrecht, Bd. 2, Wiesbaden 1989, S. 33–55.

Wollmert, Peter/Achleiter, Ann-Kristin (1997): Konzeptionelle Grundlagen der IAS-Rechnungslegung (Teil I), in: WPg, 50. Jg. (1997), S. 209–222.

Wulf, Martin/Scheffbuch, Daniel (2000): Bilanzierung von Werkzeugkostenbeiträgen in der Automobilindustrie – Zugleich Anmerkung zum Urteil des Hessischen FG vom 22.6.1999, 4 K 3955/96 und 4 K 5148/96 –, in: DStR, 30. Jg. (2000), S. 1884–1888.

Wüstemann, Jens (1995): Funktionale Interpretation des Imparitätsprinzips, in: ZfbF, 47. Jg. (1995), S. 1029–1043.

Wüstemann, Jens (1999): Generally Accepted Accounting Principles. Zur Bedeutung und Systembildung der Rechnungslegungsregeln der USA, Berlin 1999.

Wüstemann, Jens (2007): Bilanzierung case by case – Lösungen nach HGB und IFRS, 2. Aufl., Frankfurt 2007.

Wüstemann, Jens/Bischof, Janis (2006): Der Grundsatz der Fair-Value-Bewertung von Schulden nach IFRS: Zweck, Inhalte und Grenzen, in: Krawitz, Norbert (Hrsg.), Rechnungslegung nach internationalen Grundsätzen, ZfB, 76. Jg. (2006), Special Issue 6/2006, S. 77–110.

Wüstemann, Jens/Bischof, Jannis/Kierzek, Sonja (2007): International Financial Reporting Standards: Bedeutung und Systembildung der internationalen Rechnungslegungsregeln, in: von Wysocki, Klaus u.a. (Hrsg.), HdJ, Abt. I/3, Köln, Stand: Juni 2007 (Loseblatt).

Wüstemann, Jens/Kierzek, Sonja (2005a): Ertragsvereinnahmung im neuen Referenzrahmen von IASB und FASB – internationaler Abschied vom Realisationsprinzip, in: BB, 60. Jg. (2005), S. 427–436.

Wüstemann, Jens/Kierzek, Sonja (2005b): Ertragsvereinnahmung im neuen Referenzrahmen von IASB und FASB – Update zu BB 2005, 427ff., in: BB, 60. Jg. (2005), S. 2799–2802.

Wüstemann, Jens/Kierzek, Sonja (2005c): Revenue Recognition under IFRS Revisited: Conceptual Models, Current Proposals and Practical Consequences, in: AiE, Vol. 2 (2005), S. 69–106.

Wüstemann, Jens/Kierzek, Sonja (2006): Das Projekt „Revenue Recognition" von FASB und IASB – Notwendigkeit, Vorschläge und Bewertung möglicher Neufassungen von IAS 18 und IAS 11, in: Küting, Karlheinz/Pfitzer, Norbert/Weber, Claus-Weber (Hrsg.), Internationale Rechnungslegung: Standortbestimmung und Zukunftsperspektiven, Stuttgart 2006, S. 245–279.

Wüstemann, Jens/Kierzek, Sonja (2007a): IFRS als neues Bilanzrecht für den Mittelstand? – Bilanztheoretische Erkenntnisse und Würdigung der IFRS in ihrem Lichte, in: BFuP, 59. Jg. (2007), S. 358–375.

Wüstemann, Jens/Kierzek, Sonja (2007b): Normative Bilanztheorie und Grundsätze ordnungsmäßiger Gewinnrealisierung für Mehrkomponentenverträge, in: ZfbF, 59. Jg. (2007), S. 882–892.

Wüstemann, Jens/Wüstemann, Sonja/Neumann, Simone (2008): Kommentierung zu IAS 18 – Erträge (Revenue), in: Baetge, Jörg u.a. (Hrsg.), Rechnungslegung nach International Accounting Standards (IAS) – Kommentar auf der Grundlage des deutschen Bilanzrechts, 2. Aufl., Stuttgart, Stand: August 2008 (Loseblatt).

Zdrowomyslav, Norbert/Quilitz, Rico/Wettig, Lars (1999): Subventionsfinanzierung und Subventionsmanagement – Abgrenzungs-, Systematisierungs- und Bilanzierungsaspekte (II), in: BuW, 53. Jg. (1999), S. 601–605.

Zeitler, Franz–Christoph (2003): Rechnungslegung und Rechtsstaat – Übernahme der IAS oder Reform des HGB? –, in: DB, 56. Jg. (2003), S. 1529–1534.

Zülch, Henning (2007): Die Reformation der Ertragsrealisation in der internatonalen Rechnungslegung – eine Herausforderung für Rechnungslegung und Prüfung, in: Kirsch, Hans-Jürgen/Thiele, Stefan (Hrsg.), Rechnungslegung und Wirtschaftsprüfung, FS Jörg Baetge, Düsseldorf 2007, S. 783–807.

Zülch, Henning/Fischer, Daniel/Willms, Jesco (2006): Die Neugestaltung der Ertragsrealisation nach IFRS im Lichte der „Asset-Liability-Theorie“, in: KoR, 6. Jg. (2006), S. 1–23.

Zülch, Henning/Gebhardt, Ronny (2007): SFAS 157 und IASB Discussion Paper: aktuelle Entwicklungen auf dem Gebiet der Fair-Value-Bewertung, in: BB, 62. Jg. (2007), S. 147–152.

Verzeichnis der zitierten Rechtsprechung

Entscheidungen des Reichsfinanzhofes (RFH)

RFH-Urteil	07.05.1920	I A 302/19	RFHE 3, 22
RFH-Urteil	25.03.1925	VI A 67-69/25	RStBl 1925, 166
RFH-Urteil	21.09.1927	VI A 383/27	RStBl 1927, 240
RFH-Urteil	14.03.1928	VI A 54/28	RStBl 1928, 182
RFH-Urteil	21.10.1931	VI A 2002/29	RStBl 1932, 305 RFHE 30, 142
RFH-Urteil	23.06.1933	VI A 28/31	RStBl 1933, 1143
RFH-Urteil	21.12.1933	I A 309/32	RStBl 1934, 394 RFHE 3, 22
RFH-Urteil	14.02.1934	VI A 1949/32	RStBl 1934, 606 RFHE 35, 245
RFH-Urteil	11.02.1941	I 451/40	RStBl 1941, 268 RFHE 50, 59
RFH-Urteil	08.07.1943	III 22/42	RStBl 1943, 669 RFHE 53, 195

Entscheidungen des Bundesfinanzhofes (BFH) und der Finanzgerichte

BFH-Urteil	06.10.1953	I 55/53 U	BStBl III 1953, 315. BFHE 58/61
BFH-Urteil	13.08.1957	I 18/57 U	BStBl III 1957, 349 BFHE 65, 304
BFH-Urteil	28.01.1960	IV 226/58 S	BStBl III 1960, 291 BFHE 71, 111
BFH-Urteil	04.09.1962	I 198/61 U	BStBl III 1963, 7 BFHE 76/14
BFH-Urteil	20.11.1962	I 242/61 U	BStBl III 1963, 113 BFHE 76/307
BFH-Urteil	04.12.1962	VI 308/61 S	BStBl III 1963, 120 BFHE 76, 329
BFH-Urteil	24.07.1964	VI 289/63 U	BStBl III 1964, 554 BFHE 80, 220
BFH-Urteil	20.05.1965	IV 49/65 U	BStBl III 1965, 503 BFHE 83, 5

BFH-Urteil	26.05.1965	I 84/63 U	BStBl III 1965, 480 BFHE 82, 645
BFH-Urteil	04.11.1965	IV 228/63 U	BStBl III 1966, 167 BFHE 84, 459
BFH-Urteil	12.05.1966	IV 472/60	BStBl III 1966, 371 BFHE 86, 118
BFH-Urteil	02.02.1967	IV 246/64	BStBl III 1967, 366 BFHE 88, 237
BFH-Urteil	31.05.1967	I 208/63	BStBl III 1967, 607 BFHE 89, 191
BFH-Urteil	29.05.1968	I 187/65	BStBl II 1968, 722 BFHE 93, 62
BFH-Urteil	17.10.1968	IV 84/65	BStBl II 1969, 180 BFHE 94, 369
BFH-Urteil	27.11.1968	I 104/65	BStBl II 1969, 296 BFHE 95, 37
BFH-Beschluss	03.02.1969	GrS 2/68	BStBl II 1969, 291 BFHE 95, 31
BFH-Urteil	12.03.1969	I 97/65	BStBl II 1969, 381 BFHE 95, 178
BFH-Urteil	24.06.1969	I R 15/68	BStBl II 1969, 581 BFHE 96, 101
BFH-Urteil	23.09.1969	I R 22/66	BStBl II 1970, 104 BFHE 97/164
BFH-Urteil	19.02.1970	I R 24/67	BStBl II 1970, 442 BFHE 98, 254
BFH-Urteil	16.09.1970	I R 184/67	BStBl II 1971, 85 BFHE 100, 443
BFH-Urteil	19.01.1972	I 114/65	BStBl II 1972, 392 BFHE 104, 422
BFH-Urteil	19.10.1972	I R 244/70	BStBl II 1973, 54 BFHE 107, 214
BFH-Urteil	02.03.1973	III R 88/69	BStBl II 1973, 475 BFHE 109, 63
BFH-Urteil	20.07.1973	III R 100-101/72	BStBl II 1973, 794 BFHE 110, 203

BFH-Urteil	29.11.1973	IV R 181/71	BStBl II 1974, 202 BFHE 111, 89
BFH-Urteil	17.07.1974	I R 195/72	BStBl II 1974, 684 BFHE 113, 115
BFH-Urteil	26.02.1975	I R 72/73	BStBl II 1976, 13 BFHE 115, 243
BFH-Urteil	05.05.1976	I R 121/74	BStBl II 1976, 541 BFHE 119, 59
BFH-Urteil	26.05.1976	I R 80/74	BStBl II 1976, 622 BFHE 119, 261
BFH-Urteil	26.01.1977	I R 101/75	BStBl II 1977, 441 BFHE 121, 425
BFH-Urteil	23.02.1977	I R 104/75	BStBl II 1977, 392 BFHE 121, 350
BFH-Urteil	26.10.1977	I R 148/75	BStBl II 1978, 97 BFHE 123, 547
BFH-Urteil	17.01.1978	VIII R 31/75	BStBl II 1978, 335 BFHE 124, 441
BFH-Urteil	08.11.1979	IV R 145/77	BStBl II 1980, 146 BFHE 129, 260
BFH-Urteil	20.03.1980	IV R 89/79	BStBl II 1980, 297 BFHE 130, 165
BFH-Urteil	18.06.1980	I R 72/76	BStBl II 1980, 741 BFHE 131, 303
BFH-Urteil	17.07.1980	IV R 10/76	BStBl II 1981, 669 BFHE 133, 363
BFH-Urteil	28.10.1980	VIII R 34/76	BStBl II 1981, 161 BFHE 132, 41
BFH-Urteil	10.11.1980	GrS 1/79	BStBl II 1981, 164 BFHE 132, 244
BFH-Urteil	08.05.1981	III R 109/76	BStBl II 1981, 700 BFHE 133, 572
BFH-Urteil	08.05.1981	III R 26/79	BStBl II 1981, 702 BFHE 133, 567
BFH-Urteil	08.05.1981	III R 33/79	BStBl II 1981, 705 BFHE 134, 39

BFH-Urteil	24.03.1982	IV R 96/78	BStBl II 1982, 643 BFHE 135, 483
BFH-Urteil	29.04.1982	IV R 177/78	BStBl II 1982, 591 BFHE 136, 90
BFH-Urteil	22.07.1982	IV R 111/79	BStBl II 1982, 655 BFHE 136, 266
BFH-Urteil	12.08.1982	IV R 184/79	BStBl II 1982, 696 BFHE 136, 280
BFH-Urteil	03.11.1982	I B 23/82	BStBl II 1983, 132 BFHE 137, 38
BFH-Urteil	03.05.1983	VIII R 100/81	BStBl II 1983, 572 BFHE 138, 443
BFH-Urteil	24.08.1983	I R 16/79	BStBl II 1984, 273 BFHE 140, 167
BFH-Urteil	05.04.1984	IV R 96/82	BStBl II 1984, 552 BFHE 141, 31
BFH-Urteil	24.05.1984	I R 166/78	BStBl II 1984, 747 BFHE 141, 176
BFH-Urteil	01.08.1984	I R 88/80	BStBl II 1985, 44 BFHE 142, 226
BFH-Urteil	22.08.1984	I R 198/80	BStBl II 1985, 126 BFHE 142, 370
BFH-Urteil	13.09.1984	IV R 101/82	BStBl II 1985, 49 BFHE 142, 247
BFH-Urteil	14.11.1984	I R 50/80	BStBl II 1985, 227 BFHE 142, 453
BFH-Urteil	10.10.1985	IV B 30/85	BStBl II 1986, 68 BFHE 144, 395
BFH-Urteil	14.11.1985	IV R 170/83	BStBl II 1986, 60 BFHE 145, 67
BFH-Beschluss	11.12.1985	I B 49/85	BHF/NV 1986, 595
BFH-Urteil	25.02.1986	VIII R 134/80	BStBl II 1986, 788 BFHE 147, 8
BFH-Urteil	27.02.1986	IV R 52/83	BStBl II 1986, 552 BFHE 146, 383

BFH-Urteil	13.06.1986	III R 178/82	BStBl II 1986, 841 BFHE 147, 241
BFH-Urteil	24.02.1987	IX R 114/82	BStBl II 1987, 810 BFHE 149, 233
BFH-Urteil	19.05.1987	VIII R 327/83	BStBl II 1987, 848 BFHE 150, 140
BFH-Urteil	17.09.1987	III R 201-202/84	BStBl II 1988, 488 BFHE 152, 221
BFH-Urteil	26.10.1987	GrS 2/86	BStBl II 1988, 348 BFHE 151, 523
BFH-Urteil	20.05.1988	III R 151/86	BStBl 1989, 269 BFHE 153, 566
BFH-Urteil	14.07.1988	IV R 78/85	BStBl II 1989, 189 BFHE 154, 212
BFH-Urteil	27.07.1988	I R 104/84	BStBl II 1989, 274 BFHE 155, 56
BFH-Urteil	22.11.1988	VIII R 62/85	BStBl II 1989, 359 BFHE 155, 322
BFH-Urteil	28.04.1989	III R 4/87	BStBl II 1989, 618 BFHE 156, 497
BFH-Urteil	25.08.1989	III R 95/87	BStBl II 1989, 893 BFHE 158, 58
BFH-Urteil	14.02.1990	II R 29/87	BStBl II 1990, 459 BFHE 159, 551
BFH-Urteil	11.04.1990	I R 63/86	BFHE 160, 323 BB 1990, 1524
BFH-Urteil	16.05.1990	I R 96/88	BStBl II 1990, 797 BFHE 160, 554
BFH-Urteil	30.05.1990	I R 41/87	BStBl II 1991, 588 BFHE 161, 87
BFH-Beschluss	21.06.1990	IV B 100/89	BStBl II 1990, 980 BFHE 161, 120
BFH-Urteil	29.11.1990	IV R 131/89	BStBl II 1992, 715 BFHE 168, 24
BFH-Urteil	18.12.1990	VIII R 158/86	BFH/NV 1992, 15 BB 1992, 401

BFH-Urteil	26.03.1991	IX R 104/86	BStBl II 1992, 999 BFHE 164, 263
BFH-Urteil	22.01.1992	X R 23/89	BStBl II 1992, 488 BFHE 167, 69
BFH-Urteil	26.08.1992	I R 24/91	BStBl II 1992, 977 BFHE 169/163
BFH-Urteil	30.03.1993	IV R 57/91	BStBl II 1993, 502 BFHE 170, 449
BFH-Urteil	06.04.1993	VIII R 86/91	BStBl II 1993, 709 BFHE 171, 221
BFH-Urteil	15.04.1993	IV R 75/91	BFHE 171, 434 BB 1993, 1912
BFH-Urteil	26.11.1993	VI R 3/92	BStBl II 1994, 242 BFHE 173, 69
BFH-Urteil	09.12.1993	IV R 130/91	BStBl II 1995, 202 BFHE 173, 393
BFH-Urteil	25.10.1994	VIII R 65/91	BStBl II 1995, 312 BFHE 176, 359
BFH-Urteil	23.03.1995	IV R 58/94	BStBl II 1995, 702 BFHE 177, 385
BFH-Urteil	19.07.1995	I R 56/94	BStBl II 1996, 28 BFHE 179, 19
BFH-Urteil	20.09.1995	X R 225/93	BStBl II 1997, 320 BFHE 178, 434
BFH-Urteil	24.07.1996	I R 41/93	BStBl II 1996, 614 BFHE 181, 53
BFH-Beschluss	09.06.1997	GrS 1/94	BStBl II 1998, 307 BFHE 183, 187
BFH-Urteil	03.07.1997	I V R 49/96	BStBl II 1998, 244 BFHE 183, 513
BFH-Urteil	17.12.1998	IV R 21/97	BStBl II 2000, 116 BFHE 187, 552
BFH-Urteil	04.02.1999	IV R 54/97	BStBl II 2000, 139 BFHE 187, 418
BFH-Urteil	27.04.2000	I R 58/99	BStBl II 2001, 168 BFHE 192, 428

BFH-Urteil	29.11.2002	I R 87/99	BStBl II 2002, 655 BFHE 194, 57
BFH-Urteil	05.06.2003	IV R 56/01	BStBl II 2003, 801 BFHE 202, 343
BFH-Urteil	28.04.2004	I R 20/03	BFH/NV 2005, 19 GmbHR 2004, 1484
BFH-Urteil	20.10.2004	I R 11/03	BStBl II 2005, 581
BFH-Urteil	10.11.2005	IV R 13/04	BStBl II 2006, 618 DB 2006, 308
OFD Rheinland	03.03.2006	S 2137–1005–St 1	DB 2006, 586
OFD Hannover	07.08.2006	S 2741–222–StO 241	DB 2006, 2038
Urteil des FG Niedersachsen	22.01.1985	II 178/83	EFG 1985, 595
Urteil des FG Baden-Württember	03.05.1991	I K 139/98	WPg 1991, 750
BVerwG-Urteil	26.04.1979	3 C 111/79	BVerwGE, 58, 45
BVerwG-Urteil	08.04.1997	3 C 6/95	BVerwGE 104, 220

Entscheidungen des Bundesgerichtshofes (BGH)

BGH-Urteil	31.10.1978	KZR 5/77	BB 1979, 387 DB 1979, 540
BGH-Urteil	09.02.1987	II ZR 104/86	BB 1987, 728 DB 1987, 979
BGH-Urteil	21.03.1988	II ZR 238/87	BGHZ 104, 33 BB 1988, 1084
BGH-Urteil	08.01.2001	II ZR 88/99	BGHZ 146, 264 BB 2001, 430

Verzeichnis der zitierten Rechtsnormen, Gesetzesmaterialien und ähnlicher Dokumente

Gesetze/Verordnungen

Norm		Vom	Fundstelle
AktG	Aktiengesetz	6. September 1965	BGBl. I S. 1089.
BGB	Bürgerliches Gesetzbuch	18. August 1896 (i.d.F. vom 2. Januar 2002)	RGBl. 1896, S. 195
BHO	Bundeshaushaltsordnung	19. August 1969	BGBl. I S. 1284
EigBGes	Eigenbetriebsgesetz (Landesnorm Hessen)	9. Juni 1989	GVBl. I 1989, 154
EnWG	Gesetz über die Elektrizitäts- und Gasversorgung (Energiewirtschaftsgesetz)	7. Juli 2005	BGBl. I S. 1970 (3621)
EStG	Einkommensteuergesetz	16. Oktober 1934 (i.d.F. der Bekanntmachung vom 19. Oktober 2002)	BGBl. I S. 1938
EStR	Einkommensteuer-Richtlinien 2005	16. Dezember 2005	BStBl. I Sondernummer 1/2005 S. 3
GasNEV	Verordnung über die Entgelte für den Zugang zu Gasversorgungsnetzen (Gasnetzentgeltverordnung)	25. Juli 2005	BGBl. I S. 2197

GRWG	Gesetz über die Gemeinschaftsaufgabe „Verbesserung der regionalen Wirtschaftsstruktur" (GRW-Gesetz)	6. Oktober 1969	BGBl. I S. 1861
GmbHG	Gesetz betreffend die Gesellschaften mit beschränkter Haftung	20. April 1982 (i.d.F. der Bekanntmachung vom 19. April 2007)	BGBl. I S. 542
HGB	Handelsgesetzbuch	10. Mai 1897 (i.d.F. der Bekanntmachung vom 21. Dezember 2007)	BGBl. I S.3089
HGrG	Gesetz über die Grundsätze des Haushaltsrechts des Bundes und der Länder (Haushaltsgrundsätzegesetz)	19. August 1969	BGBl. I S. 1273
InsO	Insolvenzordnung	5. Oktober 1994	BGBl. I S. 2866
InvZulG	Gesetz zur Schaffung einer Nachfolgeregelung und Änderung des Investitionszulagengesetzes 2007	7. Dezember 2008	BGBl. I S. 2350
MoMiG	Gesetz zur Modernisierung des GmbH-Rechts und zur Bekämpfung von Missbräuchen	23. Oktober 2008	BGBl. I S. 2026
StabG	Gesetz zur Förderung der Stabilität und des Wachstums der Wirtschaft	8. Juni 1967	BGBl. I S. 582

StGB	Strafgesetzbuch	13. November 1998	BGBl. I S. 3322
StromNEV	Verordnung über die Entgelte für den Zugang zu Elektrizitätsversorgungsnetzen (Stromnetzentgeltverordnung)	25. Juli 2005	BGBl. I S. 2225
VwVfG	Verwaltungsverfahrensgesetz (VwVfG)	23. Januar 2003	BGBl. I S. 102

Weitere Verlautbarungen von Normsetzern

BMF (1985): BMF-Schreiben vom 2. September 1985, IV B 2 – S 2133 – 27/85: Rechnungsabgrenzungsposten für öffentliche Zuschüsse; hier: BFH-Urteil vom 5. April 1984 – BStBl II S. 552 – veröffentlicht in: BStBl I 1985, 568.

BMF (1990): BMF-Schreiben vom 7. November 1990, IV B 2 – S 2171 – 42/90: Sanierungsleistungen gegen Besserungsschein bei Kreditgenossenschaften, veröffentlicht in: DB, 44. Jg. (1991), S. 354.

BMF (2003): BMF-Schreiben vom 27. Mai 2003, IV A 6 – S 2137 – 25/03: Etragsteuerliche Behandlung von Baukostenzuschüssen bei Energieversorgungsunternehmen, veröffentlicht in: BStBl I 2003, 361.

BMF (2004): BMF-Schreiben vom 18. August 2004, IV A 6 – S 2133 – 2/04: Steuerbereinigungsgesetz 1999; Anwendung des § 5 Abs. 2a EStG im Zusammenhang mit Rangrücktrittsvereinbarungen, veröffentlicht in: BStBl I 2004, 850.

BMF (2006): BMF-Schreiben vom 8. September 2006, IV B 2 – S 2133 – 10/06: Passivierung von Verbindlichkeiten bei Vereinbarung eines einfachen oder qualifizierten Rangrücktritts; Auswirkungen des § 5 Abs. 2a EStG, veröffentlicht in: BStBl I 2006, 797.

BMF (2007): Einundzwanzigster Subventionsbericht – Bericht der Bundesregierung über die Entwicklung der Finanzhilfen des Bundes und der Steuervergünstigungen für die Jahre 2005–2008, einzusehen unter: http://www.bundesfinanzministerium.de/nn_37496/DE/BMF__Startseite/Service/Broschueren__Bestellservice/Finanz__und__Wirtschafts politik/40200 (Abruf am: 17. Januar 2009).

BMJ (2008): Gesetzentwurf der Bundesregierung – Entwurf eines Gesetzes zur Modernisierung des Bilanzrechts (Bilanzrechtsmodernisierungsgesetz – BilMoG) vom 30. Juli 2008, einzusehen unter: http://dip21.bundestag.de/dip21/btd/16/100/ 1610067.pdf (Abruf am 17. Januar 2009).

Europäische Union (2002): Verordnung Nr. 1606/2002/EG des Europäischen Parlamentes und des Rates betreffend die Anwendung internationaler Rechnungslegungsstandards vom 19. Juli 2002, veröffentlicht in: Abl. Nr. L 243 vom 11. September 2002, S. 1 – 4.

Europäische Union (2004): Pressemitteilung vom 19. 11. 2004, IP/04/1385, Brüssel (Belgique).

Verzeichnis der zitierten Verlautbarungen von internationalen Standardsetzungsorganen

IASB (2003): Information for Observers, Board Meeting January 2003, London (U.K.) 2003.

IASB (2004a): Information for Observers, Board Meeting February 2004, London (U.K.) 2004.

IASB (2004b): Information for Observers, Board Meeting July 2004, London (U.K.) 2004.

IASB (2006): Information for Observers, Board Meeting February 2006, London (U.K.) 2006.

IASB (2008a): IASB Project Updates May 2008, London (U.K.) 2008.

IASB (2008b): Preliminary Views on Revenue Recognition in Contracts with Customers, Discussion Paper December 2008, London (U.K.) 2008.

UIG (1996): Accounting for Contributions of, or Contributions for the Acquisition of, Non-Current Assets, Abstract 11.

Kolibri 360 GmbH
Ferdinand-Jühlke-Straße 7
99095 Erfurt, Deutschland
produktsicherheit@kolibri360.de